합격선언
농업
경제학

합격선언
농업경제학

개정1판 발행	2024년 03월 15일
개정2판 발행	2026년 01월 15일

편 저 자 | 유준수

발 행 처 | ㈜서원각

등록번호 | 1999-1A-107호

주   소 | 경기도 고양시 일산서구 덕산로 88-45(가좌동)

교재주문 | 031-923-2051

팩   스 | 031-923-3815

교재문의 | 카카오톡 플러스 친구[서원각]

홈페이지 | goseowon.com

기술직 공무원의 수요가 점점 늘어나고 그들의 활동영역이 확대되면서 기술직에 대한 관심이 높아져 기술직 공무원 임용시험은 일반직 못지않게 높은 경쟁률을 보이고 있다.

'정보사회', '제3의 물결'이라는 단어가 낯설지 않은 오늘날, 과학기술의 중요성이 날로 증대되고 있음은 더 이상 말할 것도 없습니다. 이러한 사회적 분위기는 기업뿐만 아니라 정부에서도 나타났습니다.

기술직공무원의 수요가 점점 늘어나고 그들의 활동영역이 확대되면서 기술직에 대한 관심이 높아져 기술직공무원 임용시험은 일반직 못지않게 높은 경쟁률을 보이고 있습니다.

기술직공무원 합격선언 시리즈는 기술직공무원 임용시험에 도전하려는 수험생들에게 도움이 되고자 발행되었습니다.

본서는 방대한 양의 이론 중 필수적으로 알아야 할 핵심이론을 정리하고, 출제가 예상되는 문제만을 엄선하여 수록하였습니다. 또한 용어 정리 및 관련 법규를 수록하여 기초부터 마지막까지 완벽하게 대비할 수 있습니다.

모든 수험생에게 본서가 도움이 되기를 바라며, 원하는 바 이루는 그날까지 서원각이 응원합니다.

STRUCTURE

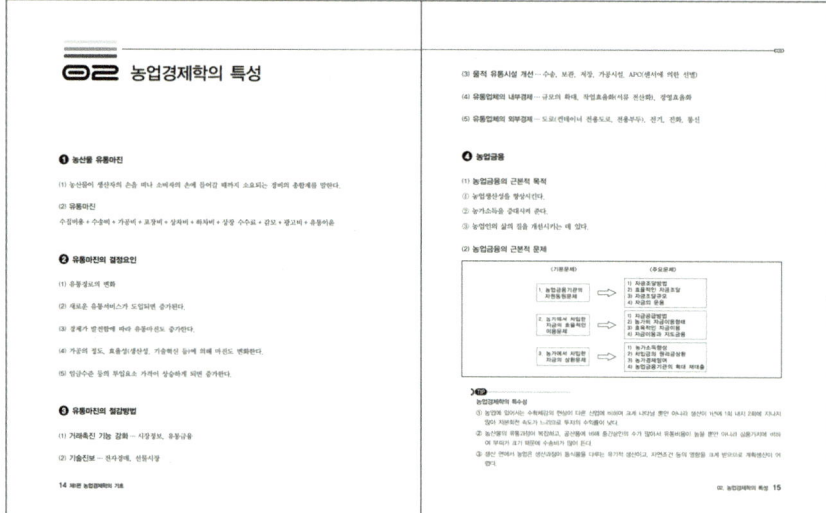

❶ 핵심이론정리

농업경제학 전반에 대해 체계적으로 편장을 구분한 후 해당 단원에서 필수적으로 알아야 할 내용을 정리하여 수록했습니다. 출제가 예상되는 핵심적인 내용만을 학습함으로써 단기간에 학습 효율을 높일 수 있습니다.

❷ 출제예상문제

출제가 예상되는 문제만을 엄선하여 수록하였습니다. 다양한 난도와 유형의 문제들로 연습하여 확실하게 대비할 수 있습니다.

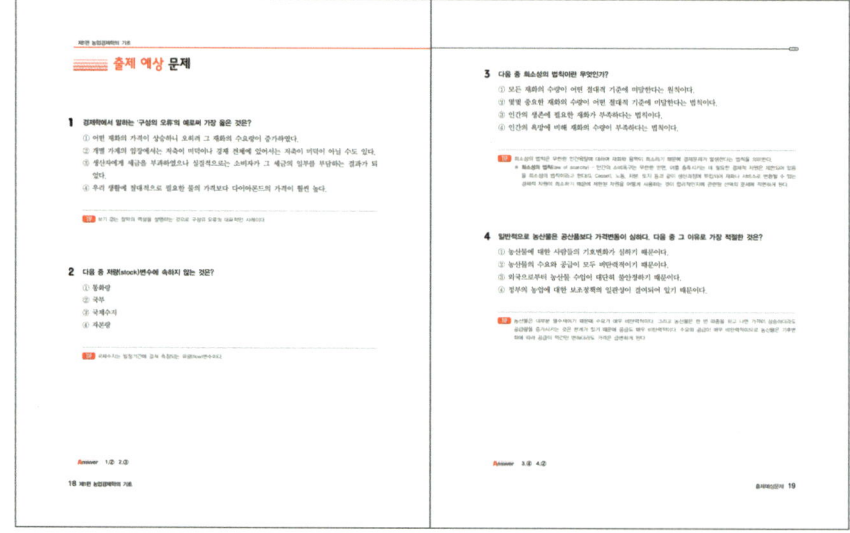

❸ 상세한 해설

매 문제 상세한 해설을 달아 문제풀이만으로도 개념학습이 가능하도록 하였습니다. 문제풀이와 함께 이론정리를 함으로써 완벽하게 학습할 수 있습니다.

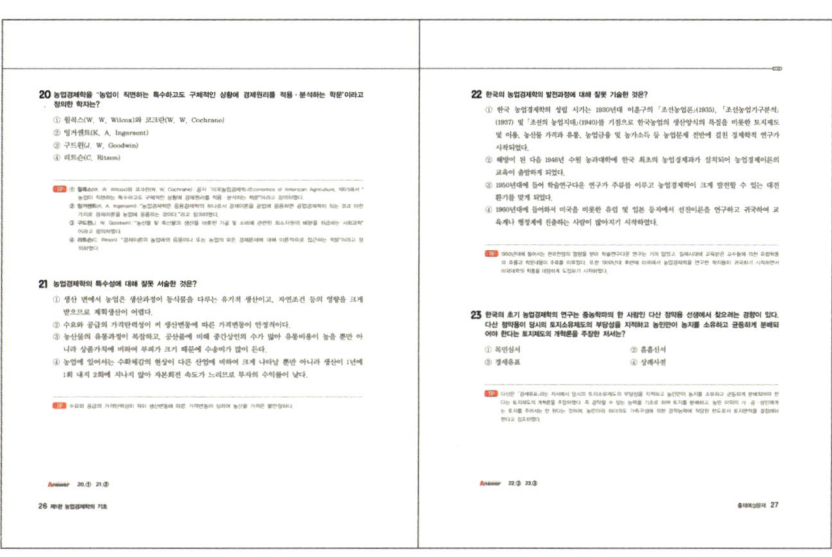

❹ 관련 법규

농지법, 농업협동조합법을 수록하여 농업경제학 관련 법규를 파악할 수 있도록 하였습니다.

CONTENTS

01 PART

농업경제학의 기초

☱ 01 농업경제학의 개념

① 물질의 분류

(1) **농산물의 생산 공간** … 식량공급으로 인한 인류의 생명존속

(2) **국토보전** … 토양의 유실, 홍수의 방지

(3) **생활공간, 각종 용지공급** … 삶의 터전, 소득창출의 공간

(4) **지구환경 보전** … 자연보호, 기후순화, 대기정화, 야생 동식물 보호

(5) **수자원 함양** … 물의 저장, 수질정화

[농촌의 다원적 기능]

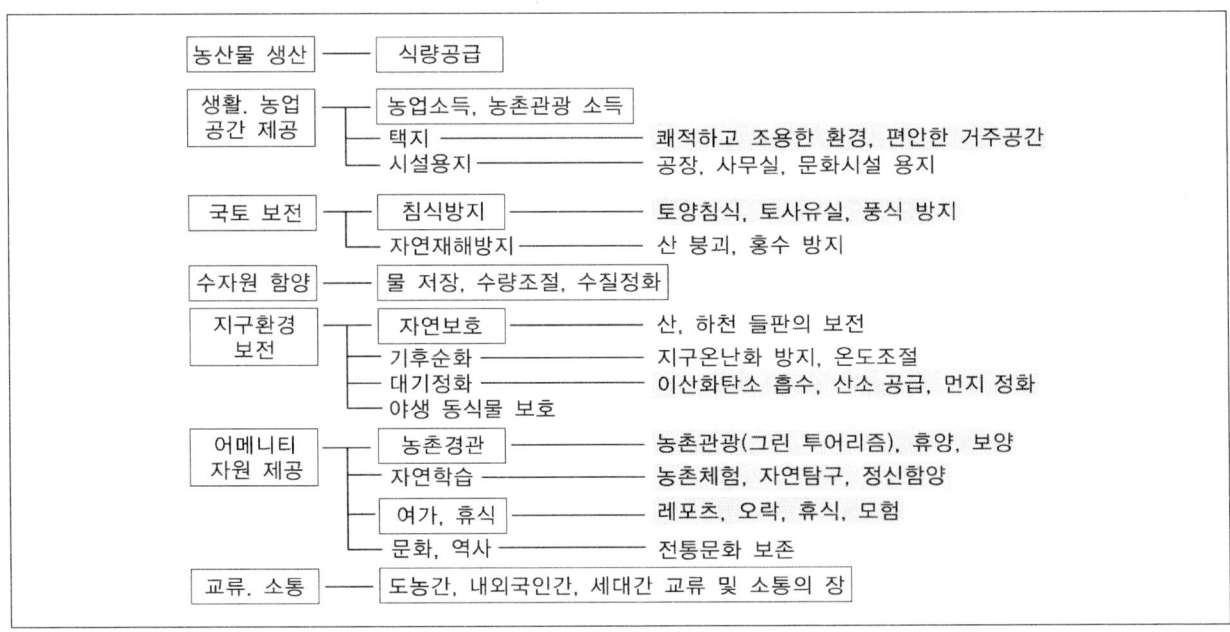

❷ 농촌 어메니티 자원의 분류

지원분야		종류
자연자원	환경자원	깨끗한 공기, 맑은 물, 소음이 없는 환경
	생태자원	• 비옥한 토양, 계절의 변화, 특이한 지형 • 동물(천연기념물, 보호 및 회귀동물 등) • 수자원(하천, 저수지, 지하수 등) • 식생(보호수, 마을 숲, 들판 등) • 습지 및 생물 서식지(biotop)
문화자원	역사자원	• 전통 건조물(문화재, 사적, 정자, 제각 등) • 전통주택 및 마을의 전통적인 요소 • 신앙공간, 마을 상징물, 유명 인물 • 풍수지리나 전설(마을유래, 설화 등)
	경관자원	• 농업공간(다랭이 논, 마을평야, 밭, 과수원 등) • 하천경관(하천이나 개울, 천변의 갈대, 풀밭) • 산림경관(마을뒷산, 공동선별장, 집하장, 농로, 수로 등)
사회자원	시설자원	• 마을주거, 마을회관, 정자, 공공 편익시설 등 • 농업시설(저온창고, 공동선별장, 집하장, 농로, 수로 등)
	경제자원	• 도농교류활동(관광농원, 팬션, 민박 등) • 특산물(유기농산물, 특산가공품 등)
	공동체자원	• 공동체활동(품앗이), 씨족행사, 마을축제, 명절놀이 • 마을관리 및 홍보활동

> **▶ TIP**
>
> **희소성의 법칙** … 인간의 소비욕구는 무한한 반면, 이를 충족시키는 데 필요한 경제적 자원은 제한되어 있음을 희소성의 법칙이라고 한다(G. Cassel). 노동, 자본, 토지 등과 같이 생산과정에 투입되어 재화나 서비스로 변환될 수 있는 경제적 자원이 희소되기 때문에 제한된 자원을 어떻게 사용하는 것이 합리적인지에 관련된 선택의 문제에 직면하게 된다.

❸ 경제 활동

(1) 경제 활동에서 생산이란 생활에 필요한 재화와 서비스를 새로 만들어 내거나, 그 가치를 증대시키는 것을 가리킨다.

(2) 경제 활동은 인간이 경제생활에 필요한 물품이나 도움을 생산, 분배, 소비하는 행위를 말한다.

(3) 경제 활동에서 소비란 만족감을 높이기 위해서 필요로 하는 재화와 서비스를 구입하고 사용하는 것을 의미한다.

❹ 자본주의 경제체제의 특징

(1) **의사결정방식** ··· 분권화

(2) **경제운영주체** ··· 개별경제주체

(3) **자원배분** ··· 시장의 가격기구

(4) **추구하는 가치** ··· 효율성

> **》TIP** ～～～～～～～～～～～
> 농업분야의 범주가 크게 넓어지고 있고 고도화 되고 있는 변화 양상
> ① 농업분야에 대한 첨단과학기술 및 생물공학분야의 응용이 증대되고 있다.
> ② 농업의 영역이 전통적인 생산부문에서 농업관련산업으로 대폭 확대되고 있다.
> ③ 국제경쟁력을 갖추기 위해서 지역특성을 살린 농업의 전개가 요구되고 있다.

❺ 농업경제학의 개념

(1) 농업경제학(agricultural economics)은 식품 및 섬유 제품의 생산 및 유통을 최적화하는 데 경제 이론을 적용하는 것과 관련된 경제학의 응용 분야이다.

(2) 농업 경제학은 특히 토지 이용을 다루는 경제학의 한 분야로 시작되었으며 좋은 토양 생태계를 유지하면서 작물 수확량을 극대화하는 데 중점을 두었다.

(3) 20세기 전반에 걸쳐 규율은 확장되었고 현재 규율의 범위는 훨씬 더 광범위하다. 특히, 오늘날 농업 경제학은 기존 경제학과 상당히 중복되는 다양한 응용 분야를 포함한다.

(4) 농업경제학자들은 경제학, 계량경제학, 개발경제학, 환경경제학 연구에 상당한 공헌을 했다.

(5) 농업경제학은 식품 정책, 농업 정책, 환경 정책에 영향을 미친다.

02 농업경제학의 특성

❶ 농산물 유통마진

(1) 농산물이 생산자의 손을 떠나 소비자의 손에 들어갈 때까지 소요되는 경비의 총합계를 말한다.

(2) 유통마진

수집비용 + 수송비 + 가공비 + 포장비 + 상차비 + 하차비 + 상장 수수료 + 감모 + 광고비 + 유통이윤

❷ 유통마진의 결정요인

(1) 유통경로의 변화

(2) 새로운 유통서비스가 도입되면 증가된다.

(3) 경제가 발전함에 따라 유통마진도 증가한다.

(4) 가공의 정도, 효율성(생산성, 기술혁신 등)에 의해 마진도 변화한다.

(5) 임금수준 등의 투입요소 가격이 상승하게 되면 증가한다.

❸ 유통마진의 절감방법

(1) 거래촉진 기능 강화 ⋯ 시장정보, 유통금융

(2) 기술진보 ⋯ 전자경매, 선물시장

(3) **물적 유통시설 개선** ··· 수송, 보관, 저장, 가공시설. APC(센서에 의한 선별)

(4) **유통업체의 내부경제** ··· 규모의 확대, 작업효율화(서류 전산화), 경영효율화

(5) **유통업체의 외부경제** ··· 도로(컨테이너 전용도로, 전용부두), 전기, 전화, 통신

❹ 농업금융

(1) **농업금융의 근본적 목적**

① 농업생산성을 향상시킨다.

② 농가소득을 증대시켜 준다.

③ 농업인의 삶의 질을 개선시키는 데 있다.

(2) **농업금융의 근본적 문제**

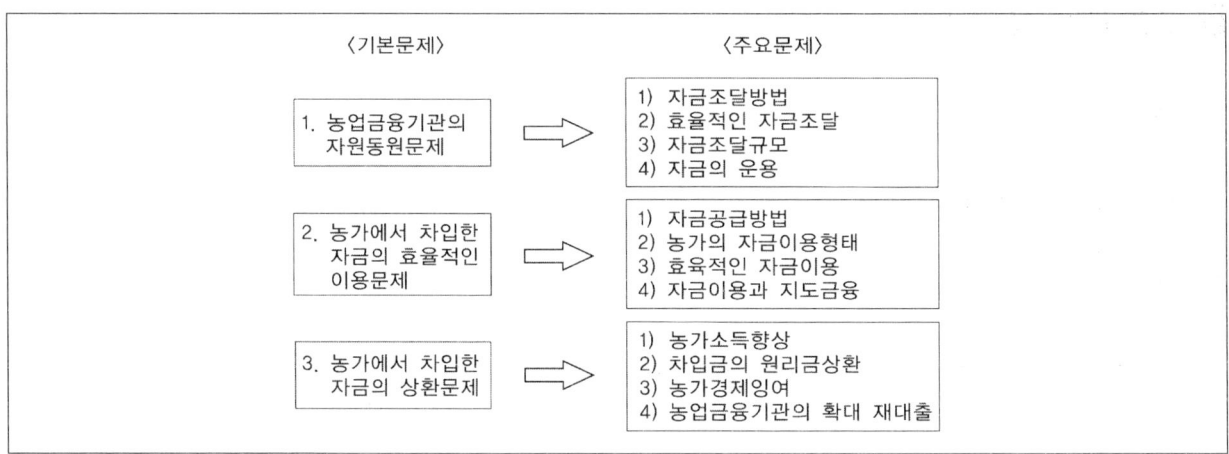

〈기본문제〉 〈주요문제〉

1. 농업금융기관의 자원동원문제
   1) 자금조달방법
   2) 효율적인 자금조달
   3) 자금조달규모
   4) 자금의 운용

2. 농가에서 차입한 자금의 효율적인 이용문제
   1) 자금공급방법
   2) 농가의 자금이용형태
   3) 효율적인 자금이용
   4) 자금이용과 지도금융

3. 농가에서 차입한 자금의 상환문제
   1) 농가소득향상
   2) 차입금의 원리금상환
   3) 농가경제잉여
   4) 농업금융기관의 확대 재대출

> **TIP**
>
> **농업경제학의 특수성**
> ① 농업에 있어서는 수확체감의 현상이 다른 산업에 비하여 크게 나타날 뿐만 아니라 생산이 1년에 1회 내지 2회에 지나지 않아 자본회전 속도가 느리므로 투자의 수익률이 낮다.
> ② 농산물의 유통과정이 복잡하고, 공산품에 비해 중간상인의 수가 많아서 유통비용이 높을 뿐만 아니라 상품가치에 비하여 부피가 크기 때문에 수송비가 많이 든다.
> ③ 생산 면에서 농업은 생산과정이 동식물을 다루는 유기적 생산이고, 자연조건 등의 영향을 크게 받으므로 계획생산이 어렵다.

(3) 농업금융의 특성

① 자금 규모의 영세성
- ㉠ 농업경영 규모는 경지규모와 자본장비율로 나타낼 수 있다.
- ㉡ 농업금융의 영세성은 농가의 생산규모나 가계규모의 제한성으로 인해 나타나는 특성이다.
- ㉢ 국내의 경우 농가의 경제규모가 1.43ha로 영세하고 자본장비율이 낮은 소농경영체제 하에서는 농업생산에 필요한 자금수요 규모도 적을 수밖에 없다.

② 자금 활용상의 혼용성
- ㉠ 소농경영 하에서는 통상적으로 생산 및 소비의 단위가 서로 혼합되어 있는 상태이다.
- ㉡ 농가의 자금 활용이 생산목적 및 비생산목적으로 뚜렷하게 구별되지 못하고, 상호 혼용되는 것이 일반적인 현상이다.

③ 자본제한의 상존
- ㉠ 농업생산 자체가 자연의 영향을 많이 받기 때문에 위험부담이 높은 관계로 농업금융도 위험부담이 높다.
- ㉡ 농업생산의 불확실성이나 위험부담 때문에 농민들은 여유자금이 있다 할지라도 최적 투자수준 이하에서 투자를 하고, 금융기간은 농업부문의 자금공급을 기피하고 농업금융기관이라 할지라도 농민들이 요구하는 자금을 전액 대출해 주지 않는 것이 일반적인 현상인데, 이를 '자본제한'이라고 한다.
- ㉢ 농업에 자본제한(Capital Rationing)이 있음을 지적하여 이를 이론적으로 체계화한 사람은 미국의 농업경제학자인 T. W. Schultz로써 자본제한에는 내적 · 외적 자본제한이 존재한다고 하였다.
  - 내적 자본제한(Internal Rationing) : 농민이 위험부담을 회피하려고 스스로 자본차입을 억제하게 되는 것을 말한다.
  - 외적 자본제한(External Rationing) : 일반금융기관이 농업에 대한 자금공급을 기피함으로써 발생하는 현상을 말한다.
- ㉣ 통상적으로 개도국에서 자본제한에서 문제가 되는 것은 내적 제한이 아니라 일반금융기관에 의한 외적 제한이다.

④ 자금수요의 계절성
- ㉠ 농업생산 자체가 일정한 계절성을 가지고 있기 때문에 농업금융도 농업생산에서의 계절성을 그대로 반영한다.
- ㉡ 농업금융의 계절성은 우리나라와 같이 미작농업 위주의 농업에서 심하게 나타난다.
- ㉢ 최근에 농업경영자금의 계절성이 약화된 경향을 나타내고 있는데 이는 우리나라 농업이 미곡 위주의 단작농업에서 작목이 다양화되어가고, 시설원예를 하는 농가가 많아짐에 따라 나타나는 현상이다.

⑤ 신용금융의 위주
- ㉠ 농민들의 자금규모가 크지 못하고 농가의 담보능력도 약하기 때문에 농업금융은 일반적으로 신용대출이 대부분이다.

© 농업금융기관에서 담보력이 약한 농민들에게 신용대출이 아닌 담보 대출만을 요구한다면, 농업자금은 자연히 담보력이 약한 영세소농보다도 중·대농에 많은 자금이 공급되어, 농업자금 배분 상 형평의 문제를 발생시키게 된다.

⑥ 자금 회전율의 저위

㉠ 농업생산 자체가 비농업생산에 비하여 장기적 생산이기 때문에 농업금융은 일반적으로 융자기간이 장기적이고, 이에 따라 농업금융의 자금운용상 자금회전율이 낮다.

㉡ 농업투자 자체의 저수익성으로 인하여 일반적으로 농업생산부문에 대한 대출이자율이 낮아 농업금융이 저수익성이라는 특성을 갖게 된다.

㉢ 농업금융에서 자본회전율이 낮은 게 문제가 되는 것은 농가자본의 수익성과 농업자금의 회전율 및 융자금의 상환기간 사이에 밀접한 관계가 있기 때문이다.

⑦ 사금융시장의 주요 특징

㉠ 통상적으로 금리가 높다.

㉡ 활용자의 보호 장치가 미비하다.

㉢ 금융자원의 효율적인 배분기능이 결핍되어 있다.

㉣ 정부의 규제가 미치지 못해 자금거래가 음성적으로 이루어진다.

〉TIP

농업경제학의 연구방법

① 농업경제학의 연구방법은 서술적인 방법, 즉 귀납적인 방법과 연역적인 방법으로 이루어진다.

② 최근 식품의 안전성이나 환경문제에 대한 소비자들의 관심이 고조되면서 소비자 지불용의 가격(Willingness To Pay, WTP)을 산출하기도 하는 데 이때 시장가격 산출이 어려운 경우가 많기 때문에 비시장가치평가법이 활용된다.

③ 농업경영 분석에서는 기업경영에서 쓰이는 각종 분석지표들, 예를 들어 수익성, 생산성, 유동성, 활동성, 손익분기점, 원가계산에 관한 기법들이 많이 이용된다.

출제 예상 문제

1 경제학에서 말하는 '구성의 오류'의 예로써 가장 옳은 것은?

① 어떤 재화의 가격이 상승하니 오히려 그 재화의 수요량이 증가하였다.

② 개별 가계의 입장에서는 저축이 미덕이나 경제 전체에 있어서는 저축이 미덕이 아닐 수도 있다.

③ 생산자에게 세금을 부과하였으나 실질적으로는 소비자가 그 세금의 일부를 부담하는 결과가 되었다.

④ 우리 생활에 절대적으로 필요한 물의 가격보다 다이아몬드의 가격이 훨씬 높다.

TIP 보기 ②는 절약의 역설을 설명하는 것으로 구성의 오류의 대표적인 사례이다.

2 다음 중 저량(stock)변수에 속하지 않는 것은?

① 통화량

② 국부

③ 국제수지

④ 자본량

TIP 국제수지는 일정기간에 걸쳐 측정되는 유량(flow)변수이다.

Answer 1.② 2.③

3 다음 중 희소성의 법칙이란 무엇인가?

① 모든 재화의 수량이 어떤 절대적 기준에 미달한다는 원칙이다.

② 몇몇 중요한 재화의 수량이 어떤 절대적 기준에 미달한다는 법칙이다.

③ 인간의 생존에 필요한 재화가 부족하다는 법칙이다.

④ 인간의 욕망에 비해 재화의 수량이 부족하다는 법칙이다.

TIP 희소성의 법칙은 무한한 인간욕망에 대하여 재화와 용역이 희소하기 때문에 경제문제가 발생한다는 법칙을 의미한다.

※ **희소성의 법칙**(law of scarcity) … 인간의 소비욕구는 무한한 반면, 이를 충족시키는 데 필요한 경제적 자원은 제한되어 있음을 희소성의 법칙이라고 한다(G. Cassel). 노동, 자본, 토지 등과 같이 생산과정에 투입되어 재화나 서비스로 변환될 수 있는 경제적 자원이 희소하기 때문에 제한된 자원을 어떻게 사용하는 것이 합리적인지에 관련된 선택의 문제에 직면하게 된다.

4 일반적으로 농산물은 공산품보다 가격변동이 심하다. 다음 중 그 이유로 가장 적절한 것은?

① 농산물에 대한 사람들의 기호변화가 심하기 때문이다.

② 농산물의 수요와 공급이 모두 비탄력적이기 때문이다.

③ 외국으로부터 농산물 수입이 대단히 불안정하기 때문이다.

④ 정부의 농업에 대한 보조정책의 일관성이 결여되어 있기 때문이다.

TIP 농산물은 대부분 필수재이기 때문에 수요가 매우 비탄력적이다. 그리고 농산물은 한 번 파종을 하고 나면 가격이 상승하더라도 공급량을 증가시키는 것은 한계가 있기 때문에 공급도 매우 비탄력적이다. 수요와 공급이 매우 비탄력적이므로 농산물은 기후변화에 따라 공급이 약간만 변하더라도 가격은 급변하게 된다.

5 다음 중 경제 활동에 대한 내용으로 잘못된 것은?

① 경제 활동이란 인간이 경제생활에 필요한 물품이나 도움을 생산, 분배, 소비하는 행위를 말한다.

② 경제 활동에서 생산이란 생활에 필요한 재화와 서비스를 새로 만들어 내거나, 그 가치를 증대시키는 것을 가리킨다.

③ 경제 활동에서 소비란 만족감을 높이기 위해서 필요로 하는 재화와 서비스를 구입하고 사용하는 것을 의미한다.

④ 분배는 생산요소를 제공하고 그 대가를 시장가격으로 보상받는 것으로 재화의 운반과 저장, 판매 등이 있다.

TIP 분배는 노동, 자본, 토지, 경영능력 등의 생산요소를 공급하고 임금, 이자, 지대, 이윤 등의 형태로 생산 활동에 대한 기여를 시장가격으로 보상받는 것으로 생산에 참여한 노동자가 노동의 대가로 받는 임금이 대표적이며, 건물을 임차한 대가로 임대료 지급, 자본을 빌려주고 받는 이자 등의 분배로 볼 수 있다. 재화의 운반과 저장, 판매는 생산 활동으로 보아야 한다.

6 가계와 기업의 경제 활동에 대한 내용으로 적절하지 않은 것은?

① 기업은 사람이 모여서 일정한 법규범에 따라 설립한 법적 인격체를 말한다.

② 기업은 주로 어떤 것을 만들어 내는 생산 활동의 주체라 할 수 있다.

③ 생산물 시장은 기업에서 생산한 재화와 용역이 거래되는 시장을 말한다.

④ 가계와 기업이 모여 하나의 경제 단위를 이루는데, 이를 포괄 경제라고 한다.

TIP 주로 기업은 생산 활동을 담당하고, 가계는 소비 활동을 담당하고 있으며, 가계와 기업이 모여 하나의 경제 단위를 이루는데 이를 민간 경제라고 한다. 가계는 기업에게 생산과정에 참여한 생산요소(토지, 노동, 자본 등)를 제공한 대가로 지대, 임금, 이자, 이윤, 집세, 임대료, 배당금 등을 받는다. 이는 가계입장에서는 가계 소비생활의 구매력 원천인 가계의 소득이 되지만 기업의 입장에서 볼 때는 생산요소를 사온 대가를 지불하는 생산비용이 된다. 따라서 가계는 이를 바탕으로 기업이 생산한 재화와 용역을 구입하여 최대 만족을 얻는 반면 기업은 이를 통한 생산 활동으로 최대 이윤을 추구하는 것이다.

Answer 5.④ 6.④

7 다음 중 시장의 원리로 보기 어려운 것은?

① 경쟁의 원리
② 이익 추구 원리
③ 자유 교환의 원리
④ 생산수단 공동 소유 원리

TIP 생산수단을 공동으로 소유한다는 것은 계획 경제의 특징 중 하나이다. 시장 경제는 생산수단과 재화의 사적 소유가 가능하며, 생산과 분배를 결정하는 요인이 바로 시장가격이라 할 수 있다.

8 다음 ( ) 안에 들어갈 알맞은 말은 무엇인가?

> ( )은 농업(agriculture)과 인플레이션(inflation)의 합성어로 농산물 가격의 급등으로 인하여 일반 물가도 상승하는 현상이다. 지구 온난화로 세계 각지에서 기상이변이 속출하면서 지난 2008년에 ( )이 크게 발생한 적이 있다. ( )은 식량수급 불균형을 가져와 물가를 상승시켜 아프리카나 동남아 지역의 기아 수를 증가시킨다.

① 피시플레이션
② 애그플레이션
③ 디노미네이션
④ 스태그플레이션

TIP 애그플레이션은 농업(agriculture)과 인플레이션(inflation)의 합성어로 농산물 가격의 급등으로 인하여 일반 물가도 상승하는 현상이다. 지구 온난화로 세계 각지에서 기상이변이 속출하면서 지난 2008년에 애그플레이션이 크게 발생한 적이 있다. 애그플레이션은 식량수급 불균형을 가져와 물가를 상승시켜 아프리카나 동남아 지역의 기아 수를 증가시킨다.

9 다음 중 자본주의 경제체제의 특징이 아닌 것은?

① 자원배분 : 시장의 가격기구
② 추구하는 가치 : 공평성
③ 의사결정방식 : 분권화
④ 경제운영주체 : 개별경제주체

TIP 추구하는 가치는 효율성을 추구한다.

Answer 7.④ 8.② 9.②

10 다음 (   ) 안에 알맞은 용어는?

> (A)이란 어떤 선택을 함으로써 포기해야 하는 다른 선택대안 중에서 가치가 가장 큰 것을 의미하는 것이고, (B)이란 이미 지출한 뒤에는 다시 회수가 불가능한 비용을 의미한다.

① (A) 기회비용, (B) 매몰비용
② (A) 매몰비용, (B) 기회비용
③ (A) 최소비용, (B) 잠식비용
④ (A) 잠식비용, (B) 최소비용

TIP 기회비용(opportunity cost)이란 어떤 선택을 함으로써 포기해야 하는 다른 선택대안 중에서 가치가 가장 큰 것을 의미하는 것이고, 매몰비용(sunk cost)이란 이미 지출한 뒤에는 다시 회수가 불가능한 비용을 의미한다.

11 다음 중 저량변수에 해당하는 것은?

① 국민소득   ② 수출
③ 국부   ④ 소비

TIP 저량(stock)변수는 일정시점에서 측정할 수 있는 변수로 국부가 이에 속한다.

12 다음 중 유량변수에 해당하는 것은?

① 통화량   ② 외채
③ 투자   ④ 자본량

TIP 유량(flow)변수는 일정기간을 명시해야 측정할 수 있는 변수로 투자가 이에 속한다.

Answer   10.①   11.③   12.③

13 다음 중 (   ) 안에 알맞은 용어는?

> (   )란 어떤 원리가 부분에 대해서 성립하는 경우 이를 전체에 대해서도 성립한다고 추론함에 따라 발생하는 오류를 말한다.

① 인과의 오류
② 구성의 오류
③ 최대효과의 원칙
④ 최소비용의 원칙

TIP 구성의 오류(fallacy of composition)란 어떤 원리가 부분에 대해서 성립하는 경우 이를 전체에 대해서도 성립한다고 추론함에 따라 발생하는 오류를 말한다.

14 다음 중 구성의 오류에 관한 내용이 아닌 것은?

① 귀납법
② 연역법
③ 가수요
④ 절약의 역설

TIP 귀납법을 사용하는 경우에는 인과의 오류가 발생할 가능성이 있고, 연역법을 사용할 때는 구성의 오류가 발생할 가능성이 있다.

15 농업문제란 농산물의 공급이 수요를 초과하여 농산물의 가격이 저하되고, 토지가격 및 지대도 저하하며, 나아가서는 농업자원의 일부를 비농업부문으로 이동시키지 않으면 안되는 현상을 말한다. 이에 대한 설명으로 틀린 것은?

① 슐츠(T. W. Schultz)는 농업문제와 식량문제로 구분하여 설명하였다.
② 농업문제는 경제발전과 함께 수반되는 인구증가율의 감퇴로 인해 야기된다.
③ 농업문제는 국민소득의 향상에 따른 농산물 소득탄력성의 상대적 저하와 관련 있다.
④ 농업문제는 개발도상국이 안고 있는 보편적인 농업현상이다.

TIP 농업문제(Agricultural Problems)는 미국, 유럽, 일본 등 선진국에서 볼 수 있는 농업현상이다.

Answer 13.② 14.① 15.④

16 다음 (   ) 안에 알맞은 용어는?

> (A)은 경제현상을 객관적으로 분석하고 경제변수들 간의 인과관계를 추론하여 경제현상의 변화를 예측하는 이론체계이고, (B)은 가치판단을 근거로 현재의 경제상태가 어느 정도 바람직한지를 평가하고 그 개선방안을 연구하는 분야이다.

① (A) 실증경제학, (B) 규범경제학
② (A) 규범경제학, (B) 실증경제학
③ (A) 미시경제학, (B) 거시경제학
④ (A) 거시경제학, (B) 미시경제학

TIP 실증경제학(positive economics)은 경제현상을 객관적으로 분석하고 경제변수들 간의 인과관계를 추론하여 경제현상의 변화를 예측하는 이론체계이고, 규범경제학(normative economics)은 가치판단을 근거로 현재의 경제상태가 어느 정도 바람직한지를 평가하고 그 개선방안을 연구하는 분야이다.

17 최근 농업분야의 범주가 크게 넓어지고 있고 고도화 되어 있는데 그 주된 변화 양상으로 틀린 것은?

① 농업의 영역이 전통적인 생산부문에서 농업 관련 산업으로 대폭 확대되고 있다.
② 농업분야에 대한 첨단과학기술 및 생물공학분야의 응용이 증대되고 있다.
③ 환경 및 자원보전과 조화를 꾀하는 고투입 지속적 농업이 강조되고 있다.
④ 국제경쟁력을 갖추기 위해서 지역특성을 살린 농업의 전개가 요구되고 있다.

TIP 환경 및 자원보전과 조화를 꾀하는 저투입 지속적 농업(Low Input Sustainable Agriculture, LISA)이 강조되고 있다.

Answer 16.① 17.③

18 최근 농업경제학 교육 체계가 크게 변화되고 있다. 다음 중 그 특징으로 볼 수 없는 것은?

① 독일에서는 식품 가공 산업이나 유통산업의 발달과 더불어 농업경제학의 범주에 Agribusiness 관련 분야가 축소되고 있다.

② 현장에 접목이 용이하도록 실용주의적 교육방식이 채택되고 있다.

③ 정보화 사회를 반영하여 정보처리분야가 강화되고 있다.

④ 해당 지역의 특화농업 연구에 주력하고 있다.

> **TIP** 독일에서는 식품 가공 산업이나 유통산업의 발달과 더불어 농업경제학의 범주에 Agribusiness 관련 분야가 강화되고 있다. 예를 들어 「식품가공산업 경제론」, 「식품산업 경영론」, 「Agribusiness 관리자 경영학」, 「농기업 경제론」 등이 해당된다.

19 다음 (   ) 안에 알맞은 방법은?

> 농업경영계획이나 지역계획 분야에서는 (   )을 필두로 한 Operation Research 수법들이 다양하게 응용되고 있다. 각종 투입요소들의 최적조합(最適組合)을 도출하는데 유용하기 때문이다.

① PERT

② 선형계획법

③ 동적계획법

④ 정수계획법

> **TIP** 농업경영계획이나 지역계획 분야에서는 선형계획법(Linear Programming)을 필두로 한 Operation Research 수법들이 다양하게 응용되고 있다. 이는 각종 투입요소들의 최적조합을 도출하는데 유용하기 때문이다.

Answer 18.① 19.②

20 농업경제학을 "농업이 직면하는 특수하고도 구체적인 상황에 경제원리를 적용·분석하는 학문"이라고 정의한 학자는?

① 윌콕스(W. W. Wilcox)와 코크란(W. W. Cochrane)

② 잉거센트(K. A. Ingersent)

③ 구드윈(J. W. Goodwin)

④ 리트슨(C. Ritson)

TIP ① 윌콕스(W. W. Wilcox)와 코크란(W. W. Cochrane) : 공저 「미국농업경제학」(Economics of American Agriculture, 1951)에서 "농업이 직면하는 특수하고도 구체적인 상황에 경제원리를 적용·분석하는 학문"이라고 정의하였다.
② 잉거센트(K. A. Ingersent) : "농업경제학은 응용경제학의 하나로서 경제이론을 공업에 응용하면 공업경제학이 되는 것과 마찬가지로 경제이론을 농업에 응용하는 것이다."라고 정의하였다.
③ 구드윈(J. W. Goodwin) : "농산물 및 축산물의 생산을 비롯한 가공 및 소비에 관련된 희소자원의 배분을 취급하는 사회과학"이라고 정의하였다.
④ 리트슨(C. Ritson) : "경제이론의 농업에의 응용이나 또는 농업의 모든 경제문제에 대해 이론적으로 접근하는 학문"이라고 정의하였다.

21 농업경제학의 특수성에 대해 잘못 서술한 것은?

① 생산 면에서 농업은 생산과정이 동식물을 다루는 유기적 생산이고, 자연조건 등의 영향을 크게 받으므로 계획생산이 어렵다.

② 수요와 공급의 가격탄력성이 커 생산변동에 따른 가격변동이 안정적이다.

③ 농산물의 유통과정이 복잡하고, 공산품에 비해 중간상인의 수가 많아 유통비용이 높을 뿐만 아니라 상품가치에 비하여 부피가 크기 때문에 수송비가 많이 든다.

④ 농업에 있어서는 수확체감의 현상이 다른 산업에 비하여 크게 나타날 뿐만 아니라 생산이 1년에 1회 내지 2회에 지나지 않아 자본회전 속도가 느리므로 투자의 수익률이 낮다.

TIP 수요와 공급의 가격탄력성이 작아 생산변동에 따른 가격변동이 심하여 농산물 가격은 불안정하다.

22 한국의 농업경제학의 발전과정에 대해 잘못 기술한 것은?

① 한국 농업경제학의 성립 시기는 1930년대 이훈구의 「조선농업론」(1935), 「조선농업기구분석」(1937) 및 「조선의 농업지대」(1940)를 기점으로 한국농업의 생산양식의 특질을 비롯한 토지제도 및 이용, 농산물 가격과 유통, 농업금융 및 농가소득 등 농업문제 전반에 걸친 경제학적 연구가 시작되었다.

② 해방이 된 다음 1946년 수원 농과대학에 한국 최초의 농업경제과가 설치되어 농업경제이론의 교육이 출발하게 되었다.

③ 1950년대에 들어 학술연구다운 연구가 주류를 이루고 농업경제학이 크게 발전할 수 있는 대전환기를 맞게 되었다.

④ 1960년대에 들어와서 미국을 비롯한 유럽 및 일본 등지에서 선진이론을 연구하고 귀국하여 교육계나 행정계에 진출하는 사람이 많아지기 시작하였다.

TIP 1950년대에 들어서는 한국전쟁의 영향을 받아 학술연구다운 연구는 거의 없었고, 일제시대에 교육받은 교수들에 의한 유럽학풍의 흐름과 학문내용이 주류를 이루었다. 또한 1950년대 후반에 미국에서 농업경제학을 연구한 학자들이 귀국하기 시작하면서 미국대학의 학풍을 대담하게 도입하기 시작하였다.

23 한국의 초기 농업경제학의 연구는 중농학파의 한 사람인 다산 정약용 선생에서 찾으려는 경향이 있다. 다산 정약용이 당시의 토지소유제도의 부당성을 지적하고 농민만이 농지를 소유하고 균등하게 분배되어야 한다는 토지제도의 개혁론을 주장한 저서는?

① 목민심서   ② 흠흠신서
③ 경세유표   ④ 상례사전

TIP 다산은 「경세유표」라는 저서에서 당시의 토지소유제도의 부당성을 지적하고 농민만이 농지를 소유하고 균등하게 분배되어야 한다는 토지제도의 개혁론을 주장하였다. 즉 경작할 수 있는 능력을 기초로 하여 토지를 분배하고, 농민 이외의 사·공·상인에게는 토지를 주어서는 안 된다는 것이며, 농민이라 하더라도 가족구성에 의한 경작능력에 적당한 한도로서 토지면적을 결정해야 한다고 강조하였다.

24 초기 농업경제학의 학자에 대한 설명이다. (   ) 안에 들어갈 학자들의 연결이 바른 것은?

18세기 중엽부터 19세기에 걸쳐서 농업경제에 관한 이론가로서는 프랑스 (A)와 영국의 (B), 그리고 독일의 (C)를 열거하는 것이 일반적이다.

(A)는 "농업은 天下之大本"의 이론을 펴 중농학파의 시조가 되었고, (B)는 각 지역의 농업을 비교, 연구하는데 있어 최초로 경영학적 접근을 도입한 점에서 유명하다. (C)는 그의 저서 「합리주의적 농업원리」에서 농업의 기술적 측면의 연구와 더불어 경영학적 측면의 연구를 곁들였고, 특히 농업경제의 목적이 화폐적 순이익에 있다는 것을 지적한 점으로 유명하다.

---

① A : 케네,   B : 영,   C : 테어

② A : 영,   B : 케네, C : 테어

③ A : 테어, B : 영,   C : 케네

④ A : 테어, B : 케네, C : 영

TIP 케네(F. Quesnay)는 「경제표」를 작성하여 농업만이 순생산을 낳을 수 있다는 "농업은 天下之大本"의 이론을 펴 중농학파의 시조가 되었고, 영(A. Young)은 그의 저서 「여행기」에서 각 지역의 농업을 비교, 연구하는데 있어 최초로 경영학적 접근을 도입한 점에서 유명하다. 테어(A. D. Thaer)는 그의 저서 「합리주의적 농업원리」에서 농업의 기술적 측면의 연구와 더불어 경영학적 측면의 연구를 곁들였고, 특히 농업경제의 목적이 화폐적 순이익에 있다는 것을 지적한 점으로 유명하다.

25 다음 분석기법 중 성질이 다른 하나는?

① 작표분석법

② 상관분석

③ 회귀분석

④ 교차영향분석

TIP 교차영향분석은 직관적 예측으로 주관적 견해에 의존하는 판단적 질적 예측방법이다.
농업경제학 연구에서 통계를 이용한 계량분석기법이 많이 사용되고 있는데 여기에서 사용되는 기법은 작표분석법, 상관분석, 회귀분석, 한계분석, 선형계획법 등이 있다.

26 다음 중 (   )에 들어갈 말로 적절한 것은?

> (A)에서는 농업부문에 대해 공정하고 시장지향적인 질서를 요구하고 있지만 한편으로 농촌의 국토
> 유지기능 또는 환경보전 기능에 대해서는 매우 큰 의미를 부여하고 있다. 최근 논의되고 있고 (A
>)에서도 허용하고 있는 (B)를 잘 활용하여 농촌을 재건시킬 수 있도록 특단의 조치를 취해야 할
> 것이다.

	(A)	(B)
①	우르과이라운드	직접지불제
②	우르과이라운드	간접지불제
③	블루 라운드	직접지불제
④	블루 라운드	간접지불제

TIP 우르과이라운드에서는 농업부문에 대해 공정하고 시장지향적인 질서를 요구하고 있지만 한편으로 농촌의 국토유지기능 또는 환경보전 기능에 대해서는 매우 큰 의미를 부여하고 있다. 최근 논의되고 있고 우르과이라운드에서도 허용하고 있는 직접지불제를 잘 활용하여 농촌을 재건시킬 수 있도록 특단의 조치를 취해야 할 것이다.

27 우리나라의 농업생산구조에 대한 설명으로 바르지 못한 것은?

① 우리나라의 농업생산 현황을 1997년 시점에서 살펴보면 채소류에서는 배추와 무, 과채류에서는 수박, 참외, 조미채소류에서는 고추, 마늘, 과실류에서는 사과, 감귤, 포도, 배, 감의 생산 비중이 크다.

② 축산현황은 한우가 가장 보편적인 가축이다.

③ 중소가축인 돼지와 닭은 90년대 이후 호당 규모가 크게 축소되고 있다.

④ 축산물의 경우 O-157이나 구제역, 브루셀라 등 안전성 문제가 종종 제기되고 있는데 그때마다 축산물 소비는 크게 영향을 받게 된다.

TIP 중소가축인 돼지와 닭은 90년대 이후 전업 및 기업형 축산농가의 증가와 영세규모 농가의 탈락으로 호당 규모가 크게 확대되고 있다.

Answer 26.① 27.③

28 농산물 가격 및 교역조건에 대한 설명으로 바르지 못한 것은?

① 농산물 가격은 자연조건이나 시장의 수급상황에 따라 자주 변동하게 되는데 비해, 농가에서 구입하는 가계용품과 농업용품(종자, 비료, 농약, 사료, 농기구, 유류, 가축 등)은 생산원가에 따라 가격이 책정되는 공업제품들이 많다.

② 이에 따라 종종 농산물과 공산품의 부등가교환(不等價交換) 현상이 일어난다.

③ 교역조건이 100보다 크면 영농여건이 나쁘다고 말할 수 있다.

④ 앞으로 농산물 수입개방으로 값싼 외국농산물들이 많이 들어오게 되면 국내농산물 가격도 하락하게 되고 또한 WTO 규정에 의해 국내 가격지지가 제한을 받게 됨으로 농가 교역조건은 더욱 나빠질 가능성이 많다.

TIP 농가판매가격지수를 농가구입가격지수로 나눈 비율인 농가 교역조건을 가지고 농가의 영농여건을 가늠할 수가 있다. 교역조건이 100보다 크면 영농여건이 좋다고 말할 수 있다.

29 한국 농업의 구조 변화에 대한 설명 중 옳지 않은 것은?

① 농업인구의 감소는 공업화에 필요한 저렴한 노동력 공급에 크게 기여하였을 뿐만 아니라 농촌의 과잉인구를 해소하는데 결정적인 역할을 하였다.

② 현재는 노동력 부족과 노동력의 노령화, 부녀화로 농업생산성 향상에 어려움을 겪고 있다.

③ 한국의 농산물 가격구조는 대체로 고농산물 가격구조로 일관되어 오고 있다.

④ 경제의 고도성장에 따른 실질소득의 상승은 농산물 소비구조에 커다란 변화를 초래함으로써 육류·과일·채소류 소비는 계속 늘어나고 곡물 소비량은 계속 감소추세에 있다.

TIP 한국의 농산물 가격구조는 대체로 저농산물 가격구조로 일관되어 오고 있다. 저농산물 가격구조는 임금재의 가격을 안정화시킴으로써 공업부문의 자본축적에 커다란 역할을 하였다. 이것은 우선 정부가 농가소득의 증대보다는 도시근로자가계의 안정화에 노력했기 때문이라고 할 수 있다. 물론 정부는 1970년대에 들어오면서부터 미곡에 대한 이중곡가제와 몇몇 경제작물에 대한 가격지지정책을 실시하고 있지만, 여전히 저농산물 가격구조의 기조는 유지되고 있다고 보아야 할 것이다. 왜냐하면 1980년대에 들어와 비교우위론에 입각한 개방농정이 전개되면서부터는 주곡에 대한 정부의 가격지지정책이 오히려 과거보다 크게 후퇴하여 농산물가격이 최열등지의 비용가격수준에 훨씬 미달한 실정이기 때문이다.

30 ( ) 안에 들어갈 학자와 그의 저서의 연결이 알맞은 것은?

> 농업경제학의 의의는 국내외 학자들에 따라 다양하게 정의되고 있다. (A)은 그의 저서 (B)에서 "농업경제학을 경제이론의 농업에의 응용이나 또는 농업의 모든 경제문제에 대해 이론적으로 접근하는 학문"으로 정의하고 있다.

① (A)-구드윈(J. W. Goodwin)　　　　　(B)-「농업경제학」
② (A)-리트슨(C. Ritson)　　　　　　　(B)-「농업경제학」
③ (A)-스죠(J. Sjo)　　　　　　　　　(B)-「농학도를 위한 경제학」
④ (A)-잉거센트(K. A Ingersent)　　　　(B)-「농업의 경제분석」

TIP 리트슨(C. Ritson)은 그의 저서 「농업경제학」(Agricultural Economics, 1997)에서 농업경제학을 "경제이론의 농업에의 응용이나 또는 농업의 모든 경제문제에 대해 이론적으로 접근하는 학문"으로 정의하였다.

31 ( ) 안에 들어갈 말로 적당한 것은?

> 환경문제에 대한 세계적인 관심이 증대되고, 소득증가에 따라 고품질 안전농산물의 수요가 증가됨으로써 환경조화적 (　　　　　　　) 농업이 우리나라 농정의 주요 과제로 등장하게 되었다.

① 고투입 탄력적
② 고투입 지속적
③ 저투입 탄력적
④ 저투입 지속적

TIP 환경문제에 대한 세계적인 관심이 증대되고, 소득증가에 따라 고품질 안전농산물의 수요가 증가됨으로써 환경조화적 저투입 지속적 농업(Low Input Sustainable Agriculture)이 우리나라 농정의 주요 과제로 등장하게 되었다.

Answer 30.② 31.④

32 농업경제학의 특수성을 설명한 내용 중 (   ) 안에 적절한 말은?

> 농업은 유기물질의 생산이므로 공업의 무기물질 생산과정에 비하여 기계화나 작업의 분업화가 (A). 그러므로 농업은 노동생산성이 (B) 것이 일반적 추세이다.

① (A) 어렵다   (B) 높은
② (A) 어렵다   (B) 낮은
③ (A) 쉽다   (B) 높은
④ (A) 쉽다   (B) 낮은

TIP 농업은 유기물질의 생산이므로 공업의 무기물질 생산과정에 비하여 기계화나 작업의 분업화가 어렵다. 그러므로 농업은 노동생산성이 낮은 것이 일반적 추세이다.

Answer 32.②

02 PART

경기변동과 경제성장

01 경기변동

❶ 경기변동의 개념

전반적인 경제활동의 상승과 하락이 규칙성 있게 반복되는 현상을 말한다.

❷ 경기변동의 주기

⑴ 키친 파동

단기, 40개월, 재고투자

⑵ 쥬글러 파동

중기, 10년, 설비투자

⑶ 콘드라티에프 파동

장기, 50년, 기술혁신 · 전쟁

⑷ 건축순환 파동

18년, 건축투자

⑸ 쿠즈네츠 파동

20년, 경제성장률

❸ 경기변동의 정형화된 사실

(1) 통화량은 경기 순응적이며, 경기에 선행한다.

(2) 노동의 생산성은 경기 순응적이다.

(3) 고용과 실질임금은 경기 순응적이다.

(4) 민간소비와 투자는 강하게 경기 순응적이다.

(5) 명목이자율과 인플레이션은 경기 순응적이다.

(6) 정부소비지출은 대체로 경기 순응적이다.

(7) 수출과 수입은 경기 순응적이다.

❹ 경기변동의 지표

(1) 경기종합지수(CI)

경기변동의 국면, 전환점과 변동속도 및 경기변동의 진폭까지 측정할 수 있는 경기지표의 일종이다. 경기와 연관이 높은 경제지표들을 선정한 후 가공 · 종합하여 작성하며 선행종합지수, 동행종합지수, 후행종합지수로 구분된다.

① **선행종합지수** … 미래의 경기동향을 예측하는 지표로서 구인구직비율, 재고순환지표, 소비자기대지수, 기계류내수출하지수, 건설수주액, 수출입물가비율, 국제원자재가격지수, 코스피지수, 장단기금리차 등 9개 지표들의 움직임을 종합하여 산출한다.

② **동행종합지수** … 현재 경기동향을 나타내는 지표로서 비농림어업취업자수, 광고업생산자수, 서비스업생산지수, 소매판매액지수, 건설기성액, 내수출하지수, 수입액 등 7개 지표를 종합하여 산출한다.

③ **후행종합지수** … 현재 경기를 사후에 확인하기 위해 작성되며 상용근로자수, 생산자제품재고지수, 도시가계소비지출, 소비재수입액, 회사채유통수익률 등 5개를 지표로 사용한다.

(2) 경기실사지수(BSI)

① 경기동향에 대한 기업가들의 주관적 판단·예측 및 계획 등이 단기적인 경기변동에 중요한 영향을 미친다는 경험적인 사실을 토대로 설문서를 통해 기업가의 경기동향 판단, 예측 등을 조사하여 지수화한 지표를 말한다.

② BSI지수는 0~200의 범위 내에서 움직이며 BSI지수가 100 이상인 경우는 향후 경기를 긍정적으로 전망하는 기업가가 향후 경기를 부정적으로 전망하는 기업가보다 많음을 의미하여 경기확장국면을 예상하고 100 이하인 경우는 그 반대를 예상한다.

(3) 소비자동향지수(CSI)

① 소비자의 경기에 대한 인식은 앞으로의 소비행태에 영향을 미치게 되므로 이를 경기동향의 파악·예측에 활용할 수 있다. CSI지수는 소비자의 현재 및 미래의 재정상태, 소비자가 인식하는 전반적인 경제상황과 물가 등에 대한 설문조사결과를 지수로 환산하여 나타낸다. CSI가 기준치 100보다 높은 경우 향후 경제상황을 호전이라 예상하는 소비자가 경제상황의 악화를 전망하는 소비자보다 많다는 뜻이며 100 미만이면 그 반대이다.

② 작성 근거가 소비자의 경기에 대한 인식이므로 기업가를 근거로 하는 기업경기실사지수와 상이할 수 있다.

❺ 경기변동의 발생원인

(1) 고전학파(1930년대 이전)

① 세이의 법칙(공급이 수요를 창출한다)이 성립한다.

② 경기변동을 경제변수들의 순환적 변동으로 파악하여 경제의 외적인 요인을 강조하였다.

(2) 케인즈학파(1930년대)

① 투자 및 내구소비재에 대한 불안정한 지출로 인해 경기순환이 발생하며 이를 자본주의의 구조적인 문제점이라 판단하여 큰 정부를 주장하였다.

② 총수요 및 경제의 내적 요인을 강조한 이론으로 투자지출의 변화에 따른 수요충격을 역설하였다.

(3) 통화주의학파(1960년대)

① 불안정한 통화의 공급을 경기변동의 원인으로 파악하였다.

② 지출요소가 안정적인 반면 통화공급은 불안정하여 불안정한 총수요가 발생하고 따라서 총통화관리는 필요하지 않다고 판단하였다.

(4) 새고전학파

① 화폐적 경기변동이론(MBC) … 불완전정보에 따른 경제주체들의 예측오류가 경기변동을 촉발시킨다고 판단하였다.

② 실물적 경기변동이론(RBC) … 기술충격 등의 실물적 요인을 경기변동의 가장 중요한 원인으로 파악하였다.

❻ 경기변동의 지속요인

(1) 유발투자의 역할(케인즈)

승수효과로 인해 독립된 투자는 소득의 증가를 초래하고 소득증가는 다시 투자를 초래한다. 따라서 이러한 계속적 연쇄작용을 통하여 경기상승이 지속된다.

(2) 자본재 투자의 건설기간

일반적으로 상당한 기간이 소요되는 자본재 투자에서 손익의 예상에 따른 투자조절로 경기가 지속될 수 있다.

❼ 경기순환의 의미[1]

경기란 국민경제의 총체적인 활동수준을 의미하는 것으로 총체적인 활동수준이란 생산·소비·투자·고용 등 실물부문과 통화 등 금융부문, 그리고 수출입 등 대외부문의 활동을 망라한 거시경제 변수들의 움직임이 종합된 것이다.
실질 국내총생산이 장기 평균적인 수준(장기 성장추세)보다 높고, 낮은 호경기와 불경기가 반복적으로 나타나는 것을 경기순환(businesscycle) 또는 경기변동이라고 한다.
다음 그림은 경기변동의 4국면을 나타낸다.

---

1) 한국은행 『알기 쉬운 경제지표해설』에서 일부 발췌 및 수정함.

[경기변동의 4국면]

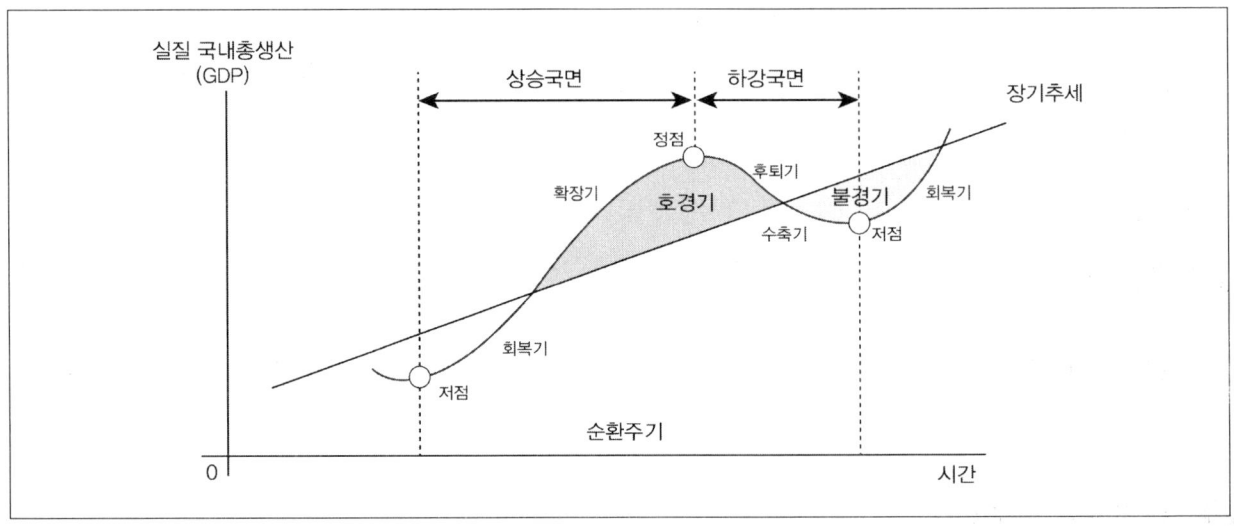

02 경제성장

❶ 경제성장의 개념

경제성장이란 시간이 흐름에 따라 경제활동의 규모가 커지는 것을 말하는 것으로, 총생산량(GDP)의 증가뿐만 아니라 자본축적, 기술진보, 산업구조의 변화 등 경제사회의 전반적인 변화로 인한 생산력의 증대현상을 의미한다.

❷ 경제성장의 요인

(1) 물적 자본

재화와 서비스의 생산에 투입되는 장비와 구조물

(2) 인적 자본

근로자들이 교육과 훈련, 경험을 통해 습득하는 지식과 기술

(3) 천연 자원

토지, 광물 등 자연에 의해 제공되는 생산요소

(4) 기술 지식

재화와 서비스를 생산하는 최선의 방법에 대한 사회의 이해

❸ 경제성장을 위한 정부의 대책

(1) 저축과 투자의 장려

(2) 교육에 대한 지원

(3) 외국투자 자본의 유치

(4) 통상정책의 확대

(5) 새로운 기술에 대한 연구·개발

(5) 재산권과 정치적 안전의 보장

❹ 경제성장 모형

(1) 균형성장론

넉시(Nurkse)가 주장한 이론

① 후진국은 수요와 공급의 양측면에서 악순환을 경험한다.

② 수요측면
    ㉠ 수요측면에서 가장 시급한 것은 시장을 확대하는 것이다.
    ㉡ 시장확대를 위해 산업 전반을 골고루 성장시켜 수요를 발생시키는 것이 중요하다.

③ 공급측면
    ㉠ 공급측면에서 열악한 자본량이 문제가 된다.
    ㉡ 외국자본을 도입하는 등의 자본축적 노력이 필요하다.

(2) 불균형성장론

허쉬만(Hirschman)이 주장한 이론

① 후진국의 모든 산업을 동시에 성장시키는 것이 불가능하므로 특정 산업을 선육성하여 그 파급효과로 다른 산업부문을 육성하도록 하는 것이 바람직하다.

② 전·후방 연관효과가 큰 산업을 선육성하는 것이 바람직하다. 특히 후방 연관효과가 큰 산업을 집중 육성할 것을 주장하였다.

③ 전·후방 연관효과란 제품의 생산에서 판매에 이르는 과정이 상호작용하여 생산량을 증대시키는 효과를 말한다.

④ 과거 우리나라의 중공업육성 정책의 근거가 되는 이론이다.

❺ 외자도입

(1) 외자도입의 유형

① 직접투자는 외국인이 직접 국내 산업에 투자하는 것을 말하고, 자본차입은 우리나라의 정부 혹은 민간이 외국에서 돈을 빌려오는 것을 말한다.

② 해외자본차입을 통해 자금을 조달하면 독자적으로 이를 활용할 수 있으나 투자가 실패할 경우 부채문제가 발생한다. 외채는 환율의 변동에 따라 그 크기가 변동하므로 환율이 불안정한 국가에서는 조심성이 필요하다.

③ 직접투자를 유치하면 부채가 아니므로 자금의 상환의무는 발생하지 않으나 투자수익의 일정부분이 해외로 유출되고 외국인의 영향력이 증대되는 문제가 있다.

(2) 외자도입의 경제적 효과

① 긍정적인 효과
  ㉠ 자본량이 증가하여 투자가 증가하고 이는 국민소득과 고용을 증가시킨다.
  ㉡ 직접투자의 형태로 외국자본이 도입되면 생산기술, 경영기법 등도 함께 도입되므로 경쟁심화로 국내기업 경쟁력을 높일 수 있다.
  ㉢ 도입된 외국자본을 토대로 사회간접시설을 확충하여 경제성장의 발판을 마련할 수 있다.

② 부정적인 효과
  ㉠ 외국자본을 투여한 국가에 대한 의존도가 높아져 경제의 변동성이 커진다.
  ㉡ 외국자본은 국내저축을 대체하여, 단기적으로 국내저축이 감소할 가능성이 있다.
  ㉢ 외국부채의 원금상환이 이루어지면 자본수지가 악화되고, 투자수익이 해외로 송금되면 경상수지가 악화된다.

❻ 우리나라 농산물 정책의 현황 및 정부의 기능

(1) 정부는 식량의 수급과 가격 안정을 위해 오래 전부터 식량 유통에 개입해 왔다. 1945년 해방과 더불어 식량 문제는 매우 심각하였으므로 식량의 수급 안정과 가격 안정을 위해 1948년 「양곡 매입법」을 제정하여 양곡의 자유 거래를 금지하게 하는 제도가 만들어졌고, 1949년에는 「식량임시긴급조치법」을 제정하여 일부 자유시장 제도를 도입하였다.

(2) 1950년 6월 25일 한국 전쟁으로 농산물의 수요는 급증하였는데, 1951년부터 1952년까지의 한발과 수해로 인한 미곡 생산량이 크게 줄어들면서 정부는 1951년에 51만 톤, 1952년에 45만 톤, 1953년에 96만 톤의 주곡을 외국으로부터 수입하였다. 이후 1955년 5월에 역사적인 미국 잉여 농산물 도입협정이 체결되었고, 미국 잉여 농산물의 도입이 합법화되었다.

(3) 1958년부터 미곡담보융자제를 시행함으로써 미곡 생산 농가를 대상으로 미곡담보 영농자금을 방출하여 농가의 출혈 판매를 방지하고 곡가를 안정시키며, 농촌 경제를 향상시키려 하였다. 이 제도는 1968년까지 10여 년간 시행되었고, 보리는 1968년부터 1972년까지 이중곡가제를 시행하였다. 이중곡가제란 생산자에게는 생산비를 보상해 주는 수준에서 농가 소득 보상을 위한 가격을 보상해주고, 소비자에게는 미가 수준에서 낮은 가격으로 구매할 수 있도록 하는 제도이며, 이때 발생되는 손실은 정부가 재정 부담으로 충당하였다.

(4) WTO 출범으로 이중곡가제의 시행은 어렵게 되었고, 1996년부터 정부는 시장 경제에 의한 미가 정책을 시행하고 있다. 미가를 산정하는데 있어 하한가를 보상하여 약정수매를 할 수 있도록 하는데, 수확기의 미곡 생산량을 기준으로 하여 정부가 하한가에 의한 자금 지불을 해 주고, 판매 여부는 농업인들의 자유의사에 맡기는 것이다. 시장에서 연중 미가의 변동폭은 15%로 정하고, 상인에 의한 시장 참여와 유통의 주도를 유도하며, 미곡의 유통을 자유 시장에 맡기는 것이다. 약정 수매한 농가가 정부 수매에 응하는 것을 원하지 않을 때에는 지급받은 금액에 대하여 일정한 약정 이자율을 보상하고 반납하면 된다. 양곡 이외의 품목의 유통에 대해서도 정부는 수급조절 정책을 펴왔다. 고추, 마늘, 참깨, 달걀 등의 품목에 대해서도 정부는 수급 조절, 가격 안정, 농가 소득 증대 및 소비자 가계 부담의 경감 등을 해결하기 위하여 비축 사업을 시작하였다. 이 사업은 정부가 수매량과 수매 가격을 결정한 다음 수확기에 생산자로부터 수매하여 보관해 두었다가 단경기에 소비자에게 판매하는 제도이다.

(5) 1970년대 중반부터는 무, 배추, 양파 등의 출하선도금을 지급하여 출하를 조절하는 출하 조절 사업을 시작하였다. 한편, 1970년대 말에는 마늘, 양파, 참깨, 땅콩, 콩, 팥, 쇠고기, 닭고기 등에 대한 가격 안정대를 설정하여, 시장가격이 안정대 가격 이하일 때에는 정부가 수매하여 상향 조정하고, 상한 이상으로 상승할 때에는 비축 물자를 방출하여 하향 조정함으로써 일정 범위 내에서 시장 가격이 안정될 수 있도록 하는 제도를 실시하였다. 그리고 마늘에 대해서는 최저가격 보상제를 도입하여 출하조절금을 농가에 지급해 줌으로써 농가로 하여금 일정 기간 저장하였다가 출하할 수 있도록 하는 것인데, 시장가격이 보상가격 이하로 하락할 때에는 그 차액을 정부가 농가에 보상해 주는 것이다. 김장 무와 배추 가격이 폭락했을 때, 이 사업에 참여한 농가에 대해서도 선도금 상환 의무를 면제해 주고, 출하한 상품은 사회 복지 시설 등에 무상으로 공급해 주는 시장 격리 사업을 실시하기도 하였다. 또 법정 축산물 도매 시장으로 소 출하를 촉진시키기 위해 소를 출하하는 농민에게 장려금을 지급해 주는 출하장려금제를 실시하였다. 이와 같은 정책을 실시할 수 있었던 근거가 양곡관리법, 농수산물 유통 및 가격 안정에 관한 법률, 농산물가격유지법 등이다.

(6) 1980년대에 중점을 두었던 유통 정책의 하나는 산지 유통 기능의 강화이다. 정부는 생산단체를 중심으로 하여 시장 교섭력을 향상시키기 위해 협동출하반을 조직하고, 그 운영과 기능을 활성화시키기 위해 육성 자금을 지원해 주고 있다. 그리고 농산물 산지 출하에 필요한 집하장, 수송차량, 개량 저장고, 선과장 등의 유통 시설에 대한 지원도 해주고 있다. 정부는 생산자와 소비자를 동시에 보호해 주고, 거래 질서를 확립하기 위해 신속하고 정확한 유통 정보를 수집·분배하는 일에도 노력하고 있다. 농림부 및 해양수산부의 농·축·수산업 협동조합과 서울특별시농수산물공사·농수산물유통공사 등을 통해 농산물의 품목별 주요 산지 가격과 소비지의 도매시장 경락 가격, 도·소매 가격을 조사 분석하여 이들 자료를 통계조직이나 자동 응답 전화, 음성정보서비스, 컴퓨터 통신 등을 통해 분산시키고, 정기간행물을 통해 자료화시키고 있다.

(7) WTO 회원국들과의 FTA(자유무역협정)이 시작되면서 2005년도부터는 추곡수매제를 폐지하고 비상시를 대비하여 필요한 만큼만 정부에서 수매하는 공공비축제를 시행하고 있다. 2005년 이전에는 농업인들이 생산한 벼를 가을에 정부에서 수매함으로써 수급 조절 및 가격 안정에 직접 개입하였는데, WTO 협상 이후 지속적인 개방 압력으로 더 이상 농업을 보호하기 위한 정부 개입을 할 수 없게 되었다. 한편, 정부는 2000년에 농수산물 유통 및 가격 안정에 관한 법률을 개정하여 선진국형 농산물 유통을 시행하기 위하여 유통협약과 유통명령제를 도입하였다. 유통협약은 농산물 생산자들이 단체를 결성하고, 이들 생산자 단체가 정부와 협약을 체결하여 생산량을 조절한 다음 가격을 협의하는 제도이며, 유통명령은 필요할 때에 정부가 농산물의 공급이나 생산을 명령함으로써 수급을 조절하는 제도이다.

출제 예상 문제

1 다음 중 루카스(Lucas)의 경기변동이론을 가장 잘 설명한 것은?

① 명목임금의 경직성이 불황의 가장 큰 원인이다.

② 민간이 예상하지 못한 통화량 변화가 경기변동을 일으킨다.

③ 오직 생산함수를 이동시키는 기술적 충격만이 경기변동을 일으킨다.

④ 정부의 적극적인 경제안정정책이 경기변동을 최소화 할 수 있다.

> **TIP** 루카스의 화폐적 균형경기변동이론이란 불완전정보하에서 예상치 못한 통화량의 변화는 경제 주체들의 물가변동에 대한 기대에 오류를 야기시킴으로써 경기변동이 일어난다는 이론이다.

2 물가를 측정하는 지표에 관한 설명 중 적절하지 않은 것은?

① 소비자물가지수는 소비재를 기준으로 측정하는 반면, 생산자물가지수는 원자재나 자본재 등을 기준으로 측정한다.

② GDP 디플레이터는 기준년도의 거래량을 가중치로 삼는 라스파이레스 지수이다.

③ GDP 디플레이터는 명목 GDP를 실질 GDP로 나눈 수치에 100을 곱한 것이다.

④ 소비자물가지수는 물가상승기에 실제 물가상승 정도를 과대평가하는 경향이 있다.

> **TIP** GDP 디플레이터는 비교년도의 거래량을 가중치로 삼는 파셰 지수이다.

Answer 1.② 2.②

3 경제성장모형에 대한 설명 중 옳지 않은 것은?

① 솔로우 모형에서는 요소대체가 가능한 1차 동차 생산함수를 사용한다.

② 해로드-도마 모형에서는 인구증가율, 자본계수, 저축률이 외생적으로 주어진다.

③ 솔로우 모형에서는 내생적 경제성장의 요인으로 인적자본의 축적이나 지식의 진보를 들고 있다.

④ 해로드-도마 모형에서는 요소대체가 불가능한 레온티에프 생산함수를 사용한다.

> **TIP** 솔로우 모형은 외생적 성장모형으로서 기술진보를 외생변수로 본다. 인적자본의 축적이나 지식의 진보 등을 통한 내생적 성장요인을 강조하는 것은 내생적 성장이론이다.

4 국가 간의 자료를 비교 분석하여 볼 때 경제성장에 관한 일반적인 설명 중 옳지 않은 것은?

① 인구 증가율이 높은 나라일수록 1인당 소득이 낮은 경향이 있다.

② 저축률이 높은 나라일수록 1인당 소득이 높은 경향이 있다.

③ 지적재산권이나 특허권의 도입은 기술혁신을 촉진시킨다.

④ 개발도상국과 선진국간의 1인당 소득격차는 줄어드는 추세를 보인다.

> **TIP** 개발도상국과 선진국간의 1인당 소득격차는 증가하는 추세를 보인다.

5 경제발전에 대한 슘페터의 혁신(Innovation)에 속하지 않는 것은?

① 새로운 상품개발　　　　　　　② 새로운 시장개척

③ 적절한 통화공급　　　　　　　④ 새로운 생산방법

> **TIP** 적절한 통화공급은 금융정책에 속한다.

Answer　3.③　4.④　5.③

6 경제발전에 대한 설명으로 적절하지 않은 것은?

① 1인당 국민소득 수준이 높아질수록 국민소득에서 농업이 차지하는 비중이 낮아진다.

② 1인당 국민소득 수준이 높아질수록 필수품에 대한 지출비중이 커진다.

③ 1인당 국민소득 수준이 높아질수록 도시인구의 비중이 커진다.

④ 1인당 국민소득 수준이 높아질수록 1인당 조세부담률이 커진다.

TIP 1인당 국민소득 수준이 높아질수록 필수품에 대한 지출비중이 낮아진다.

7 다음 중 경기변동의 특징이 아닌 것은?

① 민간소비와 투자는 경기 순응적이다.

② 고용과 실질임금은 경기 순응적이다.

③ 명목이자율과 인플레이션은 경기 순응적이다.

④ 노동의 평균생산성은 경기 역행적이다.

TIP 노동의 평균생산성은 경기 순응적이다.

8 다음 중 후진국 경제개발에 있어 균형 성장론을 주장한 학자는?

① Nurkse

② Duesenberry

③ Hirschman

④ Lewis

TIP 균형 성장론은 넉시가 주장한 이론으로 후진국의 모든 산업부문이 동시에 균형적으로 개발되어야 한다는 이론이다. 균형 성장론에서는 후진국이 빈곤에서 탈피하려면 여러 산업이 균형적으로 발전하여야 한다고 본다.

Answer 6.② 7.④ 8.①

9 다음 중 후진국 경제개발에 있어 불균형 성장론을 주장한 학자는?

① Nurkse

② Duesenberry

③ Hirschman

④ Lewis

TIP 불균형 성장론은 허쉬만이 주장한 이론으로 후진국은 자본부족으로 인해 모든 산업을 동시에 성장시키는 것이 불가능하므로 전 · 후방 연관효과가 큰 산업을 선도부문으로 선정하여 집중적으로 육성해야 한다는 이론이다.

10 다음 중 균형 성장론의 내용이 아닌 것은?

① 상호수요를 통한 시장규모 확대

② 자원이 풍부할수록 타당

③ 내수 의존국일수록 타당

④ 희소한 자원의 결집에 초점

TIP 균형 성장론의 초점은 빈곤의 악순환 단절에 있고, 불균형 성장론의 초점은 희소한 자원의 결집에 있다.

11 다음 중 불균형 성장론의 내용이 아닌 것은?

① 수출에 의한 판로개척이 쉬울수록 타당

② 자원이 빈약할수록 타당

③ 시장기능이 원활하지 못할수록 타당

④ 전방연관효과를 특히 강조함

TIP 허쉬만은 특히 후방연관효과를 강조하여 후방연관효과가 큰 공업부문을 우선적으로 개발할 것을 주장하였다.

Answer 9.③ 10.④ 11.④

12 다음 중 (   ) 안에 들어갈 알맞은 말은 무엇인가?

> (A   )란 개인들의 소비가 사회적으로 의존관계에 있는 타인의 소비행태와 타인의 소득수준에 의하여 영향을 받는 것을 말하고, (B   )란 후진국의 소비가 선진국 소비수준의 영향을 받는 것을 말한다.

① (A) 전시효과, (B) 국제적 전시효과
② (A) 톱니효과, (B) 국제적 톱니효과
③ (A) 전시효과, (B) 전방연관효과
④ (A) 톱니효과, (B) 후방연관효과

TIP 전시효과란 개인들의 소비가 사회적으로 의존관계에 있는 타인의 소비행태와 타인의 소득수준에 의하여 영향을 받는 것을 말하고, 국제적 전시효과란 후진국의 소비가 선진국 소비수준에 영향을 받는 것을 말한다.

13 다음 중 (   )에 들어갈 알맞은 말은 무엇인가?

> 수입대체형 공업화전략을 채택하면 (A   ) 정책을 취하는데 비해, 수출주도형 공업화전략을 채택하면 (B   ) 정책을 취하게 된다.

① (A) 보호무역, (B) 자유무역
② (A) 자유무역, (B) 보호무역
③ (A) 관세동맹, (B) 경제동맹
④ (A) 무역창출, (B) 무역전환

TIP 수입대체형 공업화전략을 채택하면 보호무역 정책을 취하는데 비해, 수출주도형 공업화전략을 채택하면 자유무역 정책을 취하게 된다.

Answer 12.① 13.①

14 경제성장의 황금률이란 무엇인가?

① 1인당 소득이 극대화된 상태를 말한다.

② 1인당 투자가 극대화된 상태를 말한다.

③ 1인당 저축이 극대화된 상태를 말한다.

④ 1인당 소비가 극대화된 상태를 말한다.

> **TIP** 경제성장의 황금률이란 1인당 소비가 극대화된 상태를 말한다.

15 선진국의 역사적 경험에 의하면 자본증가율이 노동증가율을 상회하였는데도 자본계수(K/Y)는 일정하게 유지되어 왔는데 그 이유로 가장 적당한 것은?

① 유효수요의 증가　　　　　　　　② 저축률 증가

③ 기술진보　　　　　　　　　　　　④ 투자율 증가

> **TIP** 자본계수가 일정하게 유지되고 있다는 것은 경제성장과정에서 자본의 축적뿐만 아니라 기술진보가 동시에 이루어지고 있음을 의미한다.

16 각국의 경제성장 패턴을 비교하였을 때 경험적으로 관찰할 수 있는 현상으로 옳지 않은 것은?

① 1인당 자본장비율이 높은 국가일수록 1인당 소득이 높은 경향이 있다.

② 각국의 1인당 국민소득이 시간이 지남에 따라 비슷한 수준이 되는 경향이 있다.

③ 인구증가율이 낮은 국가일수록 1인당 소득수준은 높은 경향이 있다.

④ 각국의 1인당 소득수준과 경제성장률 간에는 역U자형 상관관계가 있다.

> **TIP** 실증분석에 의하면 선진국 간에는 수렴가설이 성립하지만 후진국 간에는 성립하지 않는 경향을 보인다.

Answer 14.④　15.③　16.②

17 자동차산업이 전략적으로 육성되면 그 원료를 공급하는 철강산업이 확대될 수 있다. 이 효과는 무엇인가?

① 전방연관효과   ② 후방연관효과

③ 전시효과   ④ 승수효과

TIP 자동차산업이 전략적으로 육성되면 그 원료를 공급하는 철강산업이 확대될 수 있는데 이를 후방연관효과라고 한다.

18 다음 중 경기변동의 정형화된 사실이 아닌 것은?

① 통화량은 경기 순응적이며, 경기에 선행한다.
② 노동의 평균생산성은 경기 순응적이다.
③ 고용과 실질임금은 경기 순응적이다.
④ 명목이자율과 인플레이션은 경기 역행적이다.

TIP 명목이자율과 인플레이션은 경기 순응적이다.

19 다음 경기종합지수 중 선행지수가 아닌 것은?

① 비농림어업취업자수   ② 재고순환지표

③ 건설수주액   ④ 코스피지수

TIP 비농림어업취업자수는 동행지수에 해당한다.

Answer 17.② 18.④ 19.①

20 다음 경기종합지수 중 동행지수가 아닌 것은?

① 광공업생산자수
② 국제원자재가격지수
③ 소매판매액지수
④ 내수출하지수

TIP 국제원자재가격지수는 선행지수에 해당한다.

21 다음 경기종합지수 중 후행지수가 아닌 것은?

① 상용근로자수
② 생산자제품재고지수
③ 수입액
④ 화사채유통수익률

TIP 수입액은 동행지수에 해당한다.

22 다음 중 칼도가 제시한 경제성장의 정형화된 사실이 아닌 것은?

① 자본-산출량 비율은 지속적으로 증가한다.
② 총소득 중 노동소득과 자본소득의 상대적 분배율은 장기적으로 일정하다.
③ 1인당 소득은 지속적으로 증가한다.
④ 1인당 소득의 증가율과 경제성장률은 국가마다 상당한 차이가 있다.

TIP 자본-산출량 비율은 일정하다.

Answer 20.② 21.③ 22.①

23 다음 중 외자도입의 효과로 틀린 것은?

① 자본스톡이 증가하고, 국민소득과 고용이 증가한다.

② 도입되는 시점에서 자본수지가 개선된다.

③ 단기적으로 국내 저축이 증가할 가능성이 있다.

④ 외자가 사회간접자본 건설에 사용되면 경제전반의 생산성이 향상된다.

TIP 외자가 도입되면 단기적으로 국내 저축이 감소할 가능성이 있다.

24 넉시의 균형 성장론의 특징이 아닌 것은?

① 초점은 빈곤의 악순환 단절에 있다.

② 발전전략으로 상호수요를 통한 시장규모의 확대에 집중한다.

③ 위장실업을 제거하고 국제적 전시효과를 억제하여 자본을 축적할 것을 주장한다.

④ 수출에 의한 판로개척이 쉬울수록 타당하다.

TIP 넉시의 균형 성장론은 내수 의존국일수록 타당하다.

Answer 23.③ 24.④

25 허쉬만의 불균형 성장론의 특징이 아닌 것은?

① 초점은 희소한 자원의 결집에 있다.

② 발전전략으로 전후방연관효과에 입각한 선도산업의 발전추진에 집중한다.

③ 특히 후방연관효과가 큰 산업을 집중 육성할 것을 주장한다.

④ 내수 의존국일수록 타당하다.

TIP 허쉬만의 불균형 성장론은 수출에 의한 판로개척이 쉬울수록 타당하다.

Answer 25.④

03 PART

농산물의 수요와 공급

01 수요·공급 이론

❶ 경제활동의 구분

(1) 생산

삶에 필요한 재화(물건)와 용역(서비스)을 만드는 활동을 의미한다. 대표적으로 농업, 어업활동, 제조업, 서비스 판매 등의 활동이 해당된다.

(2) 소비

생산된 재화와 용역을 사용하는 것을 가리킨다. 소비에 대한 예로 상품을 구입한 비용을 지불하고, 이발, 미용과 같은 서비스의 대가를 지불하는 것 등이 해당된다.

(3) 분배

인간이 생활에 필요한 재화와 용역을 만들어 제공하는 생산 활동을 하게 되면 그에 대한 보상이 주어지기 마련이다. 분배란 생산 활동에 참여한 사람들이 그 대가를 분배 받는 활동을 말한다.

[경제객체의 구분]

구분			내용
재화	자유재	절대적 자유재	공기, 햇빛, 바람 등
		상대적 자유재	전기, 수도, 장식용 대리석 등
	경제재	생산재	농기계, 원자재, 농장 설비 등
		소비재	생활필수품, 비료 등
용역	간접용역(물적 서비스)		보험, 금융, 보관, 판매 서비스 등의 물적 행위
	직접용역(인적 서비스)		의사, 연예인 등의 활동

❷ 경제행위와 경제문제

(1) 재화와 서비스를 생산, 교환, 분배, 소비하는 행위를 경제행위라 한다. 경제행위에 수반하여 나타나는 문제를 경제문제라 한다.

(2) 경제문제는 희소성이 지배하고 있기 때문에 일어난다.

(3) 희소성이란 사회구성원들의 욕망에 비하여 그 욕망을 충족시켜 줄 수단인 생산자원이 상대적으로 부족한 현상을 말한다.

❸ 경제주체와 생산가능곡선

(1) 경제주체는 가계, 기업, 정부, 해외부문으로 구성된다.

민간경제는 가계부문과 기업부문을 말하며, 국민경제는 민간경제와 정부부문을 말한다.

(2) 생산가능곡선(production possibility curve)

한 사회의 자원과 기술이 주어져 있을 때 그 사회가 모든 자원을 효율적으로 사용하여 생산할 수 있는 두 생산물의 조합을 나타내는 곡선이다.

① 어떤 활동의 기회비용이란 그 활동을 함으로써 포기해야 하는 차선의 활동의 가치를 말한다.

② 현실 세계에서는 일반적으로 한 생산물의 생산량을 증가시킴에 따라 그 생산물의 기회비용이 증가한다. 이를 기회비용 체증의 법칙이라 한다.

③ 기회비용 체증의 법칙 때문에 생산가능곡선은 원점에 대해서 오목하다.

❹ 수요의 법칙(law of demand)

(1) 다른 모든 조건이 일정할 때 한 상품의 가격이 상승(하락)하면 그 상품의 수요량이 감소(증가)하는 현상을 의미한다.

(2) 수요량의 변화

해당상품 가격의 변화로 동일 수요곡선상에서 이동(movement)함

(3) 수요의 변화

해당상품 가격 이외의 변화로 수요곡선 자체가 이동(shift)함

(4) 수요변화의 요인

① 소비자의 소득

　　㉠ 정상재 : 우등재 또는 상급재라고도 하며 소득이 증가(감소)하면 수요가 증가(감소)하여 수요곡선 자체가
　　우상향(좌상향)으로 이동한다.

　　㉡ 열등재 : 소득이 증가(감소)하면 수요가 감소(증가)하며, 수요곡선 자체가 좌하향(우상향)으로 이동한다.

　　㉢ 기펜재 : 열등재의 일종으로, 재화의 가격이 하락하면 오히려 재화의 수요도 감소하는 예외적인 수요법
　　칙을 보이는 재화를 말한다.

　　㉣ 중간재 : 소득이 변화함에도 불구하고 동일한 가격에서 수요량은 전혀 변하지 않는 재화로 소득이 증가
　　(감소)하여도 수요 및 수요곡선 자체는 불변이다.

② 관련 재화의 가격변동

　　㉠ 대체재 : 두 재화가 서로 비슷한 용도를 지녀 한 재화 대신 다른 재화를 소비하더라도 만족에 별 차이가
　　없는 관계를 말한다. 서로 경쟁적인 성격을 띠고 있어 경쟁재라고도 하며, 소비자의 효용 즉, 만족감이
　　높은 쪽을 상급재, 낮은 쪽을 하급재라 한다. 만약 두 재화 A, B가 서로 대체재 관계라면 A재화의 가
　　격이 상승(하락)하면 A재화의 수요는 감소(증가)하고 B재화의 수요는 증가(감소)한다.

　　㉡ 보완재 : 한 재화씩 따로 소비하는 것보다 두 재화를 함께 소비하는 것이 더 큰 만족을 주는 재화의 관
　　계를 말한다. 따라서 두 재화 A, B가 보완재일 경우, A재화의 가격이 상승(하락)하면 A재화 및 B재화
　　모두 수요가 감소(증가)한다.

　　㉢ 독립재 : 한 재화의 가격이 다른 재화의 수요에 아무런 영향을 주지 않는 재화의 관계를 말한다. 따라서
　　수요곡선 자체도 불변이다.

③ 그 밖에 수요변화 요인으로는 소비자의 기호변화, 소비자의 가격예상, 구입자의 수 등이 있다.

[수요 결정 요인]

구분	내용
소득 수준	일반적으로 가계의 소득이 증가되면 일반적인 재화의 수요는 늘어나는데 이를 정상재라 한다. 그러나 예외적으로 소득이 증가해도 수요가 늘지 않는 재화가 있는데, 이를 열등재라 부른다. 동일한 재화가 소득 수준이나 생활환경에 따라 열등재가 되기도 하고 정상재가 되기도 한다. 예를 들어 가난한 시절에는 지하철을 타고 다니다가 경제적으로 성공한 이후에는 고급 승용차를 타고 다닌다면 소득이 증가해도 수요가 늘지 않아 지하철이 이 사람에게 열등재가 되지만, 걸어다니던 B라는 사람이 소득이 나아지면서 지하철을 타고 다닌다면 지하철은 B에게 열등재로 볼 수 없다. 열등재의 한 종류로 기펜재라는 재화가 존재한다.
재화 가격	과자 수요에 영향을 미치는 것을 살펴보면 우선 가장 중요한 것이 가격일 것이다. 과자의 가격이 오르내림에 따라 과자를 사고자 하는 사람들의 욕구는 달라져 수요량이 변화할 것이라 예측할 수 있기 때문이다.
관련 재화 가격	다시 과자를 예로 들면 과자를 대신할 수 있는 과일의 가격이 오르거나 내리는 것도 수요에 영향을 미친다. 관련 재화는 피자를 먹을 때 같이 먹는 콜라처럼 서로 보완해주는 관계가 있으며, 이와 반대로 영화와 DVD처럼 서로 대체가 가능한 관계의 관련 재화가 있다. 서로 보완해주는 관계의 피자와 콜라에서 피자의 가격이 상승하게 되면, 자연스럽게 콜라에 대한 수요도 감소하게 되는데 이처럼 서로 보완할 수 있는 관계의 재화를 보완재라 부른다. 이와 반대로 영화 감상 요금이 올라가면 영화관을 대체할 수 있는 DVD 수요가 늘어나는 현상이 나타나기도 하는데, 이처럼 서로 대체해서 사용할 수 있는 재화를 대체재라 부른다.
미래 예상 가격	수요는 해당 재화의 미래 가격에 대한 예상에 영향을 받기도 한다. 대표적인 것이 바로 부동산이라 할 수 있다. 부동산 시장에서 사람들은 가격이 더 오르기 전에 미리 부동산을 구입하려고 한다. 그런데 이런 동기에 의한 수요는 자신이 실제로 사용하기 위한 것이기도 하지만, 미래에 가격이 올랐을 때 되팔아 차익을 얻기 위한 목적으로 나타나기도 한다. 이런 목적의 수요를 투기적 수요라고 부른다.
선호도 변화	수요를 결정하는 요인 중에는 해당 재화의 선호도도 크게 작용한다. 만약 과자를 좋아하는 사람의 기호가 달라져 과자를 덜 사먹는 대신 오렌지나 다른 과일을 사기를 원하면 과자의 수요는 감소하고 과일의 수요는 증가하게 된다.

[수요 변화 요인]

수요 변화 요인		수요 변화	수요곡선 이동
소비자 소득수준 향상	정상재	수요 증가	우측이동
	열등재	수요 감소	좌측이동
	중립재	수요 불변	불변
다른 상품의 가격 상승	대체재	수요 증가	우측이동
	보완재	수요 감소	좌측이동
	독립재	수요 불변	불변

❺ 탄력성

(1) 수요의 가격탄력성

① 수요의 가격탄력성(price elasticity of demand) : 가격이 변화할 때 수요량이 얼마나 변하는지를 나타내는 지표이다.

② 한 상품의 수요량이 가격 변화에 대해 민감하게 변하면 그 재화의 수요는 탄력적이라고 하고, 가격이 변할 때 수요량이 약간 변하면 수요는 비탄력적이라고 한다.

③ 가격탄력성의 구분

탄력성의 크기	의미	수요곡선의 형태	예
$\varepsilon = 0$	완전비탄력적	수직선	마약중독자의 마약
$0 < \varepsilon < 1$	비탄력적	가파른 우하향	대부분의 필수재
$\varepsilon = 1$	단위탄력적	직각쌍곡선	소득의 일정비율 지출
$1 < \varepsilon < \infty$	탄력적	완만한 우하향	대부분의 사치재
$\varepsilon = \infty$	완전탄력적	수평선	완전경쟁기업의 수요곡선

④ 결정요인

   ㉠ 대체재의 수가 많을수록 그 재화는 일반적으로 탄력적이다.

   ㉡ 사치품은 탄력적이고 생활필수품은 비탄력적인 것이 일반적이다.

   ㉢ 재화의 사용 용도가 다양할수록 탄력적이다.

   ㉣ 수요의 탄력성을 측정하는 기간이 길수록 탄력적이다.

> **)⦿TIP**
>
> **수요의 가격탄력성**
>
>   ㉠ **개념** : 가격 변화에 대해 수요량이 어느 정도 반응하는가를 나타낸 지표로 가격 변동비율에 대한 수요량 변동비율의 절 댓값을 의미한다. 일반적으로 탄력적인 상품은 기호품이나 사치품, 비탄력적인 상품은 생필품이며, 기호품인 화훼는 비 싸면 구매하지 않아도 별 문제가 없기 때문에 가격의 변화에 수요량이 민감하게 반응한다. 따라서 탄력적이라 할 수 있 으며, 반면에 생필품인 쌀은 싸다고 많이 먹을 수 없기 때문에 가격의 변화에 수요량이 크게 변동하지 않아 비탄력적이 라 할 수 있다. 가격탄력성이 비탄력적인 농산물은 가격이 낮아져도 수요량이 크게 증가하지 않아, 과소·과잉생산 시 가격이 큰 폭으로 등락할 우려가 있다.
>
>   ㉡ 수요의 가격탄력성 $= \dfrac{\text{수요량 변화율}}{\text{가격 변화율}}$

> **)⦿TIP**
>
> **수요의 소득탄력성**
>
>   ㉠ **개념** : 소득의 변화에 대해 수요량이 어느 정도로 민감하게 반응하는가를 나타낸 지표로 소비자의 소득 변동률에 대한 수요의 변동률을 나타내는 값을 말한다.

ⓛ 수요의 소득탄력성 $= \dfrac{\text{수요량의 변화율}}{\text{소득의 변화율}}$

ⓒ 소득탄력성에 의한 상품 분류

구분	내용
정상재	소득 탄력성의 지수가 0보다 큼
열등재	소득 탄력성의 지수가 0보다 작음

ⓔ 소득탄력성을 응용한 경영

구분	내용
소득탄력성이 높은 품목	수요가 큰 폭으로 증가하기 때문에 고소득층을 대상으로 한다.
소득탄력성이 낮은 품목	수요가 소폭으로 증가 혹은 감소의 경향을 보이므로 저소득층을 대상으로 한다.

> **TIP**
>
> **수요의 교차탄력성**
> ㉠ **개념**: 두 개의 상품이 서로 관련이 있다면 어떤 상품의 가격 변동이 다른 상품 수요량에 영향을 미치게 되며, 어떤 상품의 가격 변동률에 대한 다른 상품의 수요량 변동률을 나타낸 값을 의미한다.
> ㉡ 수요의 교차탄력성 $= \dfrac{B \text{의 수요량 변화율}}{A \text{의 가격 변화율}}$
> ㉢ 교차탄력성에 의한 상품 분류
>
> | 구분 | 내용 |
> |---|---|
> | 대체재 | 수요의 교차탄력성이 양(+)인 경우
예 미국 오랜지와 한라봉, 사과와 배 |
> | 보완재 | 수요의 교차탄력성이 음(-)인 경우
예 돼지고기와 상추 |

❻ 공급의 법칙(law of supply)

(1) 다른 모든 조건이 일정할 때 어떤 상품의 가격이 상승하면 그 상품의 공급량이 증가하는 현상을 의미한다.

(2) 공급량의 변화
해당 상품 가격의 변화로 동일 공급곡선 상에서 이동(movement)함

(3) 공급의 변화
해당 상품 가격 이외의 변화로 공급곡선 자체가 이동(shift)함

(4) 공급변화의 요인

① **생산요소 가격의 변화** … 생산요소의 가격이 상승하면 공급자의 수익성이 감소하므로 생산량이 감소하게 된다. 따라서 공급곡선이 좌측으로 이동한다.

② **기술수준의 변화** … 기술이 발달하면 생산비용이 낮아지므로 공급이 증가한다. 따라서 공급곡선이 우측으로 이동한다.

③ **다른 재화의 가격변화**

　　㉠ 대체재 관계의 두 재화 A, B 중 A재화의 가격이 상승하면 B재화의 공급이 감소하여 공급곡선이 좌측으로 이동한다.

　　㉡ 보완재 관계의 두 재화 A, B 중 A재화의 가격이 상승하면 B재화의 공급이 증가하여 공급곡선이 우측으로 이동한다.

　　㉢ 기업목표의 변화, 판매자의 수 등

[공급의 변동요인]

구분	내용
공급자의 기대나 예상의 변화	미래에 사람들이 상품을 많이 살 것이라고 기대되면 공급자들은 당장 공급을 하지 않고 보관하려고 하여 공급이 감소하여 공급이 변동된다.
공급자 수	공급자의 수가 늘어나면 시장에 공급되는 상품의 양도 늘어나게 된다.
생산기술 변화	신기술을 개발하여 생산성이 향상되면 상품의 공급이 증가하여 공급의 변동이 나타난다.
생산비용의 변화	생산 요소의 가격이 하락하여 생산 비용이 감소하면 공급이 증가하고 생산 요소의 가격이 상승하면 공급은 감소하게 된다.

❼ 공급의 가격탄력성

(1) 공급의 가격탄력성(price elasticity of supply)은 어떤 상품의 가격이 변할 때 그 상품의 공급량이 얼마나 변하는지를 나타내는 지표이다.

(2) 어떤 상품의 공급량 변화율이 가격 변화율보다 크면 그 상품의 공급은 탄력적이라고 한다. 반면 공급량 변화율이 가격 변화율보다 작으면 비탄력적이라고 한다.

(3) 공급탄력성의 구분

탄력성의 크기	의미	공급곡선의 형태	예
$\eta = 0$	완전비탄력적	수직선	토지
$0 < \eta < 1$	비탄력적	가파른 우상향	농산물 등
$\eta = 1$	단위탄력적	원점을 출발하는 우상향의 직선	
$1 < \eta < \infty$	탄력적	완만한 우상향	공산품 등
$\eta = \infty$	완전탄력적	수평선	

(4) 결정요인

① 생산량이 증가할 때 생산비가 완만하게 상승하는 상품은 탄력적이고 생산비가 급격히 상승하는 상품은 비탄력적이다.

② 저장가능성이 낮은 상품은 가격변화에 신축적으로 대응하기 어렵기 때문에 비탄력적이다.

③ 유휴설비가 존재하면 가격 상승시 생산량이 크게 증가할 수 있으므로 공급이 탄력적이다.

④ 측정기간이 길수록 생산설비규모의 조정이 용이하기 때문에 공급의 탄력성은 커진다.

❽ 수요 · 공급 이론

(1) 소비자 잉여

소비자가 어떤 상품을 소비하기 위해 지불할 용의가 있는 최대금액과 실제로 지불한 가격 사이의 차이를 말한다.

(2) 생산자 잉여

생산자가 어떤 상품을 판매하여 얻은 시장가격과 그 상품을 팔기 위해 최소한 받고자 하는 가격 사이의 차이를 말한다.

(3) 가격통제

① 최고가격제(가격상한제)

   ㉠ 가격의 상한을 설정하고 그 이상으로 가격을 받지 못하도록 하는 정책이다.

   ㉡ 최고가격제의 효과

    • 장점 : 소비자 입장에서 이전보다 낮은 가격으로 재화를 구입할 수 있다.

    • 단점 : 균형가격보다 낮은 가격에서 설정되므로 초과수요가 발생하고 암시장의 출현 가능성이 커진다. 균형가격보다 낮은 가격에서 설정되므로 사회적인 후생손실이 발생한다.

② 최저가격제(가격하한제)

　　㉠ 정부가 균형가격보다 높은 최저가격을 설정하고, 설정된 최저가격 이하의 가격으로 재화를 구입하는 것을 금지하는 제도를 말하며 최저임금제가 대표적이다.

　　㉡ 최저가격제의 효과
- 장점 : 생산자의 수익성을 보장하고 제품의 잉여량을 확보할 수 있으며 특히 최저임금제 등으로 노동자를 보호할 수 있다.
- 단점 : 공급자는 최저가격제로 재고를 갖게 되는데 이때 최저가격제를 피해 더 낮은 가격에서라도 재고를 처분하려 한다. 따라서 최저가격제도의 효과가 최적의 효과를 방해하며 최저가격제로 수익성이 보장되는 공급자는 이전보다 제품개발 · 투자를 소홀히 하여 전체적인 효율성에 악영향을 준다.

❾ 균형가격

(1) 시장에서 공급량과 수요량이 일치하는 상태에서 가격은 더 이상 움직이지 않게 되는데 그 때의 가격 수준을 말한다.

(2) 균형가격균형가격은 수요량과 공급량이 일치하는 수준에서 균형 가격이 결정된다.

구분	내용
가격상승	수요량 감소, 공급량 증가→초과공급 발생→가격하락
가격하락	수요량 증가, 공급량 감소→초과수요 발생→가격상승

> TIP
>
> 수요와 공급의 증가요인

수요의 증가요인	공급의 증가요인
• 소득과 부의 증가 • 대체재 가격의 상승 • 보완재 가격의 하락 • 인구의 증가 • 소비자의 선호도 증대	• 기술 진보 • 다른 재화의 가격 하락 • 생산요소 가격 하락으로 인한 생산비의 하락

02 시장가격과 물가

❶ 생산물시장과 생산요소시장

(1) 생산물시장

쌀, 자동차, 스마트폰, 영화와 같이 소비를 위한 재화와 통신, 미용 서비스 등을 총칭하며 이들이 거래되는 시장을 생산물시장이라 한다. 생산물시장에서 가계는 생산물의 수요자이며 기업은 해당 생산물을 공급하는 공급자가 된다.

(2) 생산요소 시장

토지, 자본, 노동과 같이 생산에 필요한 요소들을 말하며, 노동시장(구직 박람회), 자본시장(증권거래소)이 대표적인 생산요소시장이라 할 수 있다. 생산요소시장 중에서 노동시장을 예로 들 경우 가계는 생산요소 공급자이며, 기업은 생산요소 수요자로 볼 수 있다. 노동시장에서는 기업이 필요로 하는 '수요'와 '노동 서비스'를 제공하는 가계의 '공급'이 만나 '임금'과 '고용량'이 결정된다.

❷ 시장 가격의 기능

(1) 정보전달의 역할

① 가격은 생산자와 무엇을 구매할 것인지, 판매자는 무엇을 얼마나 생산하고 구매할 것인지를 결정하는 데 필요한 정보를 제공하는 역할을 한다.

② 예를 들어, 커피 전문점에서 커피를 먹고 싶은 소비자는 시장에서 형성되는 균형가격 수준에서 돈을 지불하기만 하면 원하는 커피를 마실 수 있으며 이를 근거로 공급자인 커피 공급 업체는 커피를 제공한다.

③ 가격은 소비자가 그 상품을 얼마나 원하고 있는지, 그리고 생산자가 그 상품을 생산하는 데 얼마나 많은 비용이 드는지에 관한 정보를 알려주기 때문에 가격은 경제주체들에게 정보를 전달하는 신호의 역할을 한다고 볼 수 있다.

(2) 자원 배분 기능

① 시장에서 생산자는 제한된 자원을 사용하여 물품을 팔아 최대의 이윤을 얻고자 하며, 소비자는 한정된 소득으로 가장 큰 만족을 얻기 위해 경쟁을 한다.

② 생산자와 소비자는 각자의 이익추구 행위로 인하여 수많은 재화와 서비스가 생산되어 시장에서 거래를 하게 되고 필요한 사람에게 공급된다. 이는 사회라는 큰 틀에서 보면 전체적으로 한정되어 있던 자원이 필요한 자들에게 효율적으로 분배되고 있음을 알 수 있다.

(3) 경제활동의 동기 부여

우리나라에서 몇 년 전부터 패딩 점퍼가 유행을 하면서 패딩 점퍼 상품가격이 상승한 적이 있다. 이렇게 가격이 상승하게 되면 그 제품을 생산하는 기업들에게 더 많이 생산할 수 있는 동기를 부여하게 되고, 다른 업계의 기업들도 패딩 점퍼 사업에 참여를 하는 촉매제가 된다. 이처럼 가격은 경제활동의 동기를 부여하는 기능도 한다.

❸ 시장 한계와 실패

(1) 독점 출현

① 시장 참여자들 사이에서 자유로운 경쟁이 이루어지지 않으면 시장 실패가 나타나게 된다. 이와 같이 경쟁을 제한하는 대표적인 예가 독과점 기업을 들 수 있다.

② 독과점 기업은 다른 기업들이 시장에 새롭게 진입할 수 없도록 다양한 장벽을 마련하여 경쟁을 제한한다.

③ 독과점 기업은 이윤을 극대화하기 위해 재화나 서비스의 공급량을 적절히 줄여 나감으로써 시장 가격을 올리려고 할 것이다.

④ 그 결과 시장에서 수많은 공급자들이 경쟁하면서 상품을 공급할 때보다는 훨씬 적은 수의 재화와 서비스가 공급되고 더욱 비싼 가격에 판매를 하는 폐해가 발생하게 되는 것이다.

(2) 외부효과 발생

① 외부효과란 어떤 시장 참여자의 경제적 행위가 다른 사람들에게 의도하지 않은 혜택이나 손해를 가져다 주는데도 불구하고 이에 대해 아무런 대가를 받지도, 지불하지도 않는 현상을 말한다.

② 외부효과는 다른 사람들에게 긍정적인 영향을 주었는지 아니면 부정적인 영향을 주었는지로 구분할 수 있다.

③ 외부효과가 나타나는 경우에 개인이 부담하는 비용과 사회 전체가 부담하는 비용이 다르고, 이에 따라 사회 전체적으로 필요한 재화와 서비스의 생산량과 실제 생산량 사이에 차이가 나기 때문에 시장 실패가 발생한다.

(3) 공공재의 무임승차

① 치안, 국방, 보건, 의료, 사회간접자본처럼 여러 사람의 사용을 위해 생산된 재화나 서비스를 공공재라 하는데 이러한 공공재적인 특성을 나타내는 공공재도 무임승차라는 문제점이 있어 시장 실패를 가져 올 수 있다.

② 무임승차의 문제란 사람들이 어떤 재화와 서비스의 소비를 통해 일정한 혜택을 보지만, 이런 혜택에 대해 어떤 비용도 지불하지 않는 것으로 생산된 재화나 서비스에 대해 아무런 비용을 지불하지 않기 때문에 시장의 실패가 일어난다고 볼 수 있다.

❹ 인플레이션 · 디플레이션 · 스태그플레이션

(1) 인플레이션

인플레이션이란 일반 물가수준이 상승하는 현상을 말한다. 인플레이션은 돈의 가치가 갑자기 폭락해 화폐의 중요한 기능인 가치저장의 기능을 상실하게 되어 사회적으로 큰 혼란을 야기한다. 또한 해당 국가의 통화가치 하락과 화폐 구매력의 약화현상을 가져오며, 고정소득자의 실질소득 감소와 국제수지 악화와 같은 부정적인 문제점이 나타난다. 일반적으로 인플레이션이 발생하면 건물이나 땅, 주택과 같은 실물의 가치는 상승하고 화폐 가치는 하락한다. 그래서 실물 자산을 소유하지 않은 봉급생활자들은 화폐 가치가 하락되면 실질 소득이 감소하므로 인플레이션이 발생하면 빈부 격차가 심화된다.

① **수요견인 인플레이션**(demand−pull inflation) ⋯ 임금 · 원자재비 · 금리 등 생산비용의 상승이 원인인 비용 상승 인플레이션과 대응되는 개념으로, 총수요의 증가를 통해서 물가가 상승하는 것을 말한다. 즉, 총수요 곡선이 우측으로 이동하여 국민소득의 증가와 함께 물가가 상승하는 현상을 말한다. 고전학파와 통화주의 학파는 수요견인 인플레이션을 과도한 통화량의 증가가 그 주된 원인이라고 파악하고 이에 따라 통화량 증가율을 경제성장률에 맞추어 매년 일정하게 유지하도록 하는 준칙주의를 주장한다. 반면, 케인스학파는 수요견인 인플레이션이 통화량 증가보다는 정부지출 등의 증가로 인하여 AD곡선이 우측으로 이동하는 현상으로 파악하고 극심한 경기침체에서 실업을 감소시키기 위해서는 어느 정도 인플레이션이 불가피하다는 인식을 갖고 있었다.

② 비용인상 인플레이션(cost-push inflation) ··· 임금 인상, 수입원자재가격의 상승, 감가상각의 증대, 이자율 상승 등과 같은 비용 상승에 의해 물가가 상승하는 현상을 말한다. 케인지언은 비용인상 인플레이션에 대처하기 위하여 임금상승률의 상한을 정하는 임금가이드라인(wage guide line), 임금과 물가상승을 규제하는 임금·물가통제 등 소득정책의 실시를 주장하고 있다.

> **TIP** ·····································
> 메뉴 비용과 구두창 비용 ··· 인플레이션에서는 기업의 메뉴 비용(Menu Cost)이나 가계의 구두창 비용(Shoe Leather Cost)과 같은 사회적 비용이 발생한다. 메뉴 비용이란 가격이 달라지면 기업이 변경된 가격으로 카탈로그 등을 바꾸기 위해 소요되는 비용을 가리킨다. 일반인들은 인플레이션이 예상되면 되도록 현금보유를 줄이고 예금하기 위해 은행을 자주 찾게 되는데 구두창 비용이란 은행에 발걸음 하는 것과 관련하여 시간이나 교통비 등이 소요되는 것을 말하는데 자주 다니면 구두창이 빨리 닳는다는 데에 비유하여 붙여진 용어이다.

(2) 디플레이션

① 물가가 지속적으로 하락하는 것을 말한다.

② 상품거래량에 비해 통화량이 지나치게 적어져 물가는 떨어지고 화폐가치가 올라 경제활동이 침체되는 현상이다. 즉, 인플레이션과 반대로 수요가 공급에 훨씬 미치지 못해 물가가 계속 떨어지는 상태를 말한다.

③ 디플레이션은 광범위한 초과공급이 존재하는 상태이며 일반적으로 공급이 수요보다 많으면 물가는 내리고 기업의 수익은 감소하기 때문에 불황이 일어나게 된다.

④ 디플레이션이 발생하면 정부에서는 경기 활성화 정책을 펴게 되는데 주로 부동산과 주식을 활성화하기 위한 정책을 발표하게 된다.

⑤ 디플레이션에 접어들면 기업의 도산이 늘고, 전체적인 기업의 활동은 정체하고, 생산의 축소가 이루어진 결과 실업자가 증대하기 때문에 불황이 장기화 되어 산업기반이 붕괴될 수 있다.

(3) 스태그플레이션

① 실업률과 인플레이션이 상호 정(+)의 관계를 가지고 상승하는 현상을 의미한다.

② 1970년대 많은 국가에서 석유파동으로 인한 경제침체가 지속되자 인플레이션도 높아지고 실업률도 높은 기이한 현상이 일어났다. 이와 같이 경기가 침체(Stagnation)하여 경제가 위축되고 실업률이 높지만, 인플레이션(Inflation)이 진정되지 않고 오히려 심화되는 상태를 스태그플레이션이라 한다.

③ 스태그플레이션이 발생하게 되면 물가와 실업률이 동시에 상승하기 때문에 억제재정정책만을 사용해서는 큰 효과를 낼 수 없어 정부에서는 억제재정정책과 더불어 임금과 이윤, 가격에 대해 특정한 지시를 하여 기업과 노동조합을 견제하는 소득정책을 동반 사용한다.

출제 예상 문제

1 X재에 부과되던 물품세가 단위당 t에서 2t로 증가하였다. X재에 대한 수요곡선은 우하향하는 직선이며, 공급곡선은 수평일 때 다음 설명 중 옳은 것은?

① 조세수입이 2배 증가한다.

② 조세수입이 2배보다 더 증가한다.

③ 자중손실의 크기가 2배 증가한다.

④ 자중손실의 크기가 2배보다 더 증가한다.

TIP 물품세가 단위당 t에서 2t로 증가하면 거래량이 감소하므로 조세수입은 2배보다 적게 증가하며, 자중손실의 크기는 4배로 증가한다.

2 X재만 판매하는 A기업이 가격을 20% 인상하였더니 매출액이 10% 감소하였다. 다음 설명 중 옳은 것은?

① 판매량이 10% 감소하였다.

② 수요의 가격탄력성은 0.1이다.

③ 수요의 가격탄력성은 0.5이다.

④ 수요의 가격탄력성은 1보다 크다.

TIP 가격을 인상했는데 매출액이 감소한다면 가격 인상보다 판매량이 더 크게 감소하였기 때문으로 수요의 가격탄력성은 1보다 크다.

Answer 1.④ 2.④

3 이상기후 현상으로 인해 명태 어획량이 감소하고 명태를 사용한 음식이 건강에 좋다는 인식이 확산되었다. 이러한 현상이 명태 거래량과 명태 가격에 미치는 영향은?

① 명태 가격의 변화는 불확정적이지만 명태 거래량은 증가한다.
② 명태 거래량의 변화는 불확정적이지만 명태 가격은 상승한다.
③ 명태 거래량이 감소하고 명태가격은 상승한다.
④ 명태 거래량이 증가하고 명태가격은 하락한다.

> **TIP** 명태 어획량의 감소는 공급곡선의 좌측이동을 나타내며, 명태에 대한 긍정적 인식은 수요곡선의 우측이동을 나타낸다. 그 결과 명태의 가격은 분명하게 상승하지만 거래량의 변화는 확실하게 알 수 없다.

4 동근의 선호는 효용함수 U=min(X,Y)로 표현된다. X재의 가격이 하락할 때, 효용을 극대화하는 동근의 소비변화에 대한 설명 중 옳은 것은?

① X재의 소비를 증가시킬 것이다. 이 때 소득효과와 대체효과는 같은 방향으로 작용한다.
② X재의 소비를 증가시킬 것이다. 이 때 소득효과와 대체효과는 반대 방향으로 작용한다.
③ X재의 소비를 증가시킬 것이다. 이 때 소득효과만 존재한다.
④ X재의 소비를 증가시킬 것이다. 이 때 대체효과만 존재한다.

> **TIP** 주어진 효용함수에 의하면 X재와 Y재는 완전보완재이므로 가격비율이 바뀌더라도 대체효과가 발생하지 않는다.

5 다음 중 시장 가격이 가지는 기능으로 보기 어려운 것은?

① 정보전달 역할   ② 자원배분 기능
③ 가격의 탄력성 유지   ④ 경제활동의 동기 부여

> **TIP** 가격은 우선 경제주체들에게 정보를 전달하는 신호의 역할을 한다. 생산자와 소비자가 무엇을 얼마나 생산하고 구매할 것인지를 결정하는 데 필요한 정보를 제공하여 가격의 높고 낮음은 소비자가 그 상품을 얼마나 원하고 있는지, 그리고 생산자가 그 상품을 생산하는 데 얼마나 많은 비용이 드는지에 관한 정보를 전달해 준다. 또한 생산을 통해 기업이 얼마나 이익을 얻을 수 있는지에 대한 정보도 제공한다. 가격은 또한 경제활동의 동기를 제공하고 자원을 자율적으로 배분하는 기능을 한다. 어떤 상품의 가격이 상승한다는 것은 그 상품을 생산하는 기업에게 더 많이 생산할 동기를 부여하고 다른 사람에게 새롭게 그 상품의 생산에 참여할 유인을 제공하기도 한다.

Answer   3.②   4.③   5.③

6 다음 중 수요의 탄력성에 대한 설명으로서 가장 타당하지 못한 것은?

① 가격탄력성이 1보다 크면 가격이 오를 때 그 재화에 대한 지출금액이 증가한다.

② 그 재화를 대체할 수 있는 재화들이 많을수록 가격탄력성은 높아진다.

③ 소득탄력성이 양(+)일 경우 그 재화를 정상재라고 한다.

④ 두 재화 수요의 교차탄력성이 양(+)이면 두 재화는 상호 대체관계에 있다.

TIP 가격탄력성이 1보다 크면 가격이 오를 때 그 재화에 대한 지출금액은 감소한다.

7 탄력성에 대한 설명 중 틀린 것은?

① 가격 변동비율에 대한 수요량 변동비율을 수요의 가격탄력성이라 한다.

② 일반적으로 탄력적인 상품은 생필품이며 비탄력적인 상품은 기호품이나 사치품이다.

③ 화훼는 비싸면 구매하지 않아도 별 문제가 없기 때문에 가격의 변화에 수요량이 민감하게 반응한다.

④ 생필품인 쌀은 싸다고 많이 먹을 수 없기 때문에 가격의 변화에 수요량이 크게 변동하지 않아 비탄력적이라 할 수 있다.

TIP 일반적으로 탄력적인 상품은 기호품이나 사치품이며 비탄력적인 상품은 생필품이다.

※ 수요의 가격탄력성

ⓐ **개념** : 가격 변화에 대해 수요량이 어느 정도 반응하는가를 나타낸 지표로 가격 변동비율에 대한 수요량 변동비율의 절댓값을 의미한다. 일반적으로 탄력적인 상품은 기호품이나 사치품, 비탄력적인 상품은 생필품이며, 기호품인 화훼는 비싸면 구매하지 않아도 별 문제가 없기 때문에 가격의 변화에 수요량이 민감하게 반응한다. 따라서 탄력적이라 할 수 있으며, 반면에 생필품인 쌀은 싸다고 많이 먹을 수 없기 때문에 가격의 변화에 수요량이 크게 변동하지 않아 비탄력적이라 할 수 있다. 가격탄력성이 비탄력적인 농산물은 가격이 낮아져도 수요량이 크게 증가하지 않아, 과소·과잉생산 시 가격이 큰 폭으로 등락할 우려가 있다.

ⓑ 수요의 가격탄력성 $= \dfrac{\text{수요량변화율}}{\text{가격변화율}}$

Answer 6.① 7.②

8 다음 중 수요의 소득탄력성에 대한 내용으로 틀린 것은?

① 소득의 변화에 대해 수요량이 어느 정도로 민감하게 반응하는가를 나타낸 지표를 수요의 소득탄력성이라 한다.

② 수요의 소득탄력성은 $\dfrac{수요량의\ 변화율}{소득의\ 변화율}$ 로 나타낸다.

③ 정상재는 소득 탄력성의 지수가 0보다 큰 것을 말한다.

④ 소득탄력성이 높은 품목을 판매할 경우 저소득층을 대상으로 해야 한다.

TIP 소득탄력성이 높은 품목을 판매할 경우 고소득층을 대상으로 해야 하며, 소득탄력성이 낮은 품목은 저소득층이 대상이 되어야 한다.

9 수요의 교차탄력성에 대한 내용으로 적절하지 못한 것은?

① 어떤 상품의 가격 변동률에 대한 다른 상품의 수요량 변동률을 나타낸 값을 수요의 교차탄력성이라 한다.

② 교차탄력성의 성질에 따라 대체재와 보완재가 있다.

③ 돼지고기와 상추는 보완관계에 있다.

④ 미국 오렌지가 풍년으로 가격이 낮아지면 제주 한라봉의 수요 증가가 예상된다.

TIP 미국 오렌지와 제주 한라봉은 대체재 관계에 있다. 즉 수요의 교차탄력성이 양(+)인 경우로 미국 오렌지 작황이 풍년으로 가격이 하락하면 제주 한라봉 수요는 줄어들 것으로 예상된다. 따라서 한라봉의 출하량과 시기를 조절해야 할 것이다.

10 가격이 1,000원일 때 수요량이 5만 개이고, 가격이 1,100원일 때 수요량이 4만 8천 개일 경우 이 상품수요의 가격탄력성은 얼마인가?

① 0.1

② 0.4

③ 1

④ 2.5

TIP 가격탄력성 $= \dfrac{2,000}{100} \times \dfrac{1,000}{50,000} = 0.4$

Answer 8.④ 9.④ 10.②

11 소비자의 재화 X에 대한 수요곡선을 이동시키는 요인이 아닌 것은?

① X재의 가격변화

② 소비자의 소득변화

③ 대체재의 가격변화

④ 보완재의 가격변화

TIP X재의 가격변화는 수요곡선상의 이동을 가져온다.

12 어떤 소비자가 사과의 가격변화에 관계없이 매달 일정한 액수의 금액을 사과의 소비에 지출한다고 하자. 이 소비자의 경우 사과가격에 대한 사과수요의 점탄력성은?

① 0

② 0보다 크고 1보다 작다.

③ 1

④ 무한대

TIP 가격변화에 관계없이 한 재화에 대한 지출액이 일정하게 유지되기 위해서는 가격탄력성이 1로 일정해야 한다.

13 최근 전 세계적인 농산물의 가격 상승, 즉 애그플레이션(agflation)이 일어나고 있다. 이러한 현상의 원인에 대한 가설로 보기 어려운 것은?

① 일부 국가들의 농산물 사재기

② 개량된 신품종 곡물의 대량생산

③ 이상 기온으로 인한 농산물 흉작

④ 원유가격 상승으로 인한 바이오연료에 대한 수요 증가

TIP 개량된 신품종 곡물의 대량생산은 공급을 증가시켜 가격을 떨어뜨리는 요인으로 작용한다.

Answer 11.① 12.③ 13.②

14 다음 (   ) 안에 들어갈 알맞은 것은?

> 어떤 담배의 가격을 2,000원에서 2,500원으로 올렸을 때 담배 판매량이 1,000갑에서 600갑으로 떨어졌다고 한다. 이 담배의 수요의 가격 탄력성은 (A   )이며, 가격인상 후 담배 판매수입은 (B   )한다.

① (A) 비탄력적, (B) 증가   ② (A) 비탄력적, (B) 감소

③ (A) 탄력적, (B) 증가   ④ (A) 탄력적, (B) 감소

> **TIP** 어떤 담배의 가격을 2,000원에서 2,500원으로 올렸을 때 담배 판매량이 1,000갑에서 600갑으로 떨어졌다고 한다. 이 담배의 수요의 가격 탄력성은 탄력적이며, 가격인상 후 담배 판매수입은 감소한다.

15 수요, 공급에 대한 다음 설명 중 가장 옳지 않은 것은?

① 어떤 상품에 대한 수요가 증가하고 공급이 감소하면 균형가격은 증가한다.
② 수박값이 오르면 대체재인 참외의 수요는 증가한다.
③ 수요는 소비자가 특정 상품을 구입하고자 하는 사전적인 욕망이다.
④ 소득이 증가하면 상품수요곡선은 항상 오른쪽으로 이동한다.

> **TIP** 소득이 증가할 때 정상재의 수요곡선은 오른쪽으로 이동하지만 열등재의 수요곡선은 왼쪽으로 이동한다.

16 사과에 대한 수요의 가격탄력성은 0.8이며, 소득탄력성은 0.4라고 한다. 그리고 사과에 대한 수요가 바나나 가격의 변화에 보이는 교차탄력성은 0.4라고 한다. 이제 사과 가격이 1%, 소득이 2%, 바나나 가격이 2% 상승한다고 할 때 사과수요량의 변화율(%)은?

① -0.4   ② -0.8

③ +0.4   ④ +0.8

> **TIP** 가격탄력성 = 가격 1% 상승시 수요량 0.8% 감소
> 소득탄력성 = 소득 1% 증가시 수요량 0.4% 증가하므로 소득 2% 증가에 따라 0.8% 증가
> 교차탄력성 = 바나나 가격 1% 상승시 사과수요량 0.4% 증가하므로 바나나가격 2% 증가에 따라 0.8% 증가

Answer   14.④ 15.④ 16.④

17 열등재일 경우 소득탄력성의 크기는 어떻게 되는가?

① 0보다 작다.

② 1보다 작다.

③ 0과 1 사이이다.

④ 1보다 크다.

TIP 열등재일 경우 소득탄력성의 크기는 0보다 작다.

18 고추와 배추는 보완재이다. 고추의 가격이 상승할 때 배추에 대한 수요 및 가격의 변화는?

① 수요 증대, 가격 상승

② 수요 증대, 가격 하락

③ 수요 감소, 가격 상승

④ 수요 감소, 가격 하락

TIP 고추와 배추는 보완재이므로 고추의 가격이 상승할 때 배추에 대한 수요가 감소하고 가격은 하락한다.

19 커피의 가격이 상승하는 경우 커피의 대체재인 녹차의 수요변화를 가장 잘 나타낸 것은?

① 녹차의 수요곡선을 따라서 좌상의 한 점이 우하의 다른 한 점으로 이동한다.

② 녹차의 수요곡선을 따라서 우하의 한 점이 좌상의 다른 한 점으로 이동한다.

③ 녹차의 수요곡선 자체가 오른쪽으로 이동한다.

④ 녹차의 수요곡선 자체가 왼쪽으로 이동한다.

TIP 커피 가격의 상승으로 커피 소비가 감소하면 대체재인 녹차의 소비는 증가하므로 녹차의 수요곡선 자체가 오른쪽으로 이동한다.

Answer 17.① 18.④ 19.③

20 어떤 시장에서 재화의 가격이 상승하면서 동시에 거래량이 증가했다. 이 재화가 정상재일 경우 이러한 변동을 가져올 수 있는 것은?

① 그 재화와 대체관계에 있는 재화의 가격상승

② 그 재화와 보완관계에 있는 재화의 가격상승

③ 그 재화의 생산에 투입되는 요소의 가격상승

④ 그 재화의 생산에 투입되는 요소의 가격하락

TIP 재화의 가격이 상승하면서 동시에 거래량이 증가하는 경우는 수요곡선이 오른쪽으로 이동할 때이다. 그 재화와 대체관계에 있는 재화의 가격상승은 수요곡선을 오른쪽으로 이동시킨다.

21 쌀 가격에는 변함이 없는데 시장에서 판매량이 감소하였다. 쌀과 밀, 보리가 대체관계에 있다고 가정할 경우, 이 같은 현상이 나타나게 된 원인으로 가장 적절해 보이는 것은?

① 쌀 풍작 + 쌀과자 선호도 증가   ② 쌀 풍작 + 밀, 보리 흉작

③ 쌀 흉작 + 북한에의 쌀 지원   ④ 쌀 흉작 + 밀, 보리 선호도 증가

TIP 쌀 가격에는 변함이 없는데 시장에서 판매량이 감소하기 위해서는 수요곡선과 공급곡선이 모두 왼쪽으로 이동해야 한다.

22 어느 상품의 수요곡선은 P=6-2Q, 공급곡선은 P=3+Q와 같다고 한다. 다음 중 균형가격과 소비자잉여의 크기를 올바르게 계산한 것은?

① 균형가격 = 5, 소비자잉여 = 0.5

② 균형가격 = 4, 소비자잉여 = 1

③ 균형가격 = 4, 소비자잉여 = 0.5

④ 균형가격 = 3, 소비자잉여 = 1

TIP $P=6-2Q$, $P=3+Q$
$6-2Q=3+Q$
$Q=1$(소비자 잉여)
$P=4$(균형가격)

Answer 20.① 21.④ 22.②

23 정부가 노동자 보호를 위하여 최저임금제도를 실시하기로 결정하였다. 이때 정부가 책정한 최저임금 수준이 노동시장의 균형임금 수준보다 낮게 책정되어 있을 때 나타날 수 있는 효과는?

① 실업을 유발한다.

② 임금수준을 상승시킨다.

③ 물가를 상승시킨다.

④ 노동시장에 아무런 영향을 주지 못한다.

TIP 최저임금이 시장의 균형임금보다 낮은 수준에서 결정되면 노동시장에 아무런 영향을 주지 못한다.

24 수요가 가격에 대해 대단히 탄력적인 상품에 물품세를 부과한다면 수요가 가격 비탄력적인 경우와 비교하여 거래량과 가격이 어떻게 변하겠는가?

① 거래량이 크게 줄고 가격이 약간 상승한다.

② 거래량이 크게 늘고 가격이 약간 하락한다.

③ 거래량이 약간 줄고 가격이 크게 상승한다.

④ 거래량이 약간 늘고 가격이 크게 하락한다.

TIP 수요가 가격에 대해 대단히 탄력적인 상품에 물품세를 부과한다면 수요가 가격 비탄력적인 경우보다 거래량이 크게 줄고 가격이 약간 상승한다.

25 100원짜리 동전과 500원짜리 동전에 대한 소비자의 선호를 무차별곡선으로 나타내면 어떤 형태를 갖는가?

① 원점에 대하여 볼록한 곡선

② L자형

③ 우하향하는 직선

④ 직각쌍곡선

TIP 완전대체재의 무차별곡선은 우하향하는 직선의 형태이다.

Answer 23.④ 24.① 25.③

26 X재의 가격소비곡선이 수직일 때 수요의 가격탄력성은?

① 1

② 1보다 작다.

③ 0

④ 무한대

TIP 가격소비곡선이 수직이면 가격이 변해도 수요량은 변하지 않으므로 수요의 가격탄력성은 0이 된다.

27 다음 중 기펜재의 특징이 아닌 것은?

① 소득효과보다 대체효과가 더 크다.

② 수요법칙의 예외로 수요곡선이 우상향한다.

③ 기펜재는 모두 열등재에 해당한다.

④ 열등재라고 모두 기펜재인 것은 아니다.

TIP 기펜재는 대체효과보다 소득효과가 더 크다.

28 다음 중 완전보완재의 특징이 아닌 것은?

① 소득효과는 0이다.

② 가격소비곡선과 소득소비곡선이 원점에서 출발하는 직선이다.

③ 소득탄력성은 1이고 가격탄력성은 1보다 작다.

④ 무차별곡선이 L자 형태이다.

TIP 완전보완재는 대체효과가 0이므로 가격효과와 소득효과가 같다.

Answer   26.③   27.①   28.①

29 가격소비곡선이 우상향의 형태를 띠면 가격탄력성은 얼마인가?

① 가격탄력성은 1보다 크다.

② 가격탄력성은 1보다 작다.

③ 가격탄력성은 1이다.

④ 가격탄력성은 무한대이다.

TIP 가격소비곡선이 우상향의 형태를 띠면 가격탄력성은 1보다 작다.

30 같은 양의 외국산 마늘과 한국산 마늘에 대한 어떤 소비자의 만족도가 항상 동일할 경우, 외국산 마늘의 가격이 한국산 마늘의 가격에 비해 5% 싸다면 마늘에 대한 그 소비자의 수요는?

① 수요의 95%를 외국산에 의존한다.

② 수요의 55%를 외국산에 의존한다.

③ 수요의 5%를 외국산에 의존한다.

④ 수요의 전량을 외국산에 의존한다.

TIP 두 재화가 완전대체재이므로 약간이라도 값이 싼 외국산을 모두 소비하게 된다.

31 빵과 소주에 대한 두 가지 재화묶음이 있고 영세민들은 대개 소주에 대한 선호도가 높다고 가정하자. 정부가 영세민들의 쌀 소비를 증가시키기 위하여 쌀에 대한 현물보조, 쌀에 대한 가격보조, 현금보조 등 다양한 복지정책을 선택하고자 한다면 영세민에게 유리한 정책의 순서는?

① 현금보조 > 현물보조 > 가격보조

② 현물보조 > 현금보조 > 가격보조

③ 가격보조 > 현물보조 > 현금보조

④ 현금보조 > 가격보조 > 현물보조

TIP 복지정책에 있어서 영세민에게 유리한 정책 순서는 '현금보조 > 현물보조 > 가격보조'이고, 쌀 소비를 증가시키기에 유리한 정책 순서는 '가격보조 > 현물보조 > 현금보조'이다.

Answer 29.② 30.④ 31.①

32 다음 중 쇠고기의 소비량에 미치는 영향이 나머지와 다른 것은? (단, 닭고기, 돼지고기 등은 쇠고기와 대체재라고 가정한다.)

① 조류독감의 영향으로 닭고기에 대한 수요가 감소하고 쇠고기에 대한 수요가 증가하였다.
② 해외 돼지고기 가격의 상승으로 돼지고기의 수출이 증가하였다.
③ 농산물의 풍작으로 인해 사료가격이 하락하였다.
④ 광우병으로 인해 쇠고기 수입이 금지되었으나 쇠고기에 대한 수요는 변함이 없다.

TIP 광우병으로 인해 쇠고기 수입이 금지되어 국내의 쇠고기 공급이 감소하므로 쇠고기 소비량이 감소한다.

33 농산물의 공급과 수요에 대한 내용이다. 잘못 설명하고 있는 것은?

① 어떤 요인에 의하여 농산물의 공급이나 수요가 조금이라도 변화하면 그 가격은 매우 크게 변화되고 결과적으로 농산물 가격이 불안정하게 되는 것은 농산물의 불안정성이다.
② 농산물은 농지 및 가족노동의 고착성, 가격변화에 둔감하고 한번 파종하면 다음에 바꾸기 어렵기 때문에 공급의 비탄력성이 있다.
③ 농산물 수요의 가격탄력성이 탄력적인 이유는 농산물이 필수품인 경우가 많기 때문이다.
④ 소농경영이 지배적인 경우 농산물의 가격이 하락할 때 생산자는 오히려 증산하여 판매량을 늘려 가격하락에 따른 소득의 감소를 상쇄하려 하는 데 이를 궁박판매라 한다.

TIP 농산물 수요의 가격탄력성이 비탄력적인 이유는 농산물이 필수품인 경우가 많기 때문이다. 즉 다른 상품에 비해 대체재가 적은 것이 원인이며 자신이 섭취하는 식품에 대한 기호와 소비 패턴을 좀처럼 바꾸려 하지 않는 경향 때문이라 할 수 있다.

34 어떤 재화의 가격이 4% 하락할 때 수요는 5% 증가했다고 한다면 다음 중 맞는 것은?

① 이 재화에 대한 수요는 비탄력적이다.
② 소득이 증가할 때 이 재화에 대한 수요는 증가할 것이다.
③ 이 재화의 가격을 인상한다면 판매수입은 감소할 것이다.
④ 이 재화는 사치재이다.

TIP 수요의 가격탄력성이 1보다 크므로 이 재화의 가격을 인상한다면 판매수입은 감소할 것이다.

Answer 32.④ 33.③ 34.③

35 토마토케첩과 핫도그는 정상재이며 서로 보완재이다. 핫도그 원료인 밀가루 가격 인상에 따른 핫도그 가격 상승의 효과로 옳지 않은 것은?

① 토마토케첩의 균형가격 하락과 균형거래량 감소
② 핫도그의 균형가격 상승과 균형거래량 감소
③ 핫도그의 공급곡선 좌측이동
④ 토마토케첩의 공급곡선 좌측이동

TIP 토마토케첩의 수요곡선은 좌측으로 이동한다.

36 다음 중 바나나에 대해 완전비탄력적 가격탄력성과 완전비탄력적 소득탄력성을 갖고 있는 소비자는?

① 모든 소득을 바나나에만 사용하는 소비자
② 소득의 일정비율을 바나나에 사용하는 소비자
③ 매일 바나나를 일정량 소비하는 소비자
④ 가격이 조금만 상승하여도 바나나 소비를 중단하는 소비자

TIP 수요량의 변화가 없는 경우는 매일 바나나를 일정량 소비하는 소비자이다.

37 주류협회의 조사결과에 따르면 포도주 수요에 대한 가격탄력성은 1.5, 소득탄력성은 1.8인 것으로 추정되었다. 올해 국민소득이 5% 증가할 것으로 예상되는 가운데 포도주 생산업자는 생산비 상승을 감안하여 포도주 가격을 5% 인상시킨다면 포도주 수요량은 어떻게 변동할 것으로 예상되는가?

① 1.5% 증가   ② 1.8% 증가
③ 3.3% 증가   ④ 16.5% 증가

TIP 국민소득이 5% 증가 → 수요량은 x
소득탄력성이 1.8이므로 수요량의 변화율 5%를 곱하면 9%, 생산업자가 포도주 가격을 5% 인상하면 가격탄력성이 1.5이므로 가격의 변화율 5%를 곱하면 7.5%
9-7.5=1.5%

Answer 35.④ 36.③ 37.①

38 정부가 생산자를 보호하고 생산자들의 수입을 증대시키기 위해 최저가격을 도입하고자 한다. 이러한 정책의 효과에 관한 설명과 가장 거리가 먼 것은?

① 수요의 가격탄력성이 낮을수록 효과가 크다.
② 대체재가 많을수록 효과가 크다.
③ 소비자잉여가 감소한다.
④ 시장에서의 거래량은 감소한다.

TIP 대체재가 많을수록 수요의 가격탄력성은 커지므로 최저가격제의 효과는 작아진다.

39 정상재에 대한 무차별곡선의 설명으로 틀린 것은?

① 소비자에게 같은 수준의 효용을 주는 상품묶음의 집합을 그림으로 나타낸 것이다.
② 원점에서 멀어질수록 더 높은 효용수준을 나타낸다.
③ 기수적 효용개념에 입각하여 소비자의 선택행위를 분석하는 것이다.
④ 무차별곡선들을 모아 놓은 것을 무차별지도라고 부른다.

TIP 무차별곡선은 서수적 효용에 입각한 개념이다.

40 무차별곡선에 대한 다음 설명 중 가장 옳지 않은 것은?

① 일반적으로 원점에 대해 볼록한 형태를 갖는다.
② 두 재화간의 대체가 어려울수록 경사가 완만하게 볼록하다.
③ 무차별곡선은 서로 교차하지 않는다.
④ 무차별곡선상의 모든 상품묶음은 소비자에게 동일한 만족을 준다.

TIP 두 재화간의 대체가 쉬울수록 경사가 완만하게 볼록하다.

Answer 38.② 39.③ 40.②

41 다음 설명 중 옳지 않은 것은?

① 한 소비자가 소비하는 모든 재화가 사치재일 수는 없다.

② 한 소비자가 소비하는 모든 재화가 열등재일 수는 없다.

③ 두 재화가 완전대체재일 때 무차별곡선은 기울기가 −1인 직선이다.

④ 두 재화가 완전보완재일 때 무차별곡선은 L자 모양을 갖는다.

TIP 두 재화가 완전대체재일 때 무차별곡선은 직선이지만 기울기가 −1일 경우만 있는 것도 아니다.

42 정부가 경기침체를 완화하기 위해 저소득층에게 동일한 규모의 현금, 현물, 가격으로 보조할 경우 효용의 크기를 바르게 나열한 것은?

① 현금보조 ≥ 현물보조 > 가격보조

② 현금보조 < 현물보조 ≤ 가격보조

③ 현금보조 > 현물보조 > 가격보조

④ 현금보조 = 현물보조 < 가격보조

TIP 동일한 규모의 현금, 현물, 가격으로 보조할 경우 효용의 크기는 '현금보조 ≥ 현물보조 > 가격보조'이다.

43 수요에 영향을 주는 요인이 아닌 것은?

① 재화 가격   ② 소득 수준 변화
③ 선호도 변화   ④ 생산 기술 변화

TIP ④ 생산 기술이 변화되면 기술을 개발로 생산성이 향상되어 상품의 공급이 증가하여 공급의 변동이 나타난다. 특정 상품의 수요에 영향을 주는 요인을 수요 결정 요인이라고 하며 수요를 결정하는 요인은 복합적이나 일반적으로 소비자들이 수요에 영향을 미치는 것을 살펴보면 재화의 가격, 소득 수준, 소비자의 선호도 변화 등이 있다.

Answer   41.③ 42.① 43.④

44 다음의 ㉠㉡이 각각 가리키는 것은?

> • 가격의 하락이 소비자의 실질소득을 증가시켜 그 상품의 구매력이 높아지는 현상으로 이것은 마치 소득이 높아져 수요가 증가되는 현상과 비슷하기 때문에 ㉠이라 불린다.
> • 실질소득에 영향을 미치지 않는 상대가격 변화에 의한 효과를 말한다. 연필과 샤프 두 가지 상품 중에서 샤프의 값이 내려가면 그 동안 연필을 이용하던 사람은 샤프를 사게 된다. 이처럼 실질소득의 변화가 아닌 상대가격변화의 변화에 따라 다른 비슷한 용도의 물건으로 수요가 늘어나는 현상을 ㉡이라 한다.

	㉠	㉡
①	소득효과	대체효과
②	배블런효과	대체효과
③	대체효과	소득효과
④	탄력성효과	대체효과

TIP ㉠은 소득효과라 하며, ㉡은 대체효과이다.
㉠ 소득효과(Income Effect)는 가격의 하락이 소비자의 실질소득을 증가시켜 그 상품의 구매력이 높아지는 현상을 말한다. 이것은 마치 소득이 높아져 수요가 증가되는 현상과 비슷하기 때문에 소득효과라 불린다.
㉡ 대체효과(Substitution Effect)란 실질소득에 영향을 미치지 않는 상대가격 변화에 의한 효과를 말한다. 연필과 샤프 두 가지 상품 중에서 샤프의 값이 내려가면 그 동안 연필을 이용하던 사람은 샤프를 사게 된다. 이처럼 실질소득의 변화가 아닌 상대 가격변화의 변화에 따라 다른 비슷한 용도의 물건으로 수요가 늘어나는 현상을 대체효과라 부른다.

45 공급에 영향을 주는 요인이라 할 수 없는 것은?

① 생산기술 변화
② 공급자 수
③ 공급자의 기대나 예상 변화
④ 재화가격

TIP ④ 공급에 영향을 미치는 요인은 가격 이외의 요인들로 공급자 수, 생산 비용의 변화, 생산기술 변화, 공급자의 기대나 예상 변화 등이 있다. 재화가격은 수요에 영향을 미치는 요인이다.

46 어떤 경제 활동과 관련하여 다른 사람에게 의도하지 않은 혜택이나 손해를 가져다주면서도 이에 대한 대가를 받지도 않고 비용을 지불하지도 않는 상태를 의미하는 것은?

① 독점

② 담합

③ 외부효과

④ 공유자원

TIP ③ 어떤 경제 활동과 관련하여 다른 사람에게 의도하지 않은 혜택이나 손해를 가져다주면서도 이에 대한 대가를 받지도 않고 비용을 지불하지도 않는 상태를 외부효과라 한다. 외부효과는 외부경제와 외부비경제로 구분된다.
경제활동 과정에서 발생하는 외부효과(External Effects)는 시장실패 원인이 된다. 어떤 경제주체의 행위가 본인 의도와 관계없이 다른 경제주체에게 영향을 미치지만 이에 대해 어떠한 대가를 요구하거나 비용을 지불하지 않는 경우 외부효과가 발생하며, 외부효과에는 해로운 것과 이로운 것이 있다. 해로운 외부효과를 외부불경제라 부르며, 자동차의 배기가스나 소음, 공장의 매연이나 폐수 등이 여기에 해당한다. 반대로 이로운 외부효과를 외부경제라 한다.

47 다음 중 시장 실패의 원인으로 볼 수 없는 것은?

① 독점기업 출현

② 공공재의 무임 승차자 문제

③ 외부효과

④ 편익원칙

TIP ④ 편익원칙이란 각 납세자가 정부가 제공하는 서비스로부터 얻는 혜택만큼 세금을 내야 한다는 것으로 시장 실패와는 거리가 있다. 소비자들과 생산자들이 자유롭게 경쟁하는 시장에서는 수요와 공급의 원리에 의해 시장 가격이 형성되는데 이처럼 시장 가격은 자원의 희소성을 효율적으로 배분하는 역할을 한다. 그러나 독점기업, 공공재의 무임승차 등이 일어나면 시장이 올바르게 작동하지 못하게 된다.

Answer 46.③ 47.④

48 다음 중 인플레이션에 대한 내용으로 잘못된 것은?

① 인플레이션은 물가 수준이 지속적으로 상승하는 현상으로 돈의 실제 가치가 올라간다.

② 디플레이션은 물가 수준이 지속적으로 하락하는 현상이다.

③ 스태그플레이션이란 경기가 침체하여 경제가 위축되고 실업률이 높지만, 인플레이션이 진정되지 않고 오히려 심화되는 상태를 말한다.

④ 소비자물가를 구성하는 품목 중에서 식료품이나 에너지처럼 가격이 급변동하는 품목들을 제외한 후 구한 물가상승률을 근원 인플레이션이라 부른다.

TIP 인플레이션이란 일반 물가 수준이 상승하는 현상을 말한다. 인플레이션은 돈의 가치가 갑자기 폭락해 화폐의 중요한 기능인 가치저장의 기능을 상실하게 되어 사회적으로 큰 혼란을 야기 한다. 일례로 물가가 오르게 되면 봉급생활자나 연금생활자와 같이 일정액을 가지고 생활하는 사람들은 급여나 연금이 뒤따라 오를 때까지 소득이 실제로 줄어드는 것과 같은 현상이 발생해 전보다 생활이 어려워진다. 또한 해당 국가의 통화가치 하락과 화폐 구매력의 약화현상을 가져오며, 고정소득자의 실질소득 감소와 국제수지 악화와 같은 부정적인 문제점이 나타난다.

49 다음에서 설명하는 이론은 무엇인가?

> • 농산물의 가격과 공급량의 주기적 관계를 설명하는 이론
> • 작년 2013년 오이 가격이 강세를 보이면 농민들은 올해 오이 생산을 크게 늘린다. 하지만 수요는 작년과 비슷하므로 가격은 폭락하게 된다. 내년에는 올해의 경험 때문에 오이재배는 줄어들고 가격은 다시 상승할 확률이 높다.

① 거미집 이론
② 한계생산 법칙
③ 대체율 이론
④ CTI 이론

TIP 거미집이론에 대한 설명이다 일반적으로 농산물의 생산기간은 짧게는 1개월에서 길게는 1년이 넘는 경우도 있다. 생산기간이 길수록 가격변화에 따라 즉각적인 공급조절이 어렵기 때문에 초과공급 또는 초과수요가 발생하게 된다. 장기적으로는 가격 폭락과 폭등을 반복하면서 새로운 정보를 바탕으로 적정한 생산량과 적정가격을 찾아간다는 것이 거미집 이론이다.

Answer 48.① 49.①

50 다음 중 희소성의 법칙이란 무엇인가?

① 모든 재화의 수량이 어떤 절대적 기준에 미달한다는 원칙이다.

② 몇몇 중요한 재화의 수량이 어떤 절대적 기준에 미달한다는 법칙이다.

③ 인간의 생존에 필요한 재화가 부족하다는 법칙이다.

④ 인간의 욕망에 비해 재화의 수량이 부족하다는 법칙이다.

TIP 희소성의 법칙은 무한한 인간욕망에 대하여 재화와 용역이 희소하기 때문에 경제문제가 발생한다는 법칙을 의미한다.

※ **희소성의 법칙**(law of scarcity) … 인간의 소비욕구는 무한한 반면, 이를 충족시키는 데 필요한 경제적 자원은 제한되어 있음을 희소성의 법칙이라고 한다(G. Cassel). 노동, 자본, 토지 등과 같이 생산과정에 투입되어 재화나 서비스로 변환될 수 있는 경제적 자원이 희소하기 때문에 제한된 자원을 어떻게 사용하는 것이 합리적인지에 관련된 선택의 문제에 직면하게 된다.

51 다음 중 탄력성에 관한 설명으로 옳은 것은?

① 가격이 1% 상승할 때 수요량이 4% 감소했다면 수요의 가격탄력성은 1이다.

② 소득이 5% 상승할 때 수요량이 1% 밖에 증가하지 않았다면 이 상품은 기펜재이다.

③ 잉크젯프린터와 잉크카트리지 간의 수요의 교차 탄력성은 0보다 작다.

④ 수요의 소득탄력성은 항상 0보다 크다.

TIP ③ 잉크젯프린터와 잉크카트리지는 따로 떨어져 사용할 수 없는 보완재이다. 어떤 재화의 가격 변화가 다른 재화의 수요에 미치는 영향을 나타내는 교차탄력성은 보완재의 경우 음의 부호를 기지기 때문에 수요의 교차 탄력성은 0보다 작다.

① 수요의 수요의 가격탄력성 $= \dfrac{\text{수요량 변화율(\%)}}{\text{가격 변화율(\%)}}$ 이므로 가격탄력성은 4이다.

② 기펜재는 X재의 가격이 하락하는 경우 X재의 수요량도 감소하는 재화이다.

④ 수요의 소득탄력성이 양수인 경우 두 재화는 정상재이고 소득탄력성이 음수인 경우 두 재화는 열등재이다.

농업생산의 경제이론

01 생산함수

❶ 농업생산

(1) 기업은 생산요소를 고용하여 생산물을 산출하고 이 과정에서 이윤을 획득하는 경영활동을 수행한다. 이 과정에서 최적생산 수준과 생산요소의 최적투입 수준에 대한 의사결정을 수행해야만 최적의 생산과정을 유지할 수 있다.

(2) 농업은 많은 생산요소(자원)를 생물적으로 결합하여 유용한 상품으로 생산해 내는 생물생산 과정이다.

(3) 농산물을 생산하기 위한 생산요소 중에서 희소성이 부족하여 경제적 가치가 없거나 태양광, 기상조건 등 생산자가 통제 불가능한 요소(기온, 강우량 등 기상조건)는 기술적으로는 아주 중요하지만 경제적으로는 다루지 않는다.

❷ 생산함수와 생산가능곡선

(1) 생산함수란 투입(input)과 산출(output)의 상관관계(기술적 관계)를 나타내는 함수를 말한다.

$$Q = f(K, L)$$

※ 생산물(Q), 자본(K), 노동(L)

(2) 생산의 단기와 장기

① 단기 ··· 고정요소와 가변요소가 모두 존재하는 기간으로 수확체감의 법칙이 나타난다.

② 장기 ··· 오직 가변요소만 존재하는 기간으로 규모에 대한 보수가 나타난다.

[생산과 관련된 개념]

구분	내용
생산	사회후생을 증대시키는 행위로 생산요소를 적절히 배합하여 유용한 재화나 서비스를 창출하는 것을 말한다.
생산요소	노동, 자본, 토지 등으로 구성된다. 단, 생산함수는 노동과 자본 두 생산요소만 사용된다고 가정한다.
생산함수	생산요소 등의 특정한 배합들에 의하여 생산될 수 있는 생산물의 최대 생산량(Q)을 나타낸다. $Q = F(K, L)$, K: 자본, L: 노동

(3) 생산가능곡선(Production Possibility Curve)

① **개념** … 생산가능곡선은 한 사회의 자원과 기술이 일정하게 주어져 있을 때 모든 자원을 가장 효율적으로 사용하여 생산할 수 있는 생산물의 조합들을 연결한 곡선이다. 일반적으로 천연자원의 발견, 기술의 진보, 노동력 증가, 교육수준의 향상 등의 요인처럼 생산능력이 향상되면 생산가능곡선이 이동을 하게 된다.

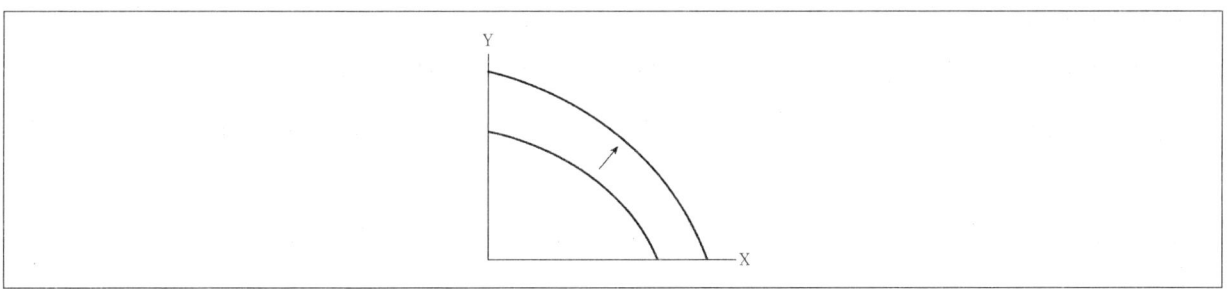

[생산가능곡선의 내부와 외부]

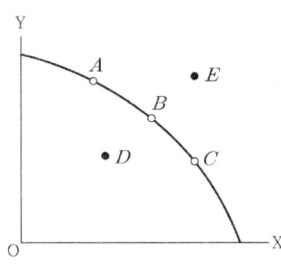

① 내부의 점 : 생산가능곡선 내부의 점(D)은 생산이 비효율적으로 이루어지고 있는 점이다. 만일 현재 생산가능곡선 내부의 한 점에서 생산하고 있다면 이는 실업이 존재하거나 일부 공장설비가 유휴상태에 있음을 의미한다.
② 외부의 점 : 생산가능곡선 바깥쪽의 점(E)은 현재의 기술수준으로 도달 불가능한 점을 나타낸다.
③ 생산가능곡선상의 A, B, C는 모두 생산이 효율적으로 이루어지는 점이다.

② 생산가능곡선의 이동

　　㉠ 기술의 진보 : 생산요소 부존량은 일정하더라도 기술진보가 이루어지면 생산 가능한 X재와 Y재의 수량
　　　　이 증가하므로 생산가능곡선이 이동한다.

　　㉡ 천연자원의 발견 : 생산 가능한 재화의 수량이 증가하므로 생산가능곡선이 바깥쪽으로 이동한다.

　　㉢ 노동력의 증가 : 인구의 증가, 여성의 경제활동참가율 상승, 새로운 인구의 유입 등이 이루어지면 노동력
　　　　이 증가하므로 생산가능곡선이 바깥쪽으로 이동한다.

　　㉣ 교육수준의 향상 : 교육 수준의 향상은 노동의 질 개선으로 노동의 생산성이 증가하여 결국 노동력의 증
　　　　가를 가져온다.

❸ 생산물과 수확체감의 법칙

(1) 총생산물과 평균 및 한계 생산물

① **총생산물**(TP) … 일정기간동안 생산된 재화의 총량으로 한계생산물의 총합과 같다.

② **평균생산물**(AP) … 생산요소 1단위당 평균적인 생산량으로 총생산물곡선의 한 점과 원점을 이은 직선의 기
울기이다.

③ **한계생산물**(MP) … 생산요소 1단위 투입증가에 따른 총생산물의 증가분으로 총생산물곡선의 한 점에서의
접선의 기울기이다.

구분	내용
총생산(TP ; total production)	$Y = f(x)$
평균생산(AP ; average production)	$\dfrac{Y}{X}$, $\dfrac{\text{생산물 생산량(총생산)}}{\text{생산요소 투입량(1단위당)}}$
한계생산(MP ; marginal production)	$\dfrac{\Delta Y}{\Delta X}$, $\dfrac{\text{산출량}}{\text{생산요소 1단위당 변화}}$

(2) 수확체감의 법칙

① 다른 생산요소의 투입량을 고정한 상태에서, 한 생산요소의 투입량을 일정한 크기로 증가시킬 때 추가적으
로 증가하는 생산량이 궁극적으로 감소한다는 원칙으로 생산의 제2단계에서는 반드시 수확체감의 법칙이
적용된다.

② 농산물 생산에서는 한계수입체감의 법칙이 작용한다. 어떤 작물의 고정된 재배면적에 대한 생산요소(종자,
비료 등)의 투입을 증가시키면 이에 따른 생산량의 증가분은 점차 줄어지게 된다는 것이다. 여기에서 얼마
나 많은 생산요소를 투입함으로써 이윤을 극대화시킬 수 있는지에 대한 의사결정이 필요하게 된다.

(3) 생산자 균형

① **등량곡선** … 같은 양의 재화를 생산할 수 있는 생산요소 투입량의 조합들로 구성된 곡선으로 일반적인 형태는 우하향하는 곡선이다.

② **한계기술대체율**(Marginal Rate of Technical Substitution) … 생산량을 변화시키지 않으면서 한 생산요소를 추가적으로 1단위 더 사용할 때 줄일 수 있는 다른 생산요소의 사용량을 말하며 항상 양(+)의 값으로 표현한다.

③ **등비용선** … 주어진 수준의 총지출에 의해 구입가능한 생산요소의 조합들로 구성된 선으로 일반적으로 우하향하는 직선의 형태를 가진다.

④ 생산자 균형은 등량곡선과 등비용곡선이 만나는 점에서 이루어진다. 생산자 균형점은 생산이 기술적·경제적으로 효율적인 상태를 나타낸다.

02 비용함수

① 비용의 종류

(1) 고정비용과 가변비용

생산비용은 고정비용(fixed costs : FC)과 가변비용(variable costs : VC)으로 구성된다.

① **고정비용** ··· 단기에서 기업이 사용하는 생산요소 중에는 고정되어 있는 요소(예를 들어 공장이나 기계, 최고경영자 등)가 있다. 이와 같이 고정되어 있는 생산요소를 고정요소라고 부르며, 고정요소로 말미암은 비용을 의미한다. 고정비용은 생산량의 변화와는 관계없이 일정하며, 심지어 일시적으로 조업을 중단해도 이 비용의 부담을 피할 수는 없다.

② **가변비용** ··· 조업률에 따라서 변화하는 생산요소(예를 들어 노동, 원료 등)를 가변요소라고 부르며, 가변요소로 말미암은 비용이다.

[총비용의 구성]

구분	내용
총 비용(TC ; Total Costs)	TC = TFC + TVC
총 고정비용(TFC ; Total Fixed Costs)	산출량에 따라 변하지 않는 비용
총 가변비용(TVC ; Total Variable Costs)	산출량에 따라 변하는 비용

(2) 명시적 비용과 암묵적 비용

① **명시적 비용**(explicit cost) ··· 기업의 직접적인 화폐지출(direct outlay of money)을 필요로 하는 요소비용을 말한다. 즉 다른 사람들이 가진 생산요소를 사용하는 대가로 지불하는 비용을 말한다.

② **암묵적 비용**(implicit cost) ··· 직접적인 화폐지출을 필요로 하지 않는 요소비용(input cost)을 말한다. 눈에 보이지 않는 비용, 즉 자신이 선택하지 않고 포기하는 다른 기회의 잠재적 비용을 말한다. 암묵적 비용에는 매몰비용(sunk cost)이 포함된다.

[명시적 비용과 암묵적 비용]

구분	내용	예
명시적 비용	• 외부에서 고용한 생산요소에 대해 지불한 비용을 말한다. • 실제로 비용지불이 이루어지므로 회계적 비용에 포함된다.	임금, 지대, 이자, 이윤
암묵적 비용	• 기업이 보유하고 있으면서 생산에 투입한 요소의 기회비용을 말한다. • 실제로는 비용지불이 이루어지지 않으므로 회계적 비용에 포함되지 않는다.	귀속임금, 귀속지대, 귀속이자, 정상이윤

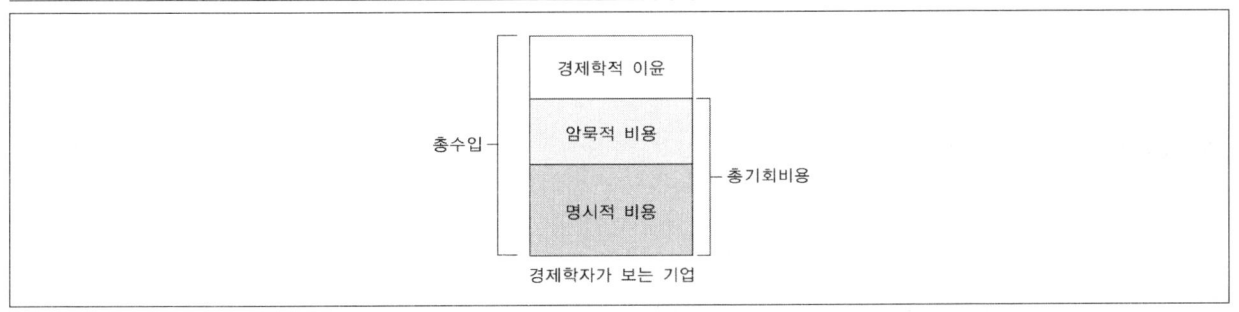

[이윤의 구분]

구분	내용
회계적 이윤(accounting profit)	총수입 − 명시적 비용
경제적 이윤(economic profit)	총수입 − 명시적 비용 − 암묵적 비용

(3) 기회비용과 매몰비용

① **기회비용(opportunity cost)** … 자원의 희소성으로 인하여 다수의 재화나 용역에서 가장 합리적인 선택을 하고자 어느 하나를 선택했을 때 그 선택을 위해 포기한 선택을 '기회비용'이라고 한다. 예를 들어 중요한 시험을 앞둔 학생들에게 공부와 관련된 행위를 제외한 자유시간이 2시간 정도 주어진다면 각자 하고 싶은 여러 가지 행위가 있을 것이다. 머리를 식히기 위한 오락, 부족한 수면을 위해 낮잠, 외부 체육 활동 등 여러 가지 행동이 있으나 가장 하고 싶은 행위가 낮잠이라면 나머지 포기해야 하는 활동이 체육활동과 오락이 기회비용이 되는 것이다.

② **매몰비용(sunk cost)** … 지출이 될 경우 다시 회수할 수 없는 비용을 의미한다. 기회비용이 하나를 선택함으로 인해 포기해야 하는 것 중에서 가장 큰 가치라면, 매몰비용은 일단 지출된 뒤에는 어떤 선택을 하던 다시 회수할 수 없는 비용이다. 보유한 주식의 주가가 계속해서 떨어지고 있음에도 불구하고 잃게 될 돈이 아까워 주식을 매도하지 못하는 경우가 매몰비용에 연연하여 합리적인 선택을 하지 못한 것이라 할 수 있다. 따라서 경제적 의사결정이나 선택을 내릴 때 되찾을 수 없는 매몰비용에 연연하는 것보다 과거로 묻어버리는 행동이 합리적이라 할 수 있다.

(4) 직접생산비용과 간접생산비용

우리나라의 직접생산비와 간접생산비의 구분은 직접 투입되었느냐 간접 투입되었느냐 또는 특정 농산물에 비용을 직접 부과할 수 있느냐 없느냐를 기준으로 삼고 다음과 같이 분리된다.

구분	내용
직접생산비	비료, 농약, 자재 등 소모성 투입재에 대한 비용 또는 직접 특정 작목에 계산하여 넣을 수 있는 비용
간접생산비	직접생산비를 제외한 모든 비용으로 주로 타 작목과 분담하여 계산하거나 생산요소(토지, 노동, 자본 등)에 대한 기회비용 등

❷ 농산물 생산비의 이해

(1) 농산물 생산비 결정요인

농산물 생산비는 생산에 투입된 생산요소 비용과 생산기술에 의해서 주로 결정된다.

① **토지용역비**(지대) ⋯ 토지용역비는 토지사용 대가로 지불되는 화폐 및 기타의 대가로 정의되는데, 이론적으로 토지용역비는 농지를 농사 아닌 다른 용도에 사용하여 얻을 수 있는 대가, 즉 기회비용으로 추정되는데 농지가격과 이자율에 의해서 구해진다. 이자율은 농업 외적인 요인에 의해서 결정되고, 지대는 농지가격에 의해서 주로 결정된다.

② **농업임금**(임금) ⋯ 경제개발연대 동안 계속되어 온 농촌으로부터 도시로의 지역 간 인구이동의 결과, 농촌노동력의 양적 감소와 함께 노령화로 상징되는 질적인 저하가 지속적으로 진행되어 왔다. 따라서 농촌의 임금도 지속적으로 상승해 왔다. 이 결과 농촌에서는 질 높은 젊은 노동력을 구하기가 무척 어려워졌다. 농업 이외의 다른 일자리를 찾지 못하는 노령층 노동력은 낮은 임금수준에서도 구할 수가 있지만, 일정한 기술수준을 요구하는 노동력은 보다 높은 임금수준을 지불하고서라도 구하기가 어렵다. 이에 따라 농촌 노동시장은 이중적인 구조를 보이고 있다.

③ **자본용역 비용**(이자) ⋯ 경제가 발전함에 따라서 노동력은 귀해지고 자본은 풍부해지는 생산요소 부존조건의 변화가 일어나고 있다. 이에 따라 값이 비싸진 노동력 투입을 줄이는 대신에 값 싸진 자본고용을 늘이는 방향으로의 농업구조 개선이 진행되고 있다. 이와 더불어 시설농업의 급증현상도 값비싼 토지를 값싼 자본으로 대체하는 농가들의 경제행위라고 볼 수 있다.

④ **생산기술** ⋯ 농업생산에 투입된 농지, 노동력, 자본재 등의 투입량에 따라 농업생산량의 크기가 결정된다. 그러나 생산요소 투입량만으로는 설명할 수 없는 생산량의 증가현상은 기술진보에 의한 것이다. 기술진보가 일어나면 같은 양의 생산요소를 투입하더라도 보다 많은 생산이 가능하므로 생산비도 당연히 감소하게 된다.

(2) 생산비의 종류

구분	내용
종묘비	해당 작물의 생산을 위하여 파종한 종자나 옮겨 심은 묘 등의 비용. 자급과 구입으로 구분
비료비	해당 작물의 생산을 위하여 투입된 무기질 비료 및 유기질 비료의 비용. 무기질과 유기질로 구분. 유기질은 자급과 구입으로 구분
농약비	해당 작물의 병충해 예방 및 구제에 투입된 농업용 약제의 비용
영농광열비	해당 작물의 생산을 위하여 사용한 기계동력재료, 가온재료, 광열재료, 전기료 등
기타재료비	해당 작물의 생산을 위하여 투입된 종자, 비료, 농업용 약제 및 영농광열재료를 제외한 기타의 모든 재료비. 자급과 구입으로 구분
농구비	해당 작물의 생산을 위하여 사용된 각종 농기구의 비용으로 대농구는 각 농기구별 비용부담률을 적용하여 감가상각비, 수선비 및 임차료를 산출하고, 소농구는 대체계산법을 적용하여 기간 중 구입액 전액을 포함. 대농구와 소농구로 구분. 대농구는 감가상각비와 수리유지임차료로 구분. 소농구는 자급과 구입으로 구분
영농시설비	해당 작물의 생산을 위하여 사용된 주택, 헛간, 창고 등의 비용으로 각 시설물별 비용부담률을 적용하여 감가상각비, 수선비 및 임차료를 산출. 감가상각비와 수리유지임차료로 구분
수리비	해당 작물의 생산을 위하여 사용된 수리구축물의 경상적인 수선비 및 감가상각비와 물을 사용하는데 든 비용 등. 감가상각비와 수리유지임차료로 구분
축력비	해당 작물의 생산을 위하여 사용한 자가 또는 임차 축력의 용역비용. 자가와 차용으로 구분
노동비	해당 작물의 생산을 위하여 투입한 노동력의 용역비용으로 고용임금 뿐만 아니라 자가노동력에 대한 평가액을 포함. 자가와 고용으로 구분
위탁영농비	해당 작물의 생산과 관련하여 일정구간 작업을 다른 사람에게 위탁한 경우의 그 비용
토지용역비	해당 작물의 생산을 위하여 사용된 토지에 대한 대가로, 임차토지에 대해서는 실제 지불한 임차비용을 적용하고, 자가토지에 대해서는 인근 유사토지의 임차료를 적용하여 평가한 비용. 자가와 임차로 구분
자본용역비	해당 작물의 생산을 위하여 기간 중 투입된 자본에 대한 이자로, 고정자본비용은 대농구, 영농시설물, 수리구축물 등 고정자산의 현재가에 농구별 또는 시설물별로 비용 부담률을 산출한 후 연이율 10%를 곱하여 계상하고, 유동자본비용은 조사기간 중 지출된 자본금액에 연이율 10%를 계상하되 기간평균비용으로 보아 산출계수 0.5를 곱하여 산출. 유동자본과 고정자본으로 구분

❸ 비용함수

(1) 단기비용함수

① 총비용(TC) = 총가변비용 + 총고정비용

② 평균비용(AC) = TC/Q

③ 한계비용(MC) = △TC/△Q

④ 비용과 생산의 관계

      ⊙ 평균가변비용과 평균생산의 관계 : $AVC = \dfrac{w}{AP(L)}$

      ⓛ 한계비용과 한계생산물의 관계 : $MC = \dfrac{w}{MP(L)}$

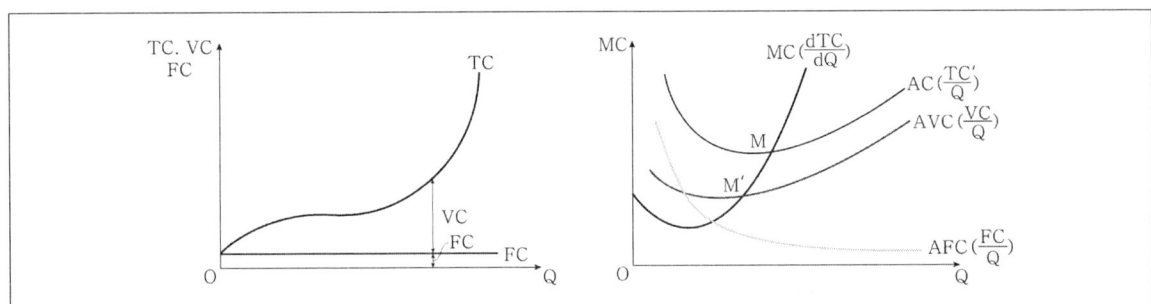

)ᐰTIP ∿∿∿∿∿∿∿∿∿∿∿∿∿∿∿∿∿∿∿

비용함수

  ⊙ 개념 : 비용함수는 생산량 증감에 따라 비용이 어떻게 변화하는지 알기 위한 함수를 말한다. 투입과 산출 관계에서 투입량을 결정하는 데는 일정한 범위가 있어, 적당한 투입량을 결정하는 것은 중요하다.

  ⓛ 구성

구분	내용
총비용(TC)	TFC+TVC : {총고정비용(TFC), 평균고정비용(AFC), 총유동비용(TVC), 평균유동비용(AVC)}
한계비용(MC)	1단위의 산출량을 더 생산하는데 소요되는 추가비용, 한계비용은 온전히 유동비용만으로 구성

(2) 장기비용함수

① **규모에 대한 수확불변**(Constant Returns to Scale) … 모든 생산요소의 투입량이 2배 증가하였을 때 생산량이 정확히 2배 증가하는 경우를 규모에 대한 수확불변이라고 한다.

② **규모에 대한 수확체증**(Increasing Returns to Scale)

      ⊙ 모든 생산요소의 투입량이 2배 증가하였을 때 생산량이 2배보다 더 크게 증가하는 경우를 규모에 대한 수확체증이라고 한다.

ⓛ 규모에 대한 수익체증의 경우는 분업화나 기술혁신 등으로 자연독점이 발생할 가능성이 있다.

③ **규모에 대한 수확체감**(Decreasing Returns to Scale)

　㉠ 모든 생산요소의 투입량이 2배 증가하였을 때 생산량이 2배보다 작게 증가하는 경우를 규모에 대한 수확체감이라고 한다.

　ⓛ 규모에 대한 수확체감은 기업의 방만한 운영에 따라 경영의 비효율성이 나타나는 경우 발생한다.

④ **규모의 경제**(economies of scale)

　㉠ 규모의 경제는 생산량이 증가할수록 생산비용이 감소하는 것을 말한다. 반대로 생산량이 증가할수록 생산비용이 증가하는 것을 규모의 불경제라고 한다.

　　• 규모가 작은 기업이 시장을 확대함에 따라 생산량을 증가시킨다.

　　• 기존의 조업형태에서 기술적인 혁신이나 비용절감의 유인의 발생으로 규모의 경제가 발생한다.

> **TIP**
>
> **규모의 경제**(economy of scale) … 규모의 경제는 산출량이 증가함에 따라 장기 평균총비용이 감소하는 현상을 말한다. 글로벌화를 통하여 선호가 동질화된 세계 시장의 소비자들을 상대로 규모의 경제를 실현할 수 있다.

　ⓛ 규모의 경제효과는 내부경제와 외부경제 효과 때문에 발생한다. 즉, 경영관리의 효율화, 대규모 설비의 경제성, 기계화, 신기술 도입 등 경영 내부 요인의 개선으로 일어나는 비용상의 유리성과 농자재(사료, 비료 등)의 대량구입과 농산물의 대량유통 등에 의해서 다른 부문에 지불되는 비용의 감소, 즉 기업 외부의 요인 때문에 일어나는 비용상의 유리성 때문에 규모가 커질수록 평균생산비가 감소하게 된다는 것이다.

> **TIP**
>
> 규모의 경제와 규모의 비경제

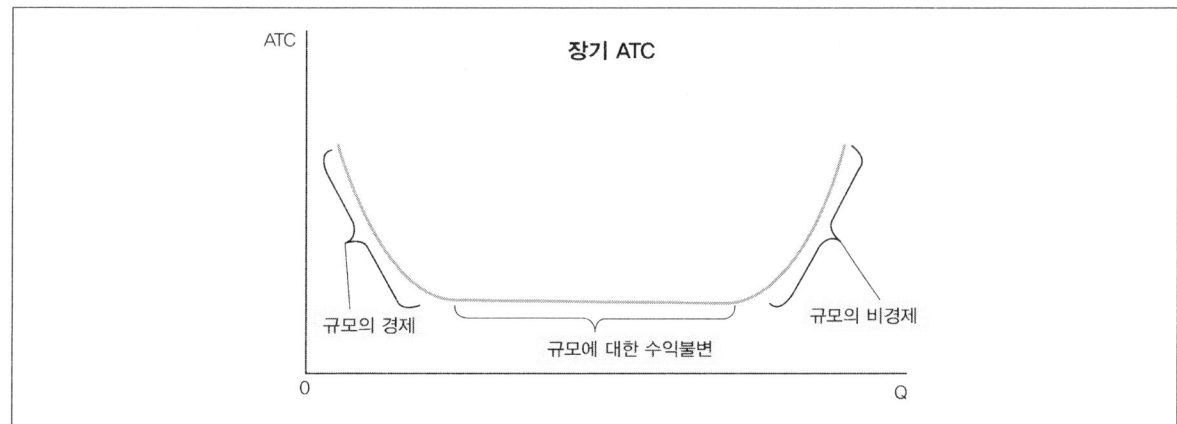

⑤ **범위의 경제**(economies of scope) ··· 범위의 경제는 동일한 생산요소를 가지고 1개의 기업이 2종류 이상의 재화를 생산함으로써 더 많은 생산이 가능하도록 하는 기술적 특성을 말한다.

ⓘ 기존에 가죽 지갑만 생산하던 A업체가 가죽 벨트도 생산하고자 한다.

ⓒ 동일한 생산요소를 투입하여 가죽 지갑만을 생산하던 A업체가 가죽 벨트도 생산한다면 범위의 경제가 발생한다.

ⓒ 범위의 경제 발생은 생산가능곡선을 원점에서 오목한 형태로 만들어 보다 생산량이 증가하는 결과를 가져온다. – 규모의 경제와 범위의 경제는 무관한 별개의 개념이므로 양자 사이에는 아무런 관계도 없다.

03 생산요소

❶ 농업생산요소

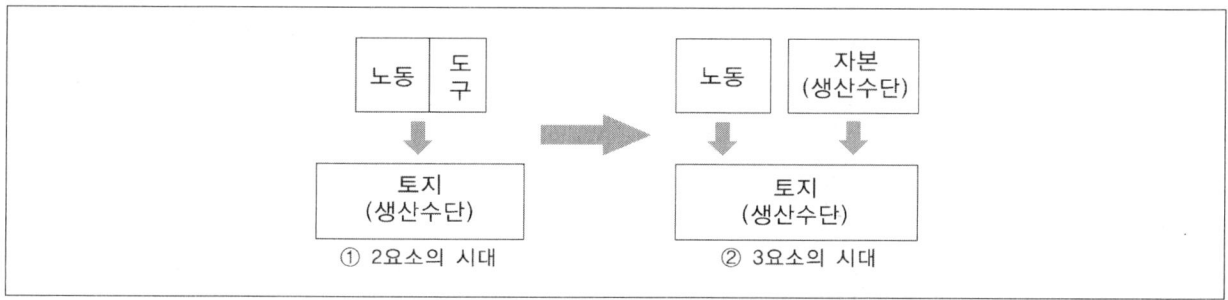

노동 / 도구	노동 / 자본(생산수단)
↓	↓ ↓
토지(생산수단)	토지(생산수단)
① 2요소의 시대	② 3요소의 시대

(1) 농업생산요소

① **농업생산요소** … 인간의 노동력, 노동의 대상인 토지, 자본

② **농지** … 농업은 타 산업보다 토지에 많은 영향을 받는 사업, 농지면적 축소

③ **농업노동** … 타 산업의 노동과 농업노동은 질적으로 차이

④ **농업자본** … 위험과 불확실성이 높아 자본투자수익률이 낮아 자본투입이 제한적

⑤ **기술** … 농업경영요소를 효율적으로 결합하여 생산성 향상

⑥ **정보** … 정보화 사회의 진전에 따라 또 하나의 경영요소로 인식

> **TIP**
>
> 한국 농업의 특징
> • 경영 및 가계의 미분리
> • 경영지의 산재
> • 노동집약적인 영세소농
> • 논농업 중심의 경종농업
> 농산물의 특성
> • 정부의 정책과 시장의 개입 또는 시장규제
> • 농산물에 대한 수요 및 공급의 가격 탄력성이 낮다.
> • 농업의 생산구조는 공업 생산과정에 비해서 생산확대가 제한적이다.

(2) 농지

① 농지는 소모되거나 감가 상각되지 않는 영구자원

② 농지의 경제적 특성

   ㉠ 이동할 수 없다

   ㉡ 인위적 면적 증가 곤란

   ㉢ 사용하여도 소멸하지 않음

   ㉣ 우리나라 총 경지면적은 전 국토면적의 17.5%('08년), 논과 밭의 이용면적 축소

   ㉤ **토지이용계획** : 농업경영계획의 목적은 고정자본 투자수익률 최대화(토지이용률)

   • 토양과 비옥도, 기후조건, 생산가능성과 잠재력을 평가→농산물의 상대가격과 기술수준을 고려하여 수익성이 높은 토지이용계획 수립→지력배양 위한 토지보전과 토지관리 노력, 장기적으로 토지보전이 수량증가

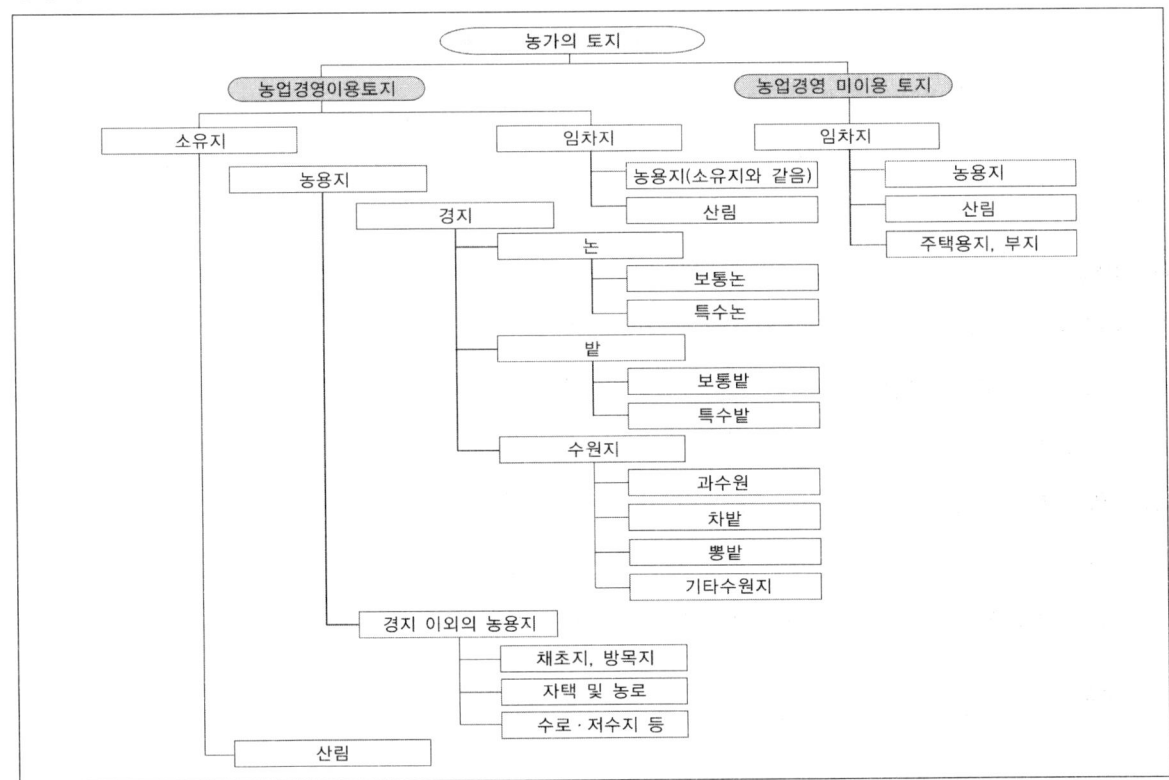

▶**TIP** ～～～～～～～～～～～～～～～～～～～～～～

농업의 특성

• 자연조건에 대한 의존도가 높다.

• 생산 환경 제어가 어려워 위험과 불확실이 불가피하다.

• 생물체는 유기적인 생식, 성장, 결실 과정을 거친다.

• 수직적, 수평적 분업과 전문화가 상대적으로 어려운 산업이다.

⑶ 농지소유의 장점

① 농지 활용 시 독자적인 의사결정

② 자금 융자 시의 담보물로 활용

③ 지가 상승 시 실물자산으로 자산가치의 보존에 유리

④ 경지의 안정적 이용으로 임차기간 연장의 불확실성 축소

⑷ 농지소유의 단점

① 타 경영요소보다 상대적으로 낮은 투자수익률에 투자

② 농지구입으로 인해 많은 자금 차입 시 자금압박

③ 경영규모의 제한

⑸ 농지임차의 장점

① 경영규모 확대 가능

② 농지구입 시 보다 자금에 대한 압박이 덜함

③ 운전자금을 더 많이 확보할 수 있음

④ 초보 농업경영인은 농지 소유한 자의 경험과 도움을 받을 수 있음

⑹ 농지임차의 단점

① 농지기반투자 회피

② 지가상승 시 자산증가 측면에서 소유보다 불리

③ 지력수탈의 가능성 높아 장기적으로 임차 농지의 생산성 저하

④ 임대차 계약으로 장기적인 경지이용의 불확실성 증대

❷ 토지의 소유 및 임차의 선택

(1) 토지의 소유와 임차 선택

① 농지소유의 장점

    ㉠ 경지의 안정적 이용으로 임차기간 연장의 불확실성 축소(경영규모의 축소)

    ㉡ 자금융자 시 담보물로 활용

    ㉢ 농지 이용 시 독자적인 의사결정

    ㉣ 지가 상승 시 실물자산으로 자산 가치 보존에 유리

② 농지소유의 단점

    ㉠ 농지구입으로 인해 많은 자금 차입 시 자금압박(원리금 상환 자금압박)

    ㉡ 다른 경영요소보다 상대적으로 낮은 투자수익률에 투자(지가상승 미 고려 시)

    ㉢ 경영규모의 제한(동원자본 한계, 규모의 경제를 제한, 평균비용 상승과 수익 감소)

③ 농지 임차의 장점

    ㉠ 운전자금을 더 많이 확보 가능

    ㉡ 초보 농업경영인은 농지 소유한 자의 경험과 도움을 받을 수 있음

    ㉢ 경영규모 확대 가능

    ㉣ 농지구입 시 보다 자금압박이 적음(임차료 적을 경우)

④ 농지임차의 단점

    ㉠ 임대차 계약으로 장기적인 경지이용의 불확실성 증대(→ 경영의욕 위축)

    ㉡ 농지기반투자 회피 → 토지여건이 상대적으로 취약

    ㉢ 지력수탈 가능성 높아 장기적으로 임차 농지의 생산성 저하

    ㉣ 지가상승 시 자산증가 측면에서 소유보다 불리

> **》TIP**
>
> 농업경영을 둘러싸고 있는 환경 조건
> - 경제적인 조건
>   −농장 및 시장과의 경제적인 거리
> - 자연적인 조건
>   −토지의 조건(수리, 토질 등)
>   −기상의 조건(일조, 온도, 바람 등)
> - 개인적인 사정
>   −소유 토지규모의 상태
>   −경영주의 능력
>   −자본력
>   −가족 수

- 사회적인 조건
  - 공업 및 농업의 과학기술 발달수준
  - 국민의 소비습관
  - 농업에 관련한 여러 가지 각종 제도

(2) 토지구입

① 토지감정법

　⊙ **시장자료법** : 감정하고자 하는 토지와 최근에 판매된 토지특성을 비교

　ⓒ **소득자본화법** : 토지에서 창출되는 미래소득의 흐름을 현재가치로 평가

$$V = \frac{P}{i}$$

V : 현재가치 $\qquad$ P : 미래소득 $\qquad$ i : 할인율

② 현금유동성 분석 … 토지가격의 결정방법이 아니라 토지구입가격에서 대부금에 대한 원금, 이자, 매년의 운영비용을 충족시킬 수 있는 충분한 현금흐름 존재여부 분석

> **TIP**
>
> **토지의 기술적인 특성**
> - **부양력** : 작물생육에 필요한 양분을 흡수하고 저장하는 특성을 말한다.
> - **적재력** : 작물이나 또는 가축 등이 생존하고 유지하는 장소를 말한다.
> - **가경력** : 작물이 생육할 수 있는 힘을 말하는데, 뿌리를 뻗게 하고 지상부를 지지 또는 수분이나 양분을 흡수하게 하는 물리적 성질을 말한다.
>
> **토지의 일반적(경제적)인 특성**
> - **불증성** : 자유로이 만들거나 쉽게 증가하기 어렵다. 토지소유의 독점성
> - **불멸성** : 사용에 의해 소멸하지 않으며, 양과 무게가 줄지 않아 감가상각이 없다.
> - **부동성** : 움직일 수 없는 성질, 지역성 즉 입지조건에 따라 크게 영향을 받는다.
>
> **토지의 경제적 및 자연적인 조건**
> - 지력
>   - 토양의 성질, 수리여건 및 비료성분 등에 의해 달라진다.
>   - 화학비료의 과다사용에 의한 산성토양 중화 및 내산성의 품종 개발이 중요하다.
>   - 제한된 범위에서 어느 정도의 인위적으로 개량 또는 향상시킬 수 있다.
> - **위치 및 교통** : 시장과의 경제적인 거리에 영향을 미친다.
> - **기후 · 지형 · 지세** : 농업생산의 지역적인 특성(지역특산물)은 기상조건과 밀접한 관계를 지닌다.

(3) 토지 임대차

① 임대차 계약은 서류로 작성

② 현금임대차(정액지불제)의 장점
  ㉠ 간편, 추가 의사결정 불필요
  ㉡ 임대인의 자유로운 운영 가능

③ 현금 임대차의 단점
  ㉠ 단기간의 현금임대차 계약 시 토지 황폐화
  ㉡ 지주는 임대토지에 건물/시설투자 소극적

④ 현물정률제 … 작물 생산량으로 임대료 지불

⑤ 현물정률제의 장단점
  ㉠ 임대료를 다양하게 결정(지주 불리, 임차인 유리)
  ㉡ 생산량 및 비용 할당으로 위험분산
  ㉢ 지주는 직간접적으로 작목 선택 등의 의사결정 통제
  ㉣ 자본요구량을 지주와 소작인이 분담
  ㉤ 신기술 도입의 비용과 소득의 할당에 논쟁여지 존재
  ㉥ 지주가 할당받은 농산물 저장고 외에 농장 내 다른 시설투자 없음

  ▶TIP
  농업에서의 토지 역할 및 종류
  • 농작업을 하는 사람은 토지가 터전이며 또한 기계작업 등의 기반이 된다.
  • 토지는 수분과 양분을 유지하고 작물의 성장에 필요한 수분과 양분을 제공한다.
  • 토지는 작물의 뿌리를 지탱하고 해당 생육의 장소를 제공한다.
  • 토지는 지렁이 같은 작은 여러 가지 미생물의 서식지이고, 이러한 미생물의 활동은 작물의 생육에 크게 영향을 미치게 된다.

❸ 농업노동

(1) 농업노동의 특징

① 경제와 농업이 발전할수록 농업노동 투입량은 점차 감소의 이유 … (농업노동력 공급측면) 농업종사자수 계속 감소, (수요측면) 영농 기계화와 신기술 도입으로 농작업의 필요 노동인력과 노동시간 감소

② 농업노동력은 시간과 날짜에 따라 연속적으로 행해진다(저장불가능성, 계절성).

③ 농번기에 집중되는 노동력 수요를 임시고용이나 품앗이, 두레 등으로 충족하며, 재배작물의 조합을 바꾸어 노동력 수요를 연중 고르게 분산

④ 노동력은 인적 요소이기에 인간적 요소를 고려하여 관리계획 수립

> **TIP**
>
> **노동력의 특징**
> • 이질적인 노동이 전후로 교체되어 분업이 곤란하다.
> • 노동에 대한 통제와 감독이 어렵다.
> • 노동의 시작과 종료, 진행속도 또는 소요시간을 자연이 결정한다.
>
> **노동력의 종류**
> • 고용 노동력 : 일정한 노동의 대가를 지불하고 얻는 노동
> • 가족 노동력 : 노동력 공급의 융통성, 부녀자의 영세한 노동력 적절한 활동, 노동력의 질적인 우수성
>
> **농업노동의 특성**
> • 농번기 및 농한기가 있기 때문에 노동력의 고용 시 일용직이나 또는 임시고용이 중심이 된다.
> • 공업과 같이 다수의 노동자를 조직한 체계적인 분업체제를 취하는 경우가 적다.
> • 생물의 생육에 걸맞게 한정된 기간 내에 작업을 진행하지 않으면 안 된다.
> • 생물의 종류 및 생육에 걸맞게 다종다양한 일을 능숙하게 처리하여야 한다.
> • 생물을 기르는 일은 그 성질상 대상을 매일 관찰하며 긴 시간 일의 흐름과 성과를 파악해야 한다.

(2) 농업노동의 종류

① 농업노동력은 가족 노동력과 고용 노동력으로 구분

② 농업생산은 주로 가족노동력 사용

③ 농업노동력은 고용기간에 따라 연중고용(1년 이상), 계절고용(1~2개월 농번기 고용), 1일 및 임시고용(하루를 단위로 계약), 위탁 영농(농작업의 과정을 위탁받아 보수 지급)으로 분류

(3) 농업노동의 합리적인 활용방안

① 고성능의 기계를 도입하고 활용한다.

② 작업그룹을 만들어서 협업 및 분업체계를 취해서 일을 진행한다.

③ 연간 노동이 평균화되도록 작물을 심는다.

④ 농한기를 활용해서 최신 농업기술의 습득 및 시장유통, 소비자 동향조사 등의 다음 해의 계획을 세운다.

❹ 우리나라 농업노동력

(1) 우리나라 농업노동력의 수급구조

① 80년대까지 농촌 노동력은 공급 초과→80년대 후반부터 도시화 산업화로 이농 가속, 농업 노임 급등, 노령화와 여성화→농업노동시간 축소

② 시설농업과 축산업 확대로 농한기가 줄고 벼농사의 기계화로 농업노동 수요가 차츰 계절적으로 평준화

③ 노동집약도[단위면적(10a)당 투입되는 농업노동시간]는 183hr('70) → 89hr('00) → 농업노동이 자본(기계화, 시설영농)으로 빠르게 대체

(2) 노동효율성 개선

① 단위노동당 생산물가치 $= \dfrac{\text{총 생산물 가치}}{\text{연중 투하량 환산}}$

연중 노동 투하량의 환산 $= \dfrac{\sum \text{개별 노동력의 농작업 참여 개월 수}}{12}$

※ 규모가 동일한 농장의 노동효율성 비교에 적합

② 단위 경작면적당 노동비용 $= \dfrac{\text{총 노동비용(가족 포함)}}{\text{경지면적}}$

③ 단위노동당 작업량 $= \dfrac{\text{필요한 총 작업량}}{\text{연간 작업인 수}}$

> **▶TIP**
> **농업노동력의 특성**
> • 가족노동력에 의존
> • 지속성
> • 연속성
> • 기회비용의 발생

❺ 농업자본

(1) 농업자본의 특징 및 종류

① 농업경영인은 노동을 투입하면서 농업경영 목적의 달성을 위해 보조수단으로 자본투입

② **자본재** … 종자, 비료, 농기계, 시설물 등 : 화폐로 환산 시 자본, 재산개념으로 자산

③ **고정자본** … 건물, 농기구, 가구, 가축 등 자본재, 토지개량이나 관개시설 개선을 위한 투자자본, 대형 농기계나 농업시설 등 노동생산성 향상자본, 가축이나 과목 등 유생고정자본

④ **유동자본** … 1회 사용으로 그 원형이 없어지고 가치가 생산물에 이전하는 것
  - 종자, 비료, 농약 등 원료로 사용되는 것, 농기계 유류, 비닐, 포장재 등 재료로 사용되는 것

⑤ **유통자본** … 현금/예금

> **▶TIP**
>
> **자본재** : 생산 수단으로써 활용되어지는 구체적인 재화
> - 생산재, 중간재, 공용재 등으로 불리고 있다.
> - 자본재는 고정자본재(농지기반 투자시설과 농기계, 장비 등)와 유동자본재(원료 및 재료 등)로 분류되어진다.
> ※ 자본재 관리
> - 비용절감 및 예상수익-추가투자로 인한 예상수익
> - 재고관리, 수선 및 유지관리, 감가상각을 위한 예산수립 및 자금확보
> - 비료, 농약, 사료, 종자, 농기계, 영농시설장비의 구입 및 관리

(2) 국내 농업자본 현황

① **우리나라 농업자본의 현황**
  - ㉠ **농지기반시설 투자** : 논 중심 농지기반에 많은 투자
    - 08년 총 논 면적의 80%가 수리답(83만 ha), 경지정리는 69%(72만 ha)
  - ㉡ **농기계와 시설장비** : 경운기, 트랙터, 이앙기, 양수기, 콤바인 등 보급
    - 벼농사의 기계화율은 농작업이 99%('01), 건조 제외, 전국평균
    - 도시근교와 평야지대 기계화율이 높음
  - ㉢ **원료 및 재료**
    - 화학비료 소비량은 90년대까지 증가 후 감소
    - 사료 공급량 7배 증가 : 346만 톤('70) → 2,454만 톤('09), 농후사료 18배 증가, 그 중 배합사료 30배 증가, 전체 사료 중 70% 정도를 수입 배합사료에 의존

② **농업자본의 관리**
  - ㉠ **영농자재관리** : 필요한 자재를 적절히 구입, 사용(적기 구입, 재고비용 고려)
  - ㉡ **농기계 관리** : 농기계 구입은 이용률과 가동률을 최대화, 구입은 고정비용

ⓒ 농기계에 투자된 자본은 기회비용을 가지는데, 기회비용은 다음의 이자율로 예측

- 이자 $= \dfrac{\text{비용} + \text{잔존가격}}{2} \times \text{기회비용 이자율}$

ⓒ 농기계 효율성

- 경작면적당 투자 $= \dfrac{\text{모든 농기계의 현재가치}}{\text{경작면적}}$, 임대나 중고 사용 시 낮다.

- 경작면적당 비용 $= \dfrac{\text{연간 총 농기계 비용}}{\text{경작면적}}$

ⓔ 농기계 구입 시 고려사항

- 농기계 작업효율성
- 수익증대 가능성
- 영농규모 적합성
- 농기계 내구성
- 구입과 임차 임대의 차이
- 농기계의 경제적 이용방법

▶TIP ∼∼∼∼∼∼∼∼∼∼∼∼∼∼

농어촌정비법 제9조(농업생산기반 정비사업 시행계획의 수립 등)

㉠ 농림축산식품부장관 또는 시·도지사는 농업생산기반 정비사업 기본계획 중 타당성이 있는 농업생산기반 정비사업에 대하여는 농업생산기반 정비사업 시행자를 지정하여야 한다.

㉡ 농업생산기반 정비사업 시행자는 농업생산기반 정비사업 기본계획에 따라 사업을 하려면 해당 지역에 대한 세부 설계를 하고, 농업생산기반 정비사업 시행계획을 세워야 한다.

㉢ 농업생산기반 정비사업 시행자는 농업생산기반 정비사업(저수지의 개수·보수 등 농림축산식품부령으로 정하는 농업생산기반 개량사업은 제외) 시행계획을 공고하고, 토지에 대한 권리를 가지고 있는 자에게 열람하도록 한 후 3분의 2 이상의 동의를 받아야 한다.

㉣ 농업생산기반 정비사업 시행자는 농림축산식품부령으로 정하는 특수한 사유로 인하여 동의를 받을 수 없는 경우에는 그 지역 수혜면적(受惠面積)의 3분의 2 이상에 해당하는 토지 소유자의 동의를 받아야 한다.

㉤ 토지 등에 대한 권리를 가지고 있는 자는 제3항에 따라 공고된 농업생산기반 정비사업 시행계획에 이의가 있으면 공고일부터 30일 이내에 농업생산기반 정비사업 시행자에게 이의신청을 할 수 있다. 이 경우 농업생산기반 정비사업 시행자는 이의신청일부터 30일 이내에 이의신청에 대한 검토의견을 이의신청인에게 알려야 하고, 이의신청 내용이 타당하면 농업생산기반 정비사업 시행계획에 그 내용을 반영하여야 한다.

㉥ 농업생산기반 정비사업 시행자가 농업생산기반 정비사업 시행계획을 수립하면 농림축산식품부령으로 정하는 서류를 첨부하여 농림축산식품부장관에게 승인을 신청하여야 한다. 다만, 경지 정리, 농업생산기반시설의 개수·보수 및 준설 사업은 시·도지사에게 승인을 신청하여야 한다.

㉦ 농림축산식품부장관 또는 시·도지사는 농업생산기반 정비사업 시행계획을 승인한 경우에는 그 내용을 고시하여야 한다.

㉧ 농업생산기반 정비사업 시행자는 승인받은 농업생산기반 정비사업 시행계획을 변경하려는 경우에는 농림축산식품부장관 또는 시·도지사의 승인을 받아야 한다.

㉨ 농림축산식품부장관 또는 시·도지사는 농업생산기반 정비사업 시행계획 변경을 승인한 경우에는 그 내용을 고시하여야 한다. 다만, 대통령령으로 정하는 경미한 사항은 그러하지 아니하다.

출제 예상 문제

1 다음 중 생산가능곡선을 우상향으로 이동시키는 요인이 될 수 없는 것은?

① 공장설비를 확충한다.

② 생산의 효율성을 제고한다.

③ 생산기술을 발전시킨다.

④ 노동자를 확충한다.

TIP 생산의 효율성이 높아지면 생산가능곡선의 내부의 한 점에서 생산가능곡선상의 한 점으로 이동한다.

2 현재 A기업에서 자본의 한계생산은 노동의 한계생산보다 2배 크고, 노동가격이 8, 자본가격이 4이다. 이 기업이 동일한 양의 최종생산물을 산출하면서도 비용을 줄이는 방법은? 단, A기업은 노동과 자본만을 사용하고 한계생산은 체감한다.

① 자본투입을 늘리고 노동투입을 줄인다.

② 노동투입을 늘리고 자본투입을 줄인다.

③ 자본투입과 노동투입을 모두 늘린다.

④ 자본투입과 노동투입을 모두 줄인다.

TIP 자본 1원어치의 한계생산이 노동 1원어치의 한계생산보다 크므로 이를 같게 만들기 위해서는 자4본투입을 늘리고 노동투입을 줄여야 한다.

Answer 1.② 2.①

3 총가변비용과 평균가변비용과의 관계를 설명한 것으로 옳은 것은?

① 원점을 지나는 직선은 총가변비용곡선과 만나지도 않고 접하지도 않는다.

② 원점을 지나는 직선이 총가변비용곡선과 접하는 점은 둘 이상이다.

③ 원점을 지나는 직선은 총가변비용곡선과 두 점에서 만나는데 이 가운데 한 점은 최소평균비용과 다른 한 점은 최대평균가변비용과 일치한다.

④ 원점을 지나는 직선이 총가변비용곡선과 접하는 점의 산출량에서 평균가변비용은 극소이다.

TIP 총가변비용곡선이 3차함수 형태라면 생산량 증가에 따라 평균가변비용은 감소하다가 원점을 지나는 직선이 총가변비용곡선과 접하는 점의 산출량에서 평균가변비용은 최소가 되고, 그 이후 평균가변비용은 계속 증가한다.

---

4 다음 중 비용에 관한 설명으로 옳지 않은 것은?

① 기회비용은 어떤 선택을 함에 따라 포기해야 하는 여러 대안들 중에 가치가 가장 큰 것이다.

② 동일한 수입이 기대되는 경우 기회비용이 가장 작은 대안을 선택하는 것이 합리적이다.

③ 모든 고정비용은 매몰비용이다.

④ 생산이 증가할수록 기회비용이 체감하는 경우에는 두 재화의 생산가능곡선이 원점에 대해 볼록한 형태이다.

TIP 매몰비용은 이미 지출되어 회수할 수 없는 비용만을 의미하는데 모든 고정비용이 매몰비용인 것은 아니다.

---

5 고정비용이 존재하고 노동만이 가변요소인 기업의 단기비용에 관한 설명으로 옳지 않은 것은?

① 단기평균고정비용 곡선은 언제나 우하향한다.

② 노동의 한계생산이 체감하면 단기한계비용 곡선은 우상향한다.

③ 단기한계비용이 단기총평균비용보다 큰 경우 단기총평균비용은 증가한다.

④ 노동의 한계생산이 불변이면 단기총평균비용 곡선은 수평이다.

TIP 노동의 한계생산이 불변이면 한계비용은 하락하다가 상승하는 최저점인데, 노동의 한계생산이 최저일 때 평균총비용과 평균가변비용은 하락한다.

Answer 3.④ 4.③ 5.④

6 비용곡선에 대한 다음 설명 중 옳지 않은 것은?

① 한계비용이 평균비용보다 작은 구간에서 생산량을 감소시키면 평균비용이 감소한다.

② 고정비용이 없는 경우에 한계비용이 일정하면 평균비용과 한계비용은 일치한다.

③ 노동이 유일한 가변요소인 단기에서 한계비용과 노동의 한계생산은 역의 관계가 있다.

④ 장기평균비용곡선이 우하향하는 구간에서는 규모의 경제가 존재한다.

TIP 한계비용이 평균비용보다 작은 구간에서 생산량을 감소시키면 평균비용이 증가한다.

7 기회비용이 불변일 경우 생산가능곡선은 어떤 형태를 띠는가?

① 원점에 대해 오목하다.

② 원점에 대해 볼록하다.

③ 우하향하는 직선이다

④ 우상향하는 직선이다.

TIP 기회비용이 불변일 경우 생산가능곡선은 우하향하는 직선의 모양을 띤다.

8 $Y = -X^2 + 5X$ (단, $X \leq 10$)일 때, 평균생산은 얼마인가?(단, X의 값은 ㉠ 2, ㉡ 5, ㉢ 7로 한다).

	㉠	㉡	㉢
①	1	2	3
②	3	0	-2
③	-2	5	7
④	1	8	3

TIP 평균생산이란 총생산물물량을 특정생산요소의 투하단위수로 나누어 얻어지는 평균 생산량을 말한다.

평균생산$(AP) = \dfrac{Y}{X} = \dfrac{-x^2 + 5x}{x}$ 이며 X값으로 Y(총생산)을 나누면 $-x + 5$가 된다. 따라서 생산요소 X값이 2일 때 평균생산은 3이며, X값이 5일 때 평균생산(AP)은 0이고, X값이 7일 때 평균생산(AP)은 -2가 된다.

Answer 6.① 7.③ 8.②

9 $Y = -X^2 + 10X$ (단, $X \leq 10$)일 때, 한계생산은 얼마인가?(단, X의 값은 ⊙ 2, ⓛ 5, ⓒ 7로 한다).

	⊙	ⓛ	ⓒ
①	6	5	2
②	6	0	-4
③	7	5	-2
④	3	7	9

> **TIP** 한계생산이란 추가투입량 1단위에서 얻어지는 생산량의 증가분을 말한다. 한계생산은 $\frac{\Delta Y}{\Delta X}$이므로 먼저 함수 ΔX, ΔY를 미분하는 절차를 거쳐야 한다.
>
> 한계생산$(MP) = (MP) = \frac{\Delta Y}{\Delta X} = -2x + 10$으로 도출된다. 따라서 생산요소 X값이 2일 때 한계생산(MP)은 6이며, X값이 5일 때 한계생산(MP)은 0이고, X값이 7일 때 한계생산(MP)은 -4가 된다.

10 어떤 경제가 생산가능곡선 내부에서 생산하고 있다면 다음 중 그 이유로 타당하지 않은 것은?

① 독점
② 실업
③ 무기생산
④ 시장실패

> **TIP** 생산가능곡선의 내부에서 생산하고 있다는 것은 일부 자원(노동, 자본, 토지 등)이 생산에 이용되지 않고 있거나 가격기구의 불완전성이나 경제외적인 요인들 때문에 비효율적으로 이용되고 있음을 의미한다.

11 생산가능곡선을 우측으로 이동시키는 요인은?

① 기술의 진보
② 새로운 자원의 발견
③ 실업의 감소
④ 인적 자본의 축적

> **TIP** 생산가능곡선의 내부의 한 점에서 생산하고 있을 때는 실업이 존재하고 있으므로 실업을 감소시키기 위해서는 생산가능곡선 내부의 한 점을 우측으로 이동하게 하면 된다.

Answer 9.② 10.③ 11.③

12 다음 중 설명이 잘못된 것은?

① 생산함수란 생산요소 투입량과 산출량 사이의 관계를 보여주는 함수를 말한다.

② 생산요소란 노동, 자본, 토지 등으로 구성된다.

③ 생산함수는 노동과 토지 두 생산요소만 사용된다고 가정한다.

④ 고정요소란 단기에 고정된 생산요소로, 자본, 건물, 기계설비 등이 포함된다.

TIP 생산요소란 노동, 자본, 토지 등으로 구성된다. 단, 생산함수는 노동과 자본 두 생산요소만 사용된다고 가정한다.

13 제한된 자원 및 재화의 이용은 다른 목적의 생산 및 소비를 포기한다는 전제하에 이루어진다. 이때, 포기되거나 희생된 것을 선택된 것의 무엇이라 부르는가?

① 메뉴비용

② 기회비용

③ 매몰비용

④ 구두창 비용

TIP 자원의 희소성으로 인하여 다수의 재화나 용역에서 가장 합리적인 선택을 하고자 어느 하나를 선택했을 때 그 선택을 위해 포기한 선택을 '기회비용'이라고 한다.

※ 기회비용과 매몰비용

구분	내용
기회비용	자원의 희소성으로 인하여 다수의 재화나 용역에서 가장 합리적인 선택을 하고자 어느 하나를 선택했을 때 그 선택을 위해 포기한 선택을 '기회비용'이라고 한다. 예를 들어 중요한 시험을 앞둔 학생들에게 공부와 관련된 행위를 제외한 자유시간이 2시간 정도 주어진다면 각자 하고 싶은 여러 가지 행위가 있을 것이다. 머리를 식히기 위한 오락, 부족한 수면을 위한 낮잠, 외부 체육 활동 등 여러 가지 행동이 있으나 가장 하고 싶은 행위가 낮잠이라면 나머지 포기해야 하는 활동인 체육활동과 오락이 기회비용이 되는 것이다.
매몰비용	지출이 될 경우 다시 회수할 수 없는 비용을 의미한다. 기회비용이 하나를 선택함으로 인해 포기해야 하는 것 중에서 가장 큰 가치라면, 매몰비용은 일단 지출된 뒤에는 어떤 선택을 하든지 다시 회수할 수 없는 비용이다. 보유한 주식의 주가가 계속해서 떨어지고 있음에도 불구하고 잃게 될 돈이 아까워 주식을 매도하지 못하는 경우가 매몰비용에 연연하여 합리적인 선택을 하지 못한 것이라 할 수 있다. 따라서 경제적 의사결정이나 선택을 내릴 때 되찾을 수 없는 매몰비용에 연연하는 것보다 과거로 묻어 버리는 행동이 합리적이라 할 수 있다.

Answer 12.③ 13.②

14 일정량의 상품생산을 위하여 투입되어야 할 두 가지 생산요소 조합의 궤적을 나타내는 선을 무엇이라고 하는가?

① 등비용선   ② 등수입선

③ 생산가능곡선   ④ 등량선

TIP 등량선이란 일정 생산량을 생산하는데 필요로 하는 두 가지 생산요소의 조합을 연결한 선을 말한다.

15 다음에서 설명하는 것은?

> 이것은 일정한 농지에서 작업하는 노동자수가 증가할수록 1인당 수확량은 점차 적어진다는 경제법칙을 말한다. 즉 생산요소가 한 단위 증가할 때 어느 수준까지는 생산물이 증가하지만 그 지점을 넘게 되면 생산물이 체감하는 현상으로 농업이나 전통 제조업에서 이 현상이 주로 나타난다.
> 농사를 짓는데 비료를 주게 되면 배추의 수확량이 처음에는 늘어나지만 포화상태에 다다르면 그 때부터는 수확량이 감소하게 되는 것이 바로 이 법칙의 전형적인 예라 할 수 있다.

① 수확체감의 법칙   ② 거래비용의 법칙

③ 코즈의 정리   ④ 약탈 가격 법칙

TIP 수확체감의 법칙(한계생산물체감의 법칙)이란 고정요소가 존재하는 단기에 가변요소 투입량을 증가시키면 어떤 단계를 지나고부터는 그 가변 요소의 한계생산물이 지속적으로 감소하는 현상을 말한다. 수확체감의 법칙은 정도의 차이는 있으나 단기에 거의 모든 산업부문에서 나타나는 일반적인 현상이다.

16 다른 생산요소를 일정하게 하고 한 생산요소를 증가시키면 처음에는 생산량의 증가율이 증가하다가 다음에는 그 증가율이 감소한다는 것은 어떤 의미인가?

① 수확체증의 법칙   ② 대규모생산의 법칙

③ 가변비용의 법칙   ④ 규모의 경제와 규모의 불경제

TIP 다른 생산요소는 일정하게 하고 한 생산요소만 증가하면 생산요소들 사이에 투입비율이 변하게 되어 처음에는 수확체증의 법칙이 나타나다가 수확체감의 법칙이 나타난다. 이 현상을 가변비용의 법칙이라고 한다.

Answer 14.④ 15.① 16.③

17 다음 중 암묵적 비용에 해당되는 것은?

① 실현된 기업의 이익

② 기업이 보유한 자산에 대한 조세

③ 자기자본에 대한 이자

④ 임차한 기계장비에 대한 비용

TIP 기업이 생산에 투입하는 생산요소는 대가를 지불하고 외부에서 조달하는 것과 자체적으로 보유하면서 생산에 투입하는 것으로 나눌 수 있다. 외부에서 조달한 생산요소에 대해 지급하는 비용을 명시적 비용(explicit cost), 기업이 보유하고 있으면서 생산에 투입한 요소의 기회비용을 암묵적 비용(implicit cost)이라고 한다. 암묵적인 비용은 귀속비용(imputed cost)이라고도 한다. 회계적 비용에는 명시적 비용만 포함되는데 비해, 경제적 비용에는 명시적 비용뿐만 아니라 암묵적 비용도 포함된다.

※ 명시적 비용과 암묵적 비용

구분	내용	예
명시적 비용	• 외부에서 고용한 생산요소에 대해 지불한 비용을 말한다. • 실제로 비용지불이 이루어지므로 회계적 비용에 포함된다.	임금, 지대, 이자, 이윤
암묵적 비용	• 기업이 보유하고 있으면서 생산에 투입한 요소의 기회비용을 말한다. • 실제로는 비용지불이 이루어지지 않으므로 회계적 비용에 포함되지 않는다.	귀속임금, 귀속지대, 귀속이자, 정상이윤

18 생산에 따르는 규모의 경제에 대한 설명으로 옳은 것은?

① 생산기술과는 아무런 관계없는 현상이다.

② 생산물이 증가함에 따라 단위당 비용이 하락한다.

③ 정부는 경쟁시장을 유도하기 위하여 독점기업을 소규모 기업체로 분할시켜야 한다.

④ 생산기술에 규모의 경제가 있어도 완전경쟁체제가 성립할 수 있다.

TIP 규모의 경제(economy of scale)는 산출량이 증가함에 따라 장기 평균총비용이 감소하는 현상을 말한다. 글로벌화를 통하여 선호가 동질화된 세계 시장의 소비자들을 상대로 규모의 경제를 실현할 수 있다. 그리고 규모의 경제가 있게 되면 자연독점이 발생한다.

Answer 17.③ 18.②

19 처음 열 사람의 노동자가 생산에 참여할 때 1인당 평균생산량은 20단위였다. 노동자를 한 사람 더 고용하여 생산하니 1인당 평균생산량은 19단위로 줄었다. 이 경우 노동자의 한계생산량은 얼마인가?

① 1   ② 5
③ 9   ④ 20

<hr>

TIP 11번째 노동자의 한계생산량 $= (11 \times 19) - (10 \times 20) = 9$

20 노동의 한계생산물을 MPL, 자본의 한계생산물을 MPK, 노동에 대한 단위당 가격(임금)을 w, 자본의 단위당 가격(이자율)을 r이라 하자. 주어진 노동량과 자본량 하에서 $\left(\dfrac{MPL}{MPK}\right) < \left(\dfrac{w}{r}\right)$라고 한다면 완전경쟁기업이 비용을 극소화하기 위하여 가장 적절한 방법은?

① 노동투입량을 증가시키고, 자본투입량을 감소시켜야 한다.
② 노동투입량을 감소시키고, 자본투입량을 증가시켜야 한다.
③ 노동투입량을 감소시키고, 자본투입량도 감소시켜야 한다.
④ 노동투입량을 증가시키고, 자본투입량도 증가시켜야 한다.

<hr>

TIP 자본의 1원당 한계생산이 노동의 1원당 한계생산보다 크기 때문에 자본투입량을 증가시키고 노동투입량을 감소시켜야 한다.

21 생산량을 일정하게 유지하면서 노동 1단위가 증가할 때 자본 4단위가 감소한다면 $MRTS_{LK}$는?

① 0.25   ② 0.5
③ 2   ④ 4

<hr>

TIP $MRTS_{LK} = \dfrac{4}{1} = 4$

Answer   19.③ 20.② 21.④

22 한계비용과 평균비용에 대한 설명 중 맞는 것은?

① 한계비용이 증가하고 있다면 평균비용은 상승하고 있어야 한다.

② 한계비용이 평균비용보다 작다면 평균비용은 하락하고 있어야 한다.

③ 평균비용이 하락하고 있다면 한계비용도 하락하고 있어야 한다.

④ 한계비용은 평균비용보다 낮은 수준으로 떨어질 수 없다.

> **TIP** 한계비용은 평균비용의 최저점을 지난다.

23 어느 생산자는 매일 50단위의 물건을 만들기 위해 공장을 가동하고 있다. 평균가변비용은 10, 한계비용은 20, 그리고 평균비용은 15라고 한다. 이 공장의 총고정비용은?

① 250

② 350

③ 500

④ 750

> **TIP** 총고정비용 $= (15 - 10) \times 50 = 250$

24 다음 중 기업의 장기평균비용곡선(LAC)이 U자 형태가 되는 이유는?

① 수확체감의 법칙

② 규모의 경제와 불경제

③ 범위의 경제

④ 기술진보

> **TIP** 기업의 장기평균비용곡선(LAC)이 U자 형태가 되는 이유는 규모의 경제와 불경제가 발생하기 때문이다.

Answer 22.② 23.① 24.②

25 어떤 기업의 생산함수는 $Q = L + 2K$이다. 여기에서 Q는 생산량, L은 노동투입량, 그리고 K는 자본 투입량을 나타낸다. 노동의 단위당 임금이 300, 자본의 단위당 임대료가 500인 경우 이 기업의 비용 함수 $C(Q)$로 알맞은 것은?

① $250Q$

② $300Q$

③ $500Q$

④ $800Q$

TIP 이 기업은 노동은 사용하지 않고 자본만을 사용하므로 비용함수 $C = \left(\dfrac{500}{2}\right)Q = 250Q$가 된다.

26 고정비용과 가변비용이 존재할 때 생산비용에 대한 다음 설명 중 옳지 않은 것은?

① 평균고정비용은 생산량이 증가함에 따라 감소한다.

② 평균가변비용이 최저가 되는 생산량에서 평균가변비용은 한계비용과 일치한다.

③ 한계비용이 생산량과 상관없이 일정하면 평균총비용도 마찬가지로 일정하다.

④ 한계비용이 증가하더라도 평균총비용은 감소할 수 있다.

TIP 평균총비용은 평균가변비용과 평균고정비용의 합이며 항상 우하향한다.

27 비용에 관한 설명 중 옳지 않은 것은?

① 한계비용이 평균비용보다 크다면 평균비용은 증가한다.

② 평균비용이 항상 한계비용보다 크다면 평균비용은 항상 감소한다.

③ 한계비용이 증가하면 평균비용도 증가한다.

④ 평균비용이 일정하면 한계비용도 일정하다.

TIP 한계비용은 평균비용의 최저점을 지난다. 한계비용은 항상 평균비용보다 작으므로 평균비용은 감소한다.

Answer 25.① 26.③ 27.③

28 다음 ( ) 안에 들어갈 알맞은 용어를 바르게 짝지은 것은?

> 특화에 따라 대규모 생산이 이루어지고 평균비용이 지속적으로 하락하는 경우 (A   )가 성립하며, (B   )는 두 가지 이상의 생산물을 각각 생산하는 것보다 함께 생산하는 것이 유리할 때 성립하는 것으로 시너지 효과를 얻을 수 있다.

① (A) 규모의 경제   (B) 범위의 경제
② (A) 범위의 경제   (B) 규모의 경제
③ (A) 규모의 경제   (B) 외부 경제
④ (A) 외부 경제   (B) 범위의 경제

TIP 특화에 따라 대규모 생산이 이루어지고 평균비용이 지속적으로 하락하는 경우 규모의 경제가 성립하며, 범위의 경제는 두 가지 이상의 생산물을 각각 생산하는 것보다 함께 생산하는 것이 유리할 때 성립하는 것으로 시너지 효과를 얻을 수 있다.

29 생산에 대한 설명 중 틀린 것은?

① 동일한 제품을 생산하더라도 생산기술이 다르면 생산량이 달라진다.
② 생산함수는 유량의 개념이므로 일정기간동안 투입요소와 생산물의 관계를 나타낸다.
③ 단기에는 생산요소를 고정요소와 가변요소로 나눌 수 있다.
④ 수확체감의 법칙이 발생하면 반드시 규모에 대한 수익은 체감한다.

TIP 수확체감과 규모수익 체감은 무관한 개념이다.

Answer 28.① 29.④

30 수확체감의 법칙이 작용하고 있을 때 가변생산요소의 투입이 한 단위 더 증가하면 어떻게 되는가?

① 총생산물은 반드시 감소한다.
② 평균생산물은 반드시 감소하지만 총생산물은 증가할 수도 있고 감소할 수도 있다.
③ 한계생산물은 반드시 감소하지만 총생산물과 평균생산물은 반드시 증가한다.
④ 한계생산물은 반드시 감소하지만 총생산물과 평균생산물은 증가할 수도 있고 감소할 수도 있다.

TIP 수확체감의 법칙이 작용하고 있을 때 가변생산요소의 투입이 한 단위 더 증가하면 한계생산물은 반드시 감소하지만 총생산물과 평균생산물은 증가할 수도 있고 감소할 수도 있다.

31 고정비용이 존재하고 노동만이 가변요소인 기업의 단기비용에 관한 설명으로 옳지 않은 것은?

① 단기평균고정비용 곡선은 언제나 우하향한다.
② 노동의 한계생산이 체감하면 단기한계비용 곡선은 우상향한다.
③ 노동의 한계생산이 불변이면 단기총평균비용 곡선은 수평이다.
④ 단기한계비용이 단기총평균비용보다 큰 경우 단기총평균비용은 증가한다.

TIP 노동의 한계생산이 불변이면 단기총평균비용 곡선은 우하향한다.

32 기업의 생산활동과 생산비용에 대한 설명으로 옳지 않은 것은?

① 평균비용이 증가할 때 한계비용은 평균비용보다 작다.
② 낮은 생산수준에서 평균비용의 감소추세는 주로 급격한 평균고정비용의 감소에 기인한다.
③ 완전경쟁기업인 경우 단기에 평균가변비용이 최저가 되는 생산량이 생산중단점이 된다.
④ 장기평균비용곡선과 단기평균비용곡선이 일치하는 생산량 수준에서 장기한계비용곡선은 단기한계비용곡선과 만난다.

TIP 평균비용이 증가할 때 한계비용은 평균비용보다 크다.

Answer 30.④ 31.③ 32.①

33 어느 기업의 생산량이 0일 때 총비용이 50만 원이고, 생산량이 10단위일 때 총비용이 100만 원이라 하자. 이 기업이 10단위를 생산할 때 평균가변비용은 얼마인가?

① 2만 원

② 5만 원

③ 10만 원

④ 50만 원

TIP 평균가변비용 $= \dfrac{100-50}{10} = 5$만 원

34 어느 기업의 평균비용곡선과 한계비용곡선은 U자형이라고 한다. 옳지 않은 것은?

① 장기평균비용곡선의 최저점에서는 단기평균비용, 단기한계비용, 장기한계비용이 모두 같다.

② 장기평균비용곡선의 최저점이 되는 생산량보다 많은 생산량 수준에서는 장기한계비용곡선은 항상 단기평균비용곡선보다 높은 곳에서 단기한계비용곡선과 만난다.

③ 단기한계비용곡선은 장기한계비용곡선보다 항상 가파른 기울기를 가진다.

④ 단기한계비용곡선은 항상 단기평균비용곡선이 최저가 되는 생산량 수준에서 장기한계비용곡선과 만난다.

TIP 장단기 평균비용곡선이 접하는 생산량 수준에서 장단기 한계비용곡선이 교차한다.
한계비용곡선은 반드시 평균비용이 최소가 되는 점을 통과하며, 평균비용이 최소화되는 산출량이 효율적 생산량이 된다.

35 생산에 있어서 규모의 경제에 대한 서술로서 가장 옳은 것은?

① 완전경쟁시장이 성립한다.

② 생산기술과는 상관없는 현상이다.

③ 생산량이 증가하면 단위당 생산비용이 하락한다.

④ 해당 기업은 늘 초과 이윤을 누린다.

TIP 생산에 있어서 규모의 경제란 생산량이 증가함에 따라 단위당 생산비용이 하락하는 것을 말한다.

Answer 33.② 34.④ 35.③

36 다음 중 범위의 경제가 발생하는 경우에 해당하는 것은?

① 고정비용이 높고 한계비용이 낮을 때
② 전체시장에 대해 하나의 독점자가 생산할 때
③ 유사한 생산기술이 여러 생산물에 적용될 때
④ 가격이 한계비용보다 낮게 형성될 때

TIP 범위의 경제는 유사한 생산기술이 여러 생산물에 적용될 때 주로 발생한다.

37 다음 중 등량곡선의 특징이 아닌 것은?

① 원점에서 멀어질수록 높은 생산량을 나타낸다.
② 일반적으로 원점에 대해 볼록한 형태이다.
③ 등량곡선은 교차할 수 있다.
④ 일반적으로 우하향한다.

TIP 등량곡선은 교차하지 않는다.

38 다음 중 경제적인 생산구간으로 생산의 제2단계에 해당하는 것은?

① 원점 ~ 노동의 평균생산의 극대점
② 노동의 평균생산의 극대점 ~ 노동의 한계생산이 0인 점
③ 노동의 한계생산이 0보다 작은 구간
④ 원점 ~ 노동의 한계생산의 극대점

TIP '노동의 평균생산의 극대점 ~ 노동의 한계생산이 0인 점'이 경제적인 생산구간으로 생산의 제2단계에 해당한다.

Answer 36.③ 37.③ 38.②

39 다음 중 노동과 자본이 완전대체관계에 있다면 등량곡선은 어떻게 나타나는가?

① 우하향의 직선

② L자 형태

③ 수평선

④ 수직선

TIP 노동과 자본이 완전대체관계에 있다면 등량곡선은 우하향의 직선으로 나타난다.

40 다음 중 노동과 자본이 완전보완관계에 있다면 등량곡선은 어떻게 나타나는가?

① 우하향의 직선

② L자 형태

③ 수평선

④ 수직선

TIP 노동과 자본이 완전보완관계에 있다면 등량곡선은 L자 형태로 나타난다.

41 다음 중 농지소유의 이점으로 바르지 않은 것은?

① 경지의 안정적 이용으로 임차기간 연장의 불확실성 축소

② 지가 상승 시 실물자산으로 자산가치의 보존에 유리

③ 자금융자 시의 담보물로 활용

④ 농지의 활용 시 공동의사결정이 가능

TIP ④ 농지 활용 시 독자적인 의사결정이 가능하다.

Answer 39.① 40.② 41.④

42 다음 중 농지임차의 이점으로 옳지 않은 것은?

① 농지구입 시 보다 자금에 대한 압박이 감소된다.
② 경영규모의 확대가 가능하다.
③ 운전자금을 더 적게 확보할 수 있다.
④ 초보 농업경영인은 농지 소유한 자의 경험과 도움을 받을 수 있다.

TIP ③ 운전자금을 더 많이 확보할 수 있다.

43 다음 중 현물 정률제에 대한 내용으로 바르지 않은 것은?

① 자본요구량을 지주와 소작인이 분담
② 신기술 도입의 비용과 소득의 할당에 있어 논쟁의 여지는 미존재
③ 생산량 및 비용 할당으로 위험분산
④ 지주는 직간접적으로 작목 선택 등의 의사결정 통제

TIP 신기술 도입의 비용과 소득의 할당에 논쟁의 여지가 존재한다.

44 다음 중 농업에서의 토지 역할로 바르지 않은 내용은?

① 토지는 작물의 뿌리를 지탱하고 해당 생육의 장소를 제공한다.
② 농작업을 하는 사람은 토지가 터전이며 또한 기계작업 등의 기반이 된다.
③ 토지는 수분과 양분을 유지하고 작물의 성장에 필요한 수분과 양분을 제공한다.
④ 토지는 지렁이 같은 작은 여러 가지 미생물의 서식지이지만, 이러한 미생물의 활동은 작물의 생육에 크게 영향을 미치지 못한다.

TIP 토지는 지렁이 같은 작은 여러 가지 미생물의 서식지이고, 이러한 미생물의 활동은 작물의 생육에 크게 영향을 미치게 된다.

Answer   42.③ 43.② 44.④

45 다음 중 농업에 대한 내용으로 잘못된 것은?

① 우리나라에서 농업은 신석기 시대부터 시작이 되었다.

② 동양에서 농업은 초기에 화전을 일구어 작물을 재배하다가 지력이 다하면 다른 곳으로 이동하는 유랑 화전 농업이 시초라 할 수 있다.

③ 산업이 근대화되면서 농업에 대한 개념이 바뀌면서 귀농이 증가하는 추세이다.

④ 현대의 농업은 작물을 이용하여 얻은 생산물만을 이야기 한다.

TIP 현대식 농업은 식물의 재배뿐만 아니라 동물과 식물을 이용하여 인간 생활에 직접적 또는 간접적으로 필요한 물질을 생산하고 이를 가공하여 유통하는 산업이라 정의하고 있다. 이외에도 생물을 보다 효율적으로 생산하기 위한 모든 활동도 포함된다고 볼 수 있다.

46 농업의 특성으로 적절하지 못한 것은?

① 토지와 기후 등 농업을 둘러싼 환경 제어가 곤란하다.

② 기계화가 어렵고 부가가치율이 상대적으로 낮아 비교생산성이 떨어진다.

③ 자연조건에 대한 의존도가 높은 편이다.

④ 수직적, 수평적 분업과 전문화가 상대적으로 쉽다.

TIP 토지와 기후 등 농업에 큰 영향을 미치는 기본적 생산 환경을 인간의 힘으로 제어하기는 사실상 불가능하며 농업은 수직적, 수평적 분업과 전문화가 어려운 산업이다.

47 다음 중 과거의 농업과 현재의 농업에 관한 차이점을 잘못 설명하고 있는 것은?

① 과거 농업은 자가 소비를 목적으로 생산되곤 했었다.

② 과거의 농업은 상품성이 높은 작물을 주로 생산 했다.

③ 현재 농업은 판매를 목적으로 재배 · 생산된다.

④ 소비자가 원하는 농산물의 생산이 현재 농업의 흐름이라 할 수 있다.

TIP 과거 농업은 상품성이 아니라 자가 소비를 위해 자기 또는 가족이 원하는 작물을 생산 · 재배하였다.

Answer 45.④ 46.④ 47.②

48 다음 중 기후변화와 농업에 대한 설명으로 적절하지 않은 것은?

① 기후변화는 인류의 생존을 위한 기본 조건인 먹을거리의 안정적 수급을 위협하는 요인이 되고 있다.

② 온실가스 저감, 기후변화 속 높은 생산성을 유지할 수 있는 품종 개발 등 기후변화에 대응을 위한 연구개발이 중요하다.

③ 기후변화에 따른 농업 부분에서는 농작물 생산성 하락과 이로 인한 세계적 애그플레이션의 문제까지 발생하였다.

④ 기후 변화 사후 대처는 효과가 미미한 편이다.

TIP 기후 변화에 따른 사후 대처를 지금 당장 시작한다면 결코 늦지 않으며 기업, 정부, 개인들이 각각의 영역에서 해야 할 일을 찾아내어 실천하는 것이 무엇보다 중요하다.

※ 지구온난화 방지 노력
• 기후변화에 대한 국민적 문제의식 확산을 통해 온실가스를 줄이고, 기상이변에 대처하는 능력을 기르는데 힘쓴다.
• 정부의 적극적 홍보 활동과 시민사회의 활동 등을 통해 기후변화에 대한 국민인식 증진을 위한 노력이 필요하다.
• 저탄소 농식품 소비 촉진 운동이나, 윤리적 소비 운동의 확대 등 탄소배출 저감 활동에 시민의 자발적 참여를 유도를 해야 한다.
• 기상이변에의 국민적 대처 능력 향상을 위한 캠페인 실시를 통해 자연재해로 파생되는 다양한 사회적 문제 예방에 최선을 다하여야 한다.
• 자연재해로 인한 농산물 투기나 농산물 가격 급등으로 인한 사회적 혼란을 방지하기 위한 대책을 마련해두어야 한다.

---

49 다음 중 농업의 다원적 기능으로 보기 어려운 것은?

① 식량안보
② 생태보전
③ 전통문화 유지
④ 도시 집값 해결

TIP 농업의 다원적 기능이란 농업이 식량 생산 이외의 폭넓은 기능을 가지고 있다는 것으로 식량안보, 농촌 지역사회 유지, 농촌 경관 제공, 전통문화 계승 등의 농업 비상품재를 생산하는 것을 가리킨다. 농업은 식량안보뿐만 아니라 생태보전, 전통문화 유지, 환경보호 등 농업의 다원적 기능의 관점에서 풀어나가야 한다.

Answer 48.④ 49.④

50 우리나라와 세계 농업에 관한 내용으로 옳지 않은 것은?

① 강수량 증가, 가뭄 등의 기후변화는 실제로 작물이 자라는 토양 표면을 유실시켜 지력과 생산성이 저하된다.

② 전 세계 농산물 생산에 관개농업이 차지하는 양은 미미하다.

③ 우리나라의 경우 강우의 계절적 편중이 심해지는 현상으로 인해 농업용수를 안정적으로 확보하는데 어려움이 있다.

④ 한반도의 아열대화로 여름철 채소의 주산지인 고랭지 채소재배 면적도 점차 감소하는 추세에 있다.

TIP 관개농업이란 건조 지역에서 농작물이 성장할 수 있도록 저수지나 보 등 관개 시설을 설치해서 물을 공급해 농작물을 재배하는 농업을 말한다. 전 세계 농산물의 40%는 관개농업에 의존하고 있어 물의 부족은 농업에 심각한 위협요인으로 부각되고 있다.

51 다음의 사례에서 설명하는 것은 무엇인가?

> 아들 : 어, 엄마 방금 구운 빵이에요. 먹고 싶어요.
> 엄마 : (음, 나도 사주고 싶지만 요즘 빵 가격이 너무 올라 버렸네. 제일 저렴한 소보루빵이 4,000원이라니...). 아들, 차라리 몸에 좋은 과일을 먹는 건 어때?
> 아들 : 싫어요. 빵 사 주세요!
> 엄마 : 빵의 주원료인 밀가루 가격의 상승이 결국 빵의 가격을 올려버렸어!

① 피시플레이션

② 애그플레이션

③ 디노미네이션

④ 스태그플레이션

TIP 설문의 사례는 빵의 주원료인 밀가루 등의 곡물 가격 상승으로 나타나는 애그플레이션에 대한 내용이다. 애그플레이션은 농업 (agriculture)과 인플레이션(inflation)의 합성어로 농산물 가격의 급등으로 인하여 일반 물가도 상승하는 현상이다. 지구 온난화로 세계 각지에서 기상이변이 속출하면서 지난 2008년에 애그플레이션이 크게 발생한 적이 있다. 세계적인 밀가루와 옥수수 생산 국가인 호주에서 극심한 가뭄과 홍수로 인하여 농작물의 작황이 감소되고, 목축지 확장으로 인한 경작지 감소, 중국과 인도 등 브릭스(BRICs) 국가의 경제성장으로 인한 곡물 수요 증가가 맞물린 것이 원인이다. 애그플레이션은 식량수급 불균형을 가져와 물가를 상승시켜 아프리카나 동남아 지역의 기아 수를 증가시킨다.

Answer 50.② 51.②

52 다음 중 농업노동에 대한 설명으로 바르지 않은 것은?

① 노동력은 인적요소이기에 인간적인 요소를 고려하여 관리계획을 수립하게 된다.

② 농업노동력은 시간과 날짜에 따라 연속적으로 행해진다.

③ 농번기에 집중되는 노동력 수요를 임시고용이나 품앗이, 두레 등으로 충족시키며 재배작물의 조합을 바꾸어 노동력 수요를 연중 고르게 분산한다.

④ 경제 및 농업이 발전할수록 농업노동에 대한 투입량은 점차 증가한다.

TIP 경제와 농업이 발전할수록 농업노동 투입량은 점차 감소하게 된다.

53 다음 중 농업노동의 특징에 관한 내용으로 가장 옳지 않은 것은?

① 공업과 같이 다수의 노동자를 조직한 체계적인 분업체제를 취하는 경우가 적다.

② 생물의 종류 및 생육에 걸맞게 다종다양한 일을 능숙하게 처리하여야 한다.

③ 농번기 및 농한기가 있기 때문에 노동력의 고용 시 정규직이 중심이 된다.

④ 생물의 생육에 걸맞게 한정된 기간 내에 작업을 진행하지 않으면 안 된다.

TIP 농번기 및 농한기가 있기 때문에 노동력의 고용 시 일용직이나 또는 임시고용이 중심이 된다.

54 다음 중 농업노동의 합리적 활용방안으로 바르지 않은 사항은?

① 월간 노동이 평균화되도록 작물을 심는다.

② 농한기를 활용해서 최신 농업기술의 습득 및 시장유통, 소비자 동향조사 등의 다음해의 계획을 세운다.

③ 작업그룹을 만들어서 협업 및 분업체계를 취해서 일을 진행한다.

④ 고성능의 기계를 도입하고 활용한다.

TIP 연간 노동이 평균화되도록 작물을 심는다.

Answer 52.④ 53.③ 54.①

55 다음은 기상이변으로 인한 미래의 농업생산 상황을 나타낸 것으로 잘못 해석한 것은?

① 벼, 과수, 채소의 최적지 변화로 지속적인 재배적지 이동이 나타난다.

② 남방계 병해충 증가 및 해충 증식속도가 증가한다.

③ 여름철 경사지 토양침식 증가 및 비료성분이 감소한다.

④ 강수량 증가로 저수시설 붕괴 우려가 커지나 곡물가격에는 변화가 없을 것이다.

TIP 온난화로 인한 벼의 생산 감소로 곡물가격은 상승할 것으로 예측된다.

※ 기후변화 파급 효과

구분	내용
생태계 영향	• 생물 종 멸종위기 • 일부 지역 사막화 현상 심화 • 자연림 파괴 및 식생파괴 가속 • 토양침식 증가 • 해수면 상승과 염수의 침입
경제적 영향	• 온난화로 벼 생산이 감소되어 곡물가격이 상승 • 채솟값 폭등 • 사룟값 상승 • 물가 상승의 압박 • 농가소득 감소 • 생산비 증가 • 농촌경제 위축
사회적 영향	• 기아인구 증가 • 사재기 현상 기승 • 기후 난민 발생 • 사회갈등 및 양극화 심화

Answer 55.④

56 다음 중 단위노동당 생산물의 가치를 바르게 표현한 것은?

① $\dfrac{\text{총 생산물의 가치}}{\text{연중 투하량의 환산}} \times 100$

② $\dfrac{\text{총 생산물의 가치}}{\text{연중 투하량의 환산}} - 100$

③ $\dfrac{\text{총 생산물의 가치}}{\text{연중 투하량의 환산}}$

④ $\dfrac{\text{총 생산물의 가치}}{\text{연중 투하량의 환산}} + 100$

TIP 단위노동당 생산물의 가치 $= \dfrac{\text{총 생산물의 가치}}{\text{연중 투하량의 환산}}$

57 기상이변으로 인한 농업생산체계를 변화시키려고 할 경우 장기적 대책에 해당되지 않는 것은?

① IT, BT, NT와의 융복합을 통하여 안정적으로 생산·관리할 수 있는 기술 개발
② 위기시 신속한 생산 및 저장을 위한 대체기술 개발
③ 변화하는 기후환경에 맞도록 새로운 작부체계 정립
④ 생명공학기술을 이용한 기후변화/기상재해에 강한 적응 품종 및 축종 개발

TIP ③ 단기적 대책에 해당한다고 볼 수 있다.
　※ 새로운 농업생산체제로의 전환을 위한 기술혁신 대책
　　㉠ 단기적 대책
　　　• 상세한 농업기상정보 예측, 재배시기 조절 및 농작물 관리 기술, 온실 환경관리 기술, 내재해성 품종 개발, 장기 저장 기술, 작물별 생물계절 변화 연구
　　　• 기후변화 적응기술 개발 및 연구시스템의 선진화를 위한 투자 확대
　　　• 기후변화에 따른 농업영향을 장기적으로 평가·분석할 수 있는 연구시설 확충 필요
　　　• 재배한계선(북방, 남방) 및 기후지대별 안전재배시기 재설정, 변화하는 기후환경에 맞도록 새로운 작부체계 정립
　　　• 농업생산시설 및 기반시설의 보호를 위한 새로운 규격 및 기준 마련
　　㉡ 장기적 대책
　　　• IT, BT, NT와의 융복합을 통하여 안정적으로 생산·관리할 수 있는 기술 개발
　　　• 위기시 신속한 생산 및 저장을 위한 대체기술 개발
　　　• 생명공학기술을 이용한 기후변화/기상재해에 강한 적응 품종 및 축종 개발
　　　• 미래형 식물공장 및 로봇형 관리기술 개발 등

Answer 56.③ 57.③

58 다음 중 단위 경작면적당 노동비용을 옳게 나타낸 것은?

① $\dfrac{\text{총 노동비용(가족 미포함)}}{\text{경지면적}} \times 100$

② $\dfrac{\text{총 노동비용(가족 포함)}}{\text{경지면적}}$

③ $\dfrac{\text{총 노동비용(가족 포함)}}{\text{경지면적}} + 100$

④ $\dfrac{\text{총 노동비용(가족 포함)}}{\text{경지면적}} - 100$

TIP 단위 경작면적 당 노동비용 $= \dfrac{\text{총 노동비용(가족 포함)}}{\text{경지면적}}$

59 농업의 노동력에 대한 내용으로 틀린 것은?

① 농업에 투입되는 노동량은 점차 늘고 있는 추세이다.
② 농업 노동은 통제와 감독이 어렵다.
③ 우리나라에서는 특성상 가을에 노동량이 증가한다.
④ 이질적인 노동이 전후로 교체되어 분업이 곤란하다.

TIP 경제와 농업이 발전할수록 농업노동에 들어가는 투입량은 점차 감소하게 된다.

※ **한국 농촌의 노동력 문제** … 우리나라는 경제개발 5개년계획이 성공적으로 추진됨에 따라 1960년대 후반부터 농촌에는 이농현
상이 나타나기 시작하였으며 많은 농촌인구가 공업부문으로 이동하기 시작하였다. 연간 약 20만 명 수준이었던 1960년 초기
의 이농인구는 1960년대 후반에는 약 40만 명의 규모로 확대되었다. 특히 젊은 농촌인력의 이농과 도시유출이 심하였다. 농
촌인력의 감소는 자연적으로 농촌의 노동력 부족으로 연결되었다.

Answer 58.② 59.①

60 노동력의 질적 우수성이 뛰어나고 노동시간에 구애를 받지 않아 노동력 공급의 융통성이 좋은 노동력은?

① 임시고용노동력

② 계절고용노동력

③ 가족노동력

④ 1일 고용노동력

TIP 가족 노동력은 노동시간에 구애 받지 않아 노동력 공급의 융통성이 있으며 부녀자의 영세한 노동력 적절한 활동, 노동력의 질적 우수성이 뛰어나다.

※ 노동력 종류

구분		내용
가족노동력		노동력 공급의 융통성(노동시간에 구애 받지 않음), 부녀자의 영세한 노동력 적절한 활동, 노동력의 질적 우수성
고용노동력	연중고용	1년 또는 수년을 기간으로 계약
	계절고용	1개월 또는 2개월을 기간으로 주로 농번기에 이용
	1일 고용, 임시고용	수시로 공급되는 하루를 기간으로 계약하는 고용노동
	위탁영농	특정 농작업과정을 위탁받고 작업을 끝낼 경우 보수를 받음

---

61 농지법 시행령에서 정하는 농업인이 아닌 것은?

① 1천제곱미터 이상의 농지에서 농작물을 재배하는 자

② 농지에 330제곱미터 이상의 고정식온실·버섯재배사를 설치하여 농작물 또는 다년생식물을 경작 또는 재배하는 자

③ 농업경영을 통한 농산물의 연간 판매액이 120만 원 이상인 자

④ 1년 중 60일 이상 축산업에 종사하는 자

TIP 1년 중 120일 이상 축산업에 종사하는 자가 농업인에 해당된다.

※ 농지법 시행령 제3조(농업인의 범위) … 농업인이란 다음의 어느 하나에 해당하는 자를 말한다.

1. 1천제곱미터 이상의 농지에서 농작물 또는 다년생식물을 경작 또는 재배하거나 1년 중 90일 이상 농업에 종사하는 자
2. 농지에 330제곱미터 이상의 고정식온실·버섯재배사·비닐하우스, 그 밖의 농림축산식품부령으로 정하는 농업생산에 필요한 시설을 설치하여 농작물 또는 다년생식물을 경작 또는 재배하는 자
3. 대가축 2두, 중가축 10두, 소가축 100두, 가금 1천수 또는 꿀벌 10군 이상을 사육하거나 1년 중 120일 이상 축산업에 종사하는 자
4. 농업경영을 통한 농산물의 연간 판매액이 120만 원 이상인 자

Answer 60.③ 61.④

62 다음 중 농기계 구입 시의 고려사항으로 바르지 않은 것은?

① 구매와 임차 임대의 차이

② 농기계 내구성

③ 농기계 작업효율성

④ 농기계의 사회적인 활용방법

TIP 농기계 구입 시의 고려사항
- 농기계 작업효율성
- 수익증대 가능성
- 영농규모 적합성
- 농기계 내구성
- 구매과 임차 임대의 차이
- 농기계의 경제적 이용방법

63 통상적으로 농기계에 투자된 자본은 기회비용을 지니게 되는데, 기회비용을 이자율로 예측했을 시 이자는 어떻게 나타나는가?

① $\dfrac{비용 + 잔존가격}{2} \times$ 기회비용 이자율

② $\dfrac{비용 \times 잔존가격}{2} \times$ 기회비용 이자율

③ $\dfrac{비용 - 잔존가격}{2} \times$ 기회비용 이자율

④ $\dfrac{비용 - 잔존가격}{2} +$ 기회비용 이자율

TIP 농기계에 투자된 자본에 대한 기회비용의 이자율 $= \dfrac{비용 + 잔존가격}{2} \times$ 기회비용 이자율

64 농업자본에 관한 내용 중 고정자본에 속하지 않는 것은?

① 가축

② 건물

③ 비료의 원료로 사용되는 것

④ 농기구

TIP ③ 비료의 원료로 사용되는 것은 유동자본에 속한다.

※ 농업자본에서 고정자본에 속하는 것
  • 가축
  • 건물
  • 가구
  • 농기구
  • 관개시설의 개선을 위한 투자자본
  • 대형 농기구 또는 농업시설 등의 노동생산성 향상자본
  • 가축이나 또는 과목 등의 유생고정자본

65 다음 중 농산물의 특성으로 틀린 것은?

① 농산물에 대한 수요와 공급 가격 탄력성이 높다.

② 자연환경에 크게 영향을 받고 불확실성이 높다.

③ 농업생산구조는 공업 생산과정에 비해 생산 확대가 제한되어 있다.

④ 정부의 정책과 시장 개입 또는 시장규제가 존재한다.

TIP 농산물에 대한 수요와 공급 가격 탄력성이 낮다. 농산물을 재배하기 위해서는 어느 정도의 재배기간이 필요하여 짧은 시간 동안 생산량을 증가시킬 수 없기 때문에 공급의 가격 탄력성은 작게 나타난다.

※ 농산물의 특성
  • 농산물에 대한 수요와 공급 가격 탄력성이 낮다.
  • 농업생산구조는 공업 생산과정에 비해 생산 확대가 제한적이며, 생산의 계절성이 있다.
  • 자연환경에 크게 영향을 받고 불확실성이 높다.
  • 생산기간 단축이 어렵고 기술개발에 장시간이 요구된다.
  • 정부의 정책과 시장 개입 또는 시장규제가 존재한다.

Answer 64.③ 65.①

66 다음 중 농업생산기반 정비사업 시행자가 아닌 자는?

① 국가

② 지방자치단체

③ 한국농어촌공사

④ 한국농수산식품유통공사

TIP 농업생산기반 정비사업은 국가, 지방자치단체, 「한국농어촌공사 및 농지관리기금법」에 따른 한국농어촌공사 또는 토지 소유자가 시행한다. 다만, 농업 주산단지 조성과 영농시설 확충사업은 「농업협동조합법」에 따른 조합도 시행할 수 있다〈농어촌정비법 제10조〉.

67 다음 중 농어촌정비법상 농업생산기반시설로만 짝지어진 것은?

㉠ 저수지	㉡ 양수장
㉢ 관정	㉣ 제방
㉤ 유지	㉥ 용수로
㉦ 간이 상수도	㉧ 하수도

① ㉠㉡㉢㉦

② ㉢㉣㉤㉥㉦

③ ㉠㉢㉤㉦㉧

④ ㉠㉡㉢㉣㉥

TIP 농업생산기반시설이란 농업생산기반 정비사업으로 설치되거나 그 밖에 농지 보전이나 농업 생산에 이용되는 저수지, 양수장(揚水場), 관정(우물) 등 지하수 이용시설, 배수장, 취입보, 용수로, 배수로, 유지(웅덩이), 도로(「농어촌도로 정비법」에 따른 농도), 방조제, 제방(둑) 등의 시설물 및 그 부대시설과 농수산물의 생산·가공·저장·유통시설 등 영농시설을 말한다〈농어촌정비법 제2조 제6호〉.

68 농업생산기반 정비계획 및 정비사업에 대한 내용으로 잘못된 것은?

① 농업생산기반 정비사업은 농지, 농어촌용수 등의 자원을 효율적으로 이용하여 농업의 생산성을 높일 수 있는 것을 목적으로 한다.

② 농림축산식품부장관은 자원 조사 결과와 농어촌 정비 종합계획을 기초로 논농사, 밭농사, 시설 농업 등 지역별·유형별 농업생산기반 정비계획을 세우고 추진하여야 한다.

③ 농림축산식품부장관은 예정지 조사 결과 농업생산기반 정비사업 중 타당성이 있다고 인정되는 사업은 그 지역에 대한 기본조사를 하고 농업생산기반 정비사업 기본계획을 세워야 한다.

④ 농촌진흥청장은 농업생산기반 정비사업 기본계획 중 타당성이 있는 농업생산기반 정비사업에 대하여는 농업생산기반 정비사업 시행자를 지정하여야 한다.

TIP 농림축산식품부장관 또는 시·도지사는 농업생산기반 정비사업 기본계획 중 타당성이 있는 농업생산기반 정비사업에 대하여는 농업생산기반 정비사업 시행자를 지정하여야 한다〈농어촌정비법 제9조 제1항〉.

69 다음에서 설명하는 것은?

> 곡물 수요가 공급을 초과하면 곡물 가격은 산술급수적이 아니라 기하급수적으로 오른다.

① 킹의 법칙
② 료의 법칙
③ 파레토의 법칙
④ 리카도의 법칙

TIP 킹의 법칙(King's law)은 17세기 말 영국의 경제학자 킹이 정립한 법칙으로 농산물의 가격은 그 수요나 공급이 조금만 변화하더라도 큰 폭으로 변화하게 되는 현상이다. 이에 따르면 그 반대인 공급이 조금 늘어나면 가격이 급락한다는 역도 정립하게 된다.

Answer 68.④ 69.①

70 농업생산기반시설의 관리 및 안전관리 교육에 대한 설명으로 적절하지 못한 것은?

① 농업생산기반시설관리자는 농업생산기반시설에 대하여 항상 선량한 관리를 하여야 한다.

② 농업생산기반시설관리자는 농업생산기반시설의 정비, 시설물의 개수·보수 등의 조치를 하여야 한다.

③ 농림축산식품부장관은 농업생산기반시설의 안전관리에 종사하는 자의 능력향상을 위하여 교육·훈련계획을 세우고 시행하여야 한다.

④ 어떠한 경우에도 농업생산기반시설관리자의 허락 없이 수문을 조작하거나 용수를 인수함으로써 농어촌용수의 이용·관리에 지장을 주는 행위를 할 수 없다.

TIP 누구든지 자연재해로 인한 피해의 방지 및 인명 구조를 위하여 긴급한 조치가 필요한 경우에는 할 수 있다〈농어촌정비법 제18조 제3항 제2호〉.

※ **농어촌정비법 제18조**(농업생산기반시설의 관리)

　① 농업생산기반시설관리자는 농업생산기반시설에 대하여 항상 선량한 관리를 하여야 하며, 대통령령으로 정하는 바에 따라 농업생산기반시설의 안전관리계획을 수립하여야 한다.

　② 농업생산기반시설관리자는 농업생산기반시설의 정비, 시설물의 개수·보수 등의 조치를 하여야 하고, 안전관리계획에 따라 안전점검과 정밀안전진단을 하여야 한다.

　③ 누구든지 자연재해로 인한 피해의 방지 및 인명 구조를 위하여 긴급한 조치가 필요한 경우 등 대통령령으로 정하는 정당한 사유 없이 다음에 해당하는 행위를 하여서는 아니 된다.

　　1. 농업생산기반시설의 구조상 주요 부분을 손괴(損壞)하여 그 본래의 목적 또는 사용에 지장을 주는 행위

　　2. 농업생산기반시설관리자의 허락 없이 수문을 조작하거나 용수를 인수함으로써 농어촌용수의 이용·관리에 지장을 주는 행위

　　3. 농업생산기반시설을 불법으로 점용하거나 사용하는 행위

Answer 70.④

농산물가격과 정책대응

01 시장의 원리

❶ 시장의 구분

(1) 완전경쟁시장

① 완전경쟁시장은 가격이 완전경쟁에 의해 형성되는 시장을 말한다.

② 완전경쟁시장이 성립하기 위해서는 생산과 거래대상이 되는 상품의 품질이 동일해야 하며, 개별 경제주체
가 가격에 영향력을 행사할 수 없을 정도로 수요자와 생산자의 수가 많아야 하고, 모든 시장참가자들은 거
래와 시장 여건에 관해 완전한 정보를 가지고 있어야 한다.

③ 시장참가자들의 자유로운 시장진입과 이탈은 물론 생산요소의 자유로운 이동이 보장되어야 하므로 현실세
계에서는 존재하기 어려운 이상적인 시장 형태이다.

(2) 독점시장

공급자의 수가 하나인 시장을 말하며, 대표적으로 우리나라에서는 담배를 독점적으로 판매하는 KT&G, 고속철
도 등이 있다.

[독점의 특징]

구분	내용
시장지배력	독점기업은 시장지배력(market power)을 가지며, 가격설정자(price seter)로 행동한다. 즉, 가격차별(price discrimination)이 가능하다.
우하향의 수요곡선	독점기업이 직면하는 수요곡선은 우하향하는 시장 전체의 수요곡선이다. 따라서, 수요곡선이 우하향하므로 판매량을 증가시키기 위해서는 반드시 가격을 인하해야 한다.
경쟁압력의 부재	직접적인 대체재가 존재하지 않고, 경쟁상대가 없으므로 독점기업은 직접적인 경쟁압력을 받지는 않는다.

(3) 과점시장

과점시장은 소수의 생산자가 존재하는 시장을 말하며, 대표적으로 자동차, 이동통신, 항공 서비스 등이 있다.

(3) 독점적 경쟁시장

음식점·미용실 같이 조금씩 질이 다른 상품을 생산하는 다수의 생산자들로 구성된 시장을 말한다. 이들은 같은 상품을 팔아도 품질과 서비스가 동일하지 않기 때문에 독점의 성격을 가지며 시장진출입이 자유롭다는 점에서 경쟁시장의 성격을 모두 갖고 있다.

> ▶**TIP**
> **시장**(Market)
> 시장이란 상품을 사고자 하는 사람과 팔고자 하는 사람 사이에 교환이 이루어지는 곳을 말한다. 시장은 우리가 흔히 접하는 재래시장, 대형 마트, 인력 시장과 같은 가시적인 곳도 있지만 증권시장, 외환시장, 사이버 시장과 같이 네트워크를 통해 거래가 온라인으로 이뤄져 눈에 보이지 않는 시장도 존재한다. 이처럼 형태는 달라도 각 시장은 상품을 팔고 사는 사람이 모여 거래가 이루어진다는 공통점을 가진다. 시장에는 서로 상반되는 이해관계를 가진 두 세력이 반드시 존재한다. 바로 상품을 판매(공급)하려는 측과 구매(수요)하려는 세력으로, 공급자는 보다 비싼 가격으로 판매를 위해서, 수요자는 보다 싼 가격으로 구매를 하고자 노력한다.

❷ 시장의 원리

(1) 경쟁의 원리

시장은 자신의 이익을 위해 경쟁을 하는 구조이다. 생산자들은 가격, 제품의 질, 원가 절감, 새로운 시장 판로 개척 등을 실시하는데 이는 다른 경쟁자들보다 더 많은 이익을 얻기 위한 경쟁이라 볼 수 있다. 시장에서 경쟁은 시장의 가격기구가 잘 작동할 수 있도록 역할을 함과 동시에 기술발달을 가져오기도 한다.

(2) 이익추구의 원리

시장에서 거래를 하는 사람들은 자유의지에 따라 서로가 원하는 재화와 서비스를 다루게 되는데, 이는 이익을 추구하고자 하는 개인의 이기심에 의한 것이라 할 수 있다. 이처럼 시장은 개개인의 이익을 추구하고자 하는 심리에 의해 운영되는 것이다.

(2) 자유교환의 원리

시장에서 거래 당사자들은 어느 누구의 간섭 없이 자발적으로 원하는 재화와 서비스를 교환한다는 것을 말한다. 즉 자유롭게 교환이 가능해져 경제 구성원들은 모두 풍족하게 삶을 누릴 수 있게 된다고 말한다.

02 시장

❶ 완전경쟁시장

(1) 완전경쟁시장의 특징

① **제품의 동질성** … 수요공급분석에서 하나의 시장가격만이 존재한다.

② **자유로운 진입과 퇴출** … 새로운 기업이 해당 산업에 진입하거나, 해당 산업으로부터 나오는 것에 특별한 비용이 발생하지 않는다.

③ **가격수용자로서 수요자와 공급자** … 시장가격에 영향을 미칠 수 없는 기업이나 소비자이다.

④ 자원의 완전한 이동과 완벽한 정보를 얻을 수 있다.

(2) 완전경쟁시장의 균형

① **단기균형**

 ㉠ 수요곡선과 공급곡선이 교차하는 점에서 가격과 수요량이 결정된다.
 ㉡ 단기에 기업은 초과이윤을 얻을 수도 손실을 볼 수도 있다.

② **장기균형**

 ㉠ 장기에 기업은 정상이윤만을 획득한다(정상이윤은 보통 '0'을 뜻한다).
 ㉡ 장기에는 최적시설규모에서 최적량을 생산한다.

(3) 완전경쟁시장에 대한 평가

① **장점**

 ㉠ 자원배분의 효율성 달성
 ㉡ 사회후생 극대화
 ㉢ 소비자 후생 극대화

② 단점

    ㉠ 가정의 비현실성

    ㉡ 소득분배의 불공평성

    ㉢ 시장실패의 가능성

❷ 독점시장

(1) 독점시장의 특징

① 한 개의 기업

② 진입장벽의 존재

③ 독점기업의 공급곡선은 존재하지 않음

④ 독점기업이 동시에 가격설정자 및 수량조정자가 될 수는 없음

⑤ 수요의 가격탄력성이 1보다 큰 구간에서 생산함

(2) 독점시장의 균형

① 단기균형

    ㉠ 독점기업은 한계수입과 한계비용이 만나는 점에서 가격과 수량이 결정된다.

    ㉡ 단기에 독점기업은 초과이윤, 정상이윤, 손실 중 어느 것도 가능하다.

    ㉢ 완전경쟁시장에서는 가격(P)＝한계비용(MC)이 성립한다. 하지만 독점시장은 $P > MC$가 성립한다. 가격과 한계비용의 불일치로 인해 독점시장에서는 사회적 후생손실이 발생한다.

    ㉣ 독점시장의 단기공급곡선은 존재하지 않는다.

② 장기균형

    ㉠ 독점기업은 장기에 초과이윤을 획득한다.

    ㉡ 초과설비를 보유한다.

    ㉢ $P > MC$이므로 사회적인 후생손실이 발생한다.

(3) 가격차별

① **개념** … 독점기업이 동일한 재화에 대해 생산비가 동일함에도 불구하고 상이한 고객에게 상이한 가격을 설정하는 것을 말한다.

② **가격차별의 조건**

　ㄱ 소비자를 각각 상이한 그룹으로 구분이 가능해야 한다.

　ㄴ 구매자간 상품의 전매가 불가능하여야 한다.

　ㄷ 판매자가 시장지배력을 행사해야 한다.

　ㄹ 서로 다른 그룹으로 구분된 시장, 수요자군의 가격탄력성은 모두 달라야 한다.

　ㅁ 시장을 구분하는데 소요되는 비용이 가격차별의 이익보다 작아야 한다.

③ **가격차별의 형태**

　ㄱ **1차 가격차별**

　• 동일한 상품일지라도 소비자 개개인이 얻는 효용은 모두 다르다. 따라서 각각의 소비자는 상품에 대한 가격지불의사 또한 다르다. 1차 가격차별은 이러한 개별 소비자의 지불의사에 가격을 부과하는 것으로 상품을 지불할 수 있는 금액을 모두 부과하므로 소비자 편익은 남지 않으며 모두 기업 이윤으로 귀속되는 가격정책이다.

　• 기업이 개별 소비자가 얻는 효용을 완전하게 알고 있을 때에 가능하므로 현실에서 예를 찾아보기 힘들다.

　ㄴ **2차 가격차별**

　• 재화의 구입량에 따라 가격을 다르게 설정하는 것을 말한다.

　• 2차 가격차별은 1차 가격차별보다 현실적이며 현실에서 그 예를 찾기 쉽다.

　• 전화의 사용량에 따라 그 요금의 차이가 나는 것은 2차 가격차별의 예이다.

　ㄷ **3차 가격차별**

　• 소비자의 특징에 따라 시장을 분할하여 각 시장마다 서로 다른 가격을 설정한다.

　• 극장에서 심야시간대와 일반시간대의 입장료가 다른 것을 말한다.

　• 각 시장마다 소비자들의 수요에 대한 가격탄력성이 다르므로 이윤극대화를 달성하기 위해서는 수요의 가격탄력성이 작은 시장에 높은 가격, 수요의 가격탄력성이 큰 시장에 낮은 가격을 설정한다.

> **TIP**
>
> 가격차별의 형태에 따른 의미

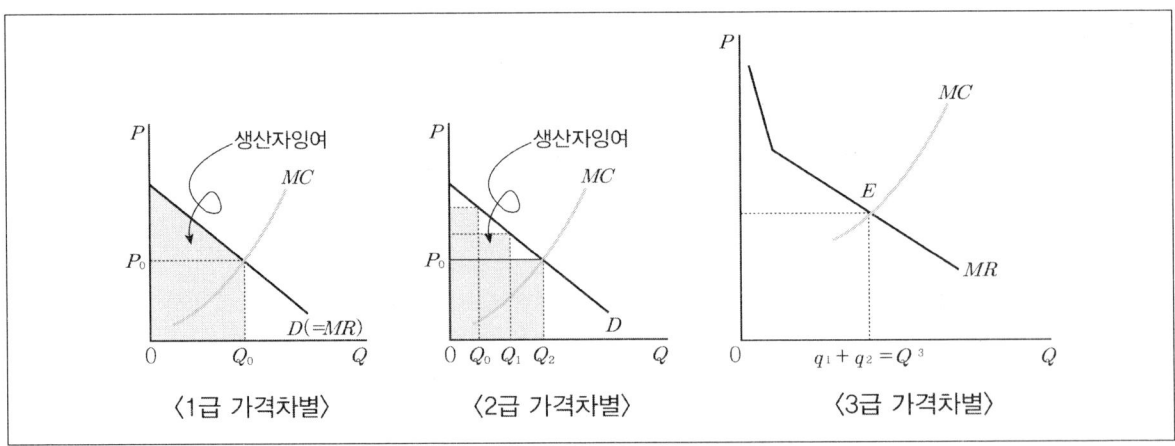

〈1급 가격차별〉　　〈2급 가격차별〉　　〈3급 가격차별〉

❸ 독점적 경쟁시장

(1) 독점적 경쟁시장의 특징

① 다수의 기업

② 차별화된 재화

③ 진입과 탈퇴의 자유로움

④ 비가격 경쟁

⑤ 기술혁신의 가능성이 낮음

⑥ 시장지배력 발생

⑦ 유휴 생산설비 존재

⑧ 경제적 비효율성

(2) 독점적 경쟁시장의 균형

① 단기균형
- ㉠ 공급곡선은 존재하지 않음
- ㉡ 경제적 비효율성 발생
- ㉢ 단기적으로는 손실이 발생할 수도 있음
- ㉣ 수요의 가격탄력성이 1보다 큰 구간에서 생산함

② 장기균형
- ㉠ 공급곡선은 존재하지 않음
- ㉡ 경제적 비효율성 발생
- ㉢ 장기 초과이윤은 0
- ㉣ 수요의 가격탄력성이 1보다 큰 구간에서 생산함
- ㉤ 초과설비 보유
- ㉥ 단기평균비용의 최소점보다 왼쪽에서 생산함
- ㉦ 장기평균비용의 최소점보다 왼쪽에서 생산함

(3) 독점적 경쟁시장에 대한 평가

① 장점
- ㉠ 차별화된 재화의 공급을 통한 소비자의 다양한 욕구 충족
- ㉡ 진입장벽과 장기초과이윤이 없으므로 자연독점의 발생가능성이 없음

② 단점
  ㉠ 자원배분의 비효율성 발생
  ㉡ 기술혁신 가능성이 낮음

❹ 과점시장

(1) 과점시장의 특징

① 과점시장이란 몇 개의 기업이 시장수요의 대부분을 공급하는 시장이다.

② 과점시장은 소수 기업의 존재로 상호의존성이 강하다.

③ 과점기업들 간에는 카르텔 같은 경쟁을 제한하는 행위를 하는 경향이 있다.

④ 과점시장에는 상당한 진입장벽이 존재한다.

(2) 과점시장의 균형

① 과점시장에 있는 기업은 경쟁기업에 대한 전략적 고려를 하며 자신의 가격이나 생산량에 대한 결정을 한다.

② 경쟁기업의 의사결정은 처음 기업의 의사결정에 따라 달라질 수 있다.

(3) 카르텔

① 과점기업 간 협약관계에 의한 기업연합을 의미하며 각각의 기업은 법률 및 경제적 독립성을 유지하며 협약에 의한 결합을 유지한다.

② 카르텔은 과점기업들이 담합을 통해 서로 경쟁을 제한하고자 형성하는 것이다.

③ 카르텔을 통해 과점기업들은 더 많은 이윤을 확보하고 새로운 경쟁자의 진입을 저지할 수 있다.

④ 협약은 판매가격 협정, 구매조건의 협정, 판매경로 및 판매지역 분할을 주목적으로 하며 마치 독점기업과 유사하다.

⑤ 카르텔의 붕괴유인
  ㉠ 카르텔의 협정을 위반하면 더 많은 초과이윤이 보장된다.
  ㉡ 담합이 복잡하거나 담합위반의 보복정도가 낮을 경우 붕괴유인이 커진다.
  ㉢ 카르텔의 예로는 정유분야, 자동차분야, 라면분야 등이 있다.

(4) 과점시장에 대한 평가

① 장점
　　㉠ 다양한 제품으로 소비자의 기호 충족
　　㉡ 완전경쟁이나 독점에 비해 활발한 연구개발 투자로 기술혁신 가능

② 단점
　　㉠ 자원배분의 비효율성
　　㉡ 지나친 비가격경쟁으로 자원낭비

❺ 게임이론

(1) 게임이론의 기본요소

① **경기자** … 둘 이상의 경제주체가 게임의 주체로 기업과 개인 등이 이에 해당한다.

② **전략** … 게임을 통해 경기자들이 이윤극대화를 위해 선택할 수 있는 대안을 말한다.

③ **보수** … 게임을 통해 경기자가 얻게 되는 이윤이나 효용을 말한다.

(2) 게임의 종류

① 제로섬게임과 비제로섬게임

② 정합게임과 비정합게임

③ 동시게임과 순차게임

④ 협조적 게임과 비협조적 게임

(3) 게임의 균형

① **우월전략균형** … 상대방의 전략과는 관계없이 자신의 이윤을 크게 만드는 전략으로 하나의 균형만이 존재한다.

② **내쉬균형**
　　㉠ 각각의 경기자가 상대방의 전략을 주어진 것으로 보고 최적인 전략을 선택할 때 나타나는 균형을 말하는 것으로 균형이 하나 이상도 존재한다.
　　㉡ 내쉬균형이 반드시 파레토 최적인 것은 아니다.

출제 예상 문제

1 완전경쟁하의 개별기업의 단기균형과 단기공급곡선에 대한 설명으로 옳지 않은 것은?

① 경쟁기업의 이윤극대화 공급량은 가격과 한계생산비가 일치하는 수준에서 결정된다.

② 가격이 평균가변비용보다 낮은 경우 경쟁기업의 공급량은 0이다.

③ 경쟁기업의 초과이윤은 0이 된다.

④ 시장공급곡선은 개별기업의 단기공급곡선의 수평합으로 주어진다.

> **TIP** 완전경쟁시장의 단기균형은 P=MC에서 성립하는데 이때 가격은 평균비용보다 높을 수도 있고 낮을 수도 있다. 따라서 초과이윤은 0보다 클수도 있고 작을 수도 있다.

2 이윤극대화를 추구하는 독점기업과 완전경쟁기업의 차이점에 관한 설명으로 옳지 않은 것은?

① 독점기업의 한계수입은 가격보다 낮은 반면, 완전경쟁기업의 한계수입은 시장가격과 같다.

② 독점기업의 한계수입곡선은 우상향하는 반면, 완전경쟁기업의 한계수입곡선은 우하향한다.

③ 단기균형에서 독점기업은 가격이 한계비용보다 높은 점에서 생산하는 반면, 완전경쟁기업은 시장가격과 한계비용이 같은 점에서 생산한다.

④ 장기균형에서 독점기업은 경제적 이윤을 얻을 수 있는 반면, 완전경쟁기업은 경제적 이윤을 얻을 수 없다.

> **TIP** 독점기업의 한계수입곡선은 우하향하는 반면, 완전경쟁기업의 한계수입곡선은 수평이다.

Answer 1.③ 2.②

3 독점기업의 가격차별에 관한 설명으로 옳지 않은 것은?

① 1급 가격차별시 소비자잉여는 0이다.

② 1급 가격차별시 사중손실은 0보다 크다.

③ 3급 가격차별의 대표적인 예로 영화관의 조조할인이 있다.

④ 3급 가격차별시 한 시장에서의 한계수입은 다른 시장에서의 한계수입과 같다.

TIP 1급 가격차별시 사중손실은 발생하지 않는다.

4 한계비용이 양(+)의 값을 갖는 독점기업의 단기균형에서 수요의 가격탄력성은? 단, 수요곡선은 우하향하는 직선이며 독점기업은 이윤극대화를 목표로 한다.

① 0이다.

② 0과 1 사이에 있다.

③ 1이다.

④ 1보다 크다.

TIP 독점기업의 이윤극대화 조건은 MR=MC이다. 한계비용이 양의 값을 가지면 한계수입도 양의 값을 가지므로 수요의 가격탄력성은 1보다 크다.

5 독점시장에 관한 설명으로 옳지 않은 것은?

① 기업이 직면하는 수요곡선은 우하향한다.

② 기업이 직면하는 평균수입곡선은 우하향한다.

③ 기업이 직면하는 한계수입곡선은 우하향한다.

④ 균형에서 수요의 가격탄력성은 1이다.

TIP 독점기업의 균형에서 수요의 가격탄력성은 1보다 크다.

Answer 3.② 4.④ 5.④

6 독점적 경쟁의 장기균형에 관한 설명으로 옳지 않은 것은?

① 개별기업은 과잉설비를 갖게 된다.
② 독점이윤이 존재한다.
③ 한계비용과 한계수입이 일치한다.
④ 개별기업이 직면하는 수요곡선은 우하향한다.

TIP 독점적 경쟁시장의 장기균형에서는 초과이윤이나 손실이 발생하지 않는다.

7 가격결정에서 영향을 미치는 외부요인 중 시장 참가자가 다수여서 수요자 상호간, 공급자 상호간 그리고 수요자와 공급자간의 삼면적(三面的)인 경쟁이 이루어지는 시장을 의미하는 것은?

① 완전경쟁시장
② 독점적 경쟁시장
③ 과점시장
④ 독점시장

TIP 완전경쟁시장은 다수의 기업이 존재하고, 시장 진입과 퇴출이 자유롭고, 시장에 대한 정보가 완전하다. 완전경쟁시장에서 상품은 동질적인데 반하여 독점적 경쟁시장에서의 상품은 차별화되어 있다.

※ 시장의 구분

구분		내용
완전경쟁시장		완전경쟁시장은 가격이 완전경쟁에 의해 형성되는 시장을 말한다. 완전경쟁시장이 성립하기 위해서는 생산과 거래대상이 되는 상품의 품질이 동일해야 하며, 개별 경제주체가 가격에 영향력을 행사할 수 없을 정도로 수요자와 생산자의 수가 많아야 하고, 모든 시장참가자들은 거래와 시장 여건에 관해 완전한 정보를 가지고 있어야 한다. 또한 시장참가자들의 자유로운 시장진입과 이탈은 물론 생산요소의 자유로운 이동이 보장되어야 한다. 따라서 현실세계에서는 존재하기 어려운 이상적인 시장 형태이다.
불완전 경쟁시장	독점시장	독점시장이란 공급자의 수가 하나인 시장을 말한다. 대표적으로 우리나라에서 담배를 독점적으로 판매하는 KT&G, 고속철도 등이 있다.
	과점시장	과점시장은 소수의 생산자가 존재하는 시장을 말한다. 대표적으로 자동차, 이동통신, 항공 서비스 등이 있다.
	독점적 경쟁시장	음식점·미용실 같이 조금씩 질이 다른 상품을 생산하는 다수의 생산자들로 구성된 시장을 말한다. 이들은 같은 상품을 팔아도 품질과 서비스가 동일하지 않기 때문에 독점의 성격을 가지며 시장진출입이 자유롭다는 점에서 경쟁시장의 성격을 모두 갖고 있다.

Answer 6.② 7..①

8 다음 중 시장의 원리로 보기 어려운 것은?

① 경쟁의 원리

② 이익추구 원리

③ 자유교환의 원리

④ 생산수단 공동 소유 원리

TIP 시장의 원리

구분	내용
경쟁의 원리	시장은 자신의 이익을 위해 경쟁을 하는 구조이다. 생산자들은 가격, 제품의 질, 원가 절감, 새로운 시장 판로 개척 등을 실시하는데 이는 다른 경쟁자들보다 더 많은 이익을 얻기 위한 경쟁이라 볼 수 있다. 시장에서 경쟁은 시장의 가격기구가 잘 작동할 수 있도록 역할을 함과 동시에 기술발달을 가져오기도 한다.
이익추구의 원리	시장에서 거래를 하는 사람들은 자유의지에 따라 서로가 원하는 재화와 서비스를 다루게 되는데, 이는 이익을 추구하고자 하는 개인의 이기심에 의한 것이라 할 수 있다. 이처럼 시장은 개개인의 이익을 추구하고자 하는 심리에 의해 운영되는 것이다.
자유교환의 원리	시장에서 거래 당사자들은 어느 누구의 간섭 없이 자발적으로 원하는 재화와 서비스를 교환한다는 것을 말한다. 즉 자유롭게 교환이 가능해져 경제 구성원들은 모두 풍족하게 삶을 누릴 수 있게 된다고 말한다.

9 완전경쟁시장과 독점기업의 기본적인 차이는 무엇인가?

① 독점기업은 초과이윤을 얻는 가격을 항상 요구할 수 있는 반면, 경쟁기업은 그런 이윤을 결코 얻지 못한다.

② 경쟁기업은 어떤 주어진 가격으로 그가 원하는 만큼 판매할 수 있는 반면, 독점기업은 가격인하가 필요하다.

③ 독점기업이 직면하는 수요의 탄력성은 경쟁기업이 직면하는 수요의 탄력성보다 작다.

④ 독점기업이 정하는 가격은 한계비용보다 높은 반면, 완전경쟁시장가격은 한계비용보다 낮다.

TIP 완전경쟁시장의 개별수요곡선은 수평선이므로 경쟁기업은 주어진 가격으로 그가 원하는 만큼 판매할 수 있는 반면, 독점시장의 개별수요곡선은 우하향하므로 주어진 가격을 유지하는 상태에서는 판매량을 늘릴 수 없다.

Answer 8.④ 9.②

10 시장 가격이 가지는 기능으로 보기 어려운 것은?

① 정보전달 역할   ② 자원배분 기능

③ 가격의 탄력성 유지   ④ 경제활동의 동기 부여

TIP 가격은 우선 경제주체들에게 정보를 전달하는 신호의 역할을 한다. 생산자와 소비자가 무엇을 얼마나 생산하고 구매할 것인지를 결정하는 데 필요한 정보를 제공하여 가격의 높고 낮음은 소비자가 그 상품을 얼마나 원하고 있는지, 그리고 생산자가 그 상품을 생산하는 데 얼마나 많은 비용이 드는지에 관한 정보를 전달해 준다. 또한 생산을 통해 기업이 얼마나 이익을 얻을 수 있는지에 대한 정보도 제공한다. 가격은 또한 경제활동의 동기를 제공하고 자원을 자율적으로 배분하는 기능을 한다. 어떤 상품의 가격이 상승한다는 것은 그 상품을 생산하는 기업에게 더 많이 생산할 동기를 부여하고 다른 사람에게 새롭게 그 상품의 생산에 참여할 유인을 제공하기도 한다.

※ 시장 가격의 기능

구분	내용
정보전달의 역할	가격은 생산자와 무엇을 구매할 것인지, 판매자는 무엇을 얼마나 생산하고 구매할 것인지를 결정하는 데 필요한 정보를 제공하는 역할을 한다. 예를 들어, 커피 전문점에서 커피를 먹고 싶은 소비자는 시장에서 형성되는 균형가격 수준에서 돈을 지불하기만 하면 원하는 커피를 마실 수 있으며 이를 근거로 공급자인 커피 공급 업체는 커피를 제공한다. 이처럼 가격은 소비자가 그 상품을 얼마나 원하고 있는지, 그리고 생산자가 그 상품을 생산하는 데 얼마나 많은 비용이 드는지에 관한 정보를 알려주기 때문에 가격은 경제주체들에게 정보를 전달하는 신호의 역할을 한다고 볼 수 있다.
자원배분 기능	시장에서 생산자는 제한된 자원을 사용하여 물품을 팔아 최대의 이윤을 얻고자 하며, 소비자는 한정된 소득으로 가장 큰 만족을 얻기 위해 경쟁을 한다. 이러한 각자의 이익추구 행위 덕분에 수많은 재화와 서비스가 생산되어 시장에서 거래를 하게 되고 필요한 사람에게 공급된다. 이는 사회라는 큰 틀에서 보면 전체적으로 한정되어 있던 자원이 필요한 자들에게 효율적으로 분배되고 있음을 알 수 있다.
경제활동의 동기 부여	우리나라에서 몇 년 전부터 패딩 점퍼가 유행을 하면서 패딩 점퍼 상품가격이 상승한 적이 있다. 이렇게 가격이 상승하게 되면 그 제품을 생산하는 기업들에게 더 많이 생산할 수 있는 동기를 부여하게 되고, 다른 업계의 기업들도 패딩 점퍼 사업에 참여를 하는 촉매제가 된다. 이처럼 가격은 경제활동의 동기를 부여하는 기능도 한다.

---

11 완전경쟁 하에 있는 개별기업들에 대한 설명으로 틀린 것은?

① 개별기업의 단기공급곡선은 AVC 최소점보다 상방에 위치한 한계비용곡선이다.

② 개별기업의 장기공급곡선은 LAC 최소점보다 상방에 위치한 한계비용곡선이다.

③ 완전경쟁의 경우 개별기업이 직면하는 수요곡선은 우하향의 형태이다.

④ 완전경쟁시장의 기업들이라도 단기에는 이윤을 얻을 수도 있다.

TIP 완전경쟁의 경우 개별기업이 직면하는 수요곡선은 수평선의 형태이다.

Answer 10.③ 11.③

12 다음 ( ) 안에 들어갈 용어의 연결이 바르게 짝지어진 것은?

> 이윤을 최대로 하는 기업은 (A)와 (B)의 차이를 최대로 하고자 한다. 이를 위하여 기업은 (C)와 (D)가 일치하도록 생산량을 조절한다.

① (A) 총수입, (B) 총비용, (C) 한계수입, (D) 한계비용
② (A) 한계수입, (B) 한계비용, (C) 총수입, (D) 총비용
③ (A) 평균수입, (B) 평균비용, (C) 한계수입, (D) 한계비용
④ (A) 한계수입, (B) 한계비용, (C) 평균수입, (D) 평균비용

TIP 이윤을 최대로 하는 기업은 총수입과 총비용의 차이를 최대로 하고자 한다. 이를 위하여 기업은 한계수입과 한계비용이 일치하도록 생산량을 조절한다.

13 이윤극대화 선택에 관한 다음 설명 중 옳지 않은 것은?

① 한계수입이 한계비용에 비해서 크다면 산출량을 증가시킴으로써 이윤을 높일 수 있다.
② 이윤극대화를 추구하는 기업은 생산 활동에 있어서 수입과 비용을 동시에 고려해야 한다.
③ 이윤극대화 산출량 수준에서는 산출량을 증가시키든 감소시키든 항상 이윤이 감소한다.
④ 생산요소의 가격이 변화되면 이윤극대화 산출량은 변화하지 않는다.

TIP 생산요소의 가격이 변화되면 이윤극대화 산출량도 변화한다.

14 완전경쟁시장에서 나타나는 특징을 설명한 것 중 가장 옳지 않은 것은?

① 시장균형가격이 한계비용과 일치한다.
② 장기균형에서 생산량은 평균비용이 최소화되는 수준에서 결정된다.
③ 장기균형에서 기업들은 초과이윤을 얻는다.
④ 균형생산량은 한계비용과 한계수입이 같아지는 수준에서 결정된다.

TIP 장기균형에서 기업들은 초과이윤을 전혀 얻지 못한다.

Answer 12.① 13.④ 14.③

15 어떤 회사가 생산하는 자동차의 가격이 1,000만 원, 한계비용 1,000만 원, 평균비용이 1,100만 원, 최소평균가변비용이 900만 원이라고 한다. 다음 서술 중 옳은 것은?

① 이 회사는 생산을 증가시켜 더욱 더 큰 이윤을 획득해야 할 것이다.
② 이 회사는 현재 손실을 보고 있으나 생산을 계속해야 한다.
③ 이 회사는 현재 손익분기점에 있으므로 조업을 중단해야 한다.
④ 이 회사는 손실을 보고 있으므로 자동차의 생산을 중단해야 한다.

TIP 단기에 손해를 보더라도 시장가격이 최소평균가변비용보다 높으므로 생산을 계속해야 한다.

16 다음 ( ) 안에 들어갈 말로 옳은 것은?

> 자연독점에서는 평균비용이 (A)하므로, 한계비용곡선은 평균비용곡선보다 (B).

① (A) 감소, (B) 위에 놓여 있다
② (A) 감소, (B) 아래에 놓여 있다
③ (A) 증가, (B) 위에 놓여 있다
④ (A) 증가, (B) 아래에 놓여 있다

TIP 자연독점에서는 평균비용이 감소하므로, 한계비용곡선은 평균비용곡선보다 아래에 놓여 있다.

17 다음 중 의미하는 바가 다른 하나는?

① 이윤이 극대화 되었다.
② 총수입과 총비용 사이의 차이가 가장 크다.
③ 총수입곡선과 총비용곡선의 기울기가 일치한다.
④ 한계수입곡선과 한계비용곡선의 기울기가 일치한다.

TIP 이윤이 극대화될 필요조건은 한계수입과 한계비용이 일치해야 한다.

Answer 15.② 16.② 17.④

18 다음 중 독점발생의 원인이 될 수 없는 것은?

① 규모의 경제　　　　　　　　　② 범위의 경제
③ 특허권의 인정　　　　　　　　　④ 생산요소의 통제

TIP 특화에 따라 대규모 생산이 이루어지고 평균비용이 지속적으로 하락하는 경우 규모의 경제가 성립하며, 범위의 경제는 두 가지 이상의 생산물을 각각 생산하는 것보다 함께 생산하는 것이 유리할 때 성립하는 것으로 시너지 효과를 얻을 수 있다.

19 다음 중 완전경쟁기업과 독점기업의 공통점이 아닌 것은?

① 단기에는 반드시 초과이윤을 얻는 것은 아니다.
② 한계비용과 한계수입이 일치하는 점에서 생산량을 결정한다.
③ 비가격경쟁이 거의 존재하지 않는다.
④ 가격이 평균비용보다 낮으면 조업을 중단한다.

TIP 조업중단은 가격이 평균가변비용보다 낮을 경우 결정하게 된다.

20 다음 중 독점적 경쟁시장의 특징이 아닌 것은?

① 진입과 퇴출이 자유롭다.
② 유휴설비가 존재한다.
③ 비가격 경쟁이 활발하다.
④ 장기에 초과이윤이 존재한다.

TIP 장기에는 정상이윤만 존재한다.

Answer　18.②　19.④　20.④

21 H자동차회사는 동일한 자동차를 내수용과 수출용으로 구분하여 판매하고 있다. 해외시장수요의 가격탄력성이 4이고 국내시장수요의 가격탄력성은 2라고 하자. 국내가격이 1,200만 원이라면 해외시장에는 얼마에 팔아야 이윤극대화를 달성할 수 있을까?

① 700만 원

② 800만 원

③ 900만 원

④ 1,000만 원

TIP 해외시장가격을 x라 하면

$$1,200\left(1-\frac{1}{2}\right) = x\left(1-\frac{1}{4}\right)$$

$$x = 800$$

22 다음 중 과점시장의 특징과 가장 거리가 먼 것은?

① 카르텔이 지속되기 쉽다.

② 높은 진입장벽이 존재한다.

③ 치열한 비가격경쟁을 한다.

④ 기업 간 상호의존성이 강하다.

TIP 개별기업은 이탈할 유인이 있기 때문에 카르텔이 지속되기 어렵다.

23 다음 중 담합에 대한 설명으로 부적당한 것은?

① 담합은 소비자에게 높은 가격을 부담시킬 뿐 아니라 경제 전체의 효율적 자원배분을 저해한다.

② 생산자들 간에 합의된 가격을 임의로 내리는 것은 시장의 거래질서를 파괴하며 자원의 효율적 배분을 저해한다.

③ 담합은 기업 간 경쟁을 저해하여 장기적으로 허약한 기업을 형성한다.

④ 생산자들은 담합을 통하여 가격보다는 다른 측면에서 경쟁하기를 원한다.

TIP 카르텔의 불안정성으로 인해 담합이 깨어질 수는 있지만 경제 전체로는 바람직하다.

Answer 21.② 22.① 23.②

24 어떤 농산물의 가격이 20% 하락하였는데 판매량은 15% 증가하였다. 다음 중 적절한 표현은?

① 수요와 공급이 비탄력적이다.
② 수요가 비탄력적이다.
③ 수요는 탄력적이나 공급은 비탄력적이다.
④ 공급이 비탄력적이다.

TIP 수요의 가격탄력성이 비탄력적이라는 것은 가격의 변화율보다 수요량의 변화율이 적은 것을 의미한다.

25 농산물 가격이 10% 오를 때 수요량은 10% 이상 감소하지 않는다면 이에 알맞은 표현은?

① 수요는 탄력적이다.
② 수요는 비탄력적이다.
③ 가격은 탄력적이다.
④ 가격은 비탄력적이다.

TIP 농산물 가격이 10% 오를 때 수요량은 10% 이상 감소하지 않는다면 이는 수요가 비탄력적임을 의미한다.

26 거미집 이론에서 농산물 가격의 변동에 대한 설명으로 틀린 것은?

① 농산물 가격과 공급 간의 시차에 의한 가격변동을 설명한다.
② 공급이 수요보다 더 탄력적일 때 가격은 균형가격으로 점차 수렴한다.
③ 계획된 생산량과 실현된 생산량이 언제나 동일함을 가정한다.
④ 수요와 공급곡선의 기울기의 절댓값이 같을 때 가격은 일정한 폭으로 진동하게 된다.

TIP 수요가 공급보다 더 탄력적일 때 가격은 균형가격으로 점차 수렴한다.

Answer 24.② 25.② 26.②

27 다음 중 수요의 증가 요인이 아닌 것은?

① 소득의 증가
② 대체재의 가격상승
③ 보완재의 가격상승
④ 수요자의 증가

TIP 보완재의 가격상승은 수요의 감소 요인이다.

28 다음 중 농산물 가격특성에 대한 설명으로 옳지 않은 것은?

① 소득탄력성의 경우 곡물보다 쇠고기 품목이 더 높다.
② 일반적으로 농산물 수요는 소득에 대해 비탄력적이다.
③ 농산물 가격의 불안정성은 수요와 공급이 가격변화에 대해 탄력적이기 때문이다.
④ 농산물 품목 간 대체가 어려울 경우 수요의 가격탄력성은 낮다.

TIP 농산물 가격의 불안정성은 수요와 공급이 가격변화에 대해 비탄력적이기 때문이다.

29 농산물의 수요와 공급의 가격 비탄력성에 관한 설명으로 옳지 않은 것은?

① 가격변동률 만큼 수요변동률이 크지 않다.
② 가격폭등시 공급량을 쉽게 늘리기 어렵다.
③ 소폭의 공급변동에는 가격변동이 크지 않다.
④ 수요와 공급의 불균형 현상이 연중 또는 지역별로 발생할 수 있다.

TIP 소폭의 공급변동에도 가격변동이 크다.

Answer 27.③ 28.③ 29.③

30 수요의 가격탄력성이 1보다 크다면 가격이 10% 하락할 때 수요량은 어떻게 변하는가?

① 수요량이 10%보다 많이 증가한다.
② 수요량이 10%보다 적게 증가한다.
③ 수요량이 10%보다 많이 감소한다.
④ 수요량이 10%보다 적게 감소한다.

TIP 수요의 가격탄력성이 1보다 크다면 가격이 10% 하락할 때 수요량은 10%보다 많이 증가한다.

31 다음 중 거미집 이론의 모형에서 균형가격이 형성되는 수렴형의 조건은?

① 수요의 가격탄력성 > 공급의 가격탄력성
② 수요의 가격탄력성 < 공급의 가격탄력성
③ 수요의 가격탄력성 = 공급의 가격탄력성
④ 수요의 가격탄력성 ≥ 공급의 가격탄력성

TIP 거미집 이론의 모형에서 균형가격이 형성되는 수렴형의 조건은 '수요의 가격탄력성 > 공급의 가격탄력성'이다.

32 다음 중 거미집 이론의 모형에서 순환형의 조건은?

① 수요의 가격탄력성 > 공급의 가격탄력성
② 수요의 가격탄력성 < 공급의 가격탄력성
③ 수요의 가격탄력성 = 공급의 가격탄력성
④ 수요의 가격탄력성 ≥ 공급의 가격탄력성

TIP 거미집 이론의 모형에서 순환형의 조건은 '수요의 가격탄력성 = 공급의 가격탄력성'이다.

Answer   30.①   31.①   32.③

33 유통마진에 대한 설명 중 관계가 먼 것은?

① 상품의 유통과정에서 수행되는 모든 경제활동에 수반되는 일체의 비용이다.

② 일반적으로 유통마진은 유통비용과 유통이윤으로 구성된다.

③ 유통비용에는 물류비, 인건비 등이 포함되나 감모비는 포함되지 않는다.

④ 상품의 유통마진은 소비자 지불가격과 생산자 수취가격의 차이이다.

TIP 유통비용에는 물류비, 인건비뿐만 아니라 감모비 등도 포함된다.

34 다음 중 농산물 유통효율이 향상되는 경우는?

① 동일한 수준의 산출을 유지하면서 투입 수준을 증가시키면 유통효율이 향상된다.

② 시장구조를 불완전 경쟁적으로 유도하면 유통효율이 향상된다.

③ 유통활동의 한계생산성이 1보다 클 때 유통효율이 향상된다.

④ 유통작업이 노동집약적으로 이루어질 때 유통효율이 향상된다.

TIP 유통활동의 한계생산성이 1보다 클 때 유통효율이 향상된다. 즉 단위당 산출에 대한 유통비용을 최소로 하는 것이 유통효율을 증가시키는 방안이다.

35 농산물 시장의 가격효율을 증대시키기 위해서는 완전경쟁적 시장 형성이 되도록 유도해야 한다. 그러나 완전경쟁적 시장 형성이 미흡할 경우 가격효율을 증대시킬 수 있는 수단으로 볼 수 없는 것은?

① 이동, 저장, 분배 등 물적 유통비용 절감

② 소비지 도매시장 건설

③ 유통정보 기능 강화

④ 표준화와 등급화 실시

TIP 소비지 도매시장 건설은 가격효율을 증대시킬 수 있는 수단이 아니다.

Answer 33.③ 34.③ 35.②

36 과점시장의 특징에 대한 설명으로 맞는 것은?

① 한 시장에 소수의 판매자로 구성되어 있기 때문에 판매자의 가격정책은 상호 의존성이 없다.

② 한 시장에 소수의 판매자가 존재하는 경우로서 생산물이 동질적일 수도 있고 이질적일 수도 있다.

③ 한 기업은 시장 전체에 비해 상대적으로 그리 크지 않기 때문에 시장 전체의 판매량을 크게 변화시키지 못한다.

④ 과점시장의 수요곡선은 시장 전체의 수요곡선이 된다.

TIP 과점시장은 한 시장에 소수의 판매자가 존재하는 경우로서 생산물이 동질적일 수도 있고 이질적일 수도 있다.

37 농산물 시장을 분리하여 각각 서로 다른 판매가격으로 차등화하는 가격차별화 전략 중 가장 적절한 것은?

① 농산물 시장구조의 경쟁정도를 강화시켜 경제적 효율성을 증진시킨다.

② 수요의 가격탄력성이 비교적 탄력적인 시장에 대해서는 과감히 낮은 가격을 설정한다.

③ 각 농산물 시장의 수요의 가격탄력성 차이를 가급적 줄이도록 노력한다.

④ 새로운 판매주체를 유입시켜 서로 담합한다.

TIP 수요의 가격탄력성이 비교적 탄력적인 시장에 대해서는 과감히 낮은 가격을 설정하고, 수요의 가격탄력성이 비교적 비탄력적인 시장에 대해서는 다소 높은 가격을 설정한다.

38 동일한 상품에 대해 서로 다른 소비자에게 각각 다른 가격수준을 부과하는 것을 가격차별(price discrimination)이라고 한다. 이에 대한 설명 중 적절하지 않은 것은?

① 가격탄력성이 동일한 두 개 이상의 시장이 존재하여야 한다.

② 유통주체가 어떤 농산물에 대해 독점적 위치를 확보할 수 있는 여건이 구비될 때 실시한다.

③ 소비자의 선호, 소득, 장소 및 대체재의 유무 등에 따라 서로 다른 가격을 부과한다.

④ 서로 다른 시장에서 매매된 상품이 시장 간에 이동될 수 없어야 한다.

TIP 가격탄력성이 상이한 두 개 이상의 시장이 존재하여야 한다.

Answer 36.② 37.② 38.①

39 다음 ( ) 안에 들어갈 알맞은 말이 바르게 짝지어진 것은?

> 에치켈의 거미집 이론에 의하면 수요자는 즉각적으로 (A)의 시장가격에 적응하여 수요를 결정하지만 공급자는 (B)의 가격에 의존하여 금기의 공급량을 결정하는 식의 (C)적 기대를 가정하고 있다.

① A : 금기,　　　B : 전기,　　　C : 정태
② A : 금기,　　　B : 전기,　　　C : 동태
③ A : 전기,　　　B : 금기,　　　C : 정태
④ A : 전기,　　　B : 금기,　　　C : 동태

40 부패성이 크거나 저장가능성이 낮을수록 공급의 탄력성은 어떻게 되는가?

① 탄력적이 된다.　　　　　　　　② 비탄력적이 된다.
③ 단위탄력적이 된다.　　　　　　④ 완전탄력적이 된다.

41 다음 중 공급의 가격탄력성에 대한 설명으로 틀린 것은?

① 완전비탄력적이란 가격이 아무리 변해도 공급량이 불변인 것을 말한다.
② 단위탄력적이란 가격변화율과 공급량의 변화율이 같은 것을 말한다.
③ 완전탄력적이란 가격변화가 거의 없어도 공급량의 변화는 무한대인 것을 말한다.
④ 탄력적이란 가격변화율에 비해 공급량의 변화율이 작은 것을 말한다.

Answer 39.① 40.② 41.④

42 일반적으로 농산물은 공산품보다 가격변동이 심하다. 다음 중 그 이유로 가장 적절한 것은?

① 농산물에 대한 사람들의 기호변화가 심하기 때문이다.
② 농산물의 수요와 공급이 모두 비탄력적이기 때문이다.
③ 외국으로부터 농산물 수입이 대단히 불안정하기 때문이다.
④ 정부의 농업에 대한 보조정책의 일관성이 결여되어 있기 때문이다.

TIP 농산물은 대부분 필수재이기 때문에 수요가 매우 비탄력적이다. 그리고 농산물은 한 번 파종을 하고 나면 가격이 상승하더라도 공급량을 증가시키는 것은 한계가 있기 때문에 공급도 매우 비탄력적이다. 수요와 공급이 매우 비탄력적이므로 농산물은 기후변화에 따라 공급이 약간만 변하더라도 가격은 급변하게 된다.

43 일반적으로 단기보다 장기에 수요와 공급의 탄력성은 어떻게 되는가?

① 탄력적이 된다
② 비탄력적이 된다.
③ 단위탄력적이 된다.
④ 완전비탄력적이 된다.

TIP 단기보다 장기에 수요와 공급의 탄력성은 탄력적이 된다.

44 인플레이션이 발생할 경우 나타나는 현상이 아닌 것은?

① 메뉴 비용
② 구두창 비용
③ 화폐 가치 감소
④ 부동산 등 실물자산 가치 감소

TIP 물가가 단기간에 빠른 속도로 지속적으로 상승하는 현상을 인플레이션이라 한다. 통화량의 증가로 화폐가치가 하락하고, 모든 상품의 물가가 전반적으로 꾸준히 오르는 경제 현상인 인플레이션은 수 퍼센트의 물가 상승률을 보이는 완만한 것에서부터 수백 퍼센트 이상의 상승률을 보이는 초인플레이션까지 종류도 다양하다.
인플레이션의 종류는 경제 전체의 공급에 비해서 경제 전체의 수요가 빠르게 증가할 때 발생하는 '수요 견인 인플레이션'과 생산비용이 상승하여 발생하는 '비용 인상 인플레이션' 등이 있으며, 인플레이션이 지속되는 상황에서 부동산 같은 실물자산을 많이 소유한 사람이 재산을 증식하는데 유리하다. 왜냐하면 아파트·가구 등 부동산 실물자산은 인플레이션이 발생해도 실물자산의 가치가 화폐의 가치처럼 떨어지는 것은 아니기 때문이다. 따라서 인플레이션 하에서 수익성이 높은 부동산을 매입해 월세를 통한 현금화와 인플레이션에 의한 자산가치 상승을 노리는 투자가 많아진다.

Answer 42.② 43.① 44.④

45 다음에서 설명하는 현상은?

이것은 일정한 농지에서 작업하는 노동자수가 증가할수록 1인당 수확량은 점차 적어진다는 법칙을 말한다. 즉 생산요소가 한 단위 증가할 때 어느 수준까지는 생산물이 증가하지만 그 지점을 지나게 되면 생산물이 체감하는 현상으로 농업이나 전통 제조업에서 이 현상이 나타난다.
농사를 짓는데 비료를 주게 되면 배추의 수확량이 늘어나지만 포화상태에 다다르면 그 때부터는 수확량이 감소하게 되는 것이 이 법칙의 전형적인 예라 할 수 있다.

① 수확체감의 법칙
② 거래비용의 법칙
③ 코즈의 정리
④ 약탈가격의 법칙

TIP 수확체감의 법칙에 관한 내용이다. 수확체감의 법칙이란 고정요소가 존재하는 단기가변요소 투입량을 증가시키면 어떤 단계를 지나고부터는 그 가변 요소의 한계생산물이 지속적으로 감소하는 현상을 말한다.

46 다음 중 경제 활동에 대한 내용으로 잘못된 것은?

① 경제 활동이란 인간이 경제생활에 필요한 물품이나 도움을 생산, 분배, 소비하는 행위를 말한다.
② 경제활동에서 생산이란 생활에 필요한 재화와 서비스를 새로 만들어 내거나, 그 가치를 증대시키는 것을 가리킨다.
③ 경제 활동에서 소비란 만족감을 높이기 위해서 필요로 하는 재화와 서비스를 구입하고 사용하는 것을 의미한다.
④ 분배는 생산요소를 제공하고 그 대가를 시장 가격으로 보상받는 것으로 재화의 운반과 저장, 판매 등이 있다.

TIP 분배는 노동, 자본, 토지, 경영능력 등의 생산요소를 공급하고 임금, 이자, 지대, 이윤 등의 형태로 생산활동에 대한 기여를 시장가격으로 보상받는 것으로 생산에 참여한 노동자가 노동의 대가로 받는 임금이 대표적이며, 건물을 임차한 대가로 임대료 지급, 자본을 빌려주고 받는 이자 등이 분배로 볼 수 있다. 재화의 운반과 저장, 판매는 생산 활동으로 보아야 한다.

Answer 45.① 46.④

47 가계와 기업의 경제 활동에 대한 내용으로 적절하지 않은 것은?

① 기업은 사람이 모여서 일정한 법규범에 따라 설립한 법적 인격체를 말한다.

② 기업은 주로 어떤 것을 만들어 내는 생산 활동의 주체라 할 수 있다.

③ 생산물 시장은 기업에서 생산한 재화와 용역이 거래되는 시장을 말한다.

④ 가계와 기업이 모여 하나의 경제 단위를 이루는데, 이를 포괄 경제라고 한다.

> **TIP** 주로 기업은 생산 활동을 담당하고, 가계는 소비 활동을 담당하고 있으며, 가계와 기업이 모여 하나의 경제 단위를 이루는데 이를 민간 경제라고 한다. 가계는 기업에게 생산과정에 참여한 생산요소(토지, 노동, 자본 등)를 제공한 대가로 지대, 임금, 이자, 이윤, 집세, 임대료, 배당금 등을 받는다. 이는 가계입장에서는 가계의 소비생활에 구매력의 원천인 가계의 소득이 되지만 기업의 입장에서 볼 때는 생산요소를 사온 대가를 지불하는 생산비용이 된다. 따라서 가계는 이를 바탕으로 기업이 생산한 재화와 용역을 구입하여 최대만족을 얻는 반면 기업은 이를 통한 생산 활동으로 최대이윤을 추구하는 것이다.

48 시장에 대한 설명 중 잘못된 것은?

① 시장이란 사고자 하는 자와 팔고자 하는 자 사이에 거래가 이루어지는 장소를 말한다.

② 시장은 백화점, 재래시장과 같이 눈에 보이는 시장은 물론, 노동 시장, 주식 시장과 같이 눈에 보이지 않는 시장도 시장에 포함된다.

③ 시장에서는 공급하려는 측과 수요를 하려는 측의 힘이 항상 작용하지는 않는다.

④ 시장은 물품의 특성에 따라 생산물 시장과 생산 요소 시장으로 분류할 수 있다.

> **TIP** 시장은 매우 다양하게 존재하지만 시장에 이해관계가 대립되는 두 개의 힘이 항상 작용하고 있다는 점에서는 공통점을 갖고 있다. 상품을 판매(공급)하려는 측과 구매(수요)하려는 측의 힘이 항상 겨루면서 공급자는 보다 비싼 가격으로, 수요자는 보다 싼 가격으로 거래하려고 하는 것이다.
> 생산물 시장은 기업이 만든 재화와 서비스가 거래되는 시장으로, 일반 소비자가 구매하게 되는 시장이며, 생산 요소 시장은 생산에 반드시 필요한 생산요소인 토지, 자본, 노동 등이 거래되는 시장을 말하며, 생산 요소 시장에서의 구매자는 기업이 된다.

Answer 47.④ 48.③

06
P
A
R
T

농산물 무역

01 국제경제

❶ 절대우위론(A. Smith)

(1) 절대우위란 다른 생산자에 비해 같은 상품을 더 적은 생산요소로 생산할 수 있는 능력을 말한다.

(2) 아담 스미스의 절대우위론은 자유무역의 근거를 최초로 제시한 것에 의의가 있다.

(3) 절대우위론은 한 나라가 모두 절대우위 혹은 절대열위에 있는 경우 무역이 발생하는 현상은 설명하지 못하는 단점이 있다.

❷ 비교우위론(D. Ricardo)

(1) 비교우위

① 다른 생산자에 비해 같은 상품을 더 적은 기회비용으로 생산할 수 있는 능력을 말한다.

② 한 재화의 기회비용은 다른 재화의 기회비용 역수이다. 즉, 어떤 재화에서 기회비용이 높다면 다른 재화에서는 낮은 기회비용을 갖는다.

③ 비교우위는 곧 기회비용의 상대적 크기를 나타낸다.

(2) 가정

① 노동만이 유일한 생산요소이고 노동은 균질적이다.

② 생산함수는 규모의 불변함수이고 1차 동차함수이다.

③ 국제 간 생산요소의 이동이 없다.

(3) 결론

① 무역은 비교생산비의 차이에서 발생한다.

② 각국은 비교생산비가 저렴한 비교우위가 있는 상품을 수출하고 비교열위에 있는 상품을 수입한다.

③ 생산특화에 의한 소비가능영역 확대를 통해 각 교역국의 사회후생을 증가시킨다.

(4) 한계

① 비현실적 노동가치설을 바탕으로 한다.

② 기회비용이 일정하다.

③ 국가간 운송비용을 고려하지 않았다.

④ 비교우위의 발생원인을 설명하지 못했다.

❷ 헥셔-올린 모형

(1) 개념

① 헥셔-올린 정리는 국가 간의 요소부존량의 차이 또는 생산요소가격의 차이에 의해서 국가 간 무역이 발생한다는 정리이다.

② 헥셔-올린 정리는 비교우위의 발생원인을 요소부존의 차이로 설명한다.

(2) 이론의 가정

① 2국×2생산요소×2재화가 존재한다.

② 생산요소의 이동은 없다(단, 산업 간에는 자유롭게 이동이 가능하다).

③ 생산물시장과 생산요소시장은 모두 완전경쟁시장이다.

④ 국가 간 사회적 효용함수는 동일하다.

⑤ 1차 동차생산함수이다.

(3) 핵심내용

① **제1명제** ⋯ 노동이 상대적으로 풍부한 나라는 노동집약적인 상품을 생산하여 수출하고 자본이 상대적으로 풍부한 나라는 자본집약적인 상품을 생산하여 이를 수출한다.

② **제2명제** ⋯ 자유무역이 이루어지면 국가 간 생산요소의 이동이 없더라도 생산요소의 가격이 균등화된다.

③ 제1명제는 레온티에프의 검증을 거쳐 레온티에프 역설이 주장된다.

④ 제2명제는 스톨퍼–사무엘슨의 정리에 의해서 검증된다.

❹ 관세정책

(1) 관세의 종류

① **덤핑방지관세** ⋯ 외국의 물품이 정상가격 이하로(덤핑) 수입되어 국내 산업이 실질적인 피해를 받거나 받을 우려가 있는 경우 혹은 국내 산업의 발전이 실질적으로 지연된 경우 등 실질적 피해로 조사를 통하여 확인되고 당해 국내 산업을 보호할 필요가 있다고 인정되는 때에는 기획재정부령으로 그 물품과 공급자 또는 공급국을 지정하여 당해 물품에 대하여 정상가격과 덤핑가격과의 차액에 상당하는 금액 이하의 관세(덤핑방지관세)를 추가하여 부과할 수 있다.

② **상계관세** ⋯ 외국에서 제조 · 생산 또는 수출에 관하여 직접 또는 간접으로 보조금 또는 장려금을 받은 물품의 수입으로 국내 산업이 실질적으로 피해를 받거나 받을 우려가 있거나, 또는 국내 산업개발이 실질적으로 지연되고, 당해 국내 산업을 보호할 필요가 있다고 인정되는 때에는 기획재정부령으로 그 물품과 수출자 또는 수출국을 지정하여 당해 물품에 대하여 당해 보조금 등의 금액 이하의 관세를 추가하여 부과할 수 있다.

(2) 관세정책의 효과

① 대국(예 미국)이 관세를 부과하면 교역조건 개선으로 사회후생이 증가하는 부분과 관세부과에 따른 자원배분 왜곡으로 사회후생이 감소하는 측면이 함께 존재한다.

② 소국(예 한국)이 관세를 부과하면 관세는 자원배분을 왜곡시켜 반드시 사회후생을 감소시키는 결과를 가져온다.

(3) 관세부과로 인한 소국의 경제효과

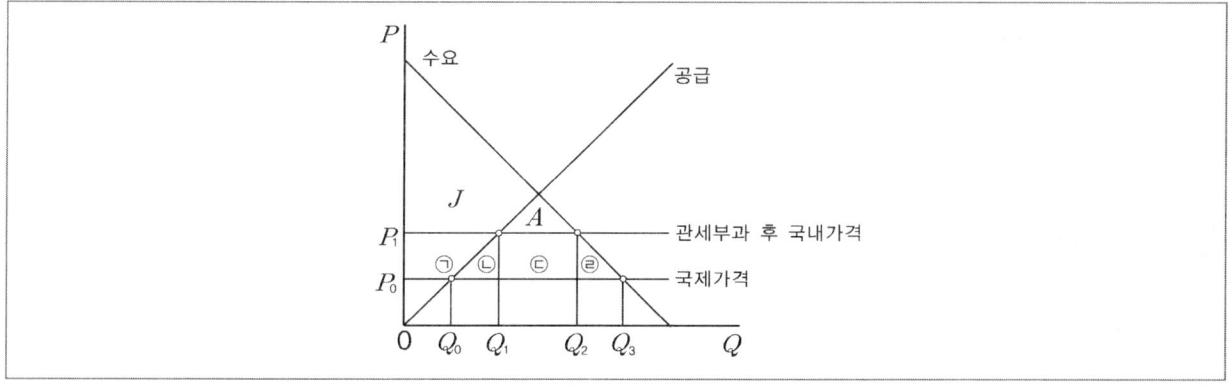

① 관세부과 후 국제가격보다 관세 부과액만큼 국내가격이 상승한다.

② 관세부과 후 대국의 경우는 그 영향력이 커서 교역조건이 개선되지만 그래프와 같은 소국의 경우는 교역조건이 불변이다.

③ **관세부과 효과** … 국내생산 증가($Q_0 \rightarrow Q_1$), 국내소비 감소($Q_3 \rightarrow Q_2$), 수입량 감소($Q_0 Q_3 \rightarrow Q_1 Q_2$)

④ 소국의 경우 ⓒ은 재정수입 증가, ⓐ의 생산자 잉여증가, ⓐⓑⓒⓓ의 소비자 잉여 감소가 나타난다.

⑤ 결국 ⓑ, ⓓ만큼의 후생손실이 발생한다.

❺ 비관세정책

(1) 수입할당제(쿼터제)

① 수입할당제는 수입상품에 직접적으로 수량을 제한하는 비관세 정책수단이다.

② 수입할당제는 관세와 동일한 경제적 효과를 갖는다.

③ 관세와 수입할당제는 자원배분에 미치는 효과는 동일하나 소득분배의 효과에서 차이를 보인다.

④ 관세는 정부에 귀속되지만 수입할당제의 수입은 수입면허권자에게 귀속된다.

(2) 수출자율규제

① 수입제한으로 발생하는 경제적 지대는 외국의 수출업자에게 귀속된다.

② 교역조건 악화로 사회후생은 감소한다.

(3) 수출보조금

① 수출재의 생산비용을 낮추어 수출을 촉진시킬 수 있다.

② 자원의 비효율적 배분을 초래할 수 있다.

❻ 국제경제통합

(1) 경제통합의 유형 및 특징

유형	특징
무역특혜협정	회원국 간 관세인하
자유무역지역	회원국 간 관세철폐 + 비회원국에 대한 독자관세
관세동맹	회원국 간 관세철폐 + 비회원국에 대한 공동관세
공동시장	관세동맹 + 생산요소의 자유로운 이동
경제동맹	공동시장 + 경제정책면에서의 협조
완전경제통합	경제적 측면에서 한 국가로 통합

(2) GATT(General Agreement on Tariffs and Trade, 관세와 무역에 관한 일반협정)

① GATT는 국제기구가 아닌 협정의 형태로 시작되었다.

② GATT의 목적
  ㉠ 관세 인하
  ㉡ 비관세장벽의 규제
  ㉢ 회원들 간의 이해관계 침해방지
  ㉣ 각국의 분쟁해결

③ GATT의 기본원칙
  ㉠ 최혜국대우
  ㉡ 내국민대우
  ㉢ 상호주의

(3) WTO(World Trade Organization, 세계무역기구)

① WTO의 개요

  ㉠ GATT의 8차 협정인 우루과이라운드(UR)의 결과 1995년 WTO가 설립되었다.

  ㉡ GATT체제를 대신하여 세계무역질서를 세우고 우루과이라운드협정의 순조로운 이행을 도와주는 국제기구이다.

  ㉢ 1995년도 설립된 WTO는 국가 간의 경제분쟁이나 마찰을 조정한다.

  ㉣ WTO의 소재지는 스위스 제네바이다.

② WTO의 기능

  ㉠ UR의 결과로 만들어진 다자간 협정의 이행 · 관리 및 후속협상 추진

  ㉡ 회원국들 사이의 분쟁을 조정하고 해결

  ㉢ 세계무역의 새로운 이슈를 제기하고 논의

▶ TIP

농산물 수출시 주의사항[1]

① 거래조건에 따라 수출품을 확보하기 위해서는 어느 지역에서 어느 정도의 물량 공급이 가능한지를 사전에 미리 파악해야 한다. 기존의 재배지역으로부터 수입자가 원하는 품종과 규격의 상품을 공급받을 것인지 또는 수출자가 주관이 되어 원하는 품종의 종자를 공급하여 수확시까지 철저한 재배 지도를 하여 공급받는 수출계약재배를 할 것인지를 결정해야 한다. 어떤 방법이든 간에 시기별 구입단가와 공급물량에 대한 수출품 공급에 지장이 없도록 철저한 준비를 해야 한다.

② 수출품은 안전성 검사에 위반되지 않도록 수입국 잔류농약허용기준에 적합한 농약을 적절한 시기에 적정량을 살포하도록 사전에 재배농가에 철저한 지도를 해야 하고 출하 전에 잔류 농약 검사를 하여 안전한 상품만 수출해야 한다. 수입국 통관시 잔류 농약이 검출되면 해당 품목에 대한 샘플링 검사에서 전수검사로 전환되며 계속 검출시는 수입 금지도 받을 수 있다.

③ 해충 발견시는 훈증 통관이 가능하나, 품질의 저하를 가져오며 소독 비용이 컨테이너당 부과되므로 해충이 붙어있지 않도록 사전에 철저한 방제와 선별시 에어브러쉬 등으로 완벽하게 제거해야 한다. 수출 규격에 따라 선별, 포장된 물건의 국내외 운송을 위해 운송대리인과 운송계약을 체결하고, 운송중 발생할 수 있는 사고위험에 대비 무역보험에 가입해야 한다.

④ 신선 농산물은 선적 전에 유해 병해충의 감염 및 흙의 부착 유무를 검사하는 식물검역에 합격한 후 포장명세서(Packing list), 상업송장(Commercial Invoice)등을 제출, 관세청으로부터 수출신고서를 교부받아 수출 · 통관시키고 선적한 다음 선장이 발행하는 선하증권(Bill of Lading)을 교부받으면 수출이 완료된다.

---

1) 한국농수산식품유통공사 KATI에서 발췌 및 수정함.

02 경제 · 금융시사

❶ 외환의 수요와 공급

(1) 외환의 수요곡선

① 환율이 상승하면 즉 1달러에 1,000원 하던 환율이 1달러에 1,200원하게 되면 원화로 표시한 외국산 제품의 가격상승으로 수입량이 감소하고 외환수요량도 감소한다.

② 환율이 상승하면 외환의 수요량이 감소하므로 외환수요곡선은 우하향의 형태로 도출된다.

(2) 외환의 공급곡선

① 환율이 상승하면 즉 1달러에 1,000원 하던 환율이 1달러에 1,200원하게 되면 달러로 표시한 수출품의 가격하락으로 수출량이 증가하므로 외환공급량이 증가한다.

② 환율이 상승하면 외환의 공급량이 증가하므로 외환공급곡선은 우상향의 형태로 도출된다.

(3) 균형환율의 결정

외환의 수요곡선과 공급곡선이 교차하는 점에서 균형환율 및 외환수급량이 결정된다.

(4) 평가절상과 평가절하

① 평가절상(환율 인하)
　　㉠ 수입 증가
　　㉡ 수출 감소
　　㉢ 국내경기 침체가능성
　　㉣ 외채부담 감소
　　㉤ 국제수지 악화

② 평가절하(환율 인상)
　　㉠ 수출 증가
　　㉡ 수입 감소

ⓒ 인플레이션 발생가능성

ⓔ 외채부담 증가

ⓜ 국제수지 개선

❷ 자유무역협정(FTA)

(1) 의의

자유무역협정(FTA ; Free Trade Agreement)은 특정국가간에 배타적인 무역특혜를 서로 부여하는 협정으로서 가장 느슨한 형태의 지역 경제통합 형태이다.

(2) 자유무역협정의 종류와 포괄범위

FTA는 다자무역질서의 근간인 최혜국대우(MFN) 원칙에 정면으로 배치되지만, WTO 규범은 아래와 같은 요건을 충족할 경우 적법한 예외로 인정하고 있다.

① 실질적으로 모든 무역을 대상으로 하며, 특정한 분야를 전면적으로 제외해서는 안된다.

② 관세 및 기타 상업적 제한의 합리적 기간 내 (원칙적으로 10년 이내)에 철폐하여야 한다.

③ 역외국에 대한 관세 및 기타 상업적 제한이 협정 체결전보다 더 후퇴해서는 된다.

(3) 특징

① FTA가 포함하고 있는 분야는 체약국들이 누구인가에 따라 상당히 다른 양상을 보이고 있으며, 전통적인 FTA와 개도국간의 FTA는 상품분야의 무역자유화 또는 관세인하에 중점을 두고 있는 경우가 많다.

② 그러나, 최근 WTO 체제의 출범(1995년)을 전후하여 FTA의 적용범위도 크게 확대되어 대상범위가 점차 넓어지고 있으며, 상품의 관세 철폐 이외에도 서비스 및 투자 자유화까지 포괄하는 것이 일반적인 추세이다.

③ 그 밖에 지적재산권, 정부조달, 경쟁정책, 무역구제제도 등 정책의 조화부문까지 협정의 대상범위가 점차 확대되고 있다.

(4) 자유무역협정이 확산되고 있는 이유

① FTA가 개방을 통해 경쟁을 심화시킴으로써 생산성 향상에 기여한다는 측면에서 무역부문의 중요한 개혁 조치로 부상되고 있다.

② 무역 및 외국인 직접투자의 유입이 경제성장의 원동력이라는데 대한 인식 확산과 FTA체결이 외국인 직접 투자 유치에 큰 도움이 된 사례(NAFTA 이후 멕시코 등)가 교훈으로 작용했다.

③ WTO 다자협상의 경우 장기간이 소요되고, 회원국수의 급증으로 컨센서스 도출이 어렵다는데 대한 반작용 이 있다.

④ 특정국가간의 배타적 호혜조치가 실익 제고, 부담 완화 및 관심사항 반영에 보다 유리할 수 있다는 측면이 고려되었다.

⑤ 연내 국가 간의 보다 높은 자유화 추진이 다자체제의 자유화를 선도할 수 있다는 명분론(주로 선진국)이 있다.

⑥ 지역주의 확산에 따라 역외 국가로서 받는 반사적 피해에 대한 대응이 필요하다.

❸ 국제수지

(1) 개념

① 국제수지(balance of payments)란 일정기간 동안 한 나라 거주자와 외국의 거주자 사이의 경제적 거래에 따른 수입과 지급의 차이를 말한다.

② 국제수지는 일정기간에 걸쳐서 측정되므로 유량개념이며, 한 나라 국민이 아니라 한 나라 거주자와 외국 거주자 간의 거래이다.

③ 거주자와 비거주자는 국적이 아니라 경제활동에 있어 이익의 중심(center of interest)이 어디에 있느냐에 의해 구분된다.

④ 국제수지표는 일정기간 중 한 나라 거주자와 국가 간에 발생한 모든 경제적 거래를 체계적으로 분류·정리 하여 표로 나타낸 것을 말한다.

⑤ 국제수지는 일정기간에 걸쳐 측정되므로 국제수지표는 유량개념이며, 복식부기의 원리에 따라 작성된다.

(2) 내용[(국제수지 통계 매뉴얼)BPM6 1차 이행에 따른 국제수지표 체계 변경]

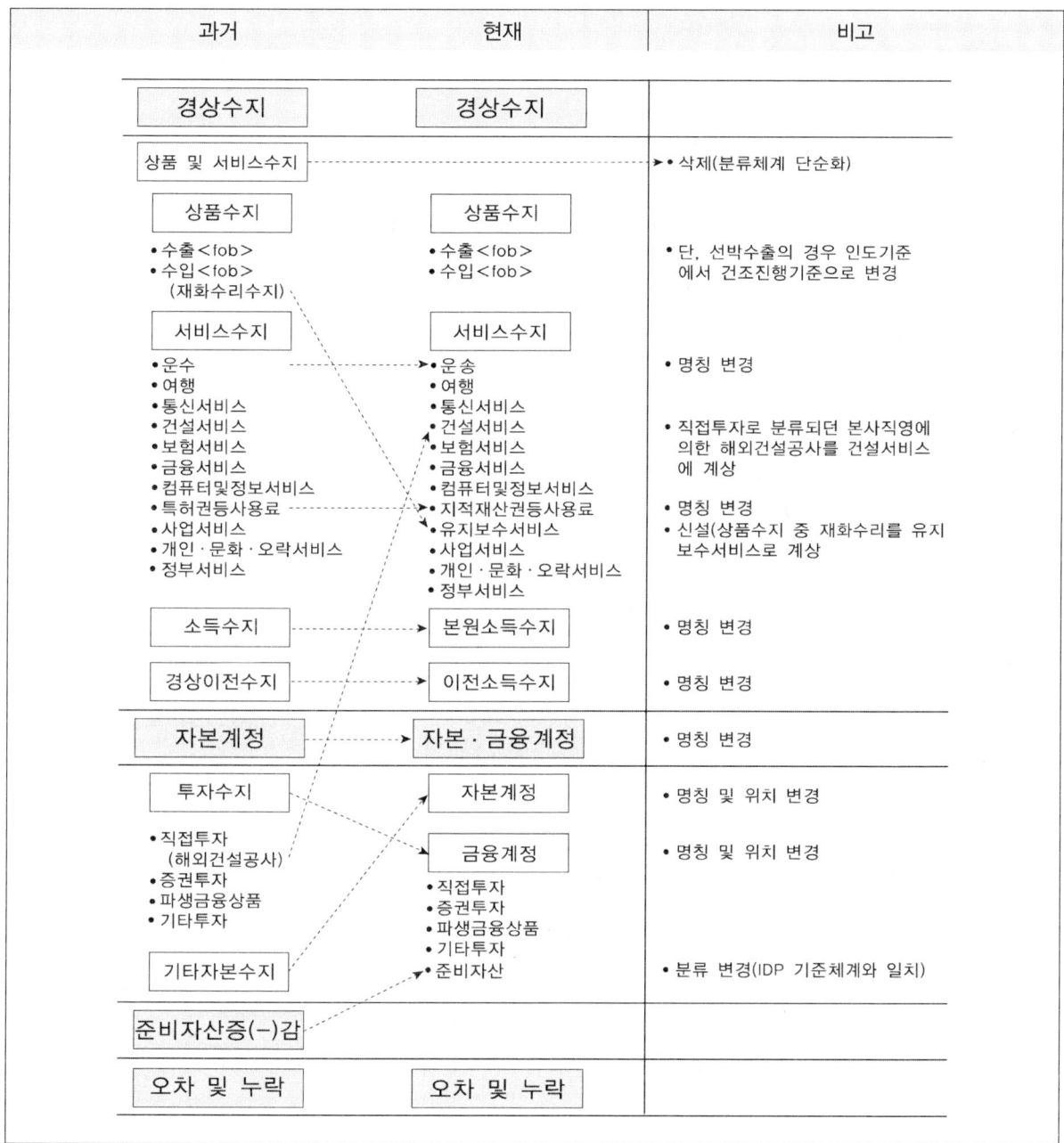

과거	현재	비고
경상수지	경상수지	
상품 및 서비스수지		• 삭제(분류체계 단순화)
상품수지 • 수출<fob> • 수입<fob> (재화수리수지)	상품수지 • 수출<fob> • 수입<fob>	• 단, 선박수출의 경우 인도기준에서 건조진행기준으로 변경
서비스수지 • 운수 • 여행 • 통신서비스 • 건설서비스 • 보험서비스 • 금융서비스 • 컴퓨터및정보서비스 • 특허권등사용료 • 사업서비스 • 개인·문화·오락서비스 • 정부서비스	서비스수지 • 운송 • 여행 • 통신서비스 • 건설서비스 • 보험서비스 • 금융서비스 • 컴퓨터및정보서비스 • 지적재산권등사용료 • 유지보수서비스 • 사업서비스 • 개인·문화·오락서비스 • 정부서비스	• 명칭 변경 • 직접투자로 분류되던 본사직영에 의한 해외건설공사를 건설서비스에 계상 • 명칭 변경 • 신설(상품수지 중 재화수리를 유지보수서비스로 계상)
소득수지	본원소득수지	• 명칭 변경
경상이전수지	이전소득수지	• 명칭 변경
자본계정	자본·금융계정	• 명칭 변경
투자수지	자본계정	• 명칭 및 위치 변경
• 직접투자 (해외건설공사) • 증권투자 • 파생금융상품 • 기타투자	금융계정 • 직접투자 • 증권투자 • 파생금융상품 • 기타투자 • 준비자산	• 명칭 및 위치 변경
기타자본수지		• 분류 변경(IDP 기준체계와 일치)
준비자산증(-)감		
오차 및 누락	오차 및 누락	

출제 예상 문제

1 우리나라 화폐의 대외가치를 상승시키는 요인은?

① 자본 시장이 개방된 우리나라에서의 이자율 상승

② 외국과 대비한 우리나라의 높은 물가상승률

③ 해외 경기위축에 따른 우리나라 수출품에 대한 수요 감소

④ 우리나라에서의 외국 상품에 대한 수요 증대

> **TIP** 국내이자율 상승에 따른 자본유입으로 우리나라에 달러 공급이 증가하면 환율은 하락하고 원화의 가치는 상승한다.

2 다음 중 무역자유화가 가장 어려운 품목은?

① 자동차   ② 농산품

③ 경공업   ④ 의약품

> **TIP** 일반적으로 농산물의 경우가 공산품의 경우보다 무역자유화가 훨씬 어려운 품목이다.

3 다음 중 메츨러(Metzler)의 역설이 성립될 수 있는 상황은? 단, 수입국은 대국이라 가정하자.

① 수입품에 대한 한계소비성향이 낮고, 상대국의 수입수요가 탄력적일 때

② 수입품에 대한 한계소비성향이 높고, 상대국의 수입수요가 탄력적일 때

③ 수입품에 대한 한계소비성향이 낮고, 상대국의 수입수요가 비탄력적일 때

④ 수입품에 대한 한계소비성향이 높고, 상대국의 수입수요가 비탄력적일 때

> **TIP** 메츨러의 역설이란 수입재에 대한 관세부과가 오히려 수입재의 국내상대가격을 하락시키는 경우를 말한다.

Answer 1.① 2.② 3.③

4 우리나라 노동자가 사우디아라비아에서의 건설사업에 파견되어 일하고 벌어들인 외화는 어떻게 처리되는가?

① 우리나라 GDP에 계산되지 않으며 사우디아라비아 GNI에도 계산되지 않는다.

② 우리나라 GDP에 계산되나 사우디아라비아 GNI에는 계산되지 않는다.

③ 우리나라 GDP에 계산되지 않으나 사우디아라비아 GNI에는 계산된다.

④ 우리나라 GDP에 계산되며 사우디아라비아 GNI에도 계산된다.

TIP 우리나라 노동자가 사우디아라비아에서의 건설사업에 파견되어 일하고 벌어들인 외화는 우리나라 GDP에 계산되지 않으며 사우디아라비아 GNI에도 계산되지 않는다.

5 다음 (   ) 안에 들어갈 알맞은 말은 무엇인가?

> 중상주의자들은 국가가 부유해지기 위해서는 (A   )을 해야 한다고 주장하였고, 아담 스미스는 각국이 보다 부유해지려면 (B   )이 이루어져야 한다고 주장하였다.

① (A) 보호무역, (B) 자유무역

② (A) 자유무역, (B) 보호무역

③ (A) 수량할당, (B) 관세동맹

④ (A) 경제동맹, (B) 공동시장

TIP 중상주의자들은 국가가 부유해지기 위해서는 보호무역을 해야 한다고 주장하였고, 아담 스미스는 각국이 보다 부유해지려면 자유무역이 이루어져야 한다고 주장하였다.

Answer 4.① 5.①

6 다음 중 이자율이 상승할 때 기대되는 효과와 가장 거리가 먼 것은?

① 환율의 하락
② 투자지출의 감소
③ 주식가격의 상승
④ 내구소비재 지출의 감소

TIP 이자율이 상승하면 주식가격은 하락한다.

7 Ricardo의 비교우위론에서 생산가능곡선은 어떤 모양인가?

① 생산가능곡선은 우하향의 직선이다.
② 생산가능곡선은 원점에 대해 볼록하다.
③ 생산가능곡선은 원점에 대해 오목하다.
④ 생산가능곡선은 우상향의 직선이다.

TIP Ricardo의 비교우위론에서 생산가능곡선은 우하향의 직선이다.

8 Ricardo의 비교우위론에 관한 기본 가정이 아닌 것은?

① 노동만이 유일한 생산요소이다.
② 모든 노동의 질은 동일하다.
③ 생산가능곡선이 우하향의 직선이다.
④ 생산요소의 국가 간 이동은 자유롭다.

TIP 생산요소의 국가 간 이동은 불가능하다.

9 대국과 소국이 무역을 할 경우 교역조건이 대국의 국내가격비와 같으면 이익은 어떻게 되겠는가?

① 이익은 모두 대국에 귀속된다.
② 이익은 모두 소국에 귀속된다.
③ 이익은 대국과 소국이 절반씩 나누어 갖는다.
④ 무역의 이익이 발생하지 않는다.

TIP 대국과 소국이 무역을 할 경우 교역조건은 대국의 국내가격비와 같아지므로 이익은 전부 소국에 귀속된다.

10 불완전 특화는 기회비용이 체증하는 경우 발생하는데 이 때 나타나는 생산가능곡선의 형태는?

① 생산가능곡선은 우하향의 직선이다.
② 생산가능곡선은 원점에 대해 볼록하다.
③ 생산가능곡선은 원점에 대해 오목하다.
④ 생산가능곡선은 우상향의 직선이다.

TIP 기회비용이 체증하는 경우 생산가능곡선은 원점에 대하여 오목하고 이 때 불완전특화가 발생한다.

11 생산가능곡선의 바깥쪽 이동 요인이 아닌 것은?

① 기술진보
② 재화의 상대가격 변동
③ 인구증가
④ 경제성장

TIP 생산가능곡선의 바깥쪽 이동 요인에는 기술진보, 교육수준향상, 천연자원발견, 인구증가, 경제활동참가율 상승 등의 요인이 있다.

Answer 9.② 10.③ 11.②

12 다음 중 글로벌화를 촉진시키는 요인이 아닌 것은?

① 규모의 경제   ② 기술진보

③ 소비자 수요의 이질화   ④ 무역장벽의 감소

TIP 소비자 수요의 이질화보다 동질화가 글로벌화를 촉진시키는 요인으로 작용할 수 있다.

13 다음 중 환율인하의 효과가 아닌 것은?

① 수출 감소   ② 수입 증가

③ 인플레이션 발생 가능성   ④ 국제수지 악화

TIP 환율변동의 효과

환율인하(평가절상)	환율인상(평가절하)
수입 증가	수입 감소
수출 감소	수출 증가
외채부담 감소	외채부담 증가
국제수지 악화	국제수지 개선
국내경기 침체 가능성	인플레이션 발생 가능성

14 다음 중 환율인상의 효과가 아닌 것은?

① 수출 증가   ② 수입 감소

③ 인플레이션 발생 가능성   ④ 외채부담 감소

TIP 환율변동의 효과

환율인하(평가절상)	환율인상(평가절하)
수입 증가	수입 감소
수출 감소	수출 증가
외채부담 감소	외채부담 증가
국제수지 악화	국제수지 개선
국내경기 침체 가능성	인플레이션 발생 가능성

Answer 12.③ 13.③ 114.④

15 무역 이론을 전개하기 위한 가정 중 틀린 것은?

① 생산요소의 동질성

② 요소집약도의 불변

③ 생산요소의 국제간 이동 불능

④ 완전자유무역

TIP 요소집약도는 국가마다 상이하다.

16 A재 1단위를 생산하기 위해서 한국에서는 노동시간으로 20시간, 미국에서는 10시간이 필요하다. 그리고 B재 1단위를 생산하기 위해서 한국에서는 노동시간으로 15시간, 미국에서는 5시간이 필요하다. 다음 중 옳은 것은?

① 미국에서 A재 1단위를 생산하기 위한 기회비용은 B재 1/2단위이다.

② 한국은 미국에 비하여 B재에 비교우위가 있다.

③ 한국에서 B재 1단위를 생산하기 위한 기회비용은 노동 15단위이다.

④ 교역을 하면 교역조건은 B재 1단위에 대해서 A재 1/2단위와 3/4단위 사이에서 결정된다.

TIP 한국과 미국에서 A재와 B재 생산의 기회비용은 다음 표와 같다.

	한국	미국
A재	1.33	2
B재	0.75	0.5

Answer 15.② 16.④

17 유일한 생산요소인 노동을 90단위 가지고 있는 국가를 상정해 보자. 이 국가는 치즈와 포도주를 생산할 수 있는데, 1kg의 치즈와 1리터의 포도주를 생산하기 위해 각각 2, 3단위의 노동량이 필요하다. 다음의 설명 중 가장 옳지 않은 것은?

① 치즈의 최대 생산가능량은 45kg이다.
② 치즈로 표시한 포도주의 기회비용은 3/2이다.
③ 세계시장에서 치즈로 표시한 포도주의 상대가격이 2/3라면, 이 국가는 포도주의 생산에 완전 특화한다.
④ 노동의 부존량이 변화하더라도 이 국가가 비교우위를 갖는 재화는 바뀌지 않는다.

TIP 세계시장에서 치즈로 표시한 포도주의 상대가격이 2/3라면, 이 국가는 치즈의 생산에 완전 특화한다.

18 다음에서 설명하는 용어는 무엇인가?

> 각국은 자국에 상대적으로 풍부한 부존요소를 집약적으로 사용하는 재화생산에 비교우위가 있다. 즉, 노동풍부국은 노동집약재에 비교우위가 있고 자본풍부국은 자본집약재 생산에 비교우위가 있다.

① 헥셔-올린 정리
② 요소가격균등화 정리
③ 스톨퍼-사무엘슨 정리
④ 립진스키 정리

TIP 헥셔-올린 정리(Heckscher–Ohlin theorem)란 각국은 자국에 상대적으로 풍부한 부존요소를 집약적으로 사용하는 재화생산에 비교 우위가 있다. 즉, 노동풍부국은 노동집약재에 비교우위가 있고 자본풍부국은 자본집약재 생산에 비교우위가 있다.

Answer 17.③ 18.①

※ 다음 사례를 읽고 물음에 답하시오. 【19~23】

(사례) 한국과 미국은 철강과 자동차 2가지 재화만 생산하고 있다. 한국과 미국의 연간 1인당 철강 생산량은 각각 8톤과 6톤이며, 한국과 미국의 연간 1인당 자동차 생산량은 각각 16대와 8대이다.

19 다음 설명 중 맞는 것은?

① 한국은 철강과 자동차 모두에서 절대우위를 갖는다.
② 미국은 철강과 자동차 모두에서 절대우위를 갖는다.
③ 한국은 철강에서 절대우위를 갖고 미국은 자동차에서 절대우위를 갖는다.
④ 한국은 자동차에서 절대우위를 갖고 미국은 철강에서 절대우위를 갖는다.

TIP 한국은 철강과 자동차 모두에서 절대우위를 갖는다.

20 다음 설명 중 맞는 것은?

① 한국은 철강과 자동차 모두에서 비교우위를 갖는다.
② 미국은 철강과 자동차 모두에서 비교우위를 갖는다.
③ 한국은 철강에서 비교우위를 갖고 미국은 자동차에서 비교우위를 갖는다.
④ 한국은 자동차에서 비교우위를 갖고 미국은 철강에서 비교우위를 갖는다.

TIP 한국은 자동차에서 비교우위를 갖고 미국은 철강에서 비교우위를 갖는다.

21 자동차로 표시한 철강 1톤 생산의 기회비용으로 교역조건의 범위를 설정하면 어떻게 표시되는가?

① 0.5 < TOT < 0.75
② 0.5 < TOT < 2
③ 0.75 < TOT < 1.33
④ 1.33 < TOT < 2

TIP 자동차로 표시한 철강 1톤 생산의 기회비용으로 교역조건의 범위를 설정하면 1.33 < TOT < 2이다.

Answer 19.① 20.④ 21.④

22 철강으로 표시한 자동차 1대 생산의 기회비용으로 교역조건의 범위를 설정하면 어떻게 표시되는가?

① 0.5 < TOT < 0.75

② 0.5 < TOT < 2

③ 0.75 < TOT < 1.33

④ 1.33 < TOT < 2

TIP 철강으로 표시한 자동차 1대 생산의 기회비용으로 교역조건의 범위를 설정하면 0.5 < TOT < 0.75이다.

23 철강 1톤이 자동차 1.6대로 교환되는 교역조건은 양국에게 어떤 영향을 미치는가?

① 양국 모두에게 이익을 준다.

② 양국 모두에게 손해를 준다.

③ 한국은 이익을 얻고 미국은 손해를 얻는다.

④ 한국은 손해를 얻고 미국은 이익을 얻는다.

TIP 교역조건 사이에 국제가격이 형성되면 양국 모두에게 이익을 준다.

24 완전한 자유무역이 이루어질 경우 국내가격비와 국제가격비의 관계는?

① MRS = 국내가격비 = 국제가격비 = MRT

② MRS < 국내가격비 = 국제가격비 < MRT

③ MRS = 국내가격비 > 국제가격비 = MRT

④ MRS > 국내가격비 = 국제가격비 > MRT

TIP 완전한 자유무역이 이루어질 경우 'MRS = 국내가격비 = 국제가격비 = MRT'의 조건이 충족된다.

Answer 22.① 23.① 24.①

25 레온티에프는 무역의 발생원인을 무엇으로 보았는가?

① 무역장벽
② 생산요소의 이질성
③ 물적자본과 인적자본
④ 미국의 천연자원 부족

TIP 레온티에프(Leontief)는 무역의 발생원인을 생산요소의 이질성으로 보았다.

26 다음에서 설명하는 용어는 무엇인가?

> 자유무역이 이루어지면 비록 생산요소가 직접 이동하지 않더라도 국가 간에 생산요소의 가격이 균등화된다. 이는 국가간 재화이동이 요소이동을 대체하는 효과가 있음을 의미한다.

① 헥셔-올린 정리
② 요소가격균등화 정리
③ 스톨퍼-사무엘슨 정리
④ 립진스키 정리

TIP 요소가격균등화 정리(factor price equalization theorem)란 자유무역이 이루어지면 비록 생산요소가 직접 이동하지 않더라도 국가 간에 생산요소의 가격이 균등화된다. 이는 국가 간 재화이동이 요소이동을 대체하는 효과가 있음을 의미하는 것으로 완전한 자유무역이 이루어지면 요소의 절대가격까지 균등화된다.

27 다음에서 설명하는 용어는 무엇인가?

> 어떤 재화의 상대가격이 상승하면 그 재화에 집약적으로 사용되는 생산요소 소득은 증가하고, 다른 생산요소 소득은 감소한다는 것을 말한다. 즉, 자유무역이 이루어지면 풍부한 요소소득이 증가하는 반면, 보호무역이 이루어지면 희소한 요소소득이 증가한다.

① 헥셔-올린 정리
② 요소가격균등화 정리
③ 스톨퍼-사무엘슨 정리
④ 립진스키 정리

TIP 스톨퍼-사무엘슨 정리(Stolper-Samuelson theorem)란 어떤 재화의 상대가격이 상승하면 그 재화에 집약적으로 사용되는 생산요소 소득은 증가하고, 다른 생산요소 소득은 감소한다는 것을 말한다. 즉, 자유무역이 이루어지면 풍부한 요소소득이 증가하는 반면, 보호무역이 이루어지면 희소한 요소소득이 증가한다.

Answer 25.② 26.② 27.③

28 다음에서 설명하는 용어는 무엇인가?

> 한 생산요소의 부존량이 증가하면 그 생산요소를 집약적으로 사용하는 재화의 생산량은 증가하고 다른 재화의 생산량이 감소한다는 정리이다. 예를 들어, 노동부존량이 증가하면 노동집약재 생산은 증가하고 자본집약재 생산은 감소한다는 것이다.

① 헥셔-올린 정리
② 요소가격균등화 정리
③ 스톨퍼-사무엘슨 정리
④ 립진스키 정리

TIP 립진스키 정리(Rybczynski theorem) … 한 생산요소의 부존량이 증가하면 그 생산요소를 집약적으로 사용하는 재화의 생산량은 증가하고 다른 재화의 생산량이 감소한다는 정리이다. 예를 들어, 노동부존량이 증가하면 노동집약재 생산은 증가하고 자본집약재 생산은 감소한다는 것이다.

29 헥셔-올린 정리의 기본 가정이 아닌 것은?

① 두 나라의 생산함수가 동일하다.
② 두 나라의 부존자원비율이 동일하다.
③ 두 재화의 요소집약도가 상이하다.
④ 국가 간 생산요소이동은 불가능하다.

TIP 두 나라의 부존자원비율이 상이하다.

30 산업간 무역과 산업 내 무역의 특징이 아닌 것은?

① 산업간 무역은 무역의 발생원인을 비교우위에 두고 있다.
② 산업 내 무역은 무역의 발생원인을 규모의 경제와 독점적 경쟁에 두고 있다.
③ 산업간 무역은 무역이익의 원천을 시장의 확대로부터 발생한다고 본다.
④ 산업 내 무역은 경제발전의 정도가 유사한 국가간에 주로 발생한다.

> **TIP** 산업 내 무역(intra-industry trade)은 무역이익의 원천을 시장의 확대로부터 발생한다고 보고, 산업간 무역(inter-industry trade)에서는 무역이익의 원천을 상대가격의 변화로부터 발생한다고 본다.

31 바그와티가 제시한 궁핍화 성장의 발생 조건이 아닌 것은?

① 경제성장이 초수출편향적으로 일어나야 한다.
② 교역조건을 악화시킬 정도로 수출재 생산이 크게 증가해야 한다.
③ 외국의 수요의 가격탄력성이 매우 높아서 자국의 교역조건이 크게 악화되어야 한다.
④ 무역의존도가 매우 높기 때문에 교역조건의 악화가 그 나라의 후생수준 감소를 초래해야 한다.

> **TIP** 바그와티(Bhagwati)가 제시한 궁핍화 성장(immiserizing growth)이란 경제성장이 교역조건을 악화시켜 경제성장 이전보다 오히려 후생수준이 감소하는 것을 말하는 것으로, 외국의 수요의 가격탄력성이 매우 낮아서 자국의 교역조건이 크게 악화되어야 한다.

32 수출품의 국내가격이 900,000원이고 수입품의 국제가격이 500달러로 주어져 있다. 원/달러 환율이 1,200원이라면 순상품교역조건은?

① 0.67   ② 1
③ 1.5   ④ 2

> **TIP** 순상품교역조건지수 $= \dfrac{\text{수출단가지수}}{\text{수입단가지수}} = \dfrac{900,000}{500 \times 1,200} = \dfrac{3}{2} = 1.5$

Answer 30.③ 31.③ 32.③

33 교역조건과 관련된 다음 설명 중 적절하지 못한 것은?

① 교역조건이란 한 단위의 수출상품과 수입상품이 교환되는 비율을 말한다.

② 자국의 화폐가 평가절하되면 교역조건은 악화된다.

③ 한 국가의 수출상품 1단위와 교환될 수 있는 수입품의 양이 증가하면 교역조건은 개선된 것이다.

④ 교역조건이 악화되면 반드시 국제수지가 악화된다.

TIP 교역조건이 악화되더라도 경상수지는 개선될 수 있다.

34 자유무역에서 부분특화 또는 불완전특화 현상이 일어나는 이유는?

① 생산가능곡선이 직선이기 때문이다.

② 생산을 늘릴수록 생산의 기회비용이 체증하기 때문이다.

③ 생산가능곡선이 원점에 대하여 오목하기 때문이다.

④ 노동생산성이 생산의 규모와 상관없이 일정하기 때문이다.

TIP 생산가능곡선이 원점에 대하여 오목한 경우에는 불완전특화가 이루어진다.

35 외환수요곡선의 우측이동 하는 것은?

① 해외물가의 하락

② 국민소득의 증가

③ 국내물가의 상승

④ 해외경기의 호황

TIP 해외경기의 호황으로 수출이 증가하면 외환공급곡선이 우측으로 이동하게 된다.

Answer 33.④ 34.③ 35.④

36 아름과 보름은 이불 1장과 목도리 1벌을 만드는데 각각 다음과 같은 시간이 걸린다고 하자. 아름과 보름이 동의할 수 있는 거래는 목도리 1벌당 몇 장의 이불이겠는가?

	아름	보름
이불	3시간	6시간
목도리	2시간	3시간

① 2/3이상 ② 2이상
③ 2/3와 2사이 ④ 1/2과 2/3사이

TIP 아름과 보름의 이불과 목도리 생산의 기회비용은 다음과 같다.

	아름	보름
이불	3/2	2
목도리	2/3	1/2

37 외환공급곡선의 우측이동 하는 것은?

① 해외물가의 상승 ② 국민소득의 증가
③ 국내물가의 하락 ④ 해외경기의 호황

TIP 국민소득의 증가는 수입을 증가시키므로 외환수요곡선이 우측으로 이동하게 된다.

38 미국의 과거 자료를 경험적으로 분석해 본 결과 상대적으로 자본이 풍부하다고 생각되는 미국이 자본집약적 상품을 수입하고 노동집약적 상품을 수출한다는 결과가 나왔다. 이를 무엇이라 부르는가?

① 리카도 정리 ② 레온티에프 역설
③ 쿠즈네츠 역설 ④ 루카스 정리

TIP 레온티에프의 역설이란 미국의 과거 자료를 경험적으로 분석해 본 결과 상대적으로 자본이 풍부하다고 생각되는 미국이 자본집약적 상품을 수입하고 노동집약적 상품을 수출하는 현상을 말한다.

Answer 36.④ 37.② 38.②

39 리카도의 비교생산비 이론의 주요 전제라고 볼 수 없는 것은?

① 두 나라에서 생산기술은 같다.

② 생산요소는 노동 하나뿐이다.

③ 국가 간 요소의 이동은 없다.

④ 생산가능곡선은 직선이다.

TIP 국가 간 기술격차가 존재한다.

40 다음 중 무역이론에 대한 설명으로 틀린 것은?

① 중상주의 학파들은 국부의 증진을 위한 무역의 중요성을 강조하였다.

② 아담 스미스는 절대우위이론을 통해 자유무역이론의 창시자가 되었다.

③ 리카도의 비교우위이론은 양국 사이에 항상 상호이득이 존재할 수 있음을 보였다.

④ 모든 제품의 생산에서 우리나라보다 생산성이 높은 국가와 자유무역을 할 경우 필연적으로 무역적자가 생길 수 있다.

TIP 모든 제품의 생산에서 우리나라보다 생산성이 높은 국가와 자유무역을 하더라도 환율이나 임금의 조정 등을 통해 무역적자가 생기지 않을 수 있다.

41 헥셔-오린 정리에 따르면 국제무역의 발생원인은 무엇인가?

① 각국의 요소부존도가 다르기 때문이다.

② 각국의 노동생산성이 다르기 때문이다.

③ 각국의 절대생산비가 다르기 때문이다.

④ 각국의 임금률이 다르기 때문이다.

TIP 헥셔-오린 정리에 따르면 국제무역의 발생원인은 각국의 요소부존도가 다르기 때문이다.

Answer 39.① 40.④ 41.①

42 다음 중 자유무역의 효과에 대한 설명으로 옳은 것은?

① 자유무역이 이루어지면 각국 산업구조의 차이가 좁혀진다.

② 자유무역이 이루어지면 각국의 임금격차가 좁혀진다.

③ 헥셔−오린 정리에 의하면 후진국은 일반적으로 자본집약적 상품을 수출한다.

④ 무역의 이득이 발생하기 위해서는 무역 이후의 상대가격이 무역 이전의 상대가격과 같아져야 한다.

TIP 무역 당사국 간 생산요소와 부존량의 차이가 있고 생산물마다 요소집약도가 다르기 때문에 비교생산비에 차이가 발생하여 무역이 일어나면, 생산요소가 국가 간에 이동되지 않더라도 상품무역에 의하여 생산요소의 상대가격이 국제간에 균등화하는 경향이 있다.

43 국제무역에 관한 설명으로 가장 옳지 않은 것은?

① 궁핍화 성장론에 의하면 한 나라가 수출산업위주의 경제성장을 하면 오히려 사회후생을 감소시킬 수 있다.

② 레온티에프 역설에 의하면 생산요소의 부존량과 집약도에 비교우위가 있는 상품이 수출되지 않고 오히려 수입된다.

③ 비교우위가 존재하는 경우 자유무역은 교역국가 모두의 사회후생을 증가시키는 효과가 있다.

④ 산업 내 무역은 비교우위가 있는 상품을 수출하는 방향으로 발생한다.

TIP 산업 내 무역은 규모의 경제와 제품차별화 등 비교우위 이외의 요인들로 인한 이익을 달성하기 위해 이루어진다.

44 두 국가가 상호 자유무역협정(FTA)을 체결할 때 발생할 수 있는 현상으로 볼 수 없는 것은?

① 당사국의 소비자 물가를 하락시키는 경향이 있다.

② 당사국 간의 수입에 의하여 대체되는 산업에는 실업자가 발생할 수 있다.

③ 당사국 간의 무역규모가 증가한다.

④ 전 세계의 경제적 후생을 증가시킨다.

TIP 두 국가 간의 자유무역협정이 전 세계의 경제적 후생을 증가시킨다는 보장은 없다.

Answer 42.② 43.④ 44.④

45 국제무역과 관련된 다음 설명 중 적절하지 않은 것은?

① 관세를 부과하면 생산자의 후생은 감소하고 소비자의 후생은 증가한다.

② 비교우위론에 따르면 각 국가는 생산의 기회비용이 상대적으로 낮은 재화에 특화하는 것이 유리하다.

③ 헥셔−오린 정리에 따르면 각국은 상대적으로 풍부한 생산요소를 많이 사용하는 재화에 비교우위가 있다.

④ 수입쿼터를 부과하면 수입 한 단위당 국내 가격과 국제 가격의 차이에 해당하는 액수가 수입업자에게 돌아간다.

TIP 관세를 부과하면 생산자의 후생은 증가하고 소비자의 후생은 감소한다.

46 변동환율제도를 채택하고 있는 소규모 개방국가가 확대금융정책을 실시한다고 할 경우 다음 중 새로운 단기균형을 가장 잘 나타낸 것은?

① 국민소득은 증가하고 국내통화는 평가절하된다.

② 국민소득은 증가하고 국내통화는 평가절상된다.

③ 국민소득은 불변이고 국내통화는 평가절하된다.

④ 국민소득은 불변이고 국내통화는 평가절상된다.

TIP 변동환율제도를 채택하고 있는 소규모 개방국가의 확대금융정책으로 인하여 국민소득은 증가하고 국내통화는 평가절하된다.

47 평가절하를 한 후 무역수지가 곧바로 개선되는 것이 아니라 일정기간 동안 악화되었다가 다시 개선되는 현상을 무엇이라 하는가?

① 마샬−러너 효과　　　　　　　② 레온티에프 역설

③ J곡선 효과　　　　　　　　　④ 유동성 딜레마

TIP 평가절하를 한 후 무역수지가 곧바로 개선되는 것이 아니라 일정기간 동안 악화되었다가 다시 개선되는 현상을 J곡선 효과라고 한다.

Answer 45.① 46.① 47.③

48 변동환율제도에 대한 다음 설명 중 옳지 않은 것은?

① 변동환율제도는 원칙적으로 중앙은행이 외환시장에 개입하지 않고 외환의 수요와 공급에 의해 환율이 결정되는 제도이다.

② 브레튼우즈체제는 대표적인 변동환율제도라 할 수 있다.

③ 변동환율제도하에서 자본이동이 완전히 자유로울 경우 확정적 재정정책은 순수출을 감소시킨다.

④ 변동환율제도하에서 자본이동이 완전히 자유로울 경우 확정적 금융정책은 총수요를 증대시킨다.

TIP 브레튼우즈체제는 대표적인 고정환율제도라 할 수 있다.

※ 브레튼우즈체제의 기본이념은 고정환율과 금환본위제를 통하여 환율의 안정, 자유무역과 경제성장의 확대를 추구하는 데 있다.

49 원화와 엔화가 달러화에 비해 모두 강세를 보이고 있다. 그런데 원화의 강세가 엔화에 비해 상대적으로 더 강하다고 할 때 나타나는 현상에 대한 설명 중 옳지 않은 것은?

① 미국이 한국과 일본에서 수입하는 제품의 가격이 올라갔다.

② 일본산 부품을 사용하는 우리나라 기업의 생산 비용은 증가하였다.

③ 미국에 수출하는 우리나라 제품의 가격 경쟁력은 일본에 비해 떨어졌다.

④ 엔화표시 채무를 가지고 있는 우리나라 기업의 원리금 상환부담은 감소하였다.

TIP 엔화가 원화에 비해 약세가 되었으므로 일본산 부품을 사용하는 우리나라 기업의 생산 비용은 하락한다.

50 환율이 상승할 때 경상수지가 개선될 조건 또는 국제무역의 안정성 조건으로 이야기되는 마샬–러너조건을 옳게 나타낸 것은 무엇인가?

① 자국의 수출탄력성 + 외국의 수출탄력성 = 0

② 자국의 수출탄력성 + 외국의 수출탄력성 = 1

③ 자국의 수출탄력성 + 외국의 수출탄력성 > 1

④ 자국의 수출탄력성 + 외국의 수출탄력성 < 1

TIP 마샬–러너조건은 "자국의 수출탄력성 + 외국의 수출탄력성 > 1"이다.

Answer 48.② 49.② 50.③

51 다음 중 재정정책과 금융정책이 국민소득에 미치는 효과에 대한 설명으로 옳은 것은?

① 환율제도와 상관없이 금융정책의 효과가 더욱 확실하다.

② 환율제도와 상관없이 재정정책의 효과가 더욱 확실하다.

③ 변동환율제도 하에서는 금융정책의 효과가 더욱 확실하다.

④ 변동환율제도 하에서는 재정정책의 효과가 더욱 확실하다.

> **TIP** 변동환율제도 하에서는 금융정책의 효과가 더욱 확실하고, 고정환율제도 하에서는 재정정책의 효과가 더욱 확실하다.

52 다음 중 GATT와 WTO에 대한 설명으로 옳지 않은 것은?

① GATT는 모든 나라가 최혜국대우를 받아야 한다는 차별금지원칙을 제시하고 있다.

② GATT는 무역에 관한 여건이 변하게 되면 라운드라는 국가 간 협상을 통하여 범세계적 차원의 자유무역을 추구한다.

③ GATT는 국가 간 무역에 관한 협정임에 비하여, WTO는 국제무역기구이다.

④ GATT는 무역에 관한 분쟁이 발생할 경우 분쟁해결기구를 통하여 해결방안을 강구한다.

> **TIP** WTO는 무역에 관한 분쟁이 발생할 경우 분쟁해결기구를 통하여 해결방안을 강구한다.

53 특정한 품목의 수입이 급증하는 경우, 수입국이 관세인상이나 수입량 제한 등을 통하여 수입품에 대한 규제를 하는 무역장벽의 하나인 이것은 농산물의 수입물량이 급증하거나 수입가격이 하락하는 경우에는 관세철폐계획에 따른 세율을 초과해 부과되는 관세를 말한다. 이것은 무엇인가?

① 계절관세   ② 수입쿼터

③ 세이프가드   ④ FTA

> **TIP** 농산물 세이프가드 … 농림축산물의 수입물량이 급증하거나 수입가격이 하락하는 경우에는 관세철폐계획에 따른 세율을 초과해 부과되는 관세를 말한다.
> ① 계절관세란 계절에 따라 가격의 차이가 심한 물품으로 동종물품 · 유사물품 또는 대체물품의 수입으로 국내시장이 교란되거나 생산 기반이 붕괴될 우려가 있을 경우 계절에 따라 해당 물품의 국내외 가격차에 상당하는 율의 범위에서 기본세율보다 높게 부과하거나 100분의 40의 범위의 율을 기본세율에서 빼고 부과하는 관세를 말한다.
> ② 수입쿼터는 수량 제한의 일종으로 일정 물량 이상의 수입을 금지하는 제도를 말한다.

Answer 51.③ 52.④ 53.③

54 한미 FTA 체결에 따른 농산물환경의 변화로 적절하지 못한 것은?

① 한미 FTA에서는 국내에 영향이 없거나 이미 수요량의 대부분을 수입에 의존하는 품목은 관세를 즉시 철폐를 하기로 하였다.

② 민감 품목에 대해서는 협상 제외, 현행관세유지, 계절관세 도입, 세번 분리, 농산물 세이프가드 적용 등의 예외적인 취급과 함께 15년 이상의 관세철폐기간을 가지도록 협상하였다.

③ 관세철폐계획에도 불구하고, 당사국은 상품의 총 수입 물량이 자국의 관세철폐계획에 규정된 발동수준을 초과하는 경우 어떠한 조치도 취할 수 없다.

④ 국내외 가격차가 크거나 관세율이 높아 관세를 완전히 철폐할 경우 심각한 영향이 우려되는 품목은 현행관세를 유지하고, 일정물량의 수입쿼터를 제공하기로 협상되었다.

> **TIP** 관세철폐계획에도 불구하고, 당사국은 상품의 총 수입 물량이 자국의 관세철폐계획에 규정된 발동수준을 초과하는 경우 그 당사국의 관세철폐계획에 기재된 원산지 농산물에 대해 더 높은 수입관세의 형태로 조치를 적용할 수 있다.

55 긴급수입제한조치 가운데 미리 정해진 농산물 품목에 대해 수입량이 정해진 기준을 초과하거나 수입가격이 정해진 수준을 미달한 경우, 당사국이 농산물에 대한 추가적인 관세를 부과할 수 있도록 한 제도는?

① 특별긴급수입제한조치
② 임시긴급수입제한조치
③ 다자긴급수입제한조치
④ 특혜관세수입제한조치

> **TIP** 특별긴급수입제한조치는 미리 정해진 농산물 품목에 대해 수입량이 정해진 기준을 초과하거나 수입가격이 정해진 수준을 미달한 경우, 당사국이 농산물에 대한 추가적인 관세를 부과할 수 있도록 한 제도를 말한다. 일반 세이프가드와는 달리 국내 산업의 심각한 피해가 확인되지 않더라도 수입제한조치를 발동할 수 있다는 것이 특징을 갖는다.
> ② 임시긴급수입제한조치는 국제수지의 악화나 금융상의 위기 시 또는 환율, 통화정책 등 거시경제정책 운용에 심각한 어려움이 있을 경우, 일시적으로 필요 최소한도 내에서 외국인투자에 대한 내국민대우나 외국인투자의 자유로운 대외송금을 정지할 수 있는 조치를 말한다.
> ③ 다자긴급수입제한조치는 FTA의 양자세이프가드와 대비되는 용어로서 GATT 제19조 및 WTO 세이프가드협정에 기해 그 출처에 관계없이 수입되는 제품에 적용되는 다자간 조치를 말한다.

07 PART

토지경제와 농지정책

ᄋ1 토지경제

① 토지의 개념

(1) 토지

① **사전적 의미** ··· 지구 표면의 딱딱한 부분

　　㉠ **자연적 관점** : 흙, 땅, 터

　　㉡ **정치적 관점** : 영토

　　㉢ **법률적 관점** : 일정한 구획으로 나누어 등기에 의해서 사법상 소유의 대상

② **경제학적 의미** ··· 생산재, 소비재, 자산을 의미하며, 토지를 생산재로 보고, 생산과정에 투입되지 않고 자연
상태로 있으면서 인간을 만족시켜주는 공원, 명승지 등은 소비재로 인식

>) **TIP** ~~~~~~
> **Alfred Marshall과 David Ricardo의 정의**
> 　㉠ Alfred Marshall ··· 대자연이 무상으로 인간에게 공여한 선물로서 인간에게 도움이 되는 물질 및 힘으로 정의 ⇒ 토지를
> 　　자연자원과 동일시 함
> 　㉡ David Ricardo ··· 지대는 토양의 본원적이고 파괴할 수 없는 힘에 대한 경제적 대가로 정의 ⇒ 토지를 생산요소로 봄

③ **토지 개념의 시대적인 변천**

　　㉠ **중농주의학파(18C)** : 토지를 생산 활동의 조건이 아닌 생산의 근원으로 이해, 토지를 절대적 가치의 자연
물로 보고 있다.

　　㉡ **고전학파(19C말)** : 토지를 다른 자원과 구별되는 별개 자원으로 취급, 소득분배를 중요한 경제문제로 인
식하였기 때문에 토지를 중요한 자원으로 보고 있다.

　　㉢ **신고전학파(20C초)** : 토지를 자본 노동과 함께 생산요소의 하나로 보고 자본의 범주에 포함시키고 있다.

　　㉣ **마르크스주의** : 토지는 인간노동의 보편적 대상이며 모든 생산의 시원적 조건이고, 자연에 의해 무상으
로 제공된 자원들의 저장고(토지는 인간생존의 필요 터전)라고 보고 있다.

　　㉤ **현대** : 도시화의 진전에 따라 재산증식의 한 수단으로 인식하는 경향이 증대하였고, 최근엔 토지를 중요
한 환경요소의 하나로 인식하는 추세가 증가하고 있다.

④ **토지의 특성**

㉠ **위치의 고착성** : 토지이용형태의 국지화, 토지의 개별성, 비동질성, 비대체성

㉡ **가치의 공공성** : Alfred Marshall은 토지로부터 발생하는 경제적 이익을 사회전체의 노력에 의해 창출된 것이므로 공공가치라고 규정하였다. (가치의 공공성은 오늘날 개발이익 또는 불로소득으로 불리며, 개발이익 환수정책의 기본 논리가 되고 있다.)

㉢ **영속성** : 토지는 장기에 걸쳐 각종 재화와 용역을 제공할 수 있는 내구성이 있다.

㉣ **공급의 한정성** : 토지의 절대적인 양은 증가하지 않고 공급이 고정되어 있다.

㉤ **다용성** : 일반 재화와 달리 여러 가지 용도로 이용될 수 있는 융통성을 가지고 있어 두 개 이상의 용도가 경합됨

(2) 토지 및 토지정책

① **정책의 어원**

㉠ **그리스어 어원** : 도시국가(Polis)를 의미

㉡ **라틴어** : 국가(Politia)를 의미

㉢ **중세** : 공공문제에 대한 처리(The Conduct Of Public Affairs), 정부의 운영 (The Administration Of Government)을 의미하는 Police로 표기

㉣ **근대** : 公事의 처리, 정부·단체·집단·개인 등에 의해 여러 가능한 대안들 중에서 선택된 현재와 미래의 세부결정을 정해주는 지침

② **정책의 속성**

㉠ **목표성** : 미래 지향성, 계획성, 지침성

㉡ **실제성** : 현실문제 해결성, 사회 지향성, 행위성

㉢ **가치 함축성** : 공익성, 규범성, 강제성, 구속성

㉣ **복합성** : 결정주체, 이익, 과정, 타협성, 점진성

㉤ **유형성** : 일관성, 반복성, 지속성, 장기성

(3) 토지정책의 필요성

① **토지시장의 불완전성**

  ㉠ **토지시장의 불완전성** : 토지시장은 불완전경쟁시장이기 때문에 시장에서 형성되는 가격은 특정 소수인들의 독점적 이익을 포함하게 되고, 토지시장은 사회적으로 적정한 상태로 토지의 용도 간 배분을 조정할 수 있는 신호기능을 수행하지 못한다.

  > **TIP**
  > **완전경쟁시장의 조건**
  > • 다수의 수요자 및 공급자
  > • 동질적인 재화
  > • 충분한 정보
  > • 완전경쟁 관계
  > **공공재**
  > • 소비의 비경합성이 있어 일단 공급되면 어떤 사람이 얼마나 소비하느냐가 다른 사람의 소비량에 영향을 주지 않는 특성을 지닌다. (일기예보, 등대, 신호등 등)
  > • 공공재는 일단 공급되면 특정인을 그 소비대상에서 배제시킬 수 없다.
  > • 따라서 공공재는 우리생활에 꼭 필요한 것이나 무임승차 문제로 시장을 통해서는 충분히 공급될 수 없어 정부 개입하여 공급한다.

  ㉡ **공공재로서의 토지와 토지이용의 외부효과** : 토지이용의 효율을 저해하는 주요인은 토지이용과 결부된 외부효과(External Effect) 문제와 공공재(Public Goods) 문제이다.

② **시장실패(Market Failure)** … 토지시장이 완전시장이라고 하더라도 외부효과와 공공재 문제는 자원이 최적 상태로 배분되지 못하는 시장의 실패가 초래된다.

  > **TIP**
  > **경제적 지대의 특징**
  > • 생산요소 공급자에 대한 생산자 잉여이다.
  > • 생산요소의 총 보수에서 이전수입을 차감하여 구한다.
  > • 단기와 장기에 모두 적용된다.
  > • 생산요소의 공급탄력도가 클수록 경제적 지대는 작아진다.
  > **준 지대의 특징**
  > • 단기의 고정요소에 대한 대가이다.
  > • 총수입에서 총가변비용을 차감하여 구한다.
  > • 생산물의 시장가격이 높을수록 또는 가변비용이 적을수록 준지대가 커진다.
  > • 준 지대는 단기에만 적용된다.

(4) 공공개입과 토지정책

시장의 실패를 시정하기 위하여 토지정책이 수립되며, 시장개입 방법은 개입의 정도에 따라 다음과 같이 구분된다.

① **직접개입 방법** … 정부나 공공이 시장에 직접 개입하여 토지를 비축하거나 개발하는 등 수요자와 공급자 역할을 수행

② **간접적 개입방법** … 토지관련 조세, 토지개발 이용에 대한 각종 금융지원 또는 보조금 지원, 양질의 정보체제 구축, 정부 부서 간 협조체제 구축 등을 통해 토지시장의 원활한 여건 조성

③ **부분적 규제방법** … 주로 토지소유 · 이용 · 개발의 외부효과 방지에 역점을 두고 개인의 소유권을 인정하는 범위 내에서 개별적인 토지이용과 개발행위를 바람직한 방향으로 유도하기 위하여 토지소유, 이용, 개발을 부분적으로 제한함

> **)TIP**
> 정부의 실패 … 공공이 개입하여 시장기구 역할의 일부 혹은 전부를 대체함으로써 발생하는 부작용과 사회적 비효율이 초래되므로, 정책을 수립하고 집행함에 있어 정부의 실패가 초래되지 않도록 경계하여야 한다.

❷ 토지정책의 변천

(1) 조선시대까지의 토지정책

① **삼국 및 통일신라시대**
  ㉠ 지배적 씨족이 연합체적 성격을 지닌 씨족적인 집단국가 체제 형성, 지배씨족의 씨족공동체적 집단소유제 형태로 취합
  ㉡ 통일신라시대 : 중국에서 발전한 당의 봉건적 토지제도 도입, 丁田制 실시
    ※ 丁 : 18세 이상의 남자를 정이라 하여 일정규모 이상의 토지를 주고 경작케 하였다.

② **고려시대**
  ㉠ 왕토사상을 기초로 국가 토지를 어느 계층에게 나누어주고 조세를 어느 수준으로 거두어들이는가가 토지제도의 핵심이다.
  ㉡ 고려시대에는 전시과를 실시하여 국유제의 형태를 띠고 있었으나, 고려 후기에 접어들어 토지제도가 문란해짐으로써 사실상 사유제로 전환하였다.

③ **조선시대**
  ㉠ 고려 말의 문란해진 토지질서를 바로잡기 위하여 과전법을 실시하다가 직전법으로 전환, 그러나 과전법과 직전법은 양반지주들과 관아 및 왕실의 토지겸병으로 15세기에 붕괴되었다.
  ㉡ 조선 전기는 토지사유를 바탕으로 매매와 증여가 가능하였다.
  ㉢ 조선 후기에는 임진왜란, 병자호란으로 토지와 인구가 크게 감소하고, 국가의 세원이 격감하자 농지개간과 농업생산의 증대를 위한 토지개량을 추진하였다.
  ㉣ 조선 후기에는 새로운 집약농업이 발달하여 농민의 경작권에 바탕을 둔 토지소유가 더욱 발전하였다.

ⓜ 조선 말기에는 근대적인 세제수립을 목적으로 토지제도의 근대화를 시도하였으나 갑신정변으로 좌절되었다.

(2) 일제시대

① 식민지 착취를 위해 조선토지조사사업과 조선시가지 계획령을 제정하였다.

② 조선토지조사사업은 조선의 토지실태를 파악한다는 명분으로 시작하였으나, 실제적으로는 근대적 토지제도가 미비된 상태에서 소유되고 관리되던 조선 내 토지를 일본인이 취득할 목적으로 추진되었다.
   ㉠ 근대적인 측량기술을 동원하여 지적을 과학화함으로써 지도 제작이 가능해졌고, 근대적인 등기제도의 마련과 세원의 발굴을 통해 토지세제의 체계를 확립하는데 기여하였다.
   ㉡ 토지기록체제가 전근대적이어서 내용이 부실함에도 불구하고 토지소유자의 신고내용에 기초하여 기존 토지소유권의 귀속여부를 결정하였다.
   ㉢ 왕실재산과 소유권이 불분명한 임야와 하천부지를 국유지로 편입시킨 후 일본인에게 싼값으로 불하하여 일본인의 토지소유를 촉진하였다.

③ 조선시가지 계획령은 우리나라 최초의 근대적 도시계획법(1934년 6월)으로서, 새로운 계획제도를 도입하고, 공익을 위해서는 사인의 토지이용도 제한할 수 있다는 인식을 정립시키는 계기가 되었다.

> **TIP**
> 토지의 종류와 농용지

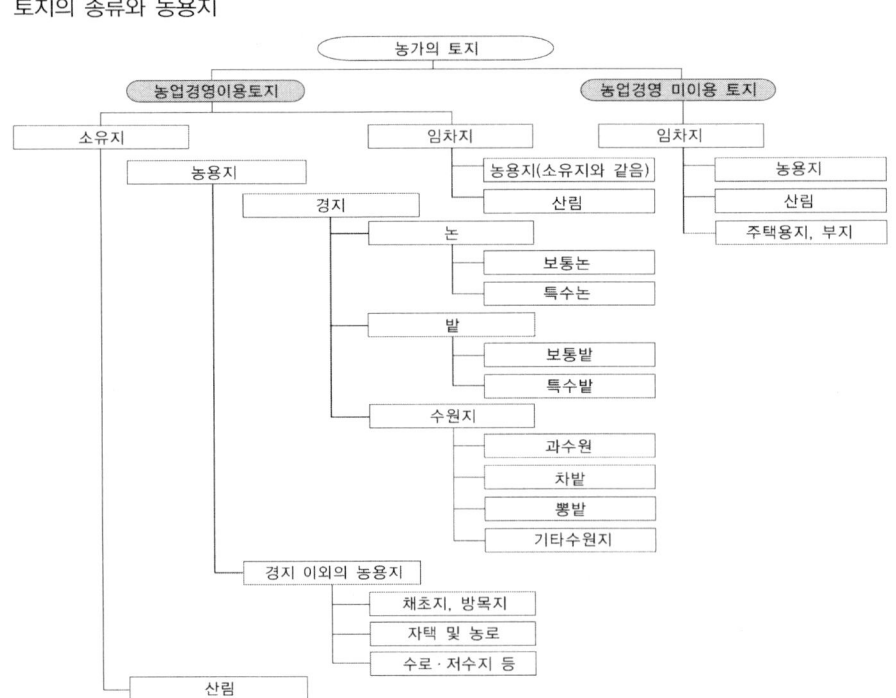

❸ 전재복구시대

(1) 전재복구시대의 토지정책은 역사적으로 뿌리 깊은 왕토사상에 대한 깊이 있는 성찰을 통하여 그를 계승 발전시키지 못하고 서구적 사소유권제도를 이식하여 확립시켰다.

(2) 이 시기는 또한 경자유전의 원칙을 천명하여 토지소유의 형평성을 강조한 시기적 특성을 갖고 있었다.

(3) 1948년 정부수립과 함께 제헌헌법(1948)을 제정하고, 제헌헌법에 토지정책의 두 가지 기본 틀을 천명하였다.

(4) 경자유전의 원칙은 1949년 농지개혁법 제정으로 구체화되어 호당 농지보유의 상한을 도입하여 3정보 이상의 과도한 농지소유를 억제함으로써 농지소유 편중을 막고 소작관계를 철폐하여 경자유전의 원칙을 세웠다.

(5) 1950년 지적법을 제정하여 토지행정의 기초가 되는 토지대장, 지적도, 임야대장 등의 지적공부를 작성하였고, 무료 임차지를 제외한 토지에 대한 과세를 규정한 지세법을 제정하였으며, 전답에 대해 농지세를 부과하고 그 밖의 토지에 대한 지세부과를 규정한 임시토지수득세법 등이 제정되었다.

> **TIP** ~~~~~~~~~~~~~~~~~~~~~~~~~
> 경제적 지대 및 준 지대
> ① 경제적 지대는 토지뿐만 아니라 공급량이 제한된 노동, 기계설비 등 모든 종류의 시장에서 나타날 수 있다.
> ② 마샬의 준 지대는 장기에 소멸되어 존재하지 않는다.
> ③ 생산요소가 받는 보수 중에서 경제적 지대가 차지하는 비중은, 수요가 일정할 때 공급곡선이 탄력적일수록 작아진다.

❹ 개발시대의 토지정책(1960~1970년대)

(1) 개발사업 지원을 위한 정책기반조성시대(1960년대)

① 이 시기는 경제개발 5개년계획, 울산공업지역 건설, 경부고속도로 건설 등과 같은 대규모 국토개발사업의 원활한 추진을 뒷받침하기 위한 정책기반을 조성하는데 치중하였다.

② 이 시기는 토지개발과 경제성장의 시대이념에 따라 토지정책도 개발이념을 보조하는 수단에 불과하였다.

③ 각종 진흥법, 조성법 등을 제정하여 공업용지 개발과 산업진흥에 필요한 사회간접자본 확충에 필요한 용지 취득을 용이하게 하였다. 「수출 공업단지 개발조성법」(1964), 「기계공업진흥법」(1967), 「전자공업진흥법」(1969), 「석유화학공업육성법」(1970) 등을 제정하였다.

④ 늘어나는 도시인구를 수용하기 위해 도시개발에 필요한 도시계획 및 주택개발 등에 관한 제도를 마련하였다. 1962년 「도시계획법」, 「건축법」, 「토지수용법」, 1963년 「국토건설종합계획법」, 1966년 「토지구획정리사업법」등을 제정하였다.

⑤ 하지만, 이 당시의 토지정책은 효율성만을 강조하여, 개발과 성장위주의 사회적 가치관이 주조를 이룬 반면에, 그 폐해로 나타난 토지투기에 대한 정책적 관심은 적어 20~100%에 달하는 급격한 지가상승현상이 초래되었다.

(2) 개발사업 지원 및 투기억제정책형성시대(1970년대)

① 1970년대는 경제개발추진에 필요한 용지공급을 뒷받침하는 한편 대규모개발 사업으로 인한 토지시장의 과열도 조정·관리하는 양면적 정책을 추진하여, 지가안정과 불로소득 흡수가 토지정책의 핵심과제로 인식된 시기이다.

② 도시의 무분별한 확산을 방지하기 위해 도시계획법을 개정(1971)하고, 「국토이용관리법」(1972)을 제정하여 국토 전체에 대한 용도 지역제를 실시하였고, 대규모개발 사업지 주변지역의 급격한 지가상승을 억제하여 공공사업비 부담을 줄이기 위해 기준지가제도가 도입되었다.

③ 제1차 국토종합개발계획(1972~1981)을 수립하여 산업의 적정배치, 국토이용 및 관리의 효율화, 국토기반의 확충, 거점개발방식에 의한 불균형개발전략을 추진하였다.

④ 지속적인 경제성장과 중화학공업부문의 토지수요 충족을 위해 「수출자유지역설치법」, 「지방공업개발법」(1970), 「산업기지개발촉진법」(1973), 「공업배치법」(1977), 「공업단지관리법」(1975) 등을 제정하였다.

⑤ 1970년대 중반 이후 폭등한 부동산가격을 진정시키기 위한 긴급 대책들이 발표되었으나, 탈법적인 거래에 대한 사법적 세무행정적인 제재가 대부분이었다.

⑥ 1970년대 중반 이후, 중동건설 자금 유입으로 부동산투기가 극심하여 1978년 전국의 땅값은 평균 49%, 서울은 136%가 상승하여 일련의 투기억제대책이 마련되었다.

⑦ 공업발전으로 인한 환경오염 우려로 「환경보전법」(1977), 외국인 관광객 유치를 위한 「관광지개발촉진법」제정, 「주택건설촉진법」(1972), 「택지개발촉진법」(1980), 농업생산증대를 위한 「농촌근대화촉진법」(1970), 농지의 무분별한 전용을 억제하기 위한 「농지보전 및 이용에 관한 법률」(1972)과 「농지확대개발촉진법」(1975)이 제정되었다.

(3) 투기억제정책 정비시대(1980년대)

① 부동산투기가 사회문제로 정착하였고, 투기억제대책과 부동산경기 부양이 반복적으로 시행된 시기였다.

② 1980년대는 정부가 토지시장에 적극적으로 개입한 시기라고 할 수 있다.

(4) 토지공개념시대(1989년 이후 1990년대 초반)

① 1980년대 말 1990년대 초는 정부의 직접적인 투기억제대책의 강도가 가장 강하였던 시기로 토지공개념제도를 비롯한 강력한 투기억제정책들이 시행되었다.

② 1990년 4월, 「4·13 부동산투기억제대책」을 발표하여 부동산등기의무제 도입, 「부동산 등기에 관한 특별조치법」제정, 토지거래허가제와 신고제 확대 실시, 기업의 비업무용부동산 판정기준을 강화하고 기업의 부동산과다보유를 억제하였다.

(5) 토지공급 확대 및 토지시장의 투명성 확보기(1990년대 중반기)

① 1980년대 말부터 도입된 토지공개념 제도와 일반경제 상황의 침체 등으로 지가가 안정되기 시작하자 직접적인 시장개입 정책에서 시장관리정책으로 전환되었다.

② 1990년대 중반은 수요억제정책과 공급확대정책을 병행하였고, 부동산 관련 정보망을 확충하고 부동산정보 관련 제도를 정비하여 토지시장의 투명성을 제고시킴으로써 시장왜곡 요인을 해소하는 시장관리정책으로 전환되었다.

③ 토지공급확대 차원에서 1994년 국토이용관리법을 개정하여 10개 용도지역으로 구분된 용도지역을 5개 용도지역으로 단순화시키고 준농림지역제도를 도입하여 개발이 가능한 용도지역을 확대되었다. 도시지역, 준도시지역, 준농림지역, 농림지역, 자연환경보전지역의 5개 용도지역으로 구분하였다.

④ 토지개발 주체를 다양화하여 토지공급 확대 기반을 마련하였다.

⑤ 1996년 1월 「농지법」을 개정하여 농업진흥지역 내 농지에 대한 농지 소유상한제를 폐지하여 형평성 우선의 농지정책에서 효율성 중심의 정책으로 전환하였다.

⑥ 토지시장의 투명성 확보와 정책 집행의 효율성 제고를 위한 제도 도입 및 각종 전산망 확충 시도하였다.

(6) 개방적 · 환경 친화적 토지정책시대(1990년대 후반~)

① 개방화 정책

㉠ 1997년 말 외환위기를 맞아 국제통화기금의 구제 금융을 받으면서, 1998년 1/4분기에는 부동산가격이 30% 이상 하락하여 부동산시장이 침체되었다.

㉡ 기업의 구조조정을 지원하고 외국인의 직접투자를 유치하기 위해 폐쇄적이던 각종 토지정책 수단을 전면 개편하고 토지수요를 억제하기 위해 시행되었던 투기억제대책의 대부분을 수정하여 토지수요를 촉진하는데 주력하였다.

㉢ 부동산시장의 공급초과 상태로 인한 가격폭락을 방지하고 기업의 구조조정을 원활히 하게 하고자 공공의 시장조절기능을 활성화하였다.

㉣ 개발제한구역 내 민원을 해소하기 위하여 개발제한구역의 조정 및 해제 추진하였다.

㉤ 우루과이라운드 협상 타결(1994)로 인한 농산물 시장개방 압력에 대처하기 위하여 농업경쟁력 강화 차원에서 농지에 대한 규제가 완화되어 왔다.

㉥ 최근 새로 출범한 WTO 도하 라운드출범과 농산물 재고 누적 및 농산물 가격 하락 등으로 농지보전 정책이 크게 변화하여 농지에 대한 이용규제와 소유규제를 대폭 완화하는 정책이 시행 또는 검토되고 있다.

② 친환경적 계획지향 정책

㉠ 1990년대에 접어들면서 개발우위의 제도 및 사회 환경에서 환경보전 의식이 높아지게 되면서 본격적인 환경보전 관련 제도들이 제정되었다.

㉡ 환경보전과 관련한 규제는 환경 관련 개별법 위주로 추진되었으나, 2000년대 이후부터는 개발과 보전의 조화라는 국토관리 차원에서 환경보전 노력이 시도되고 있다.

㉢ 국토건설종합계획법의 미비점을 보완하고 국토계획체계를 개편하기 위하여 「국토기본법」을 제정하였고, 국토이용관리법과 도시계획법을 통폐합하여 「국토의 계획 및 이용에 관한 법률」을 제정하였다.

㉣ 비도시지역의 계획적 개발을 위하여 제2종 지구단위 계획제도를 도입하였다.

㉤ 개발로 인한 교통 혼잡, 주거환경악화 등의 문제를 해소하기 위하여 기반시설연동제를 도입하였다.

㉥ 개발행위허가제를 도입하여 계획의 적정성, 기반시설의 확보 여부, 주변 환경과의 조화 등을 고려하여 허가, 불허가, 조건부 허가를 하였다.

㉦ 외환위기 이후에 우리나라의 토지정책은 정책패러다임의 대 전환이 이루어지게 되어, 수요억제정책에서 수요촉진정책으로, 직접적인 규제에서 간접적인 시장조절 정책으로, 폐쇄적 시장에서 개방적 시장정책으로 변화하였고, 2000년대에 접어들면서 친환경적 계획 지향적 토지정책으로 변화하고 있다.

토지 문제
- 다원화된 국토이용 · 관리체계로 인해 국토의 합리적 토지이용이 어렵고 무질서한 개발을 초래
- 급격한 도시화 · 산업화 과정에서 토지수급이 불균형하여 땅값 급등함
- 압축성장과 도시화로 지가가 급등하여 저밀도, 저수익 용도로 이용되던 토지가 고밀도, 고수익 용도로 전환되면서 지가의 급격한 상승과 투기적 수요의 유발
- 과학적 토지이용 · 관리의 미흡으로 국토환경의 훼손 및 부동산투기 초래

토지정책의 여건변화
- 인구 및 도시화의 안정 성장으로 과거와 같은 급격한 토지수요 증가세는 둔화할 것으로 전망
- 정보화 시대의 진전에 따른 토지정책 수단의 첨단정보화와 부동산시장의 투명화가 진전됨에 따라 토지정책수단의 재정비 필요성 대두
- 자본 · 금융시장의 개방과 함께 부동산시장이 개방되어 토지시장이 폐쇄적 시장에서 개방적 시장으로 변화하였고, 자본시장과 부동산시장이 통합되어 토지자산이 투기가 아닌 투자 대상의 하나로 변화
- 자연환경보전 및 생태계 보전 등 환경에 대한 사회적 인식이 증대하면서 개발위주의 가치관 중심에서 환경 친화적 이용 및 보전우선의 가치관으로 변화

일반적인 토지의 특성

구분	내용
부동성	토지는 움직일 수 없는 성질을 가지기 때문에 토지이용형태의 국지화, 토지의 개별성, 비동질성, 비대체성 등이 나타난다.
불멸성	토지는 사용에 의해 소멸하지 않아 양과 무게가 줄지 않아 감가상각이 발생하지 않는다.
공급의 한정성	토지의 절대적인 양은 증가하지 않고 공급이 고정되어 있기 때문에 토지에 대한 투기가 발생하는 것이다.
다용성	토지는 일반재화와 달리 여러 가지 용도로 이용될 수 있는 성질을 가지고 있어 두 개 이상의 용도가 복합적으로 사용 가능하다.

02 농지정책

① 농업경영에서의 농지정책

(1) 농지임대차의 전개와 자작농적 토지소유의 변화

1950년 3월 25일 농지개혁법시행령을 공포하였으나 한국전쟁을 비롯한 여러 가지 사건으로 인해 1957년 말에 농지분배 사업에 관해 일단 완료되었다.

(2) 그 결과 해방직후인 1945년 말 총 농가의 85.9%. 총 경지의 66.6%에 걸쳐 있던 소작관계가 기본적 해소되었다.

(3) 농지개혁법에서는 분배농지의 매매, 분배된 농지에 대한 저당권의 설정금지가 규정되어 있음에도 불구하고 소작은 이미 농지개혁 진행 중에 이미 재생하고 있었다.

(4) 농지개혁은 제정에 이르기까지의 오랜 시간이 걸렸기 때문에 그 사이 여러 가지 방법으로 분배되어야 할 농지가 은폐되어 정부의 농지매수를 피했다.

(5) 은폐소작지가 존재하였으며 농지개혁 후 새로이 발생한 암소작에 착안하여 농지개혁 후의 법 제도의 불비에 대한 농지개혁의 비판, 당시 은폐소작지가 어느 정도 존재하는가는 부분적인 사례를 제외하면, 전체적으로는 불명확하다.

(6) 농업구조와 관련하여 1970년대 후반 이후의 차지 증가의 이유로 농지가격의 급등을 드는 경우가 있다.

(7) 농지가격의 상승은 농지구입에 대한 규모 확대를 곤란케 하고, 차지에 의한 규모 확대를 해야 했다.

(8) 지가상승이 농업수익이 상승한 결과라고 한다면, 경영면적의 확대는 반드시 차지에 의할 필요는 없다.

(9) 농지구입에 의한 확대가 가능하며, 농지구입에 의한 면적 확대가 진행되었다.

> **TIP**
> 토지 소유 시 나타나는 현상
> ① 자가 농지는 자금융자를 위한 담보물로도 활용 가능하다.
> ② 농지를 보유한 경우 자금의 압박이 문제될 수 있다.
> ③ 자가 농지를 소유하면 경지를 안정적으로 이용할 수 있다.

❷ 농지제도의 개선방향

(1) 최근 농업을 둘러싼 환경변화

① 수입자유화의 확대, 원화의 평가절상, 외환규제완화 및 WTO의 출범, 자본자유화의 단계적 추진을 실시하였다.

② 우리나라는 무역수지 흑자로 무역상대국들로부터 농산물 수입개방 압력을 받기 시작하였다.

③ 1989년 10월 GATT 국제수지 보호조항으로부터의 졸업과, 이에 따른 1997년 6월까지 대다수 농산물에 대한 수입개방의 실천의무는 물론, 우루과이라운드(UR) 농산물 무역협상으로 GATT의 농산물무역에 대한 규제를 점차 자유화하지 않을 수 없다.

(2) 농지정책의 전개방향

① 우리나라 농업은 수도작 중심, 농가 1호당 평균 경지면적은 1.3ha로서 농지소유상한선 3ha 에 미치지 못하는 영세 소농경영이 지배적이라는 것이다.

② 우리나라 농지제도는 자작농적 토지소유의 이념을 차지농주의 이념으로 전환함과 동시에 농업경영규모를 확대한 전업농으로 하여금 우리나라의 농업생산에 있어서 핵으로 삼으려고 했다.

③ 그러나 지금은 이러한 제도가 나온 지 50년이 경과한 지금의 상황은 많이 변화되어 있으므로 농업을 전업적으로 하려는 농가에 어느 정도의 농지소유규모의 확대기회를 주는 것이 농업발전에 유익, 이는 이전의 경자유전의 바탕을 자작농주의를 포기한다는 것을 의미하지 않는다.

④ 토지의 집약화나 자본의 집약화에 의해서도 얼마든지 규모확대 가능하다는 것이다.

> **TIP**
> 국내 경제발전과 농지제도
> • 산업화와 지방화가 진행됨에 따라 이제까지 농업중심이었던 농촌지역에 비농업부문의 진출이 현저하다.
> • 이러한 농촌의 비농업화의 확대는 농지에 대한 전용수요가 전국적으로 확산되어 나타난 것을 의미하는데, 이는 그만큼 농지가격의 전반적인 상승을 초래한다는 것이라 할 수 있다.
> • 농지에 대한 농업 외적 수요 방지, 농지가격 안정시키고 농업의 조방화를 막기 위해 국가차원에서의 토지정책에 대한 확고한 의지가 전제되어야 한다.
> • 농업적 토지이용에 있어서는 경자유전의 원칙에 입각한 농지정책의 기본이념을 재확인하고 보완적 수단으로서 경작권이 강화되는 농지법의 정착이 필요하다.

[주요 농지규제의 변천 내용]

연도	농지규제의 변천내용	관련 법령의 제 · 개정	비고
1949	농지개혁으로 자작농체제 구축	농지개혁법 제정	
1972	절대 · 상대농지제도 도입	농지의 보전 및 이용에 관한 법률 제정	
1980	법률로 정하는 범위 내 농지임대차 · 위탁경영 허용	헌법 개정	
1986	임차농민 보호위주 농지임대차 제도화	농지임대차관리법 제정	
1987	헌법에 경지유전 원칙 규정	헌법 개정	규제강화
1988	농지 취득 시 농지소재지 6개월 사전거주요건 신설	농지개혁법시행규칙 개정	규제강화
1990	농업진흥지역제도 도입 농지임대차관리법 시행 농지임대신고제, 통작거리제한(8km)	농어촌발전특별조치법 제정 농지임대차관리법시행령 제정	규제강화
1991	농지 취득 시 통작거리제한 20km로 확대	농지임대차관리법시행령 개정	규제강화
1992	농업진흥지역 최초 지정		규제강화
1993	농업진흥지역안 농지소유 상한 확대 : 3ha→10ha	농어촌발전특별조치법 개정	규제완화
1994	농지소재지 6개월 사전거주요건 폐지	농지임대차관리법시행령 개정, 농지법 제정	규제완화
1996	자기 농업경영목적인 경우에만 농지소유 허용 농업회사법인의 농지소유 허용(주식회사 제외) 농지처분명령 · 이행강제금 등 사후관리 제도 도입 농지 취득 시 20km 통작거리 제한 폐지 농업진흥지역 안은 소유상한 폐지, 밖은 확대(3ha→5ha)	농지법 시행	소유규제 대폭 완화, 이용규제강화, 농지 처분명령제도 도입
2003	비농업인의 주말 · 체험영농 및 주식회사 · 농업회사법인의 농지소유 허용 농지진흥지역 밖 농지소유상한 폐지 농지 취득 시 농지관리위원 확인 폐지 농업생산기반 정비농지의 분할 제한	농지법 개정	규제완화
2006	농업회사법인 출자제한 완화 농지처분명령제도 완화	농지법 개정	규제완화

03 농업경영

❶ 농업의 역할

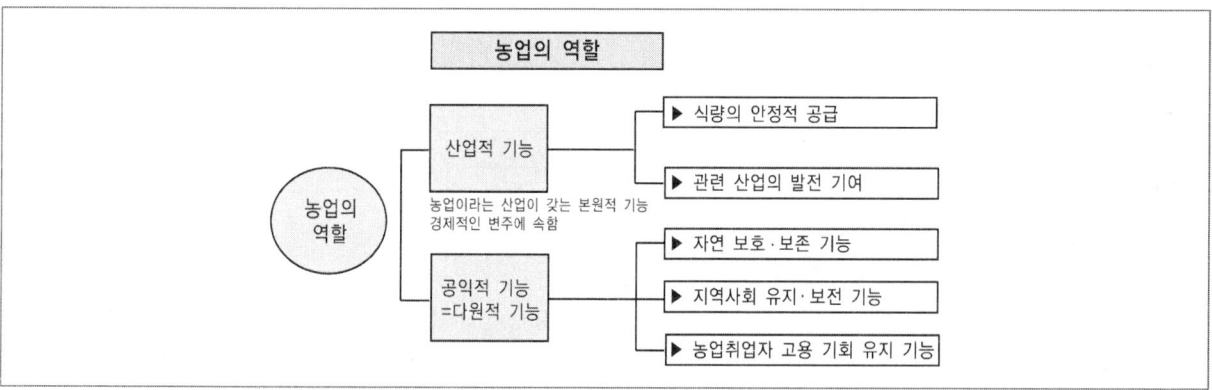

❷ 농업생산의 요소와 경영의 목표

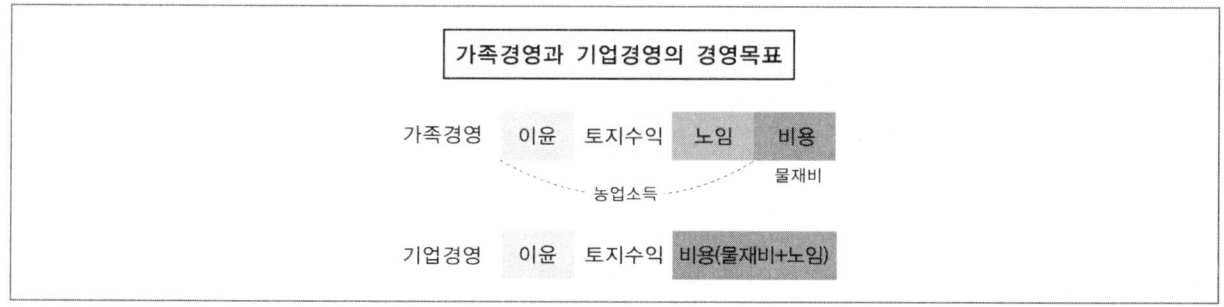

(1) 기업경영(고용 노동력을 중심으로 자본 제공자와 노동력 제공자가 분화)의 목표

자본과 노동력을 투입해서 생산 판매를 하며, 투입한 자본에 대한 보수(이윤)를 받는 것

(2) 농업경영자는 토지수익과 노임과 이윤으로 구성되는 농업소득 최대가 목표

(3) 생산력이 낮은 단계

노임 받는 것이 최대 목표

(4) 기술발달로 인한 생산력 높아질 경우

토지면적당 수익 차 발생 – 토지수익이 중요

(5) 경영 투입 자금 많은 현재

이윤이 중요시

(6) 오늘날 경영의 최대 목표

최고의 이윤과 토지수익을 높이는 것

> **TIP**
>
> 농업에서의 토지의 역할과 종류
> • 토지는 수분과 양분을 유지하고 작물의 성장에 필요한 수분과 양분을 제공한다.
> • 토지는 작물의 뿌리를 지탱하고 그 생육의 장소를 제공한다.
> • 농작업을 하는 사람은 토지가 터전이며 기계작업 등의 기반이 된다.
> • 토지는 지렁이 같은 작은 여러 가지 미생물의 서식지이며, 이 미생물의 활동은 작물의 생육에 크게 영향을 미친다.

(7) 공업에서의 토지의 역할과의 차이

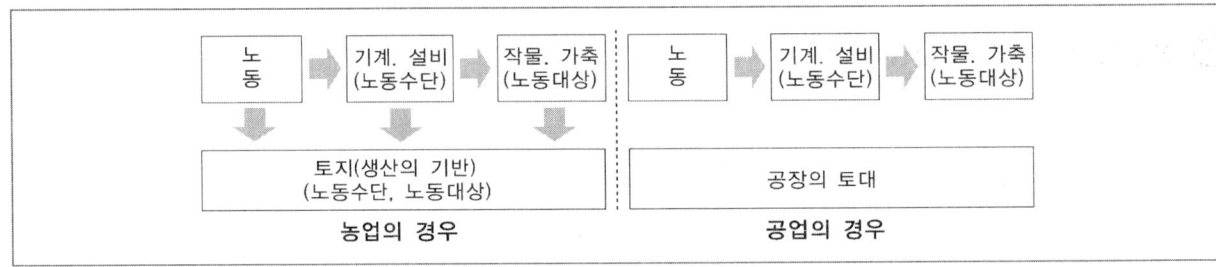

❸ 생산 제요소의 합리적 결합

(1) 농업생산의 복잡함

① 작물 재배 … 토지와 작물(자본)의 2가지 생산요소를 결합시키는 것

② 농업생산은 복잡한 결합 내에서 선택(의사결정)을 하게 되고 그것을 반복

(2) 토지와 타 요소와의 결합

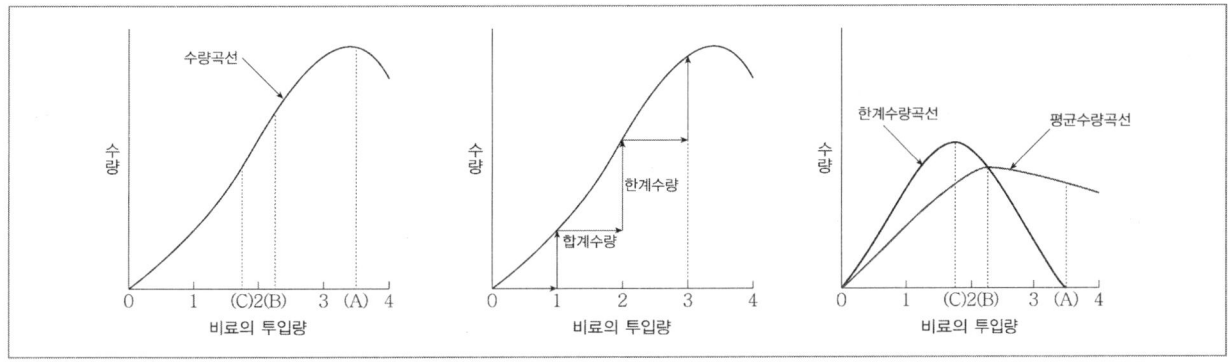

(3) 노동과 타 요소의 결합

① 생산요소로서의 노동의 특징…타 생산요소의 개량의 성과를 하나로 결합시켜 한층 더 고도로 발휘시키는 능동적인 기능이 있다.

② 농업노동의 특징

　　㉠ 생물의 종류와 생육에 걸맞게 다종다양한 일을 능숙하게 처리하여야 한다.

　　㉡ 생물의 생육에 걸맞게 한정된 기간 내에 작업을 진행하지 않으면 안 된다.

　　㉢ 생물을 기르는 일은 그 성질상 대상을 매일 관찰하며 긴 시간 일의 흐름과 성과를 파악한다.

　　㉣ 농번기와 농한기가 있기 때문에 노동력 고용 시 일용직이나 임시고용이 중심이다.

　　㉤ 공업과 같이 다수의 노동자를 조직한 체계적인 분업체제를 취하는 경우가 적다.

③ 농업노동의 합리적 활용방향

　　㉠ 고성능 기계를 도입하고 이용

　　㉡ 연간 노동이 평균화되도록 작물을 심음

　　㉢ 작업그룹을 만들어 협업과 분업체계를 취해서 일을 진행

　　㉣ 농한기를 이용해서 최신 농업기술의 습득과 시장유통, 소비자 동향조사 등의 다음해의 계획을 세움

> **TIP**
> 중간생산물(종자와 비료, 새끼돼지나 송아지 등의 자가 생산)의 내부순환(생산물이 경영 내부에서 순환)에 의한 장점
> • 질적으로 뛰어난 것 획득 가능
> • 유통과정을 경유하지 않기 때문에 유통비용 절감
> • 자가 생산물을 이용하는 것에 의해 다종다양한 중간생산물 생산 가능
> 부산물의 내부순환에 의한 장점
> • 가축분뇨 처리 시 농경지에 환원하면 유기질비료가 되고 이는 비료구입비 절감효과
> • 부산물 내부순환의 경우 타 경영부문에 유효하게 이용할 수 있는 관계가 필요

❹ 농업 생산 및 경영 부문 간 기본적인 상호관계

(1) 경합관계

① 2개 이상의 생산부문이나 작목이 경영자원이나 생산수단의 이용 면에서 경합되는 경우, 생산 요소의 자원량을 "어느 정도 배분해야 하는가" 라는 과제가 대두

② 여름작물인 고추와 담배, 겨울작물인 양파와 마늘 등

(2) 보합관계

① 둘 이상의 생산부문이나 작목이 경영자원이나 생산수단을 공동으로 이용할 수 있는 결합관계

② 벼농사 이후의 논에 보리를 재배, 일반 식량 작물과 콩과(豆科) 작물 또는 사료 녹비 작물 등을 윤작

(3) 보완관계

① 경영 내부에서 어느 생산부문이나 작목이 다른 부문이나 작목의 생산을 돕는 역할을 할 경우

② 농작물의 생산과 가공부문, 축산과 사료작물의 재배 등

(4) 결합관계

① 생산물의 상호 관계, 한 가지 작목이나 생산부문에서 둘 이상의 생산물이 산출되는 경우

② 양고기와 양털, 쌀과 볏짚, 우유와 젖소고기

❺ 경영진단과 경영개선

(1) 경영진단의 지표

① 농업경영의 기본적 구조

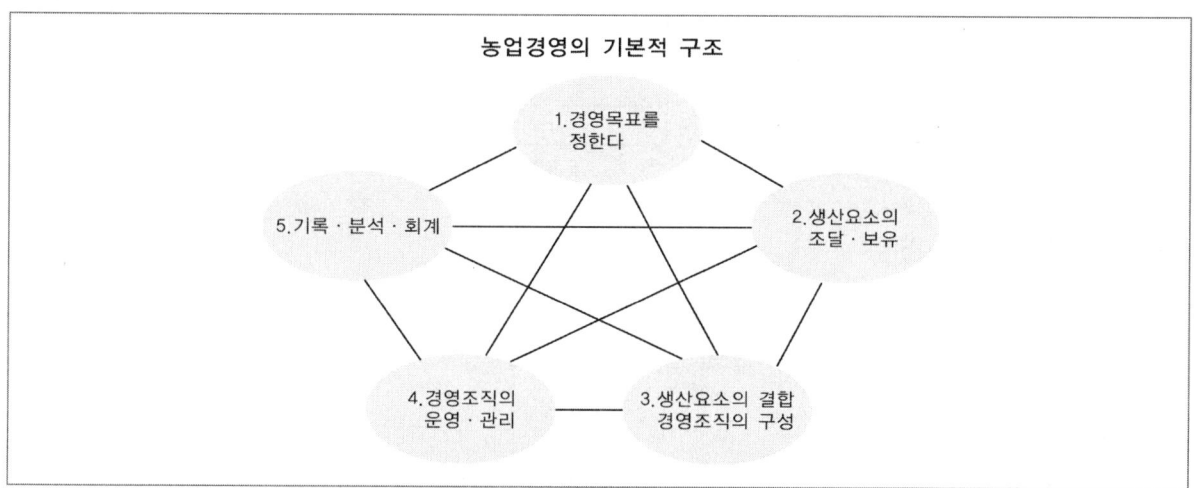

농업경영의 기본적 구조

② 경영자 활동의 진단 … 건전한 경영 및 잘못된 경영

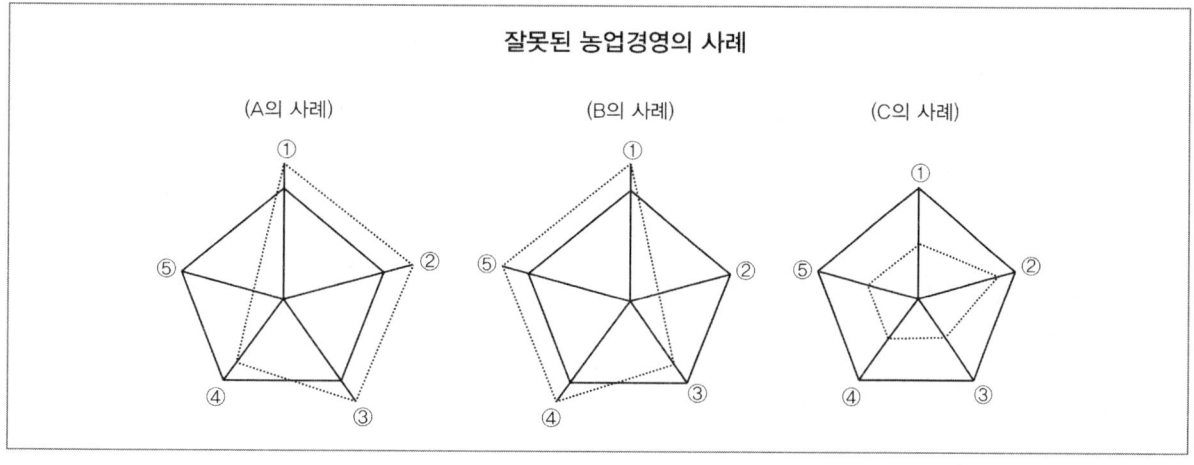

잘못된 농업경영의 사례

> **TIP**
>
> **농가교역조건지수** … 농가교역조건지수란 농가가 생산하여 판매하는 농산물과 농가가 구입하는 농기자재 또는 생활용품의 가격 상승폭을 비교하여 농가의 채산성(경영상에 있어 수지, 손익을 따져 이익이 나는 정도)을 파악하는 지수이다. 농가교역조건지수가 100 이상이면 채산성이 호전된 것으로, 100 이하이면 채산성이 악화된 것으로 해석할 수 있다.

구분	내용	상태
100 이상	농산물가격상승률 > 농가구입물품가격상승률	채산성 호전
100 이하	농산물가격상승률 < 농가구입물품가격상승률	채산성 악화

(2) 경영개선의 진행방법

① 농업경영 발전의 3가지 유형

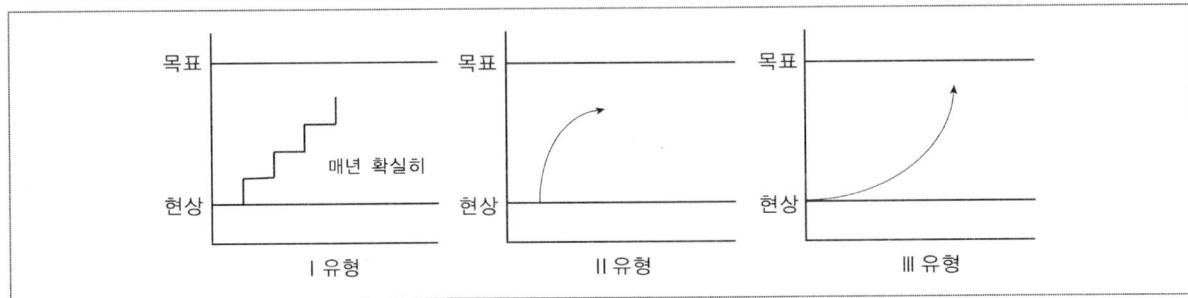

② 농업경영 발전의 기본형

　　㉠ 준비기 : 목표의 결정

　　㉡ 발전기 : 발전방향 및 개선계획의 설정

　　㉢ 도약기 : 일관되게 목표로 나아감

　　㉣ 순항기 : 다음의 도약을 위한 구상

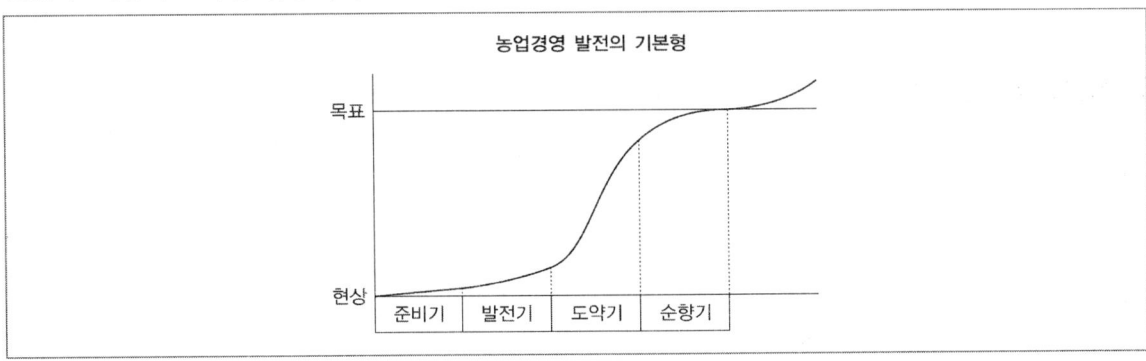

③ 농업경영 및 장부기록

　　㉠ 장부기록의 목적

　　　• 일정기간 동안 농업경영의 성과를 파악하여 경영개선의 자료로 활용 가능

　　　• 일정시점의 재산상태(손익계산서, 대차대조표) 파악

　　　• 정부나 연구기관 등에 정책자료 및 연구 자료로 제공 가능

　　㉡ 장부기록의 종류

　　　• 단식부기 : 일정한 원리 없이 기장과 계산을 하는 간단한 방법

　　　• 복식부기 : 일정한 원칙에 의해 하나의 거래를 두 개의 측면에서 조직적으로 기록하는 방법

④ 농가의 재산내용 분류

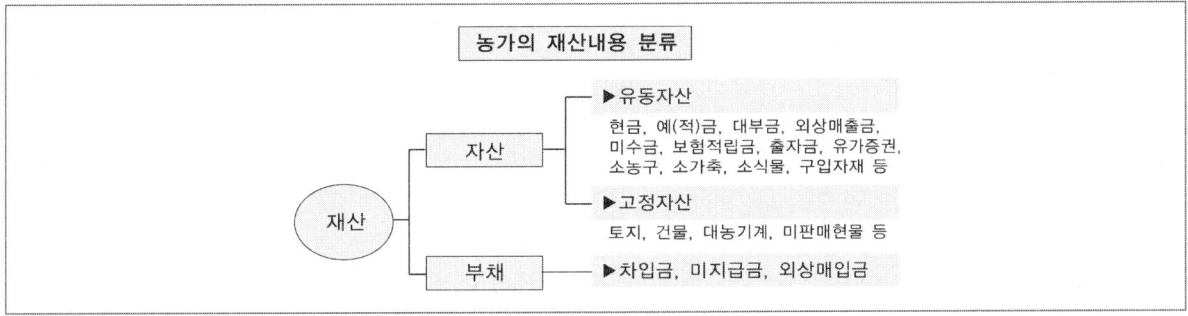

⑤ 자산평가

　㉠ 자산평가의 필요성

　　• 사업 개시 시
　　• 년도 결산 시
　　• 사업 해산 시
　　• 사업양도, 사업의 합법, 조직의 변경 시

　㉡ 자산의 평가기준

　　• 취득원가평가법 : 구입원가 혹은 생산원가를 자산평가의 기준으로 하는 평가방법
　　• 시가평가법 : 화폐가치변동으로 인해, 취득 당시의 평가액과 현 시가와의 사이에 현저한 차이가 발생할 경우에 채용하는 자산평가방법
　　• 수익가평가법 : 고정생산의 매년의 예상순수익을 일반이자율로 나누어서 산출하는 방법

(3) 마케터관점 4P와 고객관점 4C의 연결

4P	=	4C
유통경로(Place)	=	편리성(Convenience)
상품전략(Product)	=	고객가치(Customer value)
가격전략(Price)	=	고객측 비용(Cost to the customer)
촉진전략(Promotion)	=	의사소통(Communication)

★ 농업경영 관련 주요 용어정리 ★

- **농업경영** : 경영목적을 달성하기 위하여 계획(Planning)하고 실행(Implementation)하며 이를 통제(Control)하는 일련의 동태적 과정
- **농업경영학의 변천** : 과거 농학의 일부분으로 취급되었으나 점차 농업 경영체의 경영과 농가경제 문제를 취급
- **농업 관련 산업** : 농업생산 이외에도 전후방산업을 포함
- **농업 경영인** : 농촌에 거주하면서 농업을 경영하는 사람
- **농업경영의 목적** : 농업소득의 최대화 또는 농업수익의 극대화
- **농업경영학의 대상** : 과거 전업농가의 농업경영에서 농식품 산업 관련 산업의 경제활동까지 포함
- **농업 경영체** : 농업인과 농업법인체를 포함
- **농업경영체계** : 농업경영의 기능과 농업경영의 분야 및 농업경영에 미치는 여러 환경요인을 통합한 시스템
- **농업경영 목표** : 농업 경영체에 영향을 주는 여건을 고려하여 농업경영체가 이루어야 할 것을 기술한 것
- **전략적 농업경영계획** : 농업 경영체의 사명, 목적, 전략수립, 시행과 평가 등을 포함하는 장기적 · 체계적인 농업경영계획
- **농업경영의 의사결정과정** : 문제 정의→문제 원인 발굴→대안 개발→최선의 대안 선택→실행계획 수립→성과 평가 등의 단계에 따라 의사를 결정하는 것
- **통제** : 농업경영 계획과 실행이 제대로 이루어지고 있는지를 점검 또는 감독하는 기능
- **농업경영 기능** : 농업경영과 관련된 목표 설정, 계획 수립, 계획 실행, 통제 등
- **농업경영 계획** : 농업경영목표를 달성하기 위하여 실행하는 수단과 절차 등을 표현한 것
- **농업경영계획 실행** : 수립된 농업경영계획을 실제 집행하는 과정이며 이는 의사결정단계에 따라 이루어짐
- **환경 분석** : 기업의 외부 환경요인과 내부 환경요인을 파악하고, 이들 요인이 기업에 미치는 파급 효과를 분석하는 방법
- **자유무역협정(Free Trade Agreement, FTA)** : 나라와 나라 사이의 제반 무역장벽을 완화하거나 철폐하여 무역자유화를 실현하기 위한 양국 간 또는 지역 사이에 체결하는 특혜 무역협정
- **수직적 계열화** : 제품 생산에 있어 원료 생산에서 제품 판매에 이르기까지 전체 생산과정에 관련 기업을 계열사로 두어 직접 통제하는 것
- **동적 시스템** : 내 · 외부의 환경 변화에 지속적으로 변화하는 체계
- **내부 환경요인** : 경제와 산업 전반에 관련되어 있는 환경요인으로 농업 경영체의 내부가 농업 경영체에 영향을 주는 요인
- **지식 경영** : 기업의 개개인이 가진 지식의 공유를 통해 기업의 문제해결 능력을 향상시키려는 경영 방식
- **농산물 전자상거래** : 농산물을 컴퓨터 통신망을 이용하여 상품을 사고파는 일
- **생명공학기술** : 생물체가 가지는 유전 · 번식 · 성장 · 자기제어 및 물질대사 등의 기능과 정보를 이용해 인류에게 필요한 물질과 서비스를 가공 · 생산하는 기술
- **수평적 통합** : 동일 업종의 기업이 동등한 조건하에서 합병 · 제휴하는 일
- **식량안보** : 모든 사람이 건강하고 활력 있는 삶을 누릴 수 있는 충분한 식량에 항상 접근 가능한 상태
- **SWOT 분석** : 외부의 기회와 위협요인을 기업 내부의 강점과 약점요인과 연결시켜 기업이 채택할 수 있는 4가지 전략적 상황(Strength, Weakness, Opportunity, Threat)을 제시하고 이를 기업의 향후 경영 전략 수립에 활용하는 분석 방법

- 도하개발아젠다(DDA) : 농업, 비농산물, 서비스, 무역규범, 지적재산권 등 무역과 관련된 거의 모든 분야에 관한 국제무역의 틀을 구축하는 국제협상
- 농업의 다원적 기능 : 농업이 사회에 기여하는 공익적 기능으로 수자원보호, 경관보전, 대기정화, 생태계 보전 등과 같이 시장에서 가격으로 평가되지 않는 기능
- 유전자 변형 농산물 : 유전자를 변형하여 생산한 농산물
- 외부 환경요인 : 경제와 산업 전반에 관련되어 있는 환경요인으로 농업 경영체의 외부가 농업 경영체에 영향을 주는 요인
- 지식기반산업 : 지식과 정보가 결합된 산업
- 정보통신기술 : 정보기술(Information Technology)과 통신기술(Communication Technology)의 합성어로 컴퓨터, 미디어, 영상 기기 등과 같은 정보 기기를 운영 · 관리하는 데 필요한 소프트웨어 기술과 이들 기술을 이용하여 정보를 수집 · 생산 · 가공 · 보존 · 전달 · 활용하는 모든 방법
- e-비즈니스 : 인터넷을 이용하여 다양한 형태의 상품과 서비스를 제공하고, 그와 관련된 모든 거래행위와 가치를 창출할 수 있는 비즈니스 활동
- 고부가가치농업 : 생산과정에서 새롭게 부가된 높은 가치를 가진 농업
- 직접지불제 : 세계무역기구 협정의 이행에 관한 특별법에 의거하여 정부가 농가소득을 직접 보전해 주는 제도
- 전략 경영 : 수립된 전략과 경영과정을 통합하는 것으로 기업 경영과정을 보다 조직적으로 체계화 하는 방법
- 경지이용률 : 경지이용률(耕地利用率)은 총 경지 면적에 대한 이용 면적의 비율로 산출한 경지이용도
- 토지감정법 : 토지의 경제적 가치를 판정하여 그 결과를 화폐가치로 산정하는 기법
- 노동효율성 : 노동 투입에 대한 산출량의 상대적 비율
- 유동자본 : 한번 사용으로 그 원형이 없어지고 가치가 생산물에 이전되는 재화
- 농업기계화율 : 농기계보유현황 및 기계화율 정도를 파악하는 지표로 농작업 면적에 대한 농업기계 작업률을 의미한다.
- 고용노동력 : 필요할 때 노임을 지불하고 외부로부터 고용하는 노동력
- 농림업 취업자 : 농업과 임업에 취업자 인구
- 고정자본 : 비교적 장기간에 걸쳐서 생산 활동에 사용되는 재화로 기계 · 설비 등과 같은 재화를 말한다.
- 유통자본 : 현금이나 예금 등과 같이 유통과정에 있어서 상품이나 화폐의 형태를 가지는 자본
- 국내총생산(GDP)(Gross Domestic Product) : 모든 경제주체가 일정기간 동안 생산 활동에 참여하여 창출한 부가가치 또는 최종 생산물의 합계
- 농업조수입 : 농가가 당해 연도의 농업경영결과로 얻은 총수입으로서 농산물 판매수입, 현물지출평가액(지대, 노임 등), 자가 생산 농산물의 자가 소비평가액, 대동식물 증식액 및 미처분 농산물 재고 증감액을 합계한 총액
- 농업 생산성 : 농업 산출액을 농업 투입액으로 나눈 것으로 농업투입의 효율성을 표시하는 개념
- 토지 생산성 : 농업 산출액을 토지 투입액으로 나눈 것으로 농지의 효율성을 표시하는 개념
- 농업 소득 : 농업경영 활동의 결과 얻어지는 소득으로 농업조수입(農業粗收入)에서 농업 경영비를 뺀 나머지
- 농가교역조건 : 농산물판매지수를 농산물구입지수로 나눈 것으로 농가의 교역능력을 표시
- 경제활동인구 : 일정 연령 이상의 인구 가운데 노동 능력이나 노동의사가 있어 재화나 서비스의 생산과 같은 경제활동에 기여할 수 있는 인구

- **농업노동 생산성** : 농업 산출액을 노동투입액으로 나눈 것으로 농업노동의 효율성을 표시하는 개념
- **자본 생산성** : 농업 산출액을 자본투입액으로 나눈 것으로 자본의 효율성을 표시하는 개념
- **농가 부채** : 농가에서 타인에게 지불해야 할 각종 채무와 미불입금 등과 같은 현금·현물
- **총 효용** : 소비자가 일정기간 동안 일정한 양의 재화를 소비할 얻는 만족
- **무차별곡선** : 2개의 재화를 소비할 때 동일한 효용을 주는 2개 재화의 조합을 표시하는 곡선
- **가격 소비 곡선** : 가격변화에 따라 예산선과 소비자의 최적선택이 이동하며 이 최적선택을 연결한 곡선
- **수요의 소득탄력성** : 연관된 다른 재화 가격의 변화비율에 대한 수요량의 변화 비율
- **열등재** : 소득탄력성이 0보다 작은 재화로 소득이 증가할 때 수요량이 감소하는 재화
- **한계 효용** : 재화를 한 단위 추가 소비할 때 얻어지는 추가 효용
- **한계대체율** : x재화의 소비량을 1단위 증가시킬 때, 포기할 수 있는 y재화의 수량
- **수요의 가격탄력성** : 한 재화의 가격의 변화비율에 대한 수요량의 변화비율
- **수요의 교차탄력성** : 연관된 다른 재화 가격의 변화비율에 대한 수요량의 변화비율
- **생산함수(Production Function)** : 일정한 기간에 걸쳐서 투입하는 생산요소의 양과 산출되는 생산물 사이의 기술적 관계를 표시하는 함수식
- **총생산(Total Physical Product)** : 생산요소 투입량 수준에 대응하는 생산물 산출량 수준
- **평균생산(Average Physical Product)** : 생산요소 1단위당 생산물 산출량
- **한계생산(Marginal Physical Product)** : 생산요소 1단위 변화에 대한 산출량 변화
- **생산비용** : 생산과정에 투입되는 생산요소로 인해 발생하는 비용
- **총 가변비용** : 가변 투입재에 의해 발생하는 비용
- **평균 비용** : 총비용을 생산량으로 나눈 생산물 1단위당의 비용
- **평균 고정비용** : 총 고정비용을 생산량으로 나눈 것
- **이윤** : 기업의 총수입에서 일체의 생산비, 곧 지대(地代)·임금 및 이자 등을 공제한 잉여소득
- **공급곡선** : 가격이 변함에 따라 기업이 생산량(공급량)을 어떻게 변화시키는지를 파악하는 곡선
- **등량선** : 일정한 양의 상품 생산을 위해 투입되어야 할 두 가지 생산요소 조합의 궤적을 나타내는 선
- **등비용선** : 정해진 비용으로 구입할 수 있는 두 가지 생산요소의 조합의 궤적을 나타내는 선
- **결합생산물** : 한 생산과정에서 두 종류 이상의 생산물이 함께 생산되는 경우
- **보합생산물** : 한 생산물의 산출량을 동일한 수준으로 유지하면서 다른 생산물의 산출량을 증가시키는 경우
- **총 비용** : 생산과정에 투입되는 모든 비용
- **총 고정비용** : 고정 투입재에 의해 발생하는 비용
- **평균 가변비용** : 총 가변비용을 생산량으로 나눈 것
- **한계비용** : 생산물 한 단위를 추가로 생산할 때 필요한 총 비용의 증가분
- **최적 생산량제** : 경영의 목적이 이윤최대화로 가정했을 때 이윤이 최대화(또는 비용이 최소화)되는 생산량
- **비용최소화** : 생산목표 달성에 소요되는 비용의 최소화
- **한계대체율** : 산출량을 일정하게 유지하기 위하여 한 생산요소(x_1) 투입량의 일부를 다른 생산요소(x_2)로 대체할 때 x_1 변화량 대비 x_2 변화량의 비율
- **생산가능곡선** : 기업이 보유하고 있는 생산요소들로 최대 생산할 수 있는 산출물의 결합 궤적을 나타내는 곡선

- 보완생산물 : 어느 한 가지 생산물의 생산에 생산요소 투입량을 증가시킴에 따라 다른 생산물의 산출량도 증가하는 경우
- 시장 : 재화와 용역이 교환되어 가격이 결정되는 장소 또는 기구
- 공급함수 : 재화 공급(량)과 재화 공급에 영향을 미치는 요인들과의 함수관계
- 농산물 가격 특성 : 비탄력성(Inelasticity), 불안정성(Instability), 계절성(Seasonality), 지역성(Regionality) 등
- 독점 : 하나의 생산자나 소비자가 시장공급이나 수요를 담당하는 구조
- 수요독점 : 시장 수요자가 하나이고 공급자가 다수인 경우
- 독점적 경쟁 : 전체 시장은 완전경쟁이나 시장이 적은 규모로 차별화되어 있어 독점적 생산자가 지배하는 시장구조
- 시장구조 : 시장 내의 생산자와 소비자가 시장가격의 형성에 어떤 영향을 주며, 한 주체의 행동에 다른 주체들이 어떻게 반응하는지를 나타내는 상태
- 농산물 수요 특성 : 안정성(Stability), 계절성(Seasonality), 일용성(一用性), 지역성(Regionality) 등
- Corn-Hong Cycle : 옥수수와 돼지의 생산량과 가격이 일정한 시차를 두고 주기적으로(2년 주기) 등락을 거듭하는 현상
- 공급독점 : 시장 공급자가 하나이고 수요자가 다수인 경우
- 과점 : 소수의 기업이 전략적 행위(Strategic Behavior)를 통해 서로 영향을 미치면서 경쟁하고 그 속에서 자신들의 이윤을 극대화시키는 시장구조
- 농산물 유통 : 상품이 생산자의 손을 떠나 소비자에게 이르기까지의 과정에 수반되는 일체의 경제활동
- 농산물 유통 기능 : 농산물의 거래기능, 물리적 기능, 유통 조성 기능 등
- 유통기구의 계열화(系列化) : 2개 이상의 종종 경영체가 결합하는 형태로 동일 수준에서 횡적(橫的)으로 결합하는 수평적 통합과 생산, 유통과정의 2단계 이상이 전·후 단계에서 종적(縱的)으로 결합하는 수직적 통합 등
- 도매시장의 기능 : 수급조절기능, 가격형성기능, 집하(集荷)기능, 분배기능, 유통금융기능, 유통정보의 수집 및 전달기능 등
- 농산물 유통의 효용 : 형태 효용(Form Uitility), 장소 효용(Place Utility), 시간효용(Time Utility), 소유권 효용(Possession Utility)
- 농산물 시장도매인 : 도매시장 개설자로부터 허가를 받아 출하주 들로부터 농산물을 직접 사거나 위탁받아 도매 또는 매매를 중개하는 법인
- 유통마진 : 소비자가 유통부문에 지불하는 가격, 즉 제공된 유통 서비스의 가격
- 미래가치 : 현재의 금액을 미래 시점에서 평가한 가치
- 자본예산(Capital Budgeting) : 투자로 인한 수익이 앞으로 1년 이상 장기에 걸쳐 실현될 경우, 최적의 투자를 결정하는 계획 과정을 수립
- 이익·비용 비율 : 투자에 의한 모든 이익의 현재가치와 모든 비용의 현재가치의 비율
- 할인율 : 미래의 현금흐름을 현재가치로 환산할 때(할인할 때) 사용하는 이자율
- 현재가치 : 현재의 금액을 미래 시점에서 평가한 가치
- 순현재가치 : 투자에서 얻어지는 이익의 현재가치와 들어가는 비용의 현재가치의 차이
- 내부수익률 : 투자 사업에서 얻어지는 모든 이익과 모든 비용의 현재가치의 차이, 순현재가치를 0으로 만드는 할인율

- **회수기간법** : 자본예산의 한 방법으로 투자에 소요된 자금을 그 투자로부터 발생하는 현금 흐름으로 모두 회수하는 데 걸리는 기간
- **위험** : 어떤 결과가 나타날는지 객관적 확률이 없는 경우
- **다각화** : 예상 손실의 위험을 여러 생산물에 분산시켜 전체 위험을 줄이는 방법
- **농업보험** : 보험회사와 계약을 맺고 일정액의 보험료를 부담하여 위험 손실에 대비
- **선도거래** : 상품 인도와 대금 지급이 미래의 어떤 시기에 이루어지는 거래
- **불확실성** : 불규칙적인 변화로 인하여 미래에 전개될 상황을 예측할 수 없거나 의사결정의 행동에 영향을 미치는 요인이 가변적이거나 과거 · 현재 · 미래에 대한 확실한 지식이 부족한 상태
- **신축성** : 생산조건과 시장조건을 잘 모를 경우 위험과 불확실성에 대비하기 위하여 쉽게 변화할 수 있는 생산조직을 보유
- **공동계산제** : 농업경영자들이 생산한 농산물을 등급별로 구분하여 공동 관리하고 판매한 후 판매대금과 비용을 농업 경영자에게 정산
- **선물거래** : 선도거래와 유사하나 거래에 있어 여러 거래규칙을 가지고 있는 거래
- **복식부기** : 거래를 일정한 원리에 의하여 차변(왼쪽)과 대변(오른쪽)으로 이중 기록하여 조직적으로 계산 · 정리하는 방법
- **손익계산서** : 일정한 기간의 경영성적을 평가하기 위하여 순이익 또는 순손실을 계산하는 일람표
- **대차평형의 원리** : 차변금액의 합계와 대변금액의 합계는 일치한다는 원리로 부기기록상의 오류를 자동적으로 검증하는 원리
- **대차대조표** : 일정 시점에 있어서의 경제적 실체의 재무상태를 나타내기 위한 표
- **거래의 이중성** : 하나의 거래가 발생하면 반드시 양쪽(차변과 대변)이 같은 금액으로 변하는 사실을 나타내는 원칙
- **계정** : 거래를 항목으로 분류하고 계산단위를 설정하여 거래의 증감을 기록할 때의 계산 단위
- **농업소득** : 농업조수익에서 농업 경영비를 제외한 것
- **농업경영비** : 농업조수익을 얻기 위하여 농업경영에 투입된 여러 가지 비용이며 농업 총지출을 의미
- **농업순수익** : 농업조수익에서 생산비를 뺀 개념으로 농업소득에서 가족노동력의 평가액, 자기 소유의 토지에 대한 용역비, 자기 자본에 대한 이자의 합계를 제외한 것
- **안정성** : 자산 · 부채 · 자본의 균형 상태를 의미하며, 수익성과 유기적인 관계
- **성장성** : 경영체의 규모나 경영성과 등과 관련하여 전 연도에 비해 얼마나 성장했는지를 나타냄
- **농업조수익** : 농업경영 활동에서 얻어진 모든 소득수입의 합계
- **생산비** : 생산을 위해 투입된 재화나 노동력 및 기타 용역의 경제적 가치로 가족노동력 보수, 자기 소유 토지에 대한 용역비, 자기 자본에 대한 이자가 포함됨
- **생산효율성** : 생산요소의 투입과 생산물의 산출 간의 관계
- **활동성** : 투입된 자본이나 자산이 얼마나 활발하게 운용되었는가를 나타냄
- **표준계획법** : 어떤 지역의 가장 합리적 경영 모델을 설정하고, 이를 기준으로 비교 · 계획하는 방법
- **예산법** : 농업경영계획이 실행되기 전에 미래에 수입, 비용, 수익성 등에 어떤 변화가 발생하는지를 사전에 실험하는 방법
- **부분예산법** : 영농계획의 일부가 수정될 경우 예상되는 추가소득과 비용을 파악하여 의사결정하는 농업경영계획

- **선형계획법** : 일정한 자원으로 수익을 최대화하는 생산물의 최적결합문제와 일정한 생산물을 생산함에 있어 비용을 최소화시키는 문제 등을 해결하는 방법
- **제약조건** : 농업경영체가 지니고 있는 자원의 제한을 나타내는 조건
- **심플렉스법** : 농업경영의 목적과 제약조건을 수식화하여 수학적인 방식에 의하여 해답을 구하는 방법
- **직접비교법** : 우수한 농업경영체와 직접 비교하여 농업경영계획을 수립하는 방법
- **작목예산법** : 특정 작목(사업)으로부터 얻어지는 기대 순소득을 파악하는 농업경영계획법
- **총예산법** : 전체 농장에서 사용가능한 모든 자원을 운용하는 경영 계획법
- **목적함수** : 농업경영체의 경영목적을 함수로 표현한 것
- **기술계수** : 생산물 1단위를 생산하는 데 소요되는 자원의 양
- **그래프법** : 농업경영문제를 구성하는 변수가 적을 경우에 이를 그래프로 그려 해답을 구하는 방법

출제 예상 문제

1 다음 ( )에 들어갈 알맞은 말은 무엇인가?

> ( )은 농업(agriculture)과 인플레이션(inflation)의 합성어로 농산물 가격의 급등으로 인하여 일반 물가도 상승하는 현상이다. 지구 온난화로 세계 각지에서 기상이변이 속출하면서 지난 2008년에 ( )이 크게 발생한 적이 있다. ( )은 식량수급 불균형을 가져와 물가를 상승시켜 아프리카나 동남아 지역의 기아 수를 증가시킨다.

① 하이퍼인플레이션　　　　　　　　② 스태그플레이션
③ 애그플레이션　　　　　　　　　　④ 디노미네이션

TIP 애그플레이션은 농업(agriculture)과 인플레이션(inflation)의 합성어로 농산물 가격의 급등으로 인하여 일반 물가도 상승하는 현상이다. 지구 온난화로 세계 각지에서 기상이변이 속출하면서 지난 2008년에 애그플레이션이 크게 발생한 적이 있다. 애그플레이션은 식량수급 불균형을 가져와 물가를 상승시켜 아프리카나 동남아 지역의 기아 수를 증가시킨다.

2 토지 개념의 시대적 변천 내용 중 다음의 내용과 일치하는 것은?

> 토지를 다른 자원과 구별되는 별개 자원으로 취급, 소득분배를 중요한 경제문제로 인식하였기 때문에 토지를 중요한 자원으로 보고 있다.

① 고전학파　　　　　　　　　　　　② 중농주의학파
③ 마르크스주의　　　　　　　　　　④ 신고전학파

TIP 고전학파는 토지의 개념을 "토지를 다른 자원과 구별되는 별개 자원으로 취급, 소득분배를 중요한 경제문제로 인식하였기 때문에 토지를 중요한 자원으로 보고 있다"고 정의하고 있다.

Answer 1.③ 2.①

3 토지를 자본 노동과 함께 생산요소의 하나로 보고 자본의 범주에 포함시키고 있는 학파는?

① 고전학파

② 마르크스주의

③ 신고전학파

④ 중농주의학파

TIP 신고전학파(20C 초)는 토지를 자본 노동과 함께 생산요소의 하나로 보고 자본의 범주에 포함시키고 있다.

4 다음 중 토지의 특성으로 바르지 않은 것은?

① 가치의 공공성

② 공급의 무제한성

③ 위치의 고착성

④ 영속성

TIP 토지의 특성
- 가치의 공공성
- 공급의 제한성
- 위치의 고착성
- 영속성
- 다용성

5 토지정책에 관한 내용 중 목표성에 해당하지 않는 것은?

① 지침성　　　　　　　　　② 계획성

③ 행위성　　　　　　　　　④ 미래 지향성

TIP ③ 토지정책 중 실제성에 해당한다.

Answer 3.③　4.②　5.③

6 토지정책에 관한 내용 중 실제성에 속하지 않는 것은?

① 일관성

② 사회지향성

③ 행위성

④ 현실문제 해결성

TIP ① 토지정책 중 유형성에 속한다.

7 토지정책에 관한 내용 중 가치 함축성에 해당하지 않는 것은?

① 구속성   ② 강제성

③ 타협성   ④ 규범성

TIP ③ 토지정책 중 복합성에 해당한다.

8 토지정책의 속성으로 바르지 않은 것은?

① 목표성   ② 무형성

③ 실제성   ④ 복합성

TIP 토지정책의 속성… 목표성, 실제성, 복합성, 유형성, 가치함축성

Answer 6.① 7.③ 8.②

9 다음 중 토지정책의 여건변화에 관한 내용으로 바르지 않은 것은?

① 정보화 시대의 진전에 따른 토지정책 수단의 첨단정보화와 부동산시장의 투명화가 진전됨에 따라 토지정책수단의 재정비 필요성이 대두된다.

② 자연환경보전 및 생태계 보전 등 환경에 대한 사회적 인식이 증대하면서 개발위주의 가치관 중심에서 환경 친화적 이용 및 보전우선의 가치관으로 변화된다.

③ 인구 및 도시화의 안정 성장으로 과거와 같은 급격한 토지수요 증가세는 더욱 더 증가할 것으로 전망된다.

④ 자본·금융시장의 개방과 함께 부동산시장이 개방되어 토지시장이 폐쇄적 시장에서 개방적 시장으로 변화하였고, 자본시장과 부동산시장이 통합되어 토지자산이 투기가 아닌 투자 대상의 하나로 변화되고 있다.

TIP 인구 및 도시화의 안정 성장으로 과거와 같은 급격한 토지수요 증가세는 둔화될 것으로 전망된다.

10 생산물시장과 생산요소시장이 완전 경쟁적이라고 한다. 노동의 한계생산물이 20, 생산물의 가격이 20, 임금이 300이라고 하자. 단기 이윤을 극대화하기 위한 기업의 행동 중 옳은 것은?

① 노동의 고용을 늘린다.
② 노동의 고용을 줄인다.
③ 노동의 고용을 현행 수준으로 유지한다.
④ 자본의 고용을 늘린다.

TIP 한계생산물가치가 명목임금보다 높으므로 고용을 증대시키는 것이 바람직하다.

Answer 9.③ 10.①

11 이윤극대화 기업이 노동고용을 결정하는 조건으로 옳은 것은?

① 노동의 한계수입생산 = 노동의 한계요소비용

② 한계수입 = 노동의 한계생산

③ 노동의 한계수입생산 = 자본의 한계생산

④ 한계수입 = 노동의 한계요소비용

TIP 요소시장에서 기업의 이윤극대화 조건은 '노동의 한계수입생산 = 노동의 한계요소비용'이다.

12 다음 중 경제지대를 가장 잘 설명해 주고 있는 것은?

① 경제지대는 공급곡선이 수평인 경우에 존재하지 않는다.

② 경제지대는 공급곡선이 수직인 경우에 존재하지 않는다.

③ 경제지대는 요소의 공급이 비탄력적일수록 적어진다.

④ 경제지대는 리카도의 토지에 대한 대가인 지대와 항상 동일한 개념이다.

TIP 요소공급곡선이 수평인 경우 노동소득은 모두 전용수입이 된다.

13 정부는 규제가 없는 노동시장에서 균형임금보다 높은 수준에서 최저임금제를 도입하려고 한다. 반면에 기업은 예전에 사람이 하던 일을 기계 또는 로봇으로 대체하려고 한다. 이에 따른 노동시장의 변화를 설명한 것 중 옳은 것은?

① 최저임금제로 인해 실업이 발생하나, 노동공급의 증가로 실업규모는 작아진다.

② 최저임금제는 실업을 발생시키지 않지만, 노동수요의 감소로 실업이 증가한다.

③ 최저임금제는 실업을 발생시키지 않지만, 노동공급의 감소로 실업이 증가한다.

④ 최저임금제는 실업을 발생시키며, 노동수요의 감소로 실업규모는 더욱 증가한다.

TIP 최저임금제는 노동시장에 초과공급(실업)을 유발하고, 기계의 사용은 노동수요를 감소시켜 실업규모는 더욱 증가하게 된다.

Answer 11.① 12.① 13.④

14 경제적 지대 및 준지대를 설명한 것 중 옳지 않은 것은?

① 경제적 지대는 토지뿐만 아니라 공급량이 제한된 노동, 기계설비 등 모든 종류의 시장에서 나타날 수 있다.

② 생산요소가 받는 보수 중에서 경제적 지대가 차지하는 비중은, 수요가 일정할 때 공급곡선이 탄력적일수록 작아진다.

③ 마샬의 준지대는 장기에 소멸되어 존재하지 않는다.

④ 준지대는 산출량의 크기와는 관계없이 총고정비용보다 크다.

TIP 준지대는 단기 개념으로 총수입에서 총가변비용을 차감하여 구하거나 총고정비용과 초과이윤을 더하여 구할 수 있다.

15 다음 중 경제지대에 관한 설명 중 옳은 것은?

① 공급곡선이 수평에 가까울수록 경제지대는 줄어든다.

② 전용수입이 커질수록 경제지대도 커진다.

③ 지대추구행위는 효율성과 형평성을 제고시켜 사회복지증진에 기여한다.

④ 일반적으로 지대추구행위는 수요측면의 확대를 도모하고자 하는 행위를 말한다.

TIP ② 생산요소 공급의 탄력성이 클수록 전용수입은 커지고 경제지대는 작아진다.
③ 지대추구행위는 사회적인 후생손실을 초래하므로 효율성과 형평성을 저해한다.

16 다음 중 토지를 소유하는 경우 나타나는 현상으로 틀린 것은?

① 자가 농지를 소유하면 경지를 안정적으로 이용할 수 있다.

② 자가 농지는 자금융자를 위한 담보물로도 활용 가능하다.

③ 농지를 보유한 경우 상대적으로 투자수익률이 높다.

④ 농지를 보유한 경우 자금의 압박이 문제될 수 있다.

TIP 농지를 보유한 경우 상대적으로 투자수익률이 낮으며 규모 확대가 곤란하다.

Answer 14.④ 15.① 16.③

17 다음 중 우리나라의 경지에 대한 내용으로 잘못 언급한 것은?

① 경지란 농작물 재배를 목적으로 하고 현실적으로도 재배가 가능한 토지를 의미한다.

② 경지면적 추이는 농업정책수립의 가장 기본이 되는 국내 농지 현황을 파악하는데 목적을 갖는다.

③ 농지확대를 위한 간척사업은 계속되고 있어 경지면적은 확장되고 있다.

④ 수리답률은 농업용수개발사업의 지속적인 추진을 통해 증가할 것으로 전망되고 있다.

> **TIP** 우리나라에서 경지면적은 도로건설, 도시 확장 등에 따른 농지전용 증가로 감소 추세가 지속될 전망이다. 또한 농지확대를 위한 간척사업은 1998년 이후 신규착공이 중단되고 기 시행중인 사업을 마무리하고 있어서 신규 농지 확보는 어렵다.

18 농업진흥지역 밖의 농지 중에서 영농 조건이 불리하여 생산성이 낮은 농지를 일컫는 것은?

① 한계농지   ② 부림농지
③ 산림농지   ④ 척박지

> **TIP** 한계농지란 「농지법」 제28조에 따른 농업진흥지역 밖의 농지 중에서 영농 조건이 불리하여 생산성이 낮은 농지로서 대통령령으로 정하는 기준에 해당하는 농지를 말한다〈농어촌정비법 제2조 제17호〉.

19 한국농어촌공사는 농지의 가격 및 거래 등에 관한 정보를 제공하고, 농지시장 안정과 농지이용의 효율성 증대를 위한 농지의 매입 · 매도 · 임대사업, 경영회생 지원을 위한 농지매입사업 및 농지의 임대 등의 사업을 하고 있는데 이를 무엇이라 하는가?

① 농지은행   ② 농지임대차 사업
③ 농업경영체   ④ 지리적표시제도

> **TIP** 농지은행은 효율적으로 농지를 이용하고 농지시장의 불안정 대응을 위해 만들어진 제도로 한국농어촌공사에서 운영하고 있다.

Answer 17.③ 18.① 19.①

20 다음 ( ) 안에 알맞은 것은?

> ( )이란 농업인이 그 소유 농지에서 농작물 경작 또는 다년생식물 재배에 상시 종사하거나 농작업의 2분의 1 이상을 자기의 노동력으로 경작 또는 재배하는 것과 농업법인이 그 소유 농지에서 농작물을 경작하거나 다년생식물을 재배하는 것을 말한다.

① 자경   ② 농경

③ 수경   ④ 배경

TIP 자경(自耕)이란 농업인이 그 소유 농지에서 농작물 경작 또는 다년생식물 재배에 상시 종사하거나 농작업(農作業)의 2분의 1 이상을 자기의 노동력으로 경작 또는 재배하는 것과 농업법인이 그 소유 농지에서 농작물을 경작하거나 다년생식물을 재배하는 것을 말한다.

21 다음 중 농어촌정비사업의 시행으로 종전의 토지를 대신하여 새로 정비된 토지를 지정하는 것은?

① 경작지   ② 소부지

③ 환지   ④ 배선

TIP 환지(換地)란 농어촌정비사업의 시행으로 종전의 토지를 대신하여 새로 정비된 토지를 지정하는 것을 말한다.

22 다음 중 농지법에서 농지에 해당되지 않는 것은?

① 목초 및 조림용 묘목

② 과수 · 뽕나무 · 유실수

③ 조경 목적으로 식재한 조경 또는 관상용 수목

④ 「초지법」에 따라 조성된 초지

TIP 경 목적으로 식재한 것을 제외한 조경 또는 관상용 수목과 그 묘목만 농지에 해당된다.

23 다음 중 농지법상 농지에 관한 기본 이념과 맞지 않는 내용은?

① 농지는 식량을 공급하는 기반이다.
② 농지는 국민경제의 조화로운 발전에 영향을 미치는 무한한 자원이다.
③ 농지에 관한 권리의 행사에는 필요한 제한과 의무가 따른다.
④ 농지는 농업 생산성을 높이는 방향으로 이용되어야 한다.

TIP 농지란 전·답, 과수원 등을 말하며, 원칙적으로 농지를 이용하여 농업경영을 하거나 농업경영을 할 예정인 사람만이 농지를 소유할 수 있다. 또한 농지는 국민에게 식량을 공급하고 국토 환경을 보전(保全)하는 데에 필요한 기반이며 농업과 국민경제의 조화로운 발전에 영향을 미치는 한정된 귀중한 자원이므로 소중히 보전되어야 하고 공공복리에 적합하게 관리되어야 하며, 농지에 관한 권리의 행사에는 필요한 제한과 의무가 따른다.
농지는 농업 생산성을 높이는 방향으로 소유·이용되어야 하며, 투기의 대상이 되어서는 아니된다.

24 다음 중 농업진흥구역에서 할 수 있는 행위가 아닌 것은?

① 어린이놀이터, 마을회관 등 농업인의 공동생활에 필요한 편의 시설 및 이용 시설의 설치
② 농업인 주택, 어업인 주택 등 농업용 시설, 축산업용 시설 또는 어업용 시설의 설치
③ 농업진흥지역 지정 이후 건축물의 건축
④ 도로, 철도 등 공공시설의 설치

TIP 농업진흥지역 지정 당시 관계 법령에 따라 다음의 행위에 대하여 인가·허가·승인 등을 받거나 신고하고 공사 또는 사업을 시행 중인 자는 그 공사 또는 사업에 대하여만 행위 제한 규정을 적용하지 않는다.
㉠ 건축물의 건축
㉡ 공작물이나 그 밖의 시설의 설치
㉢ 토지의 형질변경
㉣ 위 ㉠~㉢에 준하는 행위

Answer 23.② 24.③

25 다음 중 농업진흥지역에 대한 내용으로 틀린 것은?

① 농지는 농업진흥지역으로 지정된 농지와 농업진흥지역으로 지정되지 않은 농지로 구분할 수 있다.

② 농업진흥지역은 경지정리, 농업용수개발 등 농업생산에 필요한 인프라가 정비된 생산성이 높은 우량농지와 이러한 농지에 공급되는 용수원을 보호하기 위해 필요한 토지를 지정한 것을 가리킨다.

③ 농업진흥지역 안에서는 농업경영 환경의 보호를 위해 농업생산에 직접 관련되지 않은 주택 신축 등과 같은 토지이용행위는 제한이 없다.

④ 농업진흥지역을 지정권자는 시 · 도지사이다.

TIP 농업진흥지역 안에서는 농업경영 환경의 보호를 위해 농업생산에 직접 관련되지 않은 주택 신축 등과 같은 토지이용행위는 엄격하게 제한을 받는다.

26 다음 중 단기에 공급이 고정된 생산요소에 대한 보수를 무엇이라 하는가?

① 이전수입
② 경제적 지대
③ 준지대
④ 기회비용

TIP 준지대는 단기에 공급이 고정된 생산요소에 대한 보수를 말한다.

27 요소공급곡선이 수평선이면 요소소득은 어떻게 구성되는가?

① 요소소득은 전부 이전수입으로 구성된다.
② 요소소득은 전부 경제적 지대로 구성된다.
③ 요소소득의 일부는 이전수입으로, 일부는 경제적 지대로 구성된다.
④ 요소소득은 전부 준지대로 구성된다.

TIP 요소공급곡선이 수평선이면 요소소득은 전부 이전수입으로 구성된다.

28 다음 중 경제적 지대의 특징이 아닌 것은?

① 단기와 장기에 모두 적용된다.
② 생산요소 공급자에 대한 생산자 잉여이다.
③ 생산요소의 공급탄력도가 작을수록 경제적 지대는 작아진다.
④ 생산요소의 총 보수에서 이전수입을 차감하여 구한다.

TIP 생산요소의 공급탄력도가 클수록 경제적 지대는 작아진다.

29 다음 중 어느 경우에 어떤 생산요소의 판매에서 얻는 소득에서 경제적 지대가 차지하는 비율이 가장 큰가? (단, 수요곡선을 우하향하는 기울기를 가지는 형태이다.)

① 공급곡선이 단위탄력적일 때
② 공급곡선이 비탄력적일 때
③ 공급곡선이 완전비탄력적일 때
④ 공급곡선이 완전탄력적일 때

TIP 공급곡선이 완전비탄력적일 때 생산요소공급자가 받는 총소득은 모두 경제적 지대이다.

Answer 27.① 28.③ 29.③

30 다음 중 준지대의 특징이 아닌 것은?

① 단기와 장기에 모두 적용된다.

② 단기의 고정요소에 대한 대가이다.

③ 생산물의 시장가격이 높을수록 또는 가변비용이 적을수록 준지대가 커진다.

④ 총수입에서 총가변비용을 차감하여 구한다.

TIP 준지대는 단기에만 적용된다.

Answer 30.①

08 PART

농업금융과 재정

01 금융정책과 재정정책

❶ 금융정책

(1) 개념

① 금융시장의 균형을 통화량의 조절을 통해 이룬다.

② 중앙은행이 각종 금융정책수단을 이용하여, 자금의 흐름을 순조롭게 함으로써 생산과 고용을 확대시키고, 다른 한편으로는 통화가치를 안정시키고 완전고용, 물가안정, 경제성장 및 국제수지균형 등의 정책목표를 달성하려는 경제정책을 말한다.

③ IS곡선이 완만하고 LM곡선이 급경사일수록 효과적이다.

(2) 금융정책의 수단

① **공개시장조작정책** … 공개시장에서 국공채를 매입·매각함으로써 통화량과 이자율을 조정하는 것을 말한다. 통화량 조절수단 중 가장 빈번하게 이용되는 정책수단이다. 장점은 은행, 비은행금융기관, 법인 등의 다양한 경제주체가 참여하여 시장 메커니즘에 따라 이루어지므로 시장경제에 가장 부합되는 정책이다. 또한 조작규모나 조건, 실시시기 등을 수시로 조정하여 신축적인 운용이 가능하며 파급효과가 광범위하고 무차별적이다.

    ㉠ 국공채매입 → 본원통화↑ → 통화량↑ → 이자율↓

    ㉡ 국공채매각 → 본원통화↓ → 통화량↓ → 이자율↑

② **재할인율정책** … 예금은행이 중앙은행으로부터 차입할 때 적용받는 이자율인 재할인율을 조정함으로써 통화량과 이자율을 조절하는 정책이다. 재할인율정책이 효과적이 되기 위해서는 예금은행의 중앙은행에 대한 자금의존도가 높아야 한다.

    ㉠ 재할인율↓ → 예금은행 차입↑ → 본원통화↑ → 통화량↑ → 이자율↓

    ㉡ 재할인율↑ → 예금은행 차입↓ → 본원통화↓ → 통화량↓ → 이자율↑

③ **지급준비율정책** … 법정지급준비율을 변화시킴으로써 통화승수의 변화를 통하여 통화량과 이자율을 조절하는 정책이다(본원통화의 변화는 없다).

    ㉠ 지준율↓ → 통화승수↑ → 통화량↑ → 이자율↓

    ㉡ 지준율↑ → 통화승수↓ → 통화량↓ → 이자율↑

❷ 재정정책

(1) 개념

① 조세와 정부지출의 수준 및 배분을 조작함으로써 경제 활동에 영향을 미치기 위해 정부가 사용하는 조치들을 말하는 것으로 재정 정책은 종종 특정한 목표를 달성하기 위해 금융정책과 함께 사용된다.

② 재정정책과 금융정책의 일반적인 목표는 완전고용과 높은 경제성장률을 달성·유지하고 물가와 임금을 안정시키는 것이다.

③ IS곡선이 급경사이고 LM곡선이 완만할수록 효과적이다.

(2) 재정정책의 수단

① **정부지출정책** ⋯ 재정지출 증가 → IS곡선 우측 이동 → 이자율 상승, 국민소득 증가

② **조세정책** ⋯ 조세 증가 → IS곡선 좌측 이동 → 이자율 하락, 국민소득 감소

❸ 유동성함정

(1) 이자율이 극히 낮은 상태에서 사람들은 더 이상 이자율이 하락하지 않을 것이라는 예상을 하게 되고 화폐수요는 무한정하여 LM곡선은 수평의 형태로 나타나게 되어, 더 이상 화폐공급의 증가로 이자율을 하락시킬 수 없게 된다.

(2) 이는 케인즈학파가 통화정책의 무력성을 주장하고, 상대적으로 재정정책의 효과를 강조하는 근거가 된다. 통화정책은 LM곡선을 오른쪽으로 이동시키는데, 균형국민소득은 완전고용국민소득에 미치지 못한다. 반면에 재정지출을 증가시키는 재정정책은 IS를 오른쪽으로 이동시켜 완전고용국민소득 수준에 효과적으로 도달하도록 해 준다.

(3) 그러나 유동성 함정이 있는 경우에도 피구효과를 고려하면 완전고용은 보장된다.

❹ 구축효과(crowding-out effect)

(1) 정부의 재정지출 증대가 생산의 증대를 가져오지 않고, 민간부문의 지출을 감소시키기 때문에 GNP의 수준에는 영향을 미치지 못한다는 것이다.

(2) **완전한 구축효과**

재정정책 수행 시 정부지출(G)의 증가→이자율 상승→민간투자 감소→정부지출 증가를 완전히 상쇄시킨다. 즉, 총수요관리정책의 효과가 없다.

(3) **불완전한 구축효과**

정부지출(G) 증가→P 상승→LM 좌측 일부 이동→국민소득(Y) 감소→전체적 국민소득(Y) 증가→정부지출(G)의 증가는 일부 국민소득 증가와 일부 물가 상승을 초래한다.

❺ 리카르도의 동등정리

정부지출의 증가가 국채발행을 통해 조달되었다면 국채를 장래 부담해야 할 부채로 인식한 민간부문이 현재 소비를 감소시키게 된다는 이론으로, 정부 재정지출의 재원을 조세로 조달하든 공채발행으로 조달하든 효과가 동일하다는 것으로 새고전학파의 주장이다.

❻ 피구효과

(1) 피구효과(=실질잔고효과)란 유효수요의 부족으로 불황이 있게 되면, 물가가 하락하여 실질잔고가 증대되는 효과를 통하여 소비지출이 증가하고(=저축은 감소), 따라서 유효수요가 증가하여 경기는 회복되고 완전고용이 달성된다는 것이다.

(2) 피구에 따르면 소비는 소득뿐만 아니라 이자율이나 실질자산가치에 의해서도 영향을 받는다.

(3) 피구효과가 발생하면 IS곡선은 보다 완만한 형태가 되고, LM곡선도 보다 완만해진다.

(4) 피구효과를 고려하면 유동성함정에서도 금융정책은 유효하다.

❼ IS곡선, LM곡선, AD곡선, AS곡선의 개념

(1) IS곡선

생산물 시장의 균형을 나타내는 이자율과 국민소득의 조합을 나타내는 곡선이다.

(2) LM곡선

화폐 시장의 균형을 나타내는 이자율과 국민소득의 조합을 나타내는 곡선이다.

(3) AD곡선

각각의 물가수준에서 경제의 총수요를 나타내는 곡선으로 IS곡선과 LM곡선의 균형으로부터 도출된다.

(4) AS곡선

각각의 물가수준에서 경제 전체의 총생산능력을 나타내는 곡선으로 노동시장과 생산함수로부터 도출된다.

[AD곡선의 기울기]

AD곡선과 IS곡선	AD곡선과 LM곡선
IS곡선의 기울기가 완경사일수록 AD곡선도 완경사를 이루며, IS곡선이 급경사일 경우 AD곡선도 급경사를 이룬다.	LM곡선의 기울기가 급경사일 때에는 AD곡선은 완경사를 이루고, LM곡선이 완경사일 경우에는 AD곡선은 급경사를 이룬다.

[AD곡선의 이동]

원인	결과
투자 증가 및 정부지출 증가	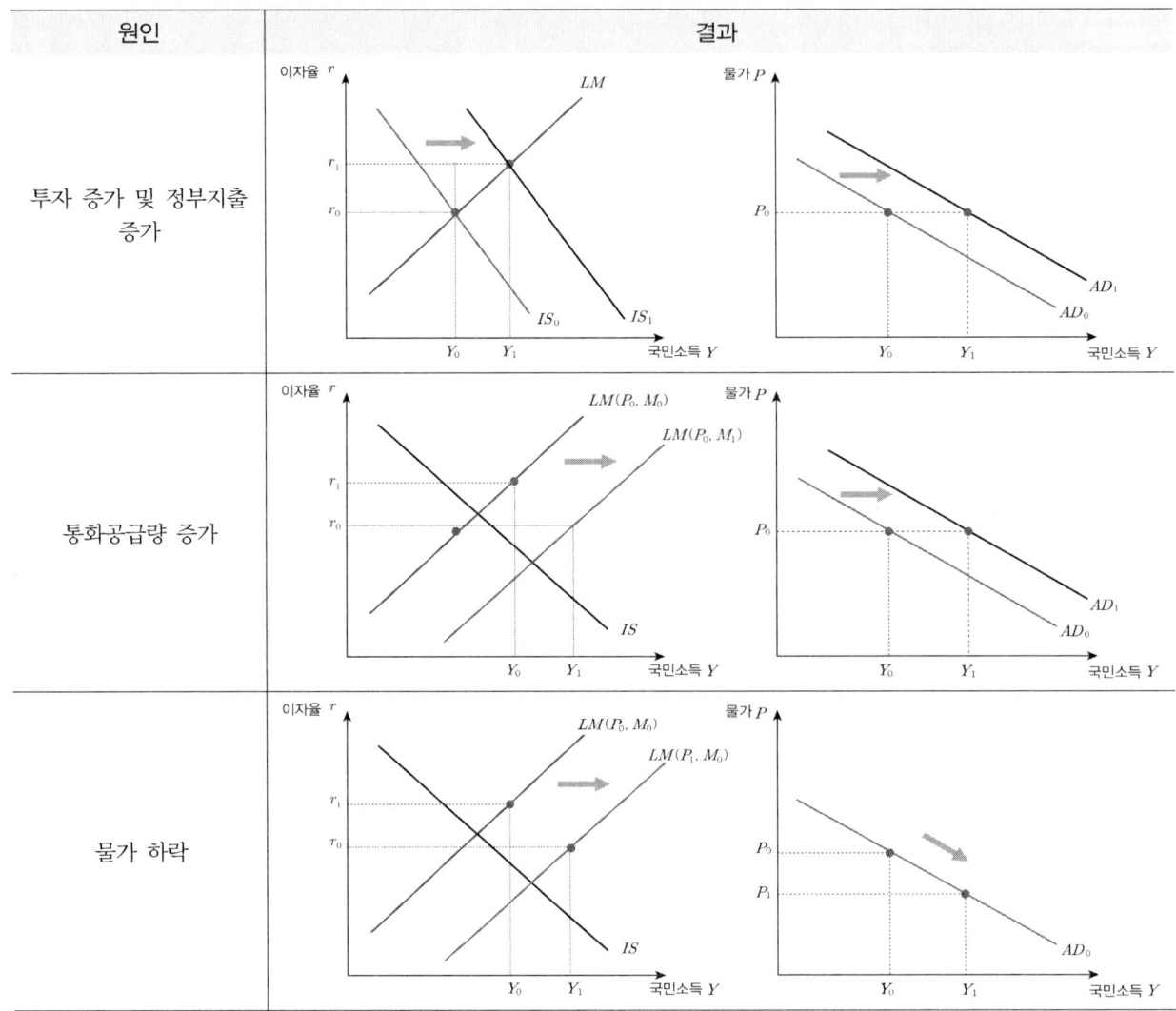
통화공급량 증가	
물가 하락	

02 농업정책지원과 자금

❶ 농업금융

(1) 농업금융

① 농업부문은 본래 저생산성, 저수익성, 고위험 등의 문제를 갖고 있으므로 금융시장에서 자금을 조달하는 경우 보다 높은 금리를 지불하는 것이 원칙이다.

② 농업정책금융의 재원은 재정융자특별회계, 농어촌구조개선특별회계, 차관자금, 각종 기금 등이 있다.

③ 소규모 농업은 대규모 농업에 비해 위험부담이 크고 수익성이 낮아 농업 중에서도 소규모 농업에 대한 신용할당현상이 보다 심각하게 나타난다.

④ 농업금융시장에서 농업에 관한 정보의 불완전으로 인하여 농업에 불리한 역유인과 역선택의 문제가 나타난다.

(2) 농업정책금융

① 농업정책금융은 정부가 특정한 목적을 가지고 설치한 재정 또는 제도를 통해 농업부문에 공급되는 금융자금을 의미한다.

② 이에는 정부예산 및 기금을 통해 농업부문에 공급되는 금융자금을 물론 이자보조를 받아 농업부문에 공급되는 민간금융자금도 포함된다.

③ 농업정책금융은 농업시장의 시장실패를 보완하고 형평성을 높여 사회전체의 후생증가를 목적으로 하며, 우리나라 농업정책 금융은 특정분야의 육성이나 특정상품의 생산 유도, 영세농민에 대한 소득보전 등 다양한 목적을 위해 실시하고 있다.

❷ 농지관리기금

(1) 농지관리기금

① 농지관리기금은 공공자금관리기금으로부터의 예수금이나 정부출연금 등으로 재원이 조성된다.

② 기금은 농림축산식품부장관이 운용 및 관리한다.

③ 농지관리기금은 농지매매사업 등에 필요한 자금의 융자에 사용할 수 있다.

④ 농림축산식품부장관은 기금 운용에 필요한 경우에는 기금의 부담으로 「국가재정법」에 따른 특별회계, 금융기관 또는 다른 기금으로부터 자금을 차입할 수 있다.

(2) 농지관리기금의 용도

① 농지의 집단화

② 영농규모의 적정화

③ 농지의 조성 및 효율적 관리

④ 해외농업개발에 필요한 자금

> **⦿ TIP**
>
> **기금의 용도**〈한국농어촌공사 및 농지관리기금법 제34조 제1항〉
> 1. 농지매매사업 등에 필요한 자금의 융자
> 2. 농지의 장기임대차사업에 필요한 자금의 융자 및 장려금의 지급
> 3. 농지의 교환 또는 분리·합병사업과 「농어촌정비법」에 따른 농업생산기반정비사업 시행자가 시행·알선하는 농지의 교환 또는 분리·합병 및 집단환지사업의 청산금 융자 및 필요한 경비의 지출
> 4. 농지의 재개발사업에 필요한 자금의 융자 및 투자
> 5. 농지의 매입사업에 필요한 자금의 융자
> 5의2. 다음의 농지 및 농업기반시설의 관리, 보수 및 보강에 필요한 자금의 보조 및 투자
>   가. 공사가 농업생산기반정비사업 시행자로부터 인수하여 임대한 간척농지
>   나. 간척농지의 농업생산에 이용되는 방조제, 양수장, 배수장 등 대통령령으로 정하는 농업기반시설
> 6. 경영회생 지원을 위한 농지매입사업에 필요한 자금의 융자
> 7. 농지를 담보로 한 농업인의 노후생활안정 지원사업에 필요한 자금의 보조 및 융자
> 8. 「농어촌정비법」에 따른 한계농지 등의 정비사업의 보조·융자 및 투자
> 9. 농지조성사업에 필요한 자금의 융자 및 투자
> 10. 「농지법」에 따른 농지보전부담금의 환급 및 같은 법 제52조에 따른 포상금의 지급
> 11. 해외농업개발 사업에 필요한 자금의 보조, 융자 및 투자
> 12. 기금운용관리에 필요한 경비의 지출
> 13. 그 밖에 기금설치 목적 달성을 위해 대통령령으로 정하는 사업에 필요한 자금의 지출

(3) 농업정책자금 흐름도

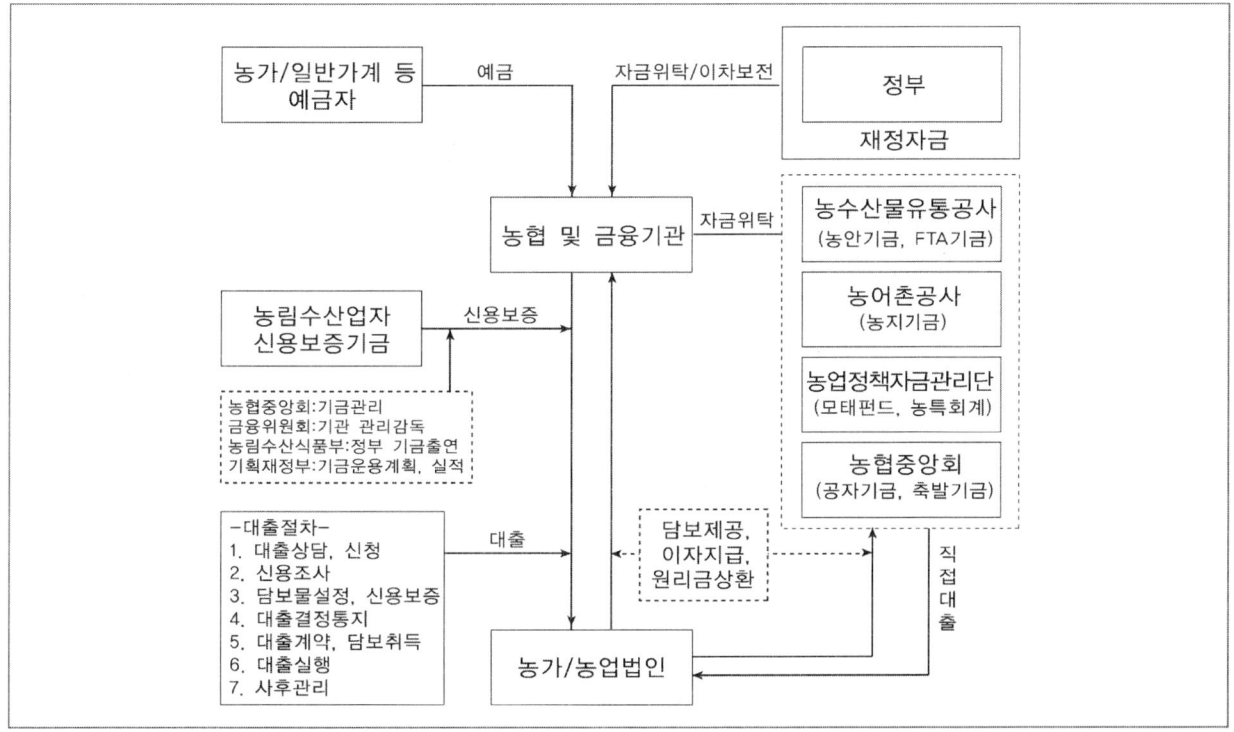

출제 예상 문제

1 경기침체 갭 또는 디플레이션 갭이 존재할 때 이를 감소시키는 방법과 거리가 먼 것은?

① 투자세액공제를 확대한다.

② 확장적인 통화정책으로 이자율을 낮춘다.

③ 소득세율을 낮추어 처분가능소득을 증가시킨다.

④ 외환시장에 개입하여 원화가치를 상승시킨다.

TIP 외환시장에 개입하여 원화가치를 상승시키면 순수출이 줄어듦으로 총수요가 감소한다. 그 결과 디플레이션 갭은 오히려 더 커지게 된다.

2 최근 신용카드와 현금카드의 증가로 인하여 현금을 들고 다니는 사람들이 줄어들고 있다. 이 같은 현상이 계속될 경우 우리나라 경제에 미칠 영향으로 볼 수 없는 것은?

① 물가의 상승

② 통화량의 증가

③ 이자율의 상승

④ 총수요의 증가

TIP 현금통화비율이 낮아지게 되면 통화승수가 커지므로 통화량이 증가하게 되고 이로 인하여 이자율의 하락, 투자의 증가, 총수요의 증가, 물가의 상승 등의 효과를 가져온다.

Answer 1.④ 2.③

3 다음 중 우리나라의 농업금융에 대한 설명으로 적절하지 못한 것은?

① 농업정책금융 지원방식은 크게 보조금 지원과 정책자금 대출로 구분된다.

② 보조나 융자, 자부담 혼합 형태의 지원은 사업성보다 보조금 수령 자체를 목적으로 참여하는 경향이 있다.

③ 기후변화의 여파로 자연재해가 증가하고 있는데 이는 농가의 경영부실로 이어질 가능성이 적다.

④ 농업인력 고령화는 미래 지속적 영농 기간을 축소시켜 새로운 농업투자를 꺼리게 만드는 요인이 된다.

TIP 농업금융이란 농업경영에 필요한 시설 및 운영자금의 조달 및 공급을 말한다. 현재 우리나라는 기후변화의 영향으로 자연재해 횟수가 증가하고 있는데 이는 농업의 특성상 기후변화 및 자연재해와 밀접한 관련을 맺고 있기 때문에 이에 관련한 농업정책 자금이 필요성이 대두된다. 대규모 자연재해로 인한 농작물 및 축산질병 발생의 위험이 농가의 경영악화로 이어져 농촌경제와 지역경제를 침체시키기 때문에 자연재해 규모에 따라 대응방안을 마련하고 농가 위험을 관리·지원할 수 있는 농업정책금융 차원의 체계 마련이 필요하다고 볼 수 있다.

---

4 농업금융에 관한 설명 중 틀린 것은?

> ㉠ 농업부문은 본래 저생산성, 저수익성, 고위험 등의 문제를 갖고 있으므로 금융시장에서 자금을 조달하는 경우보다 높은 금리를 지불하는 것이 원칙이다.
> ㉡ 대규모 농업이 소규모 농업보다 위험부담이 크고 수익성이 낮다.
> ㉢ 농업금융시장에서 농업에 관한 정보의 불완전으로 인하여 농업에 불리한 역유인과 역선택 문제가 나타난다.
> ㉣ 농업정책금융의 재원은 재정융자특별회계, 농어촌구조개선특별회계, 차관자금, 각종 기금 등이 있다.

① ㉠   ② ㉡

③ ㉢   ④ ㉣

TIP 소규모 농업은 대규모 농업에 비해 위험부담이 크고 수익성이 낮아 농업 중에서도 소규모 농업에 대한 신용할당현상이 보다 심각하게 나타난다.

Answer 3.③ 4.②

5 다음 중 농지관리기금의 용도로 볼 수 없는 것은?

① 영농규모의 적정화
② 농지 조성과 효율적 관리
③ 해외농업 개발 자금
④ 농업경영인 육성

TIP 정부는 영농규모의 적정화, 농지의 집단화, 농지의 조성 및 효율적 관리와 해외농업개발에 필요한 자금을 조달·공급하기 위하여 농지관리기금을 설치할 수 있다.

6 다음 중 농지관리기금에 대한 내용으로 옳지 않은 것은?

① 농지관리기금은 공공자금관리기금으로부터의 예수금이나 정부출연금 등으로 재원이 조성된다.
② 농림축산식품부장관은 기금 운용에 필요한 경우에는 기금의 부담으로 「국가재정법」에 따른 특별회계, 금융기관 또는 다른 기금으로부터 자금을 차입할 수 있다.
③ 기금은 농림축산식품부장관이 운용·관리한다.
④ 농지관리기금은 농지매매사업 등에 필요한 자금의 융자에 사용할 수 없다.

TIP 농지관리기금은 농지매매사업 등에 필요한 자금의 융자에 사용할 수 있다.

7 다음 중 저축이 사전적 투자를 초과할 때 나타나는 현상으로 가장 적절한 것은?

① 재고 감소
② 유휴설비 증가
③ 고용 증가
④ 국민소득 증가

TIP 저축이 사전적 투자를 초과할 때에는 의도하지 않은 재고의 누적으로 유휴설비가 증가한다.

Answer 5.④ 6.④ 7.②

8 민간투자를 늘리고 총생산량은 일정하게 하고자 할 때 정부가 사용해야 할 가장 바람직한 통화정책과 재정정책의 결합은?

① 확장적 통화정책과 확장적 재정정책
② 확장적 통화정책과 긴축적 재정정책
③ 긴축적 통화정책과 확장적 재정정책
④ 긴축적 통화정책과 긴축적 재정정책

TIP 민간투자를 늘리기 위해서는 확장적 통화정책이 필요하고 총생산량을 일정하게 하고자 할 때에는 긴축적 재정정책이 필요하다.

9 다음 중 물가하락 시 경기가 회복될 수 있는 경로를 설명하는 이론이 아닌 것은?

① 케인즈 효과
② 피구 효과
③ 먼델-플레밍 효과
④ 먼델-토빈 효과

TIP 먼델-토빈 효과는 물가하락 시 경기가 더욱 악화될 수 있는 효과를 설명하는 이론이다.

10 경기침체 갭이 존재할 때 이를 감소시키는 방법과 거리가 먼 것은?

① 정부지출을 확대한다.
② 투자세액공제를 확대한다.
③ 소득세율을 낮추어 처분가능소득을 증가시킨다.
④ 외환시장에 개입하여 원화가치를 상승시킨다.

TIP 원화가치가 상승하면 수출이 감소하고 수입이 증가한다.

Answer 8.② 9.④ 10.④

11 다음 중 경기가 과열된 시기의 경제정책으로 바람직하지 않은 것은?

① 통화량 감소　　　　　　　　　② 정부지출 감소

③ 세율 인하　　　　　　　　　　④ 국채 상환

　　TIP　세율 인하는 과열된 경기를 더 과열로 이끈다.

12 다음 중 IS 곡선의 우측이동을 가져오는 것이 아닌 것은?

① 투자 증가　　　　　　　　　　② 정부지출 증가

③ 수출 증가　　　　　　　　　　④ 조세 증가

　　TIP　조세 증가는 IS 곡선의 좌측이동을 가져온다.

13 다음 중 LM 곡선의 우측이동을 가져오는 것이 아닌 것은?

① 통화량 증가　　　　　　　　　② 화폐유통속도 증가

③ 화폐수요 감소　　　　　　　　④ 독립적인 소비 증가

　　TIP　독립적인 소비 증가는 IS 곡선의 우측이동을 가져온다.

14 다음 중 총수요 곡선을 우측으로 이동시키는 요인이 아닌 것은?

① 환율의 상승　　　　　　　　　② 기대 인플레이션의 상승

③ 주식가격의 상승　　　　　　　④ 이자율의 상승

　　TIP　이자율 상승은 투자 감소로 이어지고 총수요 곡선을 왼쪽으로 이동시킨다.

Answer　11.③　12.④　13.④　14.④

15 다음 중 스태그플레이션에 대한 가장 적절한 설명은?

① 총공급곡선이 우측으로 이동하여 국민소득이 증가하고 실업이 감소하는 현상
② 총수요곡선이 우측으로 이동하여 국민소득이 감소하고 실업이 증가하는 현상
③ 디플레이션이 발생하는 동시에 국민소득과 실업이 감소하는 현상
④ 인플레이션이 발생하는 동시에 국민소득이 감소하고 실업이 증가하는 현상

TIP 스태그플레이션이란 인플레이션과 경기침체가 동시에 발생하는 현상으로 스태그플레이션이 발생하면 총공급곡선이 좌측이동한다.

16 다음 중 스태그플레이션을 초래하는 요인으로 볼 수 없는 것은?

① 한국은행의 통화공급 감소
② 노동조합의 임금 인상
③ 전쟁으로 인한 공장시설 파괴
④ 이상 한파로 인한 농작물 피해

TIP 스태그플레이션이 발생하면 총공급이 감소하여 물가각 상승하고 GDP는 후퇴하며, 투자위축이 발생하여 실업률이 증가한다.

17 최근 원유가격 상승이 국내 경제에 미치는 효과를 분석한 내용이다. 다른 조건에 변화가 없다면 다음 설명 중 가장 옳지 않은 것은?

① 경기침체와 물가상승이 동시에 나타날 수 있다.
② 생산비용이 상승하여 단기 총공급 곡선을 왼쪽으로 이동시킬 수 있다.
③ 경기를 부양시키려는 정책은 물가를 더 상승시킬 수 있다.
④ 원유가격 상승의 영향은 단기 필립스 곡선상의 이동으로 설명될 수 있다.

TIP 원유가격 상승은 스태그플레이션 발생요인이며, 필립스곡선 위에서의 이동으로 설명하기 어렵다.

Answer 15.④ 16.① 17.④

18 다음 ( ) 안에 들어갈 알맞은 용어는 무엇인가?

> 통화정책당국이 경제상황을 진단한 후 적절한 대책을 마련하고 그 정책이 효과를 내기까지는 상당한 기간이 경과되어야 한다. 정책의 필요성이 발생한 시점과 당국이 정책을 입안 확정할 때까지의 시차를 (A)라 하며 그러한 정책이 시행되어 경제에 효과를 미치는데 걸리는 시간을 (B)라 한다.

	(A)	(B)
①	내부시차	외부시차
②	외부시차	내부시차
③	내부시차	인식시차
④	인식시차	집행시차

TIP 통화정책당국이 경제상황을 진단한 후 적절한 대책을 마련하고 그 정책이 효과를 내기까지는 상당한 기간이 경과되어야 한다. 정책의 필요성이 발생한 시점과 당국이 정책을 입안 확정할 때까지의 시차를 내부시차라 하며 그러한 정책이 시행되어 경제에 효과를 미치는데 걸리는 시간을 외부시차라 한다.

19 재정정책에 대한 설명으로 옳지 않은 것은?

① 일반적으로 금융정책에 비하여 내부시차가 짧다.
② 정부지출 수요가 증가하여 민간투자가 늘어나는 효과는 투자가속도 효과이다.
③ 정부지출의 승수효과는 한계소비성향이 커지면 증가한다.
④ 재정 확대는 이자율을 상승시켜 총수요 증가의 일부를 상쇄시킨다.

TIP 재정정책은 일반적으로 금융정책에 비하여 내부시차가 길다.

Answer 18.① 19.①

20 정책시차가 길고 가변적이라면 어떻게 해야 하는가?

① 재량에 근거한 적극적인 안정화정책을 실시해야 한다.

② 준칙에 입각한 소극적인 안정화정책을 실시해야 한다.

③ 재정정책이 금융정책보다 더 바람직하다.

④ 금융정책이 재정정책보다 더 바람직하다.

TIP 정책시차가 길고 가변적이라면 준칙에 입각한 소극적인 안정화정책을 실시해야 한다.

21 재정의 자동안정화장치라고 볼 수 없는 것은?

① 누진적 소득세

② 실업수당 지급

③ 사회보장지급금

④ 저소득층에 대한 긴급 생계비 지원

TIP **재정의 자동안정화장치** … 경기침체나 호황 시 정부가 개입하지 않아도 자동적으로 경기변동폭을 줄이고 경제를 안정시키는 장치로 소득세, 실업보험, 사회보장이전 지출 등을 들 수 있다.

22 한국은행이 콜금리를 인하할 경우에 단기에 나타나는 현상으로 볼 수 없는 것은?

① 물가 하락　　　　　　　　　　　② 소비 증가

③ 투자 증가　　　　　　　　　　　④ 산출량 증가

TIP 콜금리를 인하하면 총수요가 증가하며 일반적으로 물가는 상승한다.

Answer 20.② 21.④ 22.①

23 다음은 리카도의 동등정리라고 불리는 주장이다. (   ) 안에 들어갈 알맞은 말은?

> 정부는 현재의 지출을 조달하기 위해 조세를 증가시키거나 채권을 발행해야 한다. 정부가 조세를 증가시키면 민간의 소득이 (A)하므로 소비가 (B)한다. 정부가 채권을 발행하면 언젠가는 이자와 원금을 지불하기 위해 조세를 증가시켜야 한다. 그런데 미래의 조세 증가는 미래소득의 (C)를 의미하고 미래소득의 (D)는 현재소비의 (E)를 초래한다. 따라서 채권발행과 조세증가는 같은 효과를 나타낸다.

① (A) 증가   (B) 증가   (C) 증가   (D) 증가   (E) 증가
② (A) 감소   (B) 감소   (C) 감소   (D) 감소   (E) 감소
③ (A) 감소   (B) 증가   (C) 감소   (D) 증가   (E) 감소
④ (A) 증가   (B) 감소   (C) 감소   (D) 감소   (E) 증가

TIP 정부는 현재의 지출을 조달하기 위해 조세를 증가시키거나 채권을 발행해야 한다. 정부가 조세를 증가시키면 민간의 소득이 감소하므로 소비가 감소한다. 정부가 채권을 발행하면 언젠가는 이자와 원금을 지불하기 위해 조세를 증가시켜야 한다. 그런데 미래의 조세 증가는 미래소득의 감소를 의미하고 미래소득의 감소는 현재소비의 감소를 초래한다. 따라서 채권발행과 조세증가는 같은 효과를 나타낸다.

24 정부가 재정적자를 확대시키면서 예산을 팽창할 경우 나타나는 현상이 아닌 것은?

① 대부자금시장에서 이자율을 상승시킨다.
② 정부저축과 국민저축의 감소를 가져온다.
③ 민간투자의 감소를 초래한다.
④ 총수요의 감소를 초래한다.

TIP 재정적자로 인한 정부지출의 증가는 총수요의 확대와 구축효과를 유발한다.

Answer   23.②   24.④

25 매년 240만 원을 영구히 받는 금융채권이 있다. 현재 이자율이 연 6%에서 연 8%로 상승하면 금융채권의 가치는 어떻게 되는가?

① 500만 원 감소

② 1,000만 원 감소

③ 480만 원 증가

④ 1,000만 원 증가

TIP 금융채권의 가치 $= \dfrac{240}{0.08} - \dfrac{240}{0.06} = 3,000 - 4,000 = -1,000$ 만 원

26 다음 중 재정정책의 정책수단은 어느 것인가?

① 정부지출과 조세

② 정부지출과 통화량

③ 통화량과 조세

④ 통화량과 이자율

TIP 재정정책의 정책수단은 정부지출과 조세이다.

27 다음 중 금융정책의 정책수단은 어느 것인가?

① 정부지출과 조세

② 정부지출과 통화량

③ 통화량과 조세

④ 통화량과 이자율

TIP 금융정책의 정책수단은 통화량과 이자율이다.

Answer 25.② 26.① 27.④

28 생산물시장의 균형을 나타내는 것으로 이자율과 국민소득의 조합으로 나타나는 곡선은 무엇인가?

① IS 곡선
② LM 곡선
③ AD 곡선
④ AS 곡선

TIP IS 곡선은 생산물시장의 균형을 나타내는 것으로 이자율과 국민소득의 조합으로 나타나는 곡선이다.

29 화폐시장의 균형을 나타내는 것으로 이자율과 국민소득의 조합으로 나타나는 곡선은 무엇인가?

① IS 곡선
② LM 곡선
③ AD 곡선
④ AS 곡선

TIP LM 곡선은 화폐시장의 균형을 나타내는 것으로 이자율과 국민소득의 조합으로 나타나는 곡선이다.

30 생산물 시장의 IS곡선과 화폐 시장의 LM곡선의 균형으로부터 도출되는 곡선으로 각각의 물가수준에서 경제의 총수요를 나타내는 곡선은 무엇인가?

① 무차별 곡선
② 등량 곡선
③ AD 곡선
④ AS 곡선

TIP AD 곡선은 생산물 시장의 IS 곡선과 화폐 시장의 LM 곡선의 균형으로부터 도출되는 곡선으로 각각의 물가수준에서 경제의 총수요를 나타내는 곡선이다.

31 노동시장과 생산함수로부터 도출되는 곡선으로 각각의 물가수준에서 경제 전체의 총생산능력을 나타내는 곡선은 무엇인가?

① 무차별 곡선
② 등량 곡선
③ AD곡선
④ AS곡선

TIP AS곡선은 노동시장과 생산함수로부터 도출되는 곡선으로 각각의 물가수준에서 경제 전체의 총생산능력을 나타내는 곡선이다.

Answer 28.① 29.② 30.③ 31.④

32 다음 중 *IS* 곡선의 기울기가 증가하는 요인이 아닌 것은?

① 투자의 이자율 탄력도가 작을수록 증가한다.

② 유발투자계수가 작을수록 증가한다.

③ 세율이 작을수록 증가한다.

④ 한계수입성향이 클수록 증가한다.

TIP 세율이 클수록 *IS* 곡선의 기울기가 증가한다.

33 다음 중 *LM* 곡선의 기울기가 증가하는 요인이 아닌 것은?

① 화폐수요의 이자율 탄력성이 작을수록 증가한다.

② 화폐수요의 소득탄력성이 클수록 증가한다.

③ 화폐유통속도가 작을수록 증가한다.

④ 화폐공급의 외생성이 약할수록 증가한다.

TIP 화폐공급의 외생성이 강할수록 *LM* 곡선의 기울기가 증가한다.

34 다음 중 *AD* 곡선이 수직인 경우가 아닌 것은?

① 투자의 이자율 탄력성이 0인 경우

② 화폐수요의 이자율 탄력성이 무한대인 경우

③ 피구효과가 발생하지 않는 경우

④ 화폐수요의 이자율 탄력성이 0인 경우

TIP *AD* 곡선이 수직인 경우
   ㉠ 투자의 이자율 탄력성이 0인 경우
   ㉡ 화폐수요의 이자율 탄력성이 무한대인 경우
   ㉢ 피구효과가 없는 경우

Answer   32.③   33.④   34.④

35 다음 중 수직선으로 표시되는 곡선이 아닌 것은?

① 케인즈 단순모형의 *IS* 곡선
② 고적학파의 *LM* 곡선
③ 고전학파의 총수요 곡선
④ 고전학파의 총공급 곡선

TIP 고전학파의 총수요 곡선은 직각쌍곡선이다.

36 다음 중 *AS* 곡선이 우측으로 이동하는 요인이 아닌 것은?

① 생산요소의 부존량 증가
② 원자재 가격 하락
③ 필립스곡선의 우측 이동
④ 기술 진보

TIP 필립스 곡선의 좌측 이동이 *AS* 곡선을 우측으로 이동시키는 요인이다.

37 폐쇄경제의 경기변동모형에서 재정정책과 금융정책의 효과에 대한 다음 설명 중 옳지 않은 것은?

① 확장적 재정정책과 확장적 금융정책은 물가수준과 국민소득을 모두 상승시킨다.
② 정부지출의 증가에 의한 확장적 재정정책은 민간투자를 감소시킨다.
③ 확장적 금융정책은 이자율을 하락시켜 민간투자를 촉진시키지만 민간소비를 감소시킨다.
④ 조세감면에 의한 확장적 재정정책은 가처분소득을 증가시켜 민간소비를 증대시킨다.

TIP 확장적 금융정책은 이자율을 하락시켜 민간투자를 촉진시키고 국민소득 증가를 통해 민간소비도 증가시킨다.

Answer 35.③ 36.③ 37.③

38 다음 중 농업협동조합에 대한 내용으로 적절하지 못한 것은?

① 협동조합이란 재화 또는 용역의 구매·생산·판매·제공 등을 협동으로 영위함으로써 조합원의 권익을 향상하고 지역 사회에 공헌하고자 하는 사업조직을 말한다.

② 농업협동조합은 농업인의 자주적인 협동조직을 바탕으로 농업인의 경제적·사회적·문화적 지위를 향상시키고, 농업의 경쟁력 강화를 통하여 농업인의 삶의 질을 높이는 기능을 한다.

③ 지역농업협동조합은 정관으로 정하는 품목이나 업종의 농업 또는 정관으로 정하는 한우사육업, 낙농업, 양돈업, 양계업, 그 밖에 대통령령으로 정하는 가축사육업의 축산업을 경영하는 조합원에게 필요한 기술·자금 및 정보 등을 제공하고, 조합원이 생산한 농축산물의 판로 확대 및 유통 원활화를 도모하여 조합원의 경제적·사회적·문화적 지위향상을 증대시키는 것을 목적으로 한다.

④ 지역조합은 지역명을 붙이거나 지역의 특성을 나타내는 농업협동조합 또는 축산업협동조합의 명칭을, 품목조합은 지역명과 품목명 또는 업종명을 붙인 협동조합의 명칭을, 중앙회는 농업협동조합중앙회의 명칭을 각각 사용하여야 한다.

TIP 지역농업협동조합(지역농협)은 조합원의 농업생산성을 높이고 조합원이 생산한 농산물의 판로 확대 및 유통 원활화를 도모하며, 조합원이 필요로 하는 기술, 자금 및 정보 등을 제공하여 조합원의 경제적·사회적·문화적 지위 향상을 증대시키는 것을 목적으로 한다.

39 폭설로 도로가 막혀 교통이 두절되고 농촌 비닐하우스가 무너져 농작물 피해가 발생하였다. 우하향하는 총수요 곡선과 우상향하는 총공급 곡선을 이용하여 이러한 자연재해가 단기적으로 경제에 미치는 영향을 바르게 분석한 것은?

① 물가수준은 상승하고 실질 GDP는 감소한다.
② 물가수준은 하락하고 실질 GDP는 감소한다.
③ 물가수준은 상승하고 실질 GDP는 증가한다.
④ 물가수준은 하락하고 실질 GDP는 증가한다.

TIP 단기의 총공급 곡선이 좌측으로 이동하므로 물가수준은 상승하고 실질 GDP는 감소한다.

Answer 38.③ 39.①

09 PART

농업과 환경

01 환경농업

❶ 개요

(1) 농업의 환경보전기능을 증대시킨다.

(2) 농업으로 인한 환경오염을 줄인다.

(3) 친환경농업을 실천하는 농업과 농업인을 육성한다.

(4) 환경 친화적인 농업을 추구하는 것이다.

> **)TIP**
>
> **시장실패의 원인**
> • 외부효과
> • 독점기업의 출현
> • 공공재의 무임 승차자 문제
>
> **공공재**
> • 무임승차의 문제가 존재한다.
> • 비경합성과 비배제성을 지닌다.
> • 공공재의 최적공급이 시장기구에 의하여 이루어지지 않는다.
> • 공공재는 개인이 원하는 양을 소비하기 보다는 모든 사람이 동일한 양을 소비한다.

❷ 환경농업의 목적

(1) 농업과 환경을 조화시켜 생산성을 지속 가능하게 한다.

(2) 농업생산의 경제성확보, 환경보전 및 생산물의 안정성을 동시에 추구하는 것이다.

(3) 농업으로 발생하는 환경 저해요인까지 줄이기 위함이다.

(4) 환경농업은 단기적인 것이 아닌 장기적 이익추구, 개발과 조화, 단일작목 중심이 아닌 종합농업체계, 생태계의 물질순환 시스템을 활용한 고도 농업기술이다.

(5) 유기농업 등 특수농법 뿐 아니라, 병해충 종합관리(IPM), 작물양분종합관리(INM), 천적과 생물학적 기술의 통합 이용, 윤작 등 흙의 생명력을 배양하는 동시에 농업환경을 지속적으로 보전하는 모든 형태의 농업을 포함한다.

> **TIP**
>
> **근대농업**
> • 근대농업은 과학기술의 진보에 따라 농약, 비료, 농업기계, 에너지 등 다양한 농업투입재의 공급에 의해 뒷받침되고 있다.
> • 최근 선진국의 농업생산성은 대폭 증가했으며, 개발도상국에 있어서도 증가하는 인구를 부양하기 위해서 농업생산성을 높이는 것이 가장 시급한 당면과제로 떠오르고 있다.
> • 근대농업은 조방화가 아닌 집약화다.
> • 농약과 화학비료에 의존하고 있는 근대농업은 여러 문제를 일으키고 있다.

❸ 환경농업 육성방안

(1) INM, IPM으로 화학비료, 농약사용량 30% 감축

① 토양검정시비로 적정량 시비 추진

② 환경 친화적인 비료 및 유기성 비료 공급 확대

③ 병해충 정밀 예찰을 통한 적기방제

④ **천적을 이용한 방제기술 사용** … 칠레이리응애 등

⑤ 농약안전사용기준 준수에 의한 농약 과다사용 억제

(2) 축산분뇨 등 유기성 물질의 자원화

① **축분 퇴비 등 축산분뇨 자원화 시설확충으로 오염방지**
  ㉠ 2005년까지 90% 자원화 이용
   • 토양개량, 종합적인 토양관리 추진
   • 사료, 녹비작물 위주 푸른들 가꾸기
  ㉡ 산성토양 등 개량을 위한 규산, 석회 등 개량제 공급
  ㉢ 생산성 낮은 토양의 객토

② 환경농업실천 농가의 지원

　　㉠ 친환경 가족농단지, 친환경농업 지구조성 등 농업환경을 유지 개량하는데 필요한 시설, 장비 지원

　　㉡ 친환경 농업직북 사업시행으로 저 투입 농법에 의한 손실 보전(524천 원/ha)

③ 친환경농산물의 유통활성화

　　㉠ 친환경농산물 표시 인증제 실시

　　㉡ 유기농산물, 전환기농산물, 무농약 농산물, 저농약 농산물

》TIP

지속 가능한 환경 농업

• 경제적으로 지속가능한 농업생산체계

• 농가의 자연자원기반의 유지

• 농업행위에 의해 영향 받는 생태계의 유지

• 자연경관의 제공

02 환경의 특성

❶ 환경의 특성

(1) 상호관련성

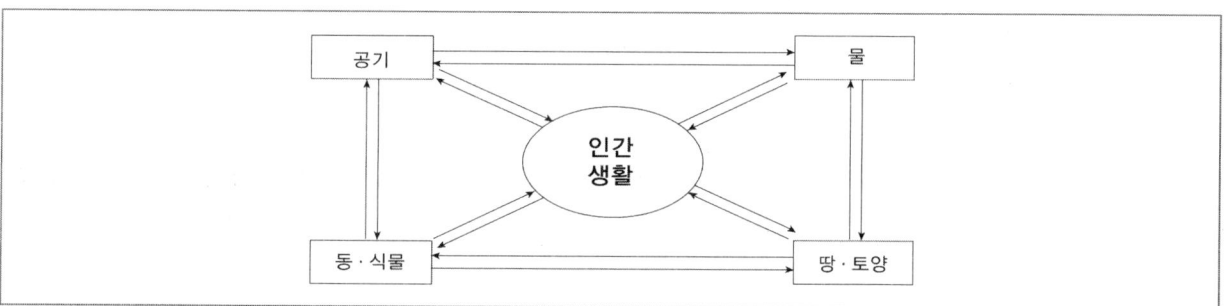

(2) 광역성

① 범지구적, 국가 간의 문제(예 라인강, 황사 등)

② 하천 상류 및 하류 유역차원의 문제(예 낙동강, 금강)

(3) 시차성

문제의 발생과 이로 인한 영향이 나타나는 시기 차

(4) 탄력성 및 비가역성

(5) 엔트로피 증가

① **열역학 제2법칙**(에너지 보존의 법칙)

 ㉠ 우주 전체의 에너지양은 일정하고 전체 엔트로피는 증가

 ㉡ 엔트로피는 에너지의 상태를 나타내는 척도

② 엔트로피 증가란 사용가능한 에너지가 사용 불가능한 에너지 상태로 바뀌는 현상

❷ 환경문제 대두 원인

(1) 인구의 급증

개발도상국 2.2% 증가율 → 식량공급 연간 4% 증가 필요

(2) 생산량과 소비량의 증대

막대한 양의 원료와 에너지 요구 → 산림벌채, 채광, 폐기물발생

(3) 인간의 이기심, 공유물의 비극 – 환경문제가 대두된 원인

① 자연에 대한 인간의 우위사상, 뿌리 깊은 이기심

② 가레트하딘 "공유물의 비극"

(4) 근시안적 사고방식

나 하나쯤은 괜찮겠지? → 88고속도로 하루 수거 담배꽁초 트럭 2대분, 홍수 시 댐으로 유입하는 쓰레기 문제

❸ 시장실패의 의미 및 원인

(1) 시장실패

① 시장실패의 개념
　㉠ 시장실패는 시장이 가격기구를 통한 효율적인 자원배분을 달성하지 못하는 것을 말한다.
　㉡ 시장실패의 보완을 위하여 정부의 개입이 필요한 경우가 있다.

② 시장실패의 원인
　㉠ 외부효과 : 어떤 소비 활동이나 생산활동이 다른 소비활동이나 생산활동에 영향을 미치게 되어 이것이
　　시장가격에 반영되지 않는 경우에 외부효과가 발생한다.
　㉡ 공공재 : 많은 소비자들이 가치있게 생각하는 재화를 시장이 공급하지 못하는 경우에도 시장 실패가 발
　　생한다.
　㉢ 불완전한 정보 : 정보의 부족은 경쟁시장의 비효율성을 발생시킨다.
　㉣ 시장지배력 : 생산물이나 생산요소의 공급자가 시장지배력을 가질 때 비효율성이 발생한다.

(2) 외부성

① 외부효과란 시장 가격기구와는 별개로 다른 경제주체에게 의도하지 않은 혜택이나 손해를 입히는 것을 말하며, 긍정적인 혜택을 주면 외부경제라 하고 손해를 입히면 외부불경제라 한다.

② 외부효과의 구분
  ㉠ 소비의 외부경제 : PMB < SMB
  ㉡ 소비의 외부불경제 : PMB > SMB
  ㉢ 생산의 외부경제 : PMC > SMC
  ㉣ 생산의 외부불경제 : PMC < SMC

③ 외부효과의 해결방안
  ㉠ 코즈정리(Coase theorem) : 민간경제 주체들이 자원배분 과정에서 아무런 비용 없이 협상이 가능하다면 외부효과로 인해 초래되는 비효율성을 시장에서 그들 스스로 해결할 수 있다는 것이다.
  ㉡ 조세부과와 보조금 지급
    • 다른 경제주체에게 유리한 영향시 외부경제, 불리한 영향시 외부불경제라고 한다.
    • 외부경제시 보조금을 지급하여 장려하고, 외부불경제시 조세를 부과하여 제재한다.

(3) 공공재

① 공공재의 개념
  ㉠ 비경합성 : 어떤 개인의 공공재 소비가 다른 사람과 경합하지 않고 공동소비가 가능한 것을 말한다. (추가적인 소비자에 대한 한계비용이 0이다).
  ㉡ 비배제성 : 공공재가 공급되면 비용 부담 없이 소비하는 개인을 배제할 수 없다. 무임승차의 문제가 발생할 수 있다.

② 공공재 균형
  ㉠ 공공재는 사적재와는 다르게 서로 다른 가격을 지불하고 동일한 양을 소비한다.
  ㉡ 같은 양을 소비하면서 개인 각각의 한계편익에 해당하는 가격을 지불하는 것이 바람직하다.
  ㉢ 공공재의 대한 선호가 더 큰 개인이 더 많은 비용을 지불한다.

③ 공유지(공유자원)의 비극(tragedy of commons)
  ㉠ 지하자원, 공원, 물, 공기와 같은 공공재는 구성원 모두가 사용해야 할 자원이지만 사적이익을 주장하는 시장의 기능에 맡겨 두면 이를 남용하여 자원이 황폐화 되거나 고갈될 위험이 있다는 것을 뜻한다.
  ㉡ 이는 시장실패의 요인이 되며 이러한 자원에 대해서는 국가가 관여하거나 이해당사자가 모여 일정한 합의를 통해 이용권을 제한하는 제도를 형성해야 한다.
  ㉢ 일종의 소비측면에서의 부정적 외부성에 해당하고, 경합성과 비배제성의 특징을 갖는 비순수공공재이다.

정부실패

시장실패를 교정하기 위한 정부의 시장개입과 규제가 자원배분의 효율성을 높이기보다 오히려 해치는 경우가 있는데 이를 시장실패에 비유하여 정부실패(government failure)라고 한다. 정부실패는 규제자의 불완전한 지식·정보, 규제수단의 불완전성, 규제자의 경직성 등의 이유로 발생한다. 또한 정부는 대부분 영역에서 독점적인 지위를 갖고 있어 민간기업처럼 경쟁해야 할 필요가 없으며 성과에 따라 보상을 받는 유인제도가 부족하므로 정부실패가 발생하기도 한다. 예컨대 최근 여러 국가에서 정부는 국민의 안정된 노후생활을 보장하기 위해 사회보장제도를 시행하고 있다. 그러나 정부가 사회보장제도를 잘못 운영하면 근로능력이 있음에도 고의로 일을 하지 않는 계층이 생기고 사회보장기금이 방만하게 운영되는 등 심각한 비효율이 초래될 수 있다. 이런 경우 정부의 시장개입이 오히려 자원배분의 효율성을 악화시키는 정부실패를 가져오게 된다. 정부실패를 방지하기 위해서는 정부정책의 투명성 강화, 정부부문에의 유인제도 도입, 입법부·감사원·시민단체 등에 의한 감시활동 강화 등의 조치가 필요하다.

출제 예상 문제

1 다음 (   )안에 들어갈 말로 적당한 것은?

> 환경문제에 대한 세계적인 관심이 증대되고, 소득증가에 따라 고품질 안전농산물의 수요가 증가됨으로써 환경조화적 (   )농업이 우리나라 농정의 주요과제로 등장하게 되었다.

① 고투입 탄력적
② 고투입 지속적
③ 저투입 탄력적
④ 저투입 지속적

TIP 환경문제에 대한 세계적인 관심이 증대되고, 소득증가에 따라 고품질 안전농산물의 수요가 증가됨으로써 환경조화적 저투입 지속적 농업(Low Input Sustainable Agriculture)이 우리나라 농정의 주요 과제로 등장하게 되었다.

2 다음 중 (   ) 안에 들어갈 알맞은 용어는 무엇인가?

> 양의 외부효과에 의한 (A   ) 생산문제는 (B   )을 통해 (C   )시킴으로써 해결할 수 있다.

① (A) 과소 (B) 보조금 (C) 내부화
② (A) 과소 (B) 세금 (C) 내부화
③ (A) 과잉 (B) 보조금 (C) 내부화
④ (A) 과잉 (B) 세금 (C) 외부화

TIP 양의 외부효과에 의한 과소 생산문제는 보조금을 통해 내부화시킴으로써 해결할 수 있다.

Answer 1.④ 2.①

3 다음 중 시장실패로 볼 수 없는 것은?

① 독점의 횡포

② 기업 간 경쟁의 심화

③ 양의 외부효과

④ 공공재에서 발생하는 무임승차문제

TIP 기업 간 경쟁의 심화는 시장실패로 볼 수 없다.

4 다음 중 시장실패의 요인으로 볼 수 없는 것은?

① 공공재

② 외부경제

③ 수확체감의 법칙

④ 자연독점

TIP 시장실패의 원인
ⓐ 외부효과
ⓑ 공공재
ⓒ 독점
ⓓ 정보의 비대칭성

5 다음 중 공공재와 공공재의 효율적인 공급에 관한 설명으로 옳은 것은?

① 공공재는 모든 소비자가 동일한 가격 하에서 소비하고자 하는 양을 결정하게 되므로 공공재의 시장수요곡선은 각 개인의 수요곡선을 수직으로 합하여 도출된다.

② 순수공공재의 최적공급조건인 사무엘슨의 조건과 린달의 모형은 다른 결론을 도출한다.

③ 무임승차의 문제가 공공재의 시장실패를 가져오는 것은 아니다.

④ 공공재의 경우 공공재가 갖는 비경합성 때문에 한계비용이 0이 되어 효율적인 자원배분을 위한 공공재의 가격은 0이 된다.

TIP 공공재는 한 사람의 소비가 다른 개인의 소비 가능성을 감소시키지 않거나(비경합성), 비용을 지불하지 않은 개인이라도 소비에서 배제할 수 없는 특징(비배제성)을 가지는 재화로 소비가 모든 구성원에게 공유된다. 비배제성의 경우 소비에서 배제가 불가능하므로 무임승차 문제가 발생할 수 있다. 따라서 가격을 지불하고 공공재를 구입하는 사람이 없기 때문에 시장에서 공급이 어렵다. 비경합성의 경우 추가적인 소비에 따른 한계비용이 0이기 때문에 가격이 0보다 큰 경우 최적 수준보다 적게 공급된다.

Answer 3.② 4.③ 5.④

6 공공재에 대한 설명 중 틀린 것은?

① 비경합성과 비배제성을 가진다.

② 무임승차의 문제가 존재한다.

③ 공공재의 최적공급이 시장기구에 의하여 이루어지지 않는다.

④ 공공재는 개인이 원하는 양을 얼마든지 소비할 수 있다.

TIP 공공재는 개인이 원하는 양을 소비하기 보다는 모든 사람이 동일한 양을 소비한다.

7 다음 중 시장실패와 정부실패에 관한 설명으로 타당하지 않은 것은?

① 정부보조금의 삭감이나 폐지는 정부실패에 대한 대응책이다.

② 외부경제 혹은 외부불경제의 효과는 시장실패의 원인이다.

③ 공공재는 시장실패에 대응하여 정부가 공급해야 한다.

④ 정부실패의 원인은 권력편재보다 정보편재에 있다.

TIP 정부실패의 원인은 정보의 편재가 아니라 특혜와 같은 정부권력의 편재가 그 원인이 된다.

8 다음 중 경합성과 배제성을 고려할 때 공공재(public goods)에 가장 가까운 것은?

① 국립도서관

② 고속도로

③ 등대

④ 올림픽 주경기장

TIP 등대는 경합성과 배제성을 띠지 않는 대표적인 공공재에 해당한다. 국공립도서관은 공유재, 고속도로는 유료재, 국공립경기장은 공유재이다.

Answer 6.④ 7.④ 8.③

9 시장실패 또는 정부실패에 관한 서술 중 옳은 것은?

① 순수 공공재의 경우 비경합성으로 인해 똑같은 양의 공공재를 소비하고 똑같은 양의 편익을 얻게 된다.

② 이로운 외부효과(외부경제)가 존재하는 경우 완전경쟁시장의 자원배분은 비효율적으로 이루어지며, 생산과 소비가 효율적인 양보다 지나치게 많이 이루어진다.

③ 정부실패는 정부산출 측정의 곤란성, 독점적 생산 등 정부 서비스의 공급적 차원의 문제로 인해 발생하는 것이지 정부가 공급하는 재화나 서비스에 대한 수요측면과는 무관하다.

④ 자연독점적 성격을 띠던 시내전화와 같은 서비스 시장에서 경쟁이 가능하게 된 것은 기술의 발달로 생산조건이 변했다고 보기 때문이다.

TIP 자연독점은 과거의 전력처럼 기술이나 자본 등 여러 가지 이유로 원천적으로 독점상태에 놓이는 것을 말한다.
　　① 동량소비는 맞지만 동량의 편익을 가져다주지는 않는다.
　　② 외부경제효과는 과소공급이 이루어지기 마련이다.
　　③ 정부실패는 공공재의 수요측면과도 연관이 있다.

---

10 공공재의 적정 공급규모에 정부기능이 축소되었다는 입장을 올바르게 나열된 것은?

㉠ Galbraith의 의존효과	㉡ Musgrave의 조세저항
㉢ Peacock&Wiseman의 전위효과	㉣ Baumal's Disease
㉤ Niskanen의 예산극대화 모형	㉥ Downs의 합리적 무지

① ㉠㉡㉥　　　　　　　　　　　② ㉢㉣㉤

③ ㉠㉢㉥　　　　　　　　　　　④ ㉡㉣㉤

TIP Galbraith의 의존효과, Musgrave의 조세저항, Downs의 합리적 무지, Duesenberry의 전시효과는 과소공급설이다.

Answer　9.④　10.①

11 '시장에서 외부성이 발생한다 하더라도 거래비용이 적고 소유권이 명확하면 정부의 개입이 불필요하다' 라고 주장한 이론은?

① 거래비용경제학

② 코즈의 정리

③ 바그너의 원리

④ 파레토의 원리

TIP 시장에서 외부성이 발생한다 하더라도 거래비용이 적고 소유권이 명확하면 정부의 개입이 불필요하고 자발적 협상이나 조정에 의해 해결하는 것이 낫다는 이론은 코즈의 정리이다.

12 다음은 시장실패와 관련된 정부의 대응을 연결한 것이다. 틀린 것은?

① 외부효과의 발생 – 정부규제

② 정보의 비대칭성 – 공적공급

③ 자연독점 – 정부규제

④ 공공재의 존재 – 공적공급

TIP 정보의 비대칭성에는 공적유인 또는 공적규제의 대응이 필요하다.

13 다음 중 공공재의 특성과 관련이 없는 것은?

① 무임승차자의 문제

② 비배제성과 비경합성

③ 소비자 선호 파악의 제한

④ 축적성과 유형성

TIP 등대, 국방, 치안 등 공공재는 무형적이며 또한 이를 축적하는 것도 불가능하다.

Answer 11.② 12.② 13.④

14 다음 중 공공서비스의 유형 가운데 소비의 두 가지 특성인 비경쟁성과 비배제성이 가장 높은 것은?

① 통신 ② 상수도

③ 대학교육 ④ 치안

TIP 비배제성과 비경합성이 가장 높은 재화는 순수공공재에 해당한다. 통신은 유료재, 상수도는 유료재, 고등교육은 사적재에 속한다.

15 다음 중 정부실패를 가져오는 요인으로 볼 수 없는 것은?

① 내부성의 존재 ② X-비효율성

③ 민영화와 민간위탁 ④ 파생적 외부효과

TIP 민영화와 민간위탁은 정부실패에 따른 대응책에 해당한다.

16 정부는 시장실패를 보완할 목적으로 민간부문에 개입하는 경우가 많지만 정부 또한 심각한 문제를 야기시킨다. 이러한 정부실패가 야기되는 요인을 정부개입의 수요측면에서 설명한 내용 중 옳지 않은 것은?

① 장기적 이익을 중시하는 정치인들의 성향

② 정치사회의 민주화와 민권의 신장에 따른 정책수요의 팽창

③ 문제해결의 당위성만을 강조하는 정치인들의 왜곡된 보상체계

④ 시장결함에 대한 사회적 인식의 증가에 따른 정부부문에 대한 수요 급증

TIP 정부실패의 원인으로는 장기가 아닌 단기적 이익을 중시하는 정치인의 행태가 해당된다.

Answer 14.④ 15.③ 16.①

17 다음 중 정부실패에 관한 설명 중 가장 적절하지 않은 것은?

① 정부산출물은 대부분 정부에 의해 독점적으로 생산됨으로써 X-비효율성의 가능성이 크다.

② 파생적 외부효과로 인한 정부실패는 정부 보조 삭감 또는 규제완화의 방식으로 해결하는 것이 적합하다.

③ 정부활동의 비용은 수익자부담의 원칙이 적용되어 불필요한 정부활동에 많은 자원이 소요된다.

④ 정치·사회의 민주화와 민권의 신장에 따른 정책수요의 팽창은 정부실패를 야기하는 원인으로 볼 수 있다.

TIP 정부활동은 수익자부담의 원칙이 적용되지 않는다.

18 정부와 시장의 상호 대체적 역할분담 관계를 설명하는 시장실패와 정부실패 이론에 대한 설명으로 옳지 않은 것은?

① 시장은 완전경쟁 조건이 충족될 경우 가격이라는 보이지 않는 손에 의한 조정을 통해 효율적인 자원배분을 달성할 수 있다.

② 완전경쟁시장은 그 전제조건의 비현실성과 불완전성으로 인해 실패할 수 있다. 이러한 시장실패의 요인으로는 공공재의 존재, 외부효과의 발생, 정보의 비대칭성 등이 제시되고 있다.

③ 정부는 시장실패를 교정하기 위해 계층제적 관리 방법을 통해 자원의 흐름을 통제하게 되는데, 정부의 능력은 인적·물적·제도적 제한으로 실패할 수도 있고, 이러한 정부실패의 요인으로는 내부성의 존재, 편익향유와 비용부담의 분리, 예측하지 못한 파생적 외부효과 등이 제시되고 있다.

④ 정부실패가 발생할 경우 이를 교정하기 위한 정부의 대응방식은 공적 공급, 보조금 등 금전적 수단을 통해 유인 구조를 바꾸는 공적 유도, 그리고 법적 권위에 기초한 정부규제 등이 있다.

TIP 시장실패가 발생할 경우 이를 교정하기 위한 정부의 대응방식은 공적 공급, 보조금 등 금전적 수단을 통해 유인 구조를 바꾸는 공적 유도, 그리고 법적 권위에 기초한 정부규제 등이 있다. 즉, 정부실패가 아니라 시장실패에 대한 대응방식이다.

Answer 17.③ 18.④

19 다음 중 시장실패와 정부실패를 해결하기 위한 정부의 대응 방식에 대한 설명으로 옳지 않은 것은?

① 시장실패를 극복하기 위한 정부의 역할은 공적 공급, 공적 유도, 정부 규제 등으로 구분할 수 있다.

② 공공재의 존재에 의해서 발생하는 시장실패는 공적 공급의 방식으로 해결하는 것이 적합하다.

③ 자연독점에 의해서 발생하는 시장실패는 공적 유도(보조금)의 방식으로 해결하는 것이 적합하다.

④ 파생적 외부효과로 인한 정부실패는 정부 보조 삭감 또는 규제 완화의 방식으로 해결하는 것이 적합하다.

TIP 자연독점은 공적공급 또는 정부규제가 그 방안이 될 수 있다.

20 정부가 시장에 개입해야 하는 근거를 설명하고 있는 것 중 맞는 것은?

① 공공재는 배재성과 경합성의 특징을 지녀서 무임승차문제를 안고 있다.

② 규모의 경제가 시장기구가 갖는 본질적 한계로 인하여 파생되는 문제라면 소득불평등은 자원의 효율적 배분을 떨어뜨리는 문제를 안고 있다.

③ 외부비용효과를 지니는 재화의 경우 과소공급의 문제가 유발된다.

④ 외부편익효과를 지니는 재화의 경우 정부보조금을 지급하여야 한다.

TIP 외부편익을 지니는 재화는 시장에서 과소공급 된다. 이를 적정수준으로 유지하려면 정부에서 보조금의 방식 등으로 지원해야 한다.

21 정부의 개입활동 중에서 외부효과, 자연독점, 불완전 경쟁, 정보의 비대칭 등의 상황에 모두 적절한 대응방식은?

① 공적공급 ② 공적유도
③ 정부규제 ④ 민영화

TIP 외부효과, 자연독점, 불완전 경쟁, 정보의 비대칭의 상황에 적절한 대응방식은 정부규제이다.

22 다음 중 농업과 환경문제에 관련한 설명으로 적당하지 못한 것은?

① 경제성장과 환경오염은 서로 반대되는 개념인데, 지금까지 채택되어온 양적 성장에 대한 반대급부로 환경문제가 심각하게 되었다.

② 비농업부문의 경우 산업화와 더불어 환경오염의 심각성이 쉽게 인식되었다.

③ 농업은 환경오염문제가 상대적으로 크게 부각되었다.

④ 농업에서 토양침식, 토양오염, 수질오염 및 생태계 파괴 등 환경문제를 유발시키고 있으므로 농업에 있어서 환경문제는 국내외적으로 중요한 쟁점의 하나가 되고 있음은 명백하다.

TIP 농업은 생태계의 일부를 구성하고 있음으로 인하여 환경오염문제가 상대적으로 부각되지 않았다.

23 현재도 진행되고 있는 것으로 보이는 지구온난화현상에 대한 설명으로 잘못된 것은?

① 지구온난화현상은 단순히 기온이 올라가는 것 말고도 예측할 수 없는 기후변화를 가져올 것이므로 식량생산의 장기적 전망을 어둡게 하고 있다.

② 미국 환경보호청의 연구결과에 따르면 캘리포니아지역은 대기중의 이산화탄소 농도가 두 배로 증가할 경우 온난화에 따른 강수량의 감소가 토양수분감소로 이어져서 쌀생산량이 최고 34% 감소하게 될 것이라고 예상하고 있다.

③ 지구온난화현상은 국제곡물가격과도 관련이 있다.

④ 지구온난화현상은 단기적으로는 물론 장기적으로도 이로운 효과는 전혀 없다.

TIP 지구의 온도가 올라가면 적설기간이 단축되고 겨울이 점점 따뜻해지며 작물재배 가능지역이 확대되는 등의 단기적으로 이로운 효과가 있을 수도 있으나 잡초와 해충이 번성하게 되고, 증발산이 늘어나 가뭄이 심하게 되며, 지력소모가 조장되는 등 부정적인 영향이 이로운 점보다 훨씬 더 클 것이다.

Answer 22.③ 23.④

24 다음 중 (   ) 안에 들어갈 용어로 적당한 것은?

> 환경 관련 협약의 발효는 자유무역주의를 주창하는 (A   )의 환경과 무역을 연계한다는 원칙과 이로 인해 이미 실질적으로 시작되었다고 판단되는 환경협상인 (B   )로 바로 연결되어 직·간접적으로 농업의 생산과 농산물의 유통 및 소비행태에 많은 영향을 줄 것이다.

	(A)	(B)
①	WTO	Green Round
②	WTO	Uruguay Round
③	WHO	Green Round
④	WHO	Uruguay Round

> **TIP** 환경 관련 협약의 발효는 자유무역주의를 주창하는 WTO(세계무역기구)의 환경과 무역을 연계한다는 원칙과 이로 인해 이미 실질적으로 시작되었다고 판단되는 환경협상인 그린 라운드(Green Round)로 바로 연결되어 직·간접적으로 농업의 생산과 농산물의 유통 및 소비행태에 많은 영향을 줄 것이다.

25 다음 중 (   ) 안에 들어갈 말로 적당한 것은?

> 1992년 6월 (A   )가 주최하여 브라질의 리우에서 열린 지구 정상회담에서 채택된 (B   )과 종과 서식지 보호에 관한 많은 행동강령은 앞으로 농산물 무역 등과 관련하여 많은 영향을 주게 될 것이다.

	(A)	(B)
①	WTO	의제21
②	UNCED	의제21
③	UNCED	정부3.0
④	UNDP	정부3.0

> **TIP** 1992년 6월 유엔환경개발위원회(UNCED)가 주최하여 브라질의 리우에서 열린 지구 정상회담에서 채택된「의제21」과 종과 서식지 보호에 관한 많은 행동강령은 앞으로 농산물 무역 등과 관련하여 많은 영향을 주게 될 것이다.

Answer 24.① 25.②

26 다음 중 근대농업의 설명으로 바르지 못한 것은?

① 최근 선진국의 농업생산성은 대폭 증가했으며, 개발도상국에 있어서도 증가하는 인구를 부양하기 위해서 농업생산성을 높이는 것이 가장 시급한 당면과제로 떠오르고 있다.

② 근대농업은 규모의 경제, 기계화, 조방화, 전문화 등을 특징으로 하고 있다.

③ 근대농업은 과학기술의 진보에 따라 농약, 비료, 농업기계, 에너지 등 다양한 농업투입재의 공급에 의해 뒷받침되고 있다.

④ 농약과 화학비료에 의존하고 있는 근대농업은 여러 문제를 일으키고 있다.

TIP 근대농업은 조방화가 아닌 집약화가 특징이다.

27 다음 중 농약사용과 관련한 설명으로 바르지 못한 것은?

① 농약사용량은 해마다 일정한 편이다.

② 우리나라는 1965년 이후 정부에서 추진해 온 식량자급시책에 의한 다수확 품종의 보급이 활발해지면서 농약사용량이 크게 늘어났다.

③ 농약사용량이 증가한 것은 농촌에서의 농업노동력 부족, 농약의존도가 높은 과수재배면적의 확대, 그리고 재배농작물의 다양화 등으로 인한 새로운 해충의 지속적 발생 및 농약사용량의 증가로 인한 병해충의 내성 강화에 주요 원인이 있다.

④ 지구 전체의 농약사용량은 지속적으로 증가추세를 보이고 있으며, 특히 많은 개발도상국가에서는 식량문제의 해결을 위한 농산물 증산의 목표 달성을 위하여 사용이 금지된 맹독성의 농약 사용이 묵인되고 있는 실정이다.

TIP 농약사용량은 재배작물의 종류나 품종, 자연환경, 기상여건의 변화에 따라 크게 달라진다. 특히 기상상태의 변화에 따라서 병해충 발생양상이 달라지기 때문에 농약사용량도 해마다 변화가 심한 편이다.

Answer 26.② 27.①

28 다음 중 우리나라 농업의 전개과정으로 알맞지 않은 것은?

① 1990년도 우리나라 농림어업 부문의 성장률이 마이너스 4.6%를 기록하면서 농림어업이 국민총
생산에서 차지하는 비중도 크게 낮아졌다.

② 우리나라의 식량자급률은 같은 쌀 소비국인 일본의 식량자급률보다 낮다.

③ 우리나라의 쌀 소비량은 1980년까지는 꾸준히 감소하고 이후에 증가하였다.

④ 최근에는 농산물수입이 자유화되면서 수입농산물소비가 급증하고 있다.

TIP 우리나라의 쌀 소비량은 1980년까지는 꾸준히 증가했으나 81년부터 감소하기 시작했다.

29 다음 중 우리나라에서의 화학비료 사용에 대한 설명으로 바르지 못한 것은?

① 우리나라의 화학비료 생산 및 소비는 각각 1994년과 1993년을 정점으로 조금씩 감소하고 있다.

② 그러나 대부분의 농지가 이미 오염도가 높아 계속하여 관심을 기울일 필요가 있다.

③ 지난 1970년대 중반부터 실시된 쌀 자급정책의 추진과 함께 화학비료와 농약을 사용을 조금은
억제할 수 있었다.

④ 토양이 산성화되면 흙 속에 있는 유기물이 씻겨 내려가 흙이 영양실조에 걸리게 되어 농작물이
제대로 자랄 수 없게 된다.

TIP 1970년대 중반부터 실시된 쌀 자급정책의 추진은 화학비료와 농약을 과다하게 사용하게 하여 궁극적으로 전국의 농토를 산성화
시키는 결과를 초래함으로써 현재 농산물생산에 막대한 지장을 초래하였다.

Answer 28.③ 29.③

30 다음 중 농업정책을 수립하는 데에 기본적으로 반영되어야 할 것을 잘못 설명한 것은?

① 과도한 화학비료의 사용에 따른 토양에의 비료 잔류현상과 같이 일정 기간이 지난 후에야 환경 오염 정도를 파악할 수 있는 경우가 존재한다.

② 농업이 조성하는 환경적 시설, 조경 등의 궁극적인 역할 또한 정책수립 시 고려되어야 한다.

③ 수확기간이 길어 그 중간에 발생하는 기후변화와 같은 불확실성에 의해 영향을 받기도 한다.

④ 농업문제는 농업 단일의 문제로서 파악해야 한다.

TIP 농업문제는 농업 단일의 문제로서 파악해서는 안 된다. 특히 농업분야와 관련되는 영역이 예전보다 훨씬 더 증가함에 따라 농업 문제를 보는 시각의 확대가 요구되고 있다.

31 다음 중 환경보전형 농업에 대한 설명으로 바르지 못한 것은?

① 환경보전형 농업은 고투입 농업, 보존형 농업 및 유기농업 등을 합한 농업이라고 정의될 수 있다.

② 환경보전형 농업은 한편으로는 상당히 큰 공익적 기능을 가진 우리나라의 농업환경을 보존하여 후손들에게 보다 건강한 생산기반을 물려준다는 의미와, 다른 한편으로는 개방에 대응한다는 측면에서 매우 중요하다고 할 수 있다.

③ 유기농업의 경우 유럽국가에서는 이미 실천단계에 있다.

④ 농산물 시장개방의 압력이 강한 오늘날 우리나라 농업이 지향해야 할 대안일 수 있다.

TIP 환경보전형 농업은 저투입 농업, 보존형 농업 및 유기농업 등을 합한 농업이라고 정의될 수 있다.

32 다음 중 농업과 환경을 통합한 정책을 달성하기 위하여 고려되어야 할 것이 아닌 것은?

① 농촌의 모든 자원이 농산물과 환경서비스의 근원으로 인식되어야 한다.
② 환경자원의 총체적 가치가 화폐가치로 평가될 필요는 없다.
③ 환경의 질을 감소시키는 부의 인센티브인 농업정책은 제거되어야 한다.
④ 광범위한 농업-환경 이니셔티브를 사용하는 것보다는 특정지역의 수질보호 등과 같은 구체적인 환경목표가 수립되어야 한다.

> **TIP** 총체적인 자원배분과 이용의 효율성을 증진시키기 위하여 환경자원의 총체적 가치가 화폐가치로 평가되어야 하고, 평가된 환경 자원의 가치가 직·간접적으로 정책결정과정에 반영되어야 한다.

33 다음 중 자발적 유인조치의 예로 알맞은 것은?

① 농지휴경계획
② 사용자비용 및 오염·훼손에 대한 벌금 부과
③ 임지의 양도 가능한 개발권
④ 식량증산을 위한 각종 농업보조금제도

> **TIP** 자발적 유인조치(Positive Incentives)란 정부, 지방자치단체, 영리·비영리단체 및 개인이 환경을 보호하게 하는 재정적(비재정 적) 유인조치인 것이다. 자발적 유인조치로는 농지휴경계획, 정부·지방자치단체의 토지구입, 습지보전, 보전계약 등이 있다.

34 다음 글이 설명하는 경제적 인센티브의 종류는?

> 환경자원을 보전하기 위하여 시장과 가격체계를 통한 양도성 유인조치이다. 농업과 관련한 예로서는 농 지나 임지의 양도 가능한 개발권이 있다.

① 자발적 유인조치   ② 강제적 유인조치
③ 간접적 유인조치   ④ 부의 인센티브

> **TIP** 간접적 유인조치(Indirect Incentives)란 환경자원을 보전하기 위하여 시장과 가격체계를 통한 양도성 유인 조치이다. 농업과 관 련한 예로서는 농지나 임지의 양도 가능한 개발권이 있다.

Answer 32.② 33.① 34.③

35 다음 중 농업과 환경에 대한 설명 중 바르지 못한 것은?

① 강을 따라 발달하고 있는 취락 및 경제구조와 함께 산이 많은 우리나라의 경우 ESA가 다른 나라에 비해 상대적으로 많이 있다고 할 수 있다.

② ESA를 포함한 모든 농업지역에 대해 천편일률적인 직접지불정책을 적용하면 생태계를 비롯한 자연환경을 파괴할 수도 있는 심각한 결과를 빚게 된다.

③ ESA에 있는 농지의 경우, 주변의 자연경관과 관련하여 다른 용도로의 전용가능성이 매우 낮다고 할 수 있다.

④ 식량자급률이 낮은 우리나라로서는 ESA에서의 농업행위를 유인하기 위한 직접지불정책을 반드시 고려해야 한다.

TIP ESA에 있는 농지의 경우, 주변의 자연경관과 관련하여 다른 용도로의 전용가능성이 매우 높다고 할 수 있다.

36 다음 중 (   ) 안에 알맞은 용어는?

> (   )은 생태계 보호, 아름다운 풍경 및 휴식처 제공, 수원함양, 홍수방지 등 공익적 기능과 농업생산기능을 갖고 있는 중요한 지역으로서, 하천유역, 자연보호구역, 국립공원, 상수원보호구역, 습지 및 바다와 바로 연결된 지역 및 산간오지 등을 들 수 있다.

① 자연민감지역
② 환경민감지역
③ 농업민감지역
④ 생태민감지역

TIP 환경민감지역(Environmentally Sensitive Area, ESA)은 생태계 보호, 아름다운 풍경 및 휴식처 제공, 수원함양, 홍수방지 등 공익적 기능과 농업생산기능을 갖고 있는 중요한 지역으로서, 하천유역, 자연보호구역, 국립공원, 상수원보호구역, 습지 및 바다와 바로 연결된 지역 및 산간오지 등을 들 수 있다.

Answer   35.③ 36.②

37 다음 중 지속가능한 환경농업의 측면에 포함되지 않는 것은?

① 경제적으로 지속가능한 농업생산체계

② 농가의 자연자원기반의 유지

③ 농업행위에 의해 영향을 받는 생태계의 유지

④ 풍성한 농작물의 생산

TIP 지속가능한 환경농업은 경제적으로 지속가능한 농업생산체계, 농가의 자연자원기반의 유지, 농업행위에 의해 영향 받는 생태계의 유지, 자연경관의 제공 등의 4가지 측면을 포함한다.

38 다음 (   ) 안에 들어갈 알맞은 용어는?

( )란 정부가 농업행위나 휴경행위에 대해 농업인에게 직접적으로 소득을 보조 또는 보상할 수 있는 경제적 인센티브 제도를 의미한다. 즉, 정부가 어떠한 특정 목표를 달성할 수 있도록 농업인의 참여를 유도하기 위한 경제적 유인책인 것이다.

① 직접지불제도   ② 직접지원제도

③ 직접재해보험   ④ 직접소득보조

TIP 직접지불제도란 정부가 농업행위나 휴경행위에 대해 농업인에게 직접적으로 소득을 보조 또는 보상할 수 있는 경제적 인센티브 제도를 의미한다. 즉, 정부가 어떠한 특정 목표를 달성할 수 있도록 농업인의 참여를 유도하기 위한 경제적 유인책인 것이다.

39 다음 중 지속가능한 환경농업을 설명한 것 중 바르지 못한 것은?

① 지속가능은 현세대와 미래세대 간 복지의 공평함을 말한다.

② 주요목표는 현세대와 미래세대 간에 환경자원의 양과 질을 동등하게 유지하게 하는 것이다.

③ 대체불가능하고, 비가역적인 환경자산의 보전은 지속가능한 자연자원기반에 매우 중요하다.

④ 사적·공공적 결정과정은 환경재의 양과 질의 잠재가격을 포함시켜서는 안 된다.

TIP 지속가능을 달성하기 위하여, 사적·공공적 결정과정은 환경재의 양과 질의 잠재가격을 포함시켜야 한다. 잠재가격은 시장에서 거래되거나 어떠한 비시장적인 방법으로 배분되는 것에 관계없이 자원을 사용하는 것에 대한 사회적 기회비용을 반영한다.

Answer 37.④ 38.① 39.④

40 다음에서 설명하는 프로그램은?

> 선진국들은 환경보호를 위한 각종 경제적 인센티브정책을 사용하고 있는데 예를 들어, 미국의 경우, 잉여농산물방지를 위하여 시한부로 수립한 (   )을 실시하여 본래의 목적을 달성하였는데, 전혀 생각지 않았던 환경면에서의 부수효과도 나타났다.

① 보전유보프로그램   ② 농업행위유보프로그램
③ 생태보상프로그램   ④ 농업제한프로그램

TIP 미국의 경우, 잉여농산물 방지를 위하여 시한부로 수립한 보전유보프로그램(Conservation Reserve Program, CRP)을 실시하여 본래의 목적을 달성하였다.
※ **보전유보프로그램(CRP)** … 토양침식방지, 수질개선이라는 환경보전을 주된 목적으로 1985년 미국 농업법에서 도입한 제도로 토양침식이 우려되는 토지를 10~15년간 휴경하는 경우 정부가 지대에 상당하는 금액을 지불하는 것이다.

41 다음 중 1993년도에 생태보상프로그램을 마련하여, 자연상태 그대로 농지를 보존하는 농민들에게 보상금을 주는 나라는?

① 캐나다   ② 네덜란드
③ 스위스   ④ 미국

TIP 스위스의 경우 1993년도에 생태보상프로그램을 마련하여, 자연상태 그대로 농지를 보존하는 농민들에게 보상금을 주고 있다. 덕분에 전체 경작지의 4%가 그대로 보존되어 있다. 스위스는 이 계획을 지속적으로 추진, 전체 경작지의 12%를 생태지역으로 만든다는 목표를 세우고 있다.

42 다음 중 '우주선 지구호(spaceship earth)'라는 개념을 통해 지구는 우주선과 같이 하나의 제한된 공간이며 생산과 소비활동에서 생성된 폐기물은 전량이 지구상에 남게 될 것이라고 주장한 학자는?

① 피구(A. C. Pigou)   ② 볼딩(K. Boulding)
③ 크니스(A. Kneese)   ④ 카프(K. W. Kapp)

TIP 볼딩은 '우주선 지구호(spaceship earth)'라는 개념을 통해 지구생태계는 우주선에 비견될 만큼 정교하기 때문에 자정능력을 초과하는 오염은 삶의 터전인 지구를 파멸시킬 수 있다고 하였다.

Answer   40.① 41.③ 42.②

43 다음 (   ) 안에 들어갈 알맞은 의정서(협약)는?

> 산업화에 따른 염화불화탄소, 할론 등 오존층의 파괴는 피부암의 발생을 증가시킬 뿐만 아니라 인체의 면역체계를 손상시키고 육지종작물 및 해양생태계에 큰 피해를 줄 것으로 예측된다. 이에 대처하기 위하여 유엔 환경계획에서는 1985년 (㉠   )을 채택하여 국제적 차원에서의 오존층 보호를 위한 기본 골격을 마련하였고, 1987년 9월에는 더욱 구체적으로 오존층파괴물질의 생산 및 소비를 삭감하기 위한 (㉡   )을 채택하였다.

	㉠	㉡
①	비엔나협약	몬트리올의정서
②	바젤협약	몬트리올의정서
③	비엔나협약	교토의정서
④	바젤협약	교토의정서

TIP 산업화에 따른 염화불화탄소, 할론 등 오존층의 파괴는 피부암의 발생을 증가시킬 뿐만 아니라 인체의 면역체계를 손상시키고 육지종작물 및 해양생태계에 큰 피해를 줄 것으로 예측된다. 이에 대처하기 위하여 유엔 환경계획에서는 1985년 비엔나(Vienna) 협약을 채택하여 국제적 차원에서의 오존층 보호를 위한 기본 골격을 마련하였고, 1987년 9월에는 더욱 구체적으로 오존층파괴 물질의 생산 및 소비를 삭감하기 위한 몬트리올의정서를 채택하였다.

44 다음은 국가 간 환경문제에 대한 관심을 나타내는 노력이다. 이중 가장 나중에 채택된 것은?

① 유엔환경협약
② 바젤협약
③ 몬트리올의정서
④ 교토의정서

TIP 교토의정서는 1992년 6월 리우 유엔환경회의에서 채택된 기후변화협약(CCC)을 이행하기 위해 97년 만들어진 국가 간 이행 협약이다.
① 1973년 유엔환경협약 채택
③ 1987년 몬트리올 의정서 채택
② 1989년 바젤협약 채택

45 다음 중 오염배출자가 환경의 자율능력을 초과해서 오염물질을 배출하면 직접적으로 제3자의 경제활동에 피해를 주게 되는데, 그런 피해가 피해자의 동의없이 그리고 그 피해에 대한 보상을 지불함이 없이 가해졌을 때, 그 피해를 일컫는 용어는?

① X-비효율성   ② 외부경제

③ 외부불경제   ④ 공유지의 비극

> **TIP** 오염배출자가 환경의 자율능력을 초과해서 오염물질을 배출하면 직접적으로 제3자의 경제활동에 피해를 주게 되는데, 그런 피해가 피해자의 동의 없이 그리고 그 피해에 대한 보상을 지불함이 없이 가해졌을 때, 그 피해를 경제학에서는 외부불경제(external diseconomy)라고 한다.

46 오염의 문제는 시장의 실패에 따른 특수한 문제가 아니라 열역학 제1법칙인 질량보전의 법칙에 따른 일반법칙으로 인류의 경제성장이 지속됨에 따라 오염의 양도 계속 증가할 것이라고 예견한 학자는?

① 피구(A. C. Pigou)   ② 볼딩(K. Boulding)

③ 크니스(A. Kneese)   ④ 카프(K. W. Kapp)

> **TIP** 크니스는 오염의 문제는 시장의 실패에 따른 특수한 문제가 아니라 열역학 제1법칙인 질량보전의 법칙에 따른 일반법칙으로 인류의 경제성장이 지속됨에 따라 오염의 양도 계속 증가할 것이라고 예견하였다.

47 다음 중 인체에 피부변질, 탈모, 구토 등의 장애를 일으키는 중금속은?

① 비소(As)   ② 연(Pb)

③ 동(Cu)   ④ 아연(Zn)

> **TIP** 아연(Zn)은 작물에게는 새잎의 황백화, 잎의 적갈색 반점 등의 피해를 일으키고 인체에는 피부변질, 탈모, 구토 등의 피해를 가져온다.

농업협동조합과
농촌복지

01 농업협동조합

❶ 협동조합의 개요

(1) 협동조합이란 공동의 목적을 가진 5인 이상의 구성원이 모여 조직한 사업체로서 금융 및 보험업을 제외하고는 그 사업의 종류에 원칙적으로 제한이 없다.

(2) 협동조합은 이용자 소유 기업으로 단기적인 이윤추구보다는 장기적인 이익에 관심을 두는 경영의 안정성이 특징이며, 인적자원을 중심으로 운영되므로 일자리 확충과 고용안정에 기여한다.

(3) 협동조합은 사회 양극화 및 빈부격차 등 자본주의 사회의 부작용을 치유하고 공생의 발전을 도모할 수 있는 새로운 시장경제 대안으로 부각되고 있다.

> **TIP**
> **학자별 협동조합의 정의**
> • 테일러(C. C. Taylor) : 개인의 사회적 · 정신적 향상을 위한 상호부조기관
> • 로보타(F. Robota) : 협동적 경쟁에 의해 독점에 대처하는 자율적 경제단위의 수평적 연합체로서 대량거래의 이점을 실현시켜 그 구성원에게 봉사하려는 조직체
> • 재이콥(G. Jacob) : 순수한 자조의 방법으로 또는 국가의 지원을 받아 공동사업을 경영함으로써 조합원의 영리 및 경제의 조성을 목적으로 하는 결합체
> • 레이놀즈(Q. Reynolds) : '자본주의 사회의 자유경쟁 상태 하에서 약육강식인 자본가의 이윤수탈에 반대하기 위한 무이윤기관으로서 그 구성원에게 봉사하는 조직체'
> **협동조합의 경제적 본질**
> • 경제적 약자의 단체
> • 비영리 단체
> • 경제단체
> **협동조합의 사회적 본질**
> • 자유단체
> • 인적결합체
> • 지역적 단체
> • 상부상조단체
> • 자주 및 자조의 단체

❷ 협동조합의 특징

(1) 협동조합의 지속성은 잉여금의 내부유보를 통한 생존 및 경쟁력 강화에 기초한다.

① 조합이 외부의 기업과 경쟁하려면 자본이 건전해야 하기에 적정한 내부유보가 필요하다.

② 잉여금의 일부는 조합원에게 배당되지 않고 유보금으로 적립함으로써 이를 협동조합의 지속성을 보장하는 수단 및 발전과 성장을 위해 사용한다.

> **)TIP**
>
> **로치데일 원칙**(Rochdale principle)
> • 조합의 공개
> • 표결에 있어 1인 1표 주의
> • 이용 실적에 따른 이윤배당
> • 출자자에 대한 이자 제한
> • 정치적 · 종교적 중립
> • 시가에 의한 현금거래
> • 교육의 촉진
>
> **슐체원칙**(Schulze principle)
> • 주로 단기대부를 원칙으로 한다.
> • 출자권은 자유로이 매매 가능하다.
> • 조합원의 책임은 유한하다.
> • 조합원의 자격은 출자자에 한하고 직업에 제한을 두지 않는다.
> • 조합은 신용사업만 하고 겸업을 하지 않는다.
>
> **라이파이젠 원칙**(Raiffeisen principle)
> • 출자금은 소액이다.
> • 조합의 업무는 조합원이 무보수로 한다.
> • 조합은 신용사업 외에 판매 · 구매사업 등 일체의 사업을 행한다.
> • 조합은 대인신용에 의거하여 자금을 대부한다.

(2) 조합원의 자발적 참여 및 지지는 이용배당의 적절성과 공평성에 의해 도출된다.

① 협동조합의 이용배당은 조합원의 자발적 사업 참여를 독려하고 촉진시키는 도구이다.

② 조합원의 사업이용 실적에 비례한 편익제공은 조합원의 지지를 얻는 전통적 방법이다.

(3) 협동조합은 투자자(주주) 소유 기업이 아니라 사업 이용자들이 출자하여 소유한 기업이다.

① 주식회사는 주주가치 극대화를 위해 자본 중심의 1주 1표 의결권 제도를 유지하는 반면, 협동조합은 조합원 이익의 극대화를 위해 사람 중심의 1인 1표 의결권 제도를 통해 운영된다.

② 주식회사는 출자배당을 투자위험에 대한 보상으로 간주하여 출자배당에 제한이 없는 반면, 협동조합은 출자배당을 출자금에 대한 이자지급 방식으로 이해하고 법적으로 제한하며, 이익을 출자보다는 이용배당에 우선시 한다.

협동조합 및 주식회사의 비교

	주식회사	협동조합
사업목적	주주 이윤 극대화	조합원 실익증진
소유자	주주	조합원
운영방식	1주 1표	1인 1표
설립방식	신고제	신고(영리) / 인가(비영리)
책임범위	유한책임	유한책임
성격	물적결합	인적결합
가치변동	주식시장 수시변동	출자가격 변동 無
수익처분	출자배당, 제한적 내부유보	강한 내부보유, 이용배당, 출자배당

❸ 협동조합의 기대효과

(1) 협동조합 설립을 통해 기대되는 경제적 효과는 연대를 통한 경쟁력 강화와 상생

(2) 공동연대를 통해 영리회사의 시장지배력을 견제하고 경쟁을 촉진시키는 효과

(3) 창업활성화를 통한 일자리 확대, 유통구조 개선을 통한 물가 안정, 체질개선을 통한 경제위기 시 경제안
    정 효과 기대

한국 농협의 조직구조

	조합	중앙회
소유권	조합원 출자 100%	조합 출자 100%
통제권	• 총회 : 조합원으로 구성 • 이사회 : 조합원이 2/3 이상	
수익권	• 조합원 배당 : 100% – 조합원 이외 배당 없음 • 배당 이외 당기순이익은 차기 지도사업비 충당 등을 위해 내부적립	• 조합 배당 : 90% – 우선출자 배당 : 10% • 배당 이외 당기순이익은 조합지원자금으로 내부 적립

❹ 협동조합의 유형

(1) 생산자(사업자) 협동조합의 특징

① 공동사업과 개별조합원사업의 충돌가능성이 있다.

② 동종업종 협동조합의 성공가능성이 높다.

③ 자영업비중이 높은 한국에서 특히 두드러진 약진이 보인다.

> **TIP**
>
> **협동조합 7원칙**
> • 자발적이고 공개적인 조합원 제도
> • 조합원에 의한 민주적 운영
> • 조합원의 경제적 참여
> • 자율과 독립
> • 교육, 연수 및 정보제공의 촉진
> • 협동조합 간의 협동
> • 지역사회에 대한 기여
>
> **국제협동조합연맹**(ICA)
> • 협동조합이 국제적인 교류를 가진 것은 1886년 영국의 프리마스에서 열렸던 영국 협동조합대회에 참석한 프랑스의 노동 생산조합 운동의 제1인자였던 보이브(E. D. Boyve)가 협동조합운동의 이상과 방법을 전 세계에 보급시키고 각국의 정보를 교환하기 위한 국제기관을 설립하자고 제창한 것이 계기가 되었다.
> • 1895년 14개국에서 35명의 대표가 참석하여 국제협동조합연맹(ICA)의 창립총회를 가지게 되었다.
> • 1930년 비엔나에서 개최된 13차 대회에서 로치데일 원칙의 적용문제를 검토하기로 결의하였다.
> • 1937년 파리에서 열린 제15차 대회에서 처음으로 협동조합 7원칙을 채택하였다.

(2) 소비자 협동조합의 특징

① 조합원 수가 많다.

② 초기부터 규모의 경제를 이루어야 한다.

③ 규모의 경제를 이룬 경우 안정성이 지속된다.

(3) 직원(노동자) 협동조합의 특징

① 업종에 제한이 없되 평균규모가 가장 작다.

② 조합원 가입문턱이 높고 출자금 규모가 크다.

③ 일반기업과 시장 속에서 처음부터 부딪친다.

(4) 사회적 협동조합의 특징

① 정부의 역할을 대신하는 위탁사업에 적합하다

② 사회적 가치를 중심으로 조직하더라도, 비즈니스 안정성을 놓쳐서는 안 된다.

> **TIP** ~~~~~~~~~~~~~~~~~~~~~~~~~
>
> **덴마크의 농업협동조합**
> - 덴마크의 농업협동조합은 소비조합에 의하여 도입
> - 최초의 농업조합이 1769년에 조직되었는데 왕립농업조합(the royal agriculture society)이 그 예의 하나이다.
> - 19세기 말경 낙농업이 크게 발달함에 따라 1882년에는 앤더슨(S. Andersen)이라는 젊은 낙농업자의 노력으로 최초의 낙농협동조합이 설립
>
> **독일의 농업협동조합**
> - "라이파이젠" 농촌신용조합이 근간이 되어서 농업협동조합이 발달
> - 서독의 연방공화국에서는 농촌협동조합, 도시협동조합, 주택협동조합, 소비자협동조합 등 네 가지의 협동조합 운동이 전개
> - 농촌협동조합 활동을 살펴보면 조합원의 고리채 해방에서 출발하여, 오늘날에는 신용사업 외에 구매사업을 통해 생산비를 절감하고, 고정비절감을 위한 공동생산방법을 모색
>
> **일본의 농업협동조합**
> - 농업협동조합의 단위조합은 여러 가지 사업 활동을 겸영하고 있으며 통합농협 이외에 전문농협이 발달
> - 전국 농협중앙회는 회원조합의 지도, 감사, 교육, 조사, 연구, 조정업무를 담당
> - 농업협동조합, 어업협동조합, 임업협동조합, 생활협동조합, 산업협동조합 등으로 발달
>
> **국내 농업협동조합의 특징**
> - 미작중심의 영세소농적인 농업구조 하에서 식량증산과 농업개발 행정의 효율적인 집행을 위한 하향적인 종합농협체제를 채택
> - 국내 종합농협은 농업협동조합의 체계와 운영 면에서 농업발전을 위한 농민의 자주적 생산자단체로서의 기능이 미흡
>
> **농협의 구매사업**
> - 예약구매
> - 매취구매
> - 위촉구매
>
> **지역농업협동조합**
> - 지역농협을 설립하려면 그 구역에서 20인 이상의 조합원 자격을 가진 자가 발기인이 되어 정관을 작성하고 창립총회의 의결을 거친 후 농림축산식품부장관의 인가를 받아야 한다.
> - 지역농협의 정관에는 목적, 명칭, 구역, 주된 사무소의 소재지 등 여러 가지 사항이 포함되어야 한다.
> - 지역농업협동조합은 조합원의 농업생산성을 높이고 조합원이 생산한 농산물의 판로 확대 및 유통 원활화를 도모하며, 조합원이 필요로 하는 기술, 자금 및 정보 등을 제공하여 조합원의 경제적·사회적·문화적 지위 향상을 증대시키는 것을 목적으로 한다.
> - 농림축산식품부장관은 지역농협의 설립인가 신청을 받아 법에서 정한 조건이 충족되면 신청 일부터 60일 이내에 인가하여야 한다.

02 농촌복지

❶ 농촌복지의 개념

(1) 협의의 농촌복지는 가족이나 시장체계로부터 탈락된 농촌지역주민들에게 정상적인 사회생활을 유지할 수 있도록 보호, 치료 예방의 정책이나 방법을 제공하는 서비스를 말한다.

(2) 이에는 생활상의 어려움과 빈곤을 경감시키거나 사회적 기능을 회복시키는데 목적을 두고 있는 사회, 공공기관 또는 자발적 단체의 비영리적 활동을 포함한다.

(3) 광의의 농촌복지는 일반적으로 인지된 농촌문제를 예방하거나 경감시키거나 문제 해결에 기여하고자 하거나 또는 개인, 집단, 지역사회 차원의 복리를 개선하려는 민간기관과 정부기관의 광범위한 조직 활동이라고 말할 수 있다.

(4) 농촌복지는 농업을 주요한 생산 활동으로 하는 지역사회의 주민을 대상으로 하여 농촌문제의 해결과 예방, 인간의 사회적 기능수행의 원활화, 생활의 질적 향상 등에 직접적으로 관심을 갖는 복지서비스나 과정을 포함하여 농어민 개인이나 가족을 위한 제도나 서비스뿐만 아니라 사회제도의 강화나 수정 및 변화를 위한 공동체적 노력이라고 정의할 수 있다.

(5) **농촌복지의 개념도**

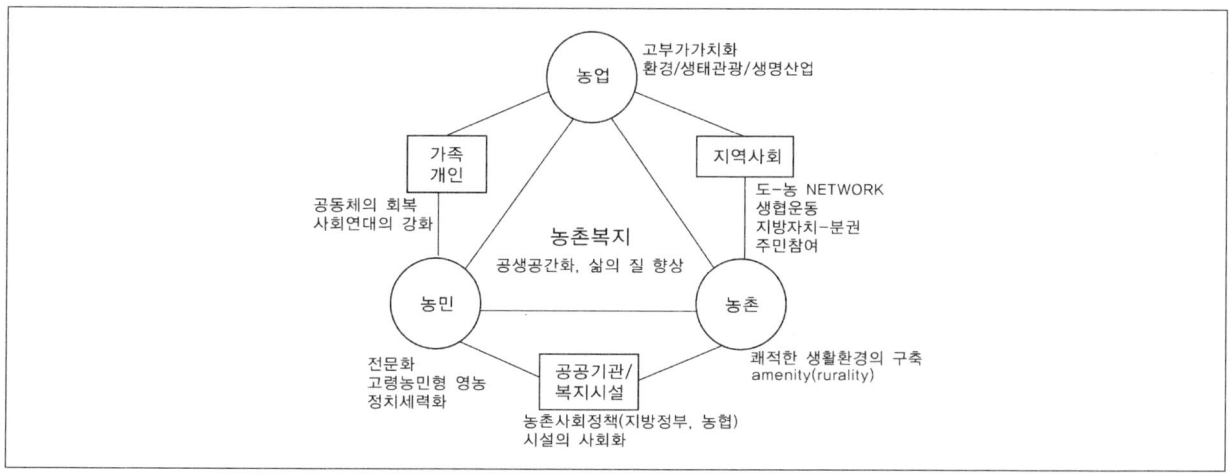

❶ 농촌문제의 해결을 위한 농촌복지적인 접근

(1) 농촌문제를 해결하기 위한 정책적 패러다임의 변화가 필요하다.

(2) 지역사회를 기반으로 하는 복지의 토대가 구축되어져야 한다.

(3) 농촌의 경제적인 문제를 해결하기 위한 소득보장 정책을 수립할 필요가 있다.

(4) 농촌의 교육여건 개선, 대학진학기회의 확대, 농어촌 지역의 보건의료서비스 개선, 농어촌문화진흥을 위한 현장방문 프로그램 확대, 농촌지역의 실정에 맞는 복지프로그램을 확대함으로써 농촌지역사회의 복지환경개선을 통해 정주기반을 구축해나가야 한다.

> **TIP**
> 농촌 복지의 영역별 차원
> • 가구를 단위로 하는 농가의 복지
> • 농사에 종사하는 사람을 단위로 하는 농업종사자 복지
> • 지역을 단위로 하는 농촌지역 내의 복지
> • 국민의 일원으로 보는 국민복지

❶ 농촌복지 인력 양성의 한계

(1) 연구문헌의 부족

(2) 교육시스템의 부족

(3) 전문적 교육인력의 부족

(4) 교육 내용의 부재

출제 예상 문제

1 다음 중 농지법에서 규정하는 용어의 정의로 옳지 않은 것은?

① "농업인"이란 농업에 종사하는 개인으로서 대통령령으로 정하는 자를 말한다.

② "농업경영"이란 농업인이나 농업법인이 자기의 계산과 책임으로 농업을 영위하는 것을 말한다.

③ "자경"이란 농업인이 그 소유 농지에서 농작물 경작 또는 다년생식물 재배에 상시 종사하거나 농작업의 3분의 1 이상을 자기의 노동력으로 경작 또는 재배하는 것과 농업법인이 그 소유 농지에서 농작물을 경작하거나 다년생식물을 재배하는 것을 말한다.

④ "위탁경영"이란 농지 소유자가 타인에게 일정한 보수를 지급하기로 약정하고 농작업의 전부 또는 일부를 위탁하여 행하는 농업경영을 말한다.

TIP "자경(自耕)"이란 농업인이 그 소유 농지에서 농작물 경작 또는 다년생식물 재배에 상시 종사하거나 농작업(農作業)의 2분의 1 이상을 자기의 노동력으로 경작 또는 재배하는 것과 농업법인이 그 소유 농지에서 농작물을 경작하거나 다년생식물을 재배하는 것을 말한다.

2 다음 중 뜻을 같이하는 경제적 약자들이 자신의 필요를 충족하고자 공동으로 사업 활동을 벌이는 자조적 협동조직은?

① 협동조합   ② 노동조합

③ 산업조합   ④ 협동조회

TIP 협동조합이란 뜻을 같이 하는 경제적 약자들이 자신의 필요를 충족하고자 공동으로 사업 활동을 벌이는 자조협동조직을 말한다.

Answer 1.③ 2.①

3 다음 중 협동조합을 '조합원 및 자본의 가변적 조직을 가진 자유로운 연합체로서 이득보다는 조합원 생활 및 경제개선을 목적으로 하는 것'이라고 정의하고 조합원을 경제적 독립체로서 유지하고 협동조합은 이들을 바탕으로 한 상부 상조적 단체라고 본 학자는?

① 재콥(G. jacob) ② 리프만(R. Liefman)
③ 토토미안즈(V. Totomiainz) ④ 테일러(C. C. Talor)

TIP 토토미안즈(V. Totomiainz)는 '협동조합은 조합원 및 자본의 가변적 조직을 가진 자유로운 연합체로서 이득보다는 조합원 생활 및 경제개선을 목적으로 하는 것'이라고 정의하고 조합원을 경제적 독립체로서 유지하고 협동조합은 이들을 바탕으로 한 상부 상조적 단체라고 하였다.

4 다음 중 ( ) 안에 들어갈 정신으로 알맞은 것은?

협동조합은 ( ) 정신에 입각하여 생산 · 분배 · 유통 · 소비의 전 영역에 걸쳐서 어느 한 경제주체나 경제 집단의 이익을 도모하고자 하는 단체라 할 수 있다.

① 禮俗相交 ② 過失相規
③ 德業相勸 ④ 相扶相助

TIP 협동조합은 상부상조 정신에 입각하여 생산 · 분배 · 유통 · 소비의 전 영역에 걸쳐서 어느 한 경제주체나 경제 집단의 이익을 도모하고자 하는 단체라 할 수 있다.

5 협동조합의 본질 중 성질이 다른 하나는?

① 비영리 단체 ② 지역적 단체
③ 자유단체 ④ 자주 · 자조의 단체

TIP 협동조합의 본질은 경제적 본질과 사회적 본질로 구분할 수 있으며, 경제적 본질은 경제적 약자의 단체, 비영리단체, 경제단체 등을 말하고, 사회적 본질은 자주 · 자조의 단체, 자유단체, 인적 결합체, 상부상조 단체, 지역적 단체 등을 말한다.

Answer 3.③ 4.④ 5.①

6 다음 중 학자별 협동조합을 정의한 내용으로 잘못 연결된 것은?

① 테일러(C.C Taylor)-개인의 사회적 · 정신적 향상을 위한 상호부조기관
② 제이콥(G. Jacob)-순수한 자조의 방법으로 또는 국가의 지원을 받아 공동사업을 경영함으로써 조합원의 영리 및 경제의 조성을 목적으로 하는 결합체
③ 로보타(F. Robota)-협동적 경쟁에 의해 독점에 대처하는 자율적 경제단위의 수평적 연합체로서 대량거래의 이점을 실현시켜 그 구성원에게 봉사하려는 조직체
④ 레이놀즈(Q. Reynolds)-조합원 및 자본의 가변적 조직을 가진 자유로운 연합체로서 이득보다는 조합원 생활 및 경제개선을 목적으로 하는 것

TIP 레이놀즈(Q. Reynolds)는 '자본주의 사회의 자유경쟁 상태 하에서 약육강식인 자본가의 이윤수탈에 반대하기 위한 무이윤 기관으로서 그 구성원에게 봉사하는 조직체'라고 정의하였다.

7 다음에서 설명하는 것은 협동조합의 어떠한 측면과 관련이 깊은가?

> 협동조합에서는 조합자체가 이윤을 획득할 것을 의도하지 않으며 이윤을 획득하였다 하더라도 이를 모두 조합원에게 환원시키는 것을 원칙으로 한다.

① 경제적 약자의 단체
② 비영리단체 · 경제단체
③ 자주 · 자조의 단체
④ 인적결합체

TIP 협동조합에서는 조합자체가 이윤을 획득할 것을 의도하지 않으며 이윤을 획득하였다 하더라도 이를 모두 조합원에게 환원시키는 것을 원칙으로 하는 것은 조합의 비영리단체 · 경제단체의 본질과 관련이 깊다.

Answer 6.④ 7.②

8 다음 중 협동조합은 주로 조합원의 무한책임제도를 채택하고 있는데 이는 협동조합의 어떠한 측면과 관련이 있는가?

① 상부상조 단체

② 지역적 단체

③ 인적 결합 단체

④ 경제적 약자의 단체

──────────

TIP 협동조합은 주로 조합원의 무한책임제도를 채택하고 있다. 이는 협동조합이 자본단체가 아니고 인적 단체임을 강조하는 것이다. 이를 바탕으로 조합원과 협동조합의 관계는 더욱 밀착되어, 협동조합은 자본이 영세함에도 불구하고 강력한 경제활동을 할 수 있다.

9 협동조합의 본질을 설명한 것 중 바르지 못한 것은?

① 경제적 약자들이 대자본가들에게 대항하여 자기 방위를 위한 하나의 수단으로 단체를 조직한 단체 중 대표적인 것이 협동조합이다.

② 협동조합은 경제활동과 무관한 자선단체나 구제단체의 성격을 띠어야 한다.

③ 협동조합은 비자본주의적인 요소도 가지고 있다.

④ 조합원들이 모두 공동운명체라는 인식을 가지고 협동단결 하여야만 조합도 발전하고 조합원 자신에게도 많은 이익이 되돌아가게 된다.

──────────

TIP 협동조합이 비영리단체라고 하여 경제활동과 무관한 자선단체나 구제단체의 성격을 띠어서는 안 된다. 오히려 조합원들의 물질적 복리증진을 위해 경제사업을 하지 않을 수 없다.

10 협동조합에 대한 설명 중 바르지 못한 것은?

① 협동조합은 경제단체로서 자본주의의 성격을 갖지만 비자본주의적인 요소도 가지고 있다.

② "한 사람은 만인을 위하여, 만인은 한 사람을 위하여"로 표현할 수 있다.

③ 협동조합은 조합원간에는 상부상조하지만 동종의 조합들 간에는 치열하게 경쟁을 한다.

④ 협동조합이 인적 단체이기 때문에 출자금제한, 배당금제한 등이 행해지며 협동조합의 재산은 공유재산의 성격을 갖게 된다.

──────────

TIP 조합원간에 뿐만 아니라 조합과 조합간의 협동도 추구하고 있다.

Answer 8.③ 9.② 10.③

11 다음 중 협동조합의 지역적 단체로서의 설명에 관한 것으로 바르지 못한 것은?

① 상부상조를 근간으로 하므로 자연히 역사적 · 사회적 · 경제적 배경이 동일한 지역에서 조직될 수밖에 없다.

② 협동조합은 어떤 일정한 지역을 단위로 그 지역의 주민을 조합원으로 하여 구성된다는 특징을 가진다.

③ 협동조합이 지역적으로 불리한 점은 상부상조 정신을 바탕으로 한 협동조합 간 연합조직을 형성함으로써 극복할 수 있다.

④ 협동조합을 소구역으로 국한시킬 경우 규모의 경제에서 발생하는 이익을 취하기 쉽다.

TIP 협동조합을 소구역으로 국한시킬 경우 규모의 경제에서 발생하는 이익을 얻을 수 없다.

12 협동조합원칙 중 로치데일 원칙(Rochdale principle)에 속하지 않는 것은?

① 단기대부
② 시가에 의한 현금거래
③ 이용실적에 따른 이윤배당
④ 출자자에 대한 이자 제한

TIP 로치데일 원칙
　　㉠ 조합의 공개
　　㉡ 표결에 있어 1인 1표 주의
　　㉢ 이용실적에 따른 이윤배당
　　㉣ 출자자에 대하 이자 제한
　　㉤ 정치적 · 종교적 중립
　　㉥ 시가에 의한 현금거래
　　㉦ 교육의 촉진

Answer 11.④ 12.①

13 협동조합원칙이란 협동조합의 조직과 운영에서 기본이 되고 실천의 기준이 되는 지침이다. 이러한 협동조합원칙은 크게 세 가지 의미를 지니고 있는데 이에 대한 설명으로 바르지 못한 것은?

① 협동조합 원칙대로 조직·운영되는 협동조합은 다른 단체에 비해 독특한 성격을 지니고 있다.

② 협동조합 원칙대로 조직·운영되는 협동조합은 성공할 수 있지만 그렇지 못한 조합은 성공하기 어렵다.

③ 협동조합 원칙을 준수하느냐, 준수하지 않느냐에 따라 국제협동조합연맹(International Co-operative Alliance : ICA)은 회원조합 가입판단기준을 삼고 있다.

④ 협동조합원칙은 명확하고 고정된 불변의 지침으로 작용한다.

TIP 협동조합운영원칙이 절대불변의 지침일 수는 없다. 협동조합 발생 당시에 가지고 있던 이념, 목표, 기본원리 등은 어떤 일관된 맥을 유지하겠지만, 그 운영원칙은 시대 및 지역의 여건에 따라 다소의 융통성을 가지게 된다. 그것은 경제여건이 늘 고정되어 있는 것도 아니며, 획일적으로 똑같은 원칙을 적용할 만큼 지역여건이 동일할 수도 없기 때문이다.

14 다음 중 슐츠 원칙(Schulze principle)에 해당하지 않는 것은?

① 조합원의 자격은 출자자에 한하고 직업에 제한을 두지 않는다.

② 조합원의 책임은 무한하다.

③ 주로 단기대부를 원칙으로 한다.

④ 출자권은 자유로이 매매 가능하다.

TIP 슐츠 원칙(Schulze principle)에서 조합원의 책임은 유한하다.

Answer 13.④ 14.②

15 다음 중 로치데일 원칙(Rochdale principle)에 대한 설명으로 바르지 못한 것은?

① 로치데일 원칙은 1844년 영국의 로치데일 시에서 결성된 로치데일 소비조합의 지도원리이다.

② 로치데일 원칙에서는 출자의 다소에 따라 의결권에 차등을 둔다는 점에서 한계점을 갖는다.

③ 로치데일 소비조합은 다양한 직업과 정치관을 갖고 있는 28인의 소비자들에 의하여 시작되었다.

④ 로치데일 소비조합은 오늘날까지 소비조합운동의 모범이 되고 있다.

TIP 로치데일 원칙(Rochdale principle)의 하나인 민주주의 원칙은 조합원은 출자의 다소, 남녀의 구별 없이 1인 1표의 의결권을 가지고 조합운영에 참여한다는 원칙이다.

16 다음 중 라이파이젠 원칙(Raiffeisen principle)에 해당하지 않는 것은?

① 조합은 신용사업 외에 판매·구매사업 등 일체의 사업을 행한다.

② 조합의 업무는 조합원이 무보수로 한다.

③ 조합은 대물신용에 의거하여 자금을 대부한다.

④ 출자금은 소액이다.

TIP 라이파이젠 원칙(Raiffeisen principle)에서 조합은 대인신용에 의거하여 자금을 대부한다.

17 다음 중 슐츠 원칙(Schulze principle)에 대한 설명으로 바르지 못한 것은?

① 슐츠 원칙은 상공업자들에 의한 신용조합의 지도원리이다.

② 초기 산업혁명단계의 독일은 자본축적이 미약하였기 때문에 빈약한 본원적 축적의 기반을 충당하기 위한 수단으로서 슐츠 신용협동조합이 결성되었다.

③ 슐츠 신용협동조합은 경영방침이 은행과 비슷하여 오늘날 각 지역 단위별로 조직되는 상호신용금고의 효시가 되었다.

④ 슐츠 원칙에서는 조합은 신용사업도 하고 겸업도 가능하다고 규정하였다.

TIP 슐츠 원칙(Schulze principle)에서 조합은 신용사업만 하고 겸업은 하지 않는다.

Answer 15.② 16.③ 17.④

18 다음 중 로치데일의 원칙에 속하는 것은?

① 조합은 만인을 포용할 수 있어야 하므로 정치 · 종교에 대해서 엄정한 중립을 지켜야 한다.

② 중앙금고와 계통적 · 전속거래를 필요로 하지 않는다.

③ 조합업무는 유급이사가 전담한다.

④ 조합가입 조건이 엄격하다.

> **TIP** 로치데일 원칙 중 정치적 · 종교적 중립주의의 원칙은 조합은 만인을 포용할 수 있어야 하므로 정치 · 종교에 대해서 엄정한 중립을 지켜야 한다는 것이다.

19 다음 중 1937년 파리에서 열린 제15차 대회에서 채택된 협동조합 7원칙에 해당하지 않는 것은?

① 자율과 독립

② 조합원의 경제적 참여

③ 국제사회에 대한 기여

④ 교육, 연수 및 정보제공의 촉진

> **TIP** 협동조합 7원칙
> ㉠ 자발적이고 공개적인 조합원 제도
> ㉡ 조합원에 의한 민주적 운영
> ㉢ 조합원의 경제적 참여
> ㉣ 자율과 독립
> ㉤ 교육, 연수 및 정보제공의 촉진
> ㉥ 협동조합 간의 협동
> ㉦ 지역사회에 대한 기여

Answer 18.① 19.③

20 다음 중 라이파이젠 원칙(Raiffeisen principle)에 대한 설명으로 바르지 못한 것은?

① 라이파이젠 원칙은 라이파이젠에 의해 최초로 농협운동의 출발로서 설립되었던 라이파이젠 농촌 신용조합의 지도원리이다.

② 신용조합의 발달과 더불어 주된 업무인 신용업무 이외에 판매, 구매, 보험, 이용 등 농사짓는데 필요한 사업도 겸영하였다.

③ 라이파이젠은 세계신용협동조합의 원조로서 농업협동조합 운용원칙의 기초가 되었다.

④ 조합원은 유한책임제이며 출자금은 다른 사람에게 자유로이 매도 또는 양도할 수 있다.

TIP 라이파이젠 원칙(Raiffeisen principle)에서 조합원은 무한책임제이며 출자금은 다른 사람에게 자유로이 매도 또는 양도할 수 없다.

21 다음 중 국제협동조합연맹(ICA)에 대한 설명으로 바르지 못한 것은?

① 협동조합이 국제적인 교류를 가진 것은 1885년 영국의 프리마스에서 열렸던 영국 협동조합대회에 참석한 프랑스의 노동생산조합 운동의 제1인자였던 보이브(E. D. Boyve)가 협동조합운동의 이상과 방법을 전 세계에 보급시키고 각국의 정보를 교환하기 위한 국제기관을 설립하자고 제창한 것이 계기가 되었다.

② 1895년 14개국에서 35명의 대표가 참석하여 국제협동조합연맹(ICA)의 창립총회를 가지게 되었다.

③ 1930년 비엔나에서 개최된 13차 대회에서 로치데일 원칙의 적용문제를 검토하기로 결의하였다.

④ 1934년 런던에서 개최된 제14차 대회에서 처음으로 협동조합 7원칙을 채택하였다.

TIP 1937년 파리에서 열린 제15차 대회에서 처음으로 협동조합 7원칙을 채택하였다.

Answer 20.④ 21.④

22 다음 중 농업협동조합에 대한 내용으로 적절하지 못한 것은?

① 협동조합이란 재화 또는 용역의 구매·생산·판매·제공 등을 협동으로 영위함으로써 조합원의 권익을 향상하고 지역 사회에 공헌하고자 하는 사업조직을 말한다.

② 농업협동조합은 농업인의 자주적인 협동조직을 바탕으로 농업인의 경제적·사회적·문화적 지위를 향상시키고, 농업의 경쟁력 강화를 통하여 농업인의 삶의 질을 높이는 기능을 한다.

③ 지역농업협동조합은 정관으로 정하는 품목이나 업종의 농업 또는 정관으로 정하는 한우 사육업, 낙농업, 양돈업, 양계업, 그 밖에 대통령령으로 정하는 가축사육업의 축산업을 경영하는 조합원에게 필요한 기술·자금 및 정보 등을 제공하고, 조합원이 생산한 농축산물의 판로 확대 및 유통 원활화를 도모하여 조합원의 경제적·사회적·문화적 지위향상을 증대시키는 것을 목적으로 한다.

④ 지역조합은 지역 명을 붙이거나 지역의 특성을 나타내는 농업협동조합 또는 축산업협동조합의 명칭을, 품목조합은 지역명과 품목 명 또는 업종명을 붙인 협동조합의 명칭을, 중앙회는 농업협동조합중앙회의 명칭을 각각 사용하여야 한다.

TIP 지역농업협동조합(지역농협)은 조합원의 농업생산성을 높이고 조합원이 생산한 농산물의 판로 확대 및 유통 원활화를 도모하며, 조합원이 필요로 하는 기술, 자금 및 정보 등을 제공하여 조합원의 경제적·사회적·문화적 지위 향상을 증대시키는 것을 목적으로 한다.

23 다음 중 덴마크의 농업협동조합에 대한 설명으로 바르지 못한 것은?

① 덴마크의 농업협동조합은 소비조합에 의하여 도입되었다.

② 최초의 농업조합이 1769년에 조직되었는데 왕립농업조합(the royal agriculture society)이 그 예의 하나이다.

③ 19세기 말경 낙농업이 크게 발달함에 따라 1882년에는 앤더슨(S. Andersen)이라는 젊은 낙농업자의 노력으로 최초의 낙농협동조합이 설립되었다.

④ 덴마크에서는 최초로 낙농협동조합을 만들었지만 이것들은 낙농협동조합연합회 수준으로 발달하지는 못하였다.

TIP 19세기 말경 낙농업이 크게 발달함에 따라 1882년에는 앤더슨(S. Andersen)이라는 젊은 낙농업자의 노력으로 최초의 낙농협동조합이 설립되었다. 우유 생산자와 그 가공업자의 노력으로 최초의 낙농협동조합을 만들고 이것들이 다시 덴마크 낙농협동조합연합회(the federation of danish dairy association)를 만들게 되었다.

Answer 22.③ 23.④

24 다음 ( ) 안에 들어갈 원칙으로 알맞은 것은?

> 국제협동조합연맹(ICA)은 1937년 파리에서 열린 제15차 대회에서 처음으로 협동조합 7원칙을 채택한바 있다. 그 후 비엔나에서 열린 ICA 제23차 대회에서 현실성에 맞게 6개원칙을 특별위원회에 상정하여 채택되었다. 종전의 7개 원칙 중에서 (A)이 제외되고, (B)이 새로이 추가되었다.

	(A)	(B)
①	정치적 · 종교적 중립, 현금거래의 원칙	국내외 협동조합 간 협력원칙
②	정치적 · 종교적 중립, 국내외 협동조합 간 협력원칙	현금거래의 원칙
③	현금거래의 원칙	장기대부의 원칙
④	장기대부의 원칙	현금거래의 원칙

TIP 비엔나에서 열린 ICA 제23차 대회에서 현실성에 맞게 6개 원칙을 특별위원회에 상정하여 채택되었다. 종전의 7개 원칙 중에서 정치적 · 종교적 중립과 현금거래의 원칙이 제외되고 국내외의 협동조합 간의 협력원칙이 새로이 추가되었다.

25 다음 중 독일의 농업협동조합에 대한 설명으로 바르지 못한 것은?

① 독일은 "라이파이젠" 농촌신용조합이 근간이 되어서 농업협동조합이 발달하여 왔다.

② 제2차 세계대전의 종식과 때를 같이하여 독일은 민주공화국과 연방공화국으로 분단되었고 동독의 민주공화국에서는 독자적인 유형의 주택협동조합이 조직되었다.

③ 서독의 연방공화국에서는 농촌협동조합, 도시협동조합, 주택협동조합, 소비자협동조합 등 네 가지의 협동조합 운동이 전개되었다.

④ 농촌협동조합 활동을 살펴보면 조합원의 고리채 해방에서 출발하여, 오늘날에는 신용사업 외에 구매사업을 통해 생산비를 절감하고, 고정비절감을 위한 공동생산방법을 모색하고 있다.

TIP 1945년 제2차 세계대전의 종식과 때를 같이하여 독일은 민주공화국과 연방공화국으로 분단되어 동독의 민주공화국에서는 「러시아」의 집단농장유형을 모방한 농업생산협동조합이 조직되고 서독의 연방공화국에서는 농촌협동조합, 도시협동조합, 주택협동조합, 소비자협동조합 등 네 가지의 협동조합 운동이 전개되었다.

Answer 24.① 25.②

26 다음 중 우리나라 농업협동조합의 발생에 대한 설명으로 바르지 못한 것은?

① 우리나라에서 협동행위를 하였던 것은 품앗이와 두레에서 찾아볼 수 있고, 또한 계나 향약과 같은 협동조직이 오랫동안 지속되었다.

② 정부는 1948년부터 농업협동조합 법안을 만들기 위하여 노력하였으나 3~4차례의 입안과 폐기를 거듭할 뿐 진전을 보지 못하였고 1955~56년에는 당시 한국이 처해 있는 현실적 바탕 위에서 어떻게 농촌을 부흥시킬 것인가에 관한 종합적인 자문을 미국의 전문가에게 의뢰하기도 하였다.

③ 갖가지 노력 끝에 1956년 6월 은행법에 의한 농업은행이 발족하게 되고 이듬해 2월에는 농업은행법과 농업협동조합법이 각각 공포되기에 이르렀다.

④ 동법의 주요 골자를 보면 이동농협을 기초조합으로 하여, 중앙단위에 농협중앙회를 두는 2단계 조직으로 구성하여 농업은행과 함께 농촌부흥의 주체가 되게 하였다.

TIP 이동농협을 기초조합으로 하여 중간단계에 시·군 농업과 축산, 원예 등 특수농협이 있고, 중앙단위에 농협중앙회를 두는 3단계 조직으로 구성하여 농업은행과 함께 농촌부흥의 주체가 되게 하였다.

27 다음 중 일본의 농업협동조합에 대한 설명으로 바르지 못한 것은?

① 일본 협동조합은 농업협동조합, 어업협동조합, 임업협동조합, 생활협동조합, 산업협동조합 등으로 발달하고 있다.

② 농업협동조합의 단위조합은 여러 가지 사업 활동을 겸영하고 있으며 통합농협 이외에 전문농협이 발달하고 있다.

③ 일본의 단위농협은 대농민 업무보다 신용사업, 공제사업, 경제사업, 농촌개발사업을 담당하고 있다.

④ 전국 농협중앙회는 회원조합의 지도, 감사, 교육, 조사, 연구, 조정업무를 담당하고 있다.

TIP 일본 농협의 기능을 살펴보면 단위농협은 대농민 업무를 전담하고 있으며 신용사업, 공제사업, 경제사업, 농촌개발사업을 담당하고 있다. 전국 농협중앙회는 회원조합의 지도, 감사, 교육, 조사, 연구, 조정업무를 담당하고 있다. 이외에도 예산대책운동과 각종 정책요구운동 등 농정활동에도 중점을 두고 있다.

Answer 26.④ 27.③

28 다음 중 우리나라 농업협동조합의 특징에 대한 설명으로 바르지 못한 것은?

① 대부분의 선진국에서는 전문화된 농업의 시장 경제적 대응력을 높이기 위하여 기능별 내지, 품목별 전문협동조합을 결성하고 지역별 내지, 전국규모의 연합체를 구성하여 활동하는 것이 보편적이다.

② 우리나라의 경우 미작중심의 영세소농적인 농업구조 하에서 식량증산과 농업개발 행정의 효율적인 집행을 위한 하향적인 종합농협체제를 채택하였다.

③ 우리나라에서 종합농협은 계속된 경제개발계획의 추진과정에 정부가 의도한 식량증산정책과 농업개발 행정과정에서 성과를 나타내지 못하였다.

④ 우리나라에서 종합농협은 농업협동조합의 체계와 운영 면에서 농업발전을 위한 농민의 자주적 생산자단체로서의 기능이 미흡하였다.

> **TIP** 우리나라에서 종합농협은 계속된 경제개발계획의 추진과정에 정부가 의도한 식량증산정책과 농업개발 행정과정에서 어느 정도의 성과를 거두기도 하였다. 그러나 중앙 집중적 기구·조직체계를 가진 하향적 관제조직으로 출발한데다가 정부의 간섭과 통제로 조합운영의 자주성과 자율성이 결여되어 농협조직은 내적으로 많은 구조적 모순을 안고 있었다. 그리하여 농업협동조합의 체계와 운영 면에서 농업발전을 위한 농민의 자주적 생산자단체로서의 기능이 미흡하였다.

29 다음 (   ) 안에 들어갈 말로 적당한 것은?

> 농업협동조합법 제1조-(A)의 자주적인 협동조직을 바탕으로 농업인의 경제적·사회적·문화적 지위를 향상시키고, (B)의 경쟁력 강화를 통하여 농업인의 삶의 질을 높이며, 국민경제의 균형있는 발전에 이바지함을 목적으로 한다.

① (A) – 농업인, (B) – 농업
② (A) – 농업인, (B) – 농민경제
③ (A) – 국민, (B) – 국민경제
④ (A) – 국민, (B) – 농민경제

> **TIP** 농업협동조합법 제1조 … 농업인의 자주적인 협동조직을 바탕으로 농업인의 경제적·사회적·문화적 지위를 향상시키고, 농업의 경쟁력 강화를 통하여 농업인의 삶의 질을 높이며, 국민경제의 균형있는 발전에 이바지함을 목적으로 한다.

Answer 28.③ 29.①

30 다음 중 농협의 구매사업은 세 가지 방법으로 행하여지는데, 이에 해당하지 않는 것은?

① 예약구매
② 경매구매
③ 매취구매
④ 위촉(정책)구매

TIP 농협의 구매사업은 예약구매, 매취구매, 위촉(정책)구매의 세 가지 방법으로 행하여진다.

31 농업협동조합법 제57조에서는 「지역농협은 그 목적을 달성하기 위하여 다음의 사업의 전부 또는 일부를 수행한다」고 규정하고 있다. 이러한 사업의 종류에 해당하지 않는 것은?

① 고육 지원 사업
② 투자사업
③ 신용사업
④ 복지후생사업

TIP 사업〈농업협동조합법 제57조 제1항〉 … 교육 지원 사업, 경제사업, 신용사업, 복지후생사업, 다른 경제단체 · 사회단체 및 문화단체와의 교류 · 협력, 국가 · 공공단체 · 중앙회 · 농협은행 또는 다른 조합이 위탁하는 사업, 다른 법령에서 지역농협의 사업으로 규정하는 사업, 부대사업, 농림축산식품부장관의 승인을 받은 사업 등

32 다음은 농협의 구매사업 중 어느 것에 대한 설명인가?

> 조합원의 대다수가 계속해서 필요로 하는 물건을 조합이 판매량을 예상하여 조합의 돈으로 사 오는 방법

① 예약구매
② 경매구매
③ 매취구매
④ 위촉(정책)구매

TIP ① 예약구매 : 미리 조합원으로부터 필요한 물건의 신청을 받아서 사들여 분배하는 방법
③ 매취구매 : 조합원의 대다수 계속해서 필요로 하는 물건을 조합이 판매량을 예상하여 조합의 돈으로 사 오는 방법
④ 위촉(정책)구매 : 비료 · 농약구매의 경우와 같이 정부의 위촉에 의하여 행하는 방법

Answer 30.② 31.② 33.③

33 다음 중 농업협동조합의 신용사업에 대한 설명으로 바르지 못한 것은?

① 신용사업은 농업자금 조성확대를 위한 저축 증대와 농업생산 증대를 위한 저리의 농업자금 공급 확대에 목적을 두고 추진되고 있다.

② 조합원인 농민들에게 필요한 자금을 효율적으로 공급하고 이에 필요한 자원을 효과적으로 동원함으로써 직·간접적으로 농가소득을 증대시켜 농업발전에 기여하는 역할을 담당하고 있는 사업이다.

③ 농협의 신용사업은 신용사업 이외의 여러 가지 사업을 수행하는데 필요한 사업자금의 공급이라는 중요성을 지니고 있지만 일반 금융 기능을 내포하진 않는다.

④ 신용사업에서 상호금융은 경제적인 약자들이 모여서 자금여유가 있는 사람은 조합에 예치하고 자금이 필요한 사람은 조합에서 자금을 빌려 쓰는 호혜적 금융이다.

TIP 농협의 신용사업은 신용사업 이외의 여러 가지 사업을 수행하는데 필요한 사업자금의 공급이라는 중요성을 지니고 있는 반면에 일반 금융 기능도 아울러 내포하고 있다.

34 다음 중 농협의 판매사업에 대한 설명 중 바르지 못한 것은?

① 위촉판매사업은 판매자 위주의 사업이다.

② 수탁판매사업은 생산농민이 출하물량을 조합에 판매 위탁하여 조합에서 판매를 대행해 주는 사업이다.

③ 매취판매사업에서는 농산물의 소유권이 농가에서 조합으로 이전되기 때문에 판매에 따른 위험부담이 조합에 있다.

④ 농협의 판매사업은 농산물을 대량으로 모아서 시장거래를 함으로써 거래 면에서 불리한 점을 없애고 농산물의 가격수준을 적정화할 수 있게 해 준다.

TIP 위촉판매사업은 정부 또는 민간가공업체, 유통업체로부터 구매대행 위탁을 받아 위탁받은 물량을 농가로부터 대리 매입하여 인도함으로써 위촉대행기관 또는 위촉자로부터 위탁수수료를 받는 구매자 위주의 사업이다.

Answer 33.③ 34.①

35 다음 중 농업협동조합의 공제사업에 관한 설명 중 바르지 못한 것은?

① 공제사업은 다수의 조합원들이 우연한 사고가 발생할 경우에 재산상의 자금수요를 충족시킬 수 있도록 미리 일정한 금액, 즉 공제료를 갹출하여 공동준비재산을 조성하고, 일정한 사고가 발생하였을 때에 공제금을 지불하여 조합원을 보호하기 위한 협동조합보험을 말한다.

② 협동조합보험은 인적 관계를 중요시하고 있어 민간보험에 비해 많은 이점을 가지고 있으며 도덕적 위험을 대폭 감소시킨다.

③ 협동조합보험은 민주주의 원칙을 기초로 설립되어 각 조합원은 총회에서 한 표의 의결권을 가지며 조합의 이사와 임원을 선출함으로써 경영 전반에 참가하고 있다.

④ 협동조합의 경제적 원리에 의해서 협동조합보험은 출자금에 대한 배당이 자유롭다.

> **TIP** 협동조합의 경제적 원리에 의해서 협동조합보험은 출자금에 대한 배당이 엄격하게 제한된다.

36 농촌의 복지를 영역별로 나누었을 때 해당되지 않는 것은?

① 가구를 단위로 하는 농가의 복지

② 농사에 종사하는 사람을 단위로 하는 농업종사자 복지

③ 품목을 단위로 하는 농가의 복지

④ 지역을 단위로 하는 농촌지역내의 복지

> **TIP** 농촌복지의 영역별 분류
> ㉠ 가구를 단위로 하는 농가의 복지
> ㉡ 농사에 종사하는 사람을 단위로 하는 농업종사자 복지
> ㉢ 지역을 단위로 하는 농촌지역 내의 복지
> ㉣ 국민의 일원으로 보는 국민복지

Answer 35.④ 36.③

37 농업협동조합의 지도사업에 관한 설명 중 바르지 못한 것은?

① 지도사업은 협동조합만이 수행하는 독특한 사업이 아니다.

② 지도사업은 조합원 농가의 영농과 생활을 지원하고, 조합원의 의식을 변화시켜 영농개선이나 생활개선을 도모하는 협동조합 본연의 중요한 사업이다.

③ 지도사업은 다른 사업과는 달리 농협에 직접 수익을 가져오는 사업은 아니다.

④ 농협의 지도사업 추진체계를 보면 중앙본부는 농촌지원부가 지도사업을 총괄하고 회원지원부 등 각 사업부서가 이를 지원하고 있다.

TIP 지도사업은 협동조합만이 수행하는 독특한 사업이다. 일반 기업은 수익을 목표로 하지만 지도사업은 직접적인 수익이 발생하지 않더라도 실시하는 사업이다.

38 농촌복지의 필요성에 대한 설명 중 바르지 못한 것은?

① 농민은 농업생산 활동에 장기간 종사하면서 위험관리비용을 거의 전적으로 개인이 부담하게 된다.

② 농업은 자연을 대상으로 이루어지므로 흉년이 드는 때도 있고 여러 가지 자연재해를 입게 되는 때도 많다.

③ 농사로 인한 산업적인 공해나 직업병도 농가가 가해자인 동시에 피해자인 경우가 많으므로 사기업 보험의 대상이 어려운 측면이 있다.

④ 농산물수요의 가격탄력성이 크므로 농산물가격의 등락 폭이 작아 시장의 불안정성이 없다.

TIP 농산물수요의 가격탄력성이 작으므로 농산물가격의 등락 폭이 크게 되는 등 시장의 불안정성이 있다.

Answer 37.① 38.④

39 다음 중 농촌복지에 대한 설명으로 바르지 못한 것은?

① 농업정책의 궁극적인 목표는 농업에 종사하는 이들의 복지를 증진시키는 것이라 할 수 있다.

② 농촌복지라고 말할 때에는 도시와 상대적인 지역으로서의 농촌에 대한 관점에서 복지를 논하는 것으로, 산업으로서의 농업활동을 통한 경제적 성과, 생활의 터전으로서의 환경에 대한 평가를 기준으로 그 수준을 논하게 된다.

③ 농촌지역 내의 복지를 증진하려는 경우에는 생활터전이 되기 위한 최고수준의 편의를 갖추면서 서로 돕고 협력하는 사회적 분위기가 활성화되고 쾌적한 환경을 이루도록 여러 가지 정책수단들이 동원된다.

④ 농업종사자의 복지를 증진하려면 노동자로서의 농민의 적절한 생산성, 소득의 보장, 건강, 만족감을 키우는 것 등이 정책의 내용이 된다.

> **TIP** 농촌지역 내의 복지를 증진하려는 경우에는 생활터전이 되기 위한 최저기준 이상의 편의를 갖추면서 서로 돕고 협력하는 사회적 분위기가 활성화되고 쾌적한 환경을 이루도록 여러 가지 정책수단들이 동원된다.

40 다음 중 농촌복지제도의 내용에 대한 설명으로 바르지 못한 것은?

① 우리나라의 농촌복지정책은 1990년부터 농촌의료보험제도가 실시되고 1994년 이후 농어촌발전종합대책에 의하여 농가의 교육비보조가 이루어지고 있다.

② 영세민에 대하여 생활·의료·교육보조를 하거나 재해보상을 하는 것이 공적부조방식이다.

③ 의료보험제도, 농어민연금제도, 노동재해와 농작물재해보험제도 등은 사회보험방식에 속한다.

④ 협동조합을 비롯한 각종 농어민단체의 활동과 운영을 지원하는 정책은 사회통합방식으로 분류된다.

> **TIP** 우리나라의 농촌복지정책은 1988년부터 농촌의료보험제도가 실시되고 1990년 이후 농어촌발전종합대책에 의하여 농가의 교육비보조가 이루어지는 정도이다.

Answer 39.③ 40.①

41 다음 중 농촌지역 국민건강보험의 문제점에 대한 설명으로 바르지 못한 것은?

① 국민건강보험료 부과체계에 있어서 직장가입자는 개인 소득 비례의 단일기준 방식인데 반해서, 지역가입자는 소득, 재산 및 자동차 등을 함께 고려하는 다원적 기준방식으로 되어 있어 지역가입자는 동일 소득수준의 직장가입자에 비해 더 많은 국민건강보험료를 내게 되고, 지역가입자인 많은 농어촌 주민들은 상대적으로 불이익을 받고 있다.

② 2001년부터 종합소득세를 내는 농어촌주민은 직장보험 가입자의 피부양자라 할지라도 지역건강보험에 선택적으로 가입하도록 바뀌어 상당수의 농어촌주민들이 새롭게 지역가입자로 편성되어 보험료의 부담은 완화되었다.

③ 열악한 의료 환경을 감안하여 시행하고 있는 22%의 보험료 경감은 농업인 소득의 저위와 불안정성을 고려하면 크게 미흡한 실정이다.

④ 농어촌인구의 노령화로 인해서 방문간호, 방문진료, 물리치료, 한방치료 등에 대한 수요가 급증하고 있으나 이러한 의료서비스는 현행 국민건강보험에서는 아주 제한적으로만 인정되고 있다.

TIP 2001년부터 종합소득세를 내는 농어촌주민은 직장보험 가입자의 피부양자라 할지라도 지역건강보험에 의무적으로 가입하도록 바뀌어 상당수의 농어촌주민들이 새롭게 지역가입자로 편성되어 보험료를 따로 내게 되어 있다.

42 다음 중 농촌복지에 대한 설명으로 바르지 못한 것은?

① 비농업부문에서 이루어지고 있는 다양한 복지대책과 균형을 유지하기 위하여 농업부문의 복지정책은 필요하다.

② 농업은 경영단위가 집중되어 기업체가 추진하는 복지활동을 도입하기가 용이하다.

③ 가격정책을 농산물 쪽에 유리하게 추진하는 것, 무역정책을 국내농업을 보호하는 방식으로 추진하는 것, 나아가 산업구조를 조정하는 정책들이 종합적으로 이루어져야 농가·농촌의 복지는 증진될 수 있을 것이다.

④ 농산물 중에는 대체재인 경쟁재가 많고 무역자유화를 통하여 공급원이 다양해져 생산자 입장에서는 시장 확보의 불안정성이 커지고 있다.

TIP 농업은 경영단위가 분산되어 독립적인 영농활동을 하는 것이 대부분으로 기업체가 추진하는 복지활동을 도입하기 어려운 구조적인 약점을 지니고 있다.

Answer 41.② 42.②

43 다음 중 초기 협동조합 발전의 특징에 대한 설명으로 바르지 못한 것은?

① 초기 협동조합운동은 소위 '공상적 사회주의자'라고 불리는 로버트 오언, 생시몽, 샤를 푸리에 등의 사상적 영향 하에서 출발하게 되지만, 자본주의 체제하에서의 협동조합은 그 발전에 따라 사회주의 사상의 영향으로부터 점차 벗어나게 되었다.

② 영국은 노동자의 계급적 분화와 그 빈곤문제로 인해 소비조합운동을 중심으로 하면서 협동조합 운동에서 가장 앞선 나라였다.

③ 정체되어 있는 협동조합운동을 독특하고도 현실적인 운영원칙을 가진 경제조직으로 발전시켜 나가는 계기가 된 것이 근대적 협동조합의 효시로 불리는 「로치데일 공정선구자조합」(1844)이다.

④ 자본주의 발전이 상대적으로 늦고 독립소생산자의 비중이 컸던 프랑스에서는 신용협동조합이 발전하였다.

TIP 자본주의 발전이 상대적으로 늦고 독립소생산자의 비중이 컸던 프랑스에서는 노동자생산조합이 발전하였다.

44 다음 중 지역농업협동조합에 대한 설명으로 바르지 못한 것은?

① 지역농업협동조합은 조합원의 농업생산성을 높이고 조합원이 생산한 농산물의 판로 확대 및 유통 원활화를 도모하며, 조합원이 필요로 하는 기술, 자금 및 정보 등을 제공하여 조합원의 경제적·사회적·문화적 지위 향상을 증대시키는 것을 목적으로 한다.

② 지역농협을 설립하려면 그 구역에서 20인 이상의 조합원 자격을 가진 자가 발기인이 되어 정관을 작성하고 창립총회의 의결을 거친 후 농림축산식품부장관의 인가를 받아야 한다.

③ 농림축산식품부장관은 지역농협의 설립인가 신청을 받으면 신청일부터 90일 이내에 인가하여야 한다.

④ 지역농협의 정관에는 목적, 명칭, 구역, 주된 사무소의 소재지 등 여러 가지 사항이 포함되어야 한다.

TIP 농림축산식품부장관은 지역농협의 설립인가 신청을 받으면 다음의 경우 외에는 신청일부터 60일 이내에 인가하여야 한다.
ㄱ 설립인가 구비서류가 미비된 경우
ㄴ 설립의 절차, 정관 및 사업계획서의 내용이 법령을 위반한 경우
ㄷ 그 밖에 설립인가 기준에 미치지 못하는 경우

Answer 43.④ 44.③

45 다음 중 협동조합의 특징에 관한 설명으로 바르지 못한 것은?

① 출자자=운영자=이용자의 삼위일체적 성격을 갖는다.

② '자발적 · 공개적 조직의 원칙'에서 보는 것처럼 협동조합은 그것을 이용함으로써 편익을 얻고자 하는 사람의 가입을 거부해서는 안 된다.

③ 협동조합의 모든 비용을 제한 잉여금은 자본에 대한 비율에 따라 조합원에게 배당되어야 한다.

④ 협동조합은 경제적인 사업 활동을 하는 단순한 경영체로서의 성격뿐만 아니라 사회적 운동체로서의 성격을 동시에 갖는다.

TIP 모든 비용을 제한 잉여금은 자본에 대해서가 아니라 잉여금 형성에 기여한 비율에 따라 조합원에게 배당되어야 한다.

46 협동조합과 주식회사를 비교한 내용 중 바르지 못한 것은?

① 협동조합과 주식회사는 민주주의 원칙에 따라 1인 1표제이다.

② 협동조합은 조합원의 이용고에 비례한 배분을 원칙으로 하는 반면, 주식회사는 출자액수에 비례해서 배분한다.

③ 협동조합은 특정화 된 조합원이 이용하는 것을 원칙으로 하는데 반해, 주식회사는 불특정 다수의 고객이 이용하게 된다.

④ 협동조합은 출자에 대한 배당이 통상적인 이자율 수준을 넘을 수 없도록 제한하는데 반해, 주식회사는 이윤추구를 목적으로 하므로 출자 배당을 제한하지 않는다.

TIP 협동조합은 1인 1표제를 원칙으로 하나, 주식회사는 1주 1표제이다. 즉 협동조합은 일반적으로 출자액수에 관계없이 조합원이 모두 동등한 의결권을 갖는데 반해, 주식회사는 출자액수에 비례해서 의결권을 갖는다.

Answer 45.③ 46.①

47 다음 중 지역농업협동조합의 가입과 탈퇴 및 제명에 대한 설명으로 바르지 못한 것은?

① 지역농협은 정당한 사유 없이 조합원 자격을 갖추고 있는 자의 가입을 거절하거나 다른 조합원보다 불리한 가입 조건을 달 수 없다.

② 지역농협은 조합원 수를 제한할 수 없다.

③ 조합원이 파산한 경우나 금치산선고를 받은 경우에는 당연히 탈퇴된다.

④ 3년 이상 지역농협의 사업을 이용하지 아니한 경우에는 총회의 의결을 거쳐 제명할 수 있다.

TIP 1년 이상 지역농협의 사업을 이용하지 아니한 경우에는 총회의 의결을 거쳐 제명할 수 있다.

48 다음 중 조합원의 자격에 대한 설명으로 바르지 못한 것은?

① 조합원은 지역농협의 구역에 주소, 거소나 사업장이 있는 농업인이어야 한다.

② 한 조합원이 둘 이상의 지역농협에 가입할 수 있다.

③ 영농조합법인과 농업회사법인으로서 그 주된 사무소를 지역농협의 구역에 두고 농업을 경영하는 법인은 지역농협의 조합원이 될 수 있다.

④ 특별시 또는 광역시의 자치구를 구역의 전부 또는 일부로 하는 품목조합은 해당 자치구를 구역으로 하는 지역농협의 조합원이 될 수 있다.

TIP 조합원은 지역농협의 구역에 주소, 거소나 사업장이 있는 농업인이어야 하며, 둘 이상의 지역농협에 가입할 수 없다.

49 다음 중 지역농업협동조합의 운영에 대한 설명으로 바르지 못한 것은?

① 지역농협은 지역농협의 건전한 발전을 도모하기 위하여 조합원 및 외부 전문가 15명 이내로 운영평가자문회의를 구성·운영할 수 있다.

② 지역농협에 임원으로서 조합장 1명을 포함한 7명 이상 25명 이하의 이사와 2명의 감사를 두되, 그 정수는 정관으로 정한다.

③ 조합장과 조합원인 이사의 임기는 4년이다.

④ 지역농협의 임원은 그 지역농협의 직원을 겸직할 수 없지만 다른 조합의 임원이나 직원을 겸직할 수 있다.

Answer 47.④ 48.② 49.④

50 농업협동조합이 하는 사업 중 성질이 다른 하나는?

① 조합원의 예금과 적금의 수입

② 위탁영농사업

③ 조합원이 생산한 농산물의 유통 조절 및 비축사업

④ 조합원이 생산하는 농산물의 제조 · 가공 · 판매 · 수출 등의 사업

TIP 조합원의 예금과 적금의 수입은 신용사업에 해당하고 다른 보기들은 경제사업에 해당한다.

※ 신용사업
ⓐ 조합원의 예금과 적금의 수입
ⓑ 조합원에게 필요한 자금의 대출
ⓒ 내국환
ⓓ 어음할인
ⓔ 국가 · 공공단체 및 금융기관의 업무 대리
ⓕ 조합원을 위한 유가증권 · 귀금속 · 중요물품의 보관 등 보호예수 업무
ⓖ 공과금, 관리비 등의 수납 및 지급대행
ⓗ 수입인지, 복권, 상품권의 판매대행

51 다음 중 농업협동조합중앙회의 기관 및 임원 · 직원에 대한 설명으로 바르지 못한 것은?

① 중앙회에 임원으로 회장 1명, 농업경제대표이사 1명, 축산경제대표이사 1명, 상호금융대표이사 1명 및 전무이사 1명을 포함한 이사 30명 이내와 감사위원 5명을 둔다.

② 감사위원회는 감사위원장을 포함한 5명의 감사위원으로 구성하되 그 임기는 4년으로 하며, 감사위원 중 3명은 대통령령으로 정하는 요건에 적합한 외부전문가 중에서 선출하여야 한다.

③ 이사회 운영의 전문성과 효율성을 도모하기 위하여 농업경제대표이사 · 축산경제대표이사 및 상호금융대표이사의 소관사업부문별로 소이사회를 둔다.

④ 교육업무를 지원하기 위하여 이사회 소속으로 교육위원회를 둔다.

TIP 감사위원회는 감사위원장을 포함한 5명의 감사위원으로 구성하되 그 임기는 3년으로 하며, 감사위원 중 3명은 대통령령으로 정하는 요건에 적합한 외부전문가 중에서 선출하여야 한다.

Answer 50.① 51.②

11 P A R T

농업정책과
한국 농업의 발전방향

01 농업정책

① 농업정책

(1) 농업소득의 한계를 농촌지역의 다양한 산업 부문 육성을 통해 보완해야 할 필요성이 대두되고 있다.

(2) 농촌주민들의 삶의 질을 향상시키기 위한 복지적 차원의 접근 필요성도 증대되고 있다.

(3) 농업생산 공간 이외에도 생활공간, 환경과 경관 유지 공간, 전통자원과 문화 보존 공간, 여가 공간, 어메니티 창출 공간 등으로서의 농촌의 가치가 부각되고 있다.

> **TIP**
> **농산물 유통개혁(물류체계의 혁신)**
> • 물류 정보망 구축으로 생산자 소비자 관리 도모
> • 유통 단계별 물류비 증가 요인 발굴 및 타개
> • 저온 유통 체계의 구축으로 고품질의 안전 농산물 공급
> **농산물 유통정책의 목적**
> • 농산물 가격 변동을 완화한다.
> • 농산물의 수요와 공급을 적절히 조절하여 불균형을 시정한다.
> • 농산물의 유통효율화와 거래의 공정화를 촉진시킨다.
> • 농산물 가격 수준을 적정화하여 생산자 수취가격이 보장되고 소비자 지불가격이 큰 부담이 없어야 한다.
> **농업 전문 인력의 육성**
> • 농민후계자 육성의 체계적인 내실화를 도모
> • 정부가 소수의 정예화 된 개척농민을 선발 · 육성하여 이들에게 우리 농업을 선도하는 기능과 역할을 부여
> • 8만 명에 이르는 농촌지도자 가운데서 우수한 독농가를 선발하여 후계자와 4-H(head, heart, hand, health)회원의 지도 인력으로 활용하고 지역 농업개발의 거점으로 해야 함

❷ 농업 정책의 새로운 패러다임

	과거의 접근방법	새로운 접근방법
목표	평준화, 농가소득, 농가의 경쟁력	농촌지역의 경쟁력, 농촌지역 자원의 가치현실화, 활용하지 않았던 자원의 재발견
핵심 대상 부문	농업	농촌지역 경제를 구성하는 다양한 산업 부문
주체	중앙정보, 농업인	중앙정부, 지방정부, 농촌지역의 다양한 이해당사자

❸ 농업정책의 대상 부문의 확대

(1) 농촌정책은 농촌지역을 대상으로 주민들의 삶의 질 향상에 필요한 SOC(사회간접자본)와 핵심 서비스를 공급하는 일이며, 미래세대를 위한 자원을 관리하는 일이고, 산업적 진흥을 지원하는 일을 포함하는 등의 통합적 의미의 공적 영역이라고 할 수 있다.

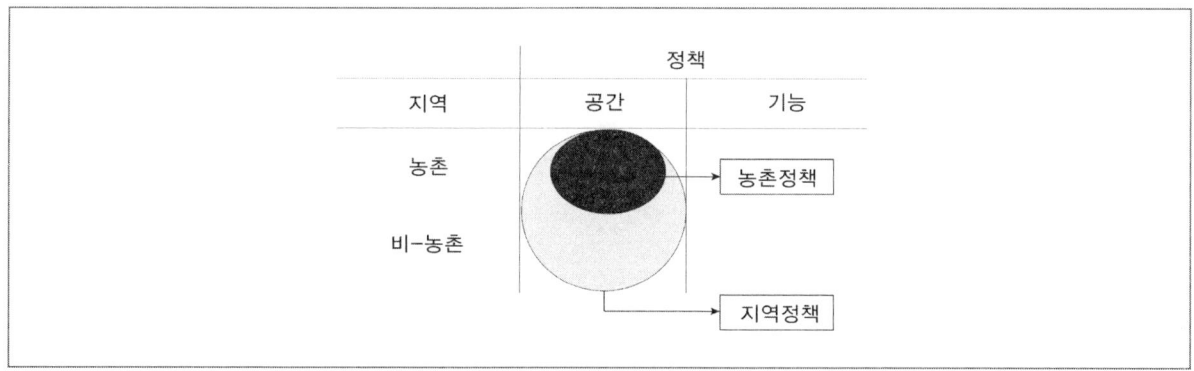

① 주택공급, 도로정비, 복지서비스 등의 단위 기능 강화 정책과 구별되는 공간정책

② 농촌지역 및 비농촌지역을 모두 대상으로 하는 정책은 지역정책에 해당

(2) 국내 농촌정책은 농어업인의 삶의 질 향상 및 농어촌지역 개발촉진에 관한 특별법에 포괄되어 있는 복지, 교육, 지역개발, 복합산업 등 4개 영역별 100여 개의 사업이라 할 수 있다.

공리주의적 후생경제이론

- 피구(A. C. Pigou)와 해로드(R. F. Harrod)를 비롯한 케임브리지학파의 이론
- 해로드는 각 개인의 효용능력의 동질성을 가정하여 효용비교는 가능하다고 주장
- 피구에 의하면 '경제적 후생'이란 사회를 조직하고 있는 각 개인의 효용의 단순한 총합계를 의미

사회적 후생경제이론

- 미국 경제학자들인 버그슨(A. Bergson)과 새뮤얼슨(P. A. Samuelson) 등에 의하여 제창된 사회적 후생함수의 개념
- 결국 사회전체의 효용증대를 주장
- 사회의 경제적 후생과 거기에서 모든 요인들 사이에 어떠한 일정한 가치평가함수의 존재를 인정

힉스(J. R. Hicks)와 '경제조직의 최적편성'

- 신후생경제학파와 관련
- 경제조직의 능률을 판단하는 기준으로서 '경제조직의 최적편성'의 개념을 정의
- '경제조직의 최적편성'이란 어떤 개인을 불리하게 하는 편성의 변경은 허용될 수 없고, 조건하에서 각 개인에게 가장 유리하게 되어 있는 편성

02 한국 농업의 발전방향

❶ 한국 농업의 발전방향

(1) 농업정책 및 농촌의 사회정책을 구분해서 집행할 필요성 증대

(2) 농가별 경쟁력을 고려한 차등 지원의 정책

(3) 직접적인 소득보전정책의 실시

(4) 농산물 유통체계 정비, 고품질의 표준화된 농산물의 안정적인 공급방안 필요

(5) 고부가가치 기술농업 육성, 전 업종 육성 등의 소득안정 및 농촌지역의 개발에 중점적으로 지원

❷ 한국 농업의 발전전략

(1) 경쟁력 있는 농업경영체 육성 조건
① 농업자원결합 구조개선
② 다양한 소득보상 시스템
③ 농가경영 안정 장치
④ 경영능력강화교육 및 경영혁신 지원의 강화
⑤ 거래력 강화를 위한 농협개혁

(2) 정주공간으로 탈바꿈시키기 위한 조건

① 농촌관광 활성화를 위한 물적 기반 정비

② 농촌개발체계의 정비 및 활용

③ 농촌교육과 의료서비스 체계의 개선

④ 도시자본의 유치를 위한 제도의 개선

⑤ 지역주민의 자조적 배양을 위한 동기부여

> **TIP** ∿∿∿∿∿∿∿∿∿∿∿∿∿∿∿∿∿∿∿

친환경농업 … 합성농약, 화학비료 및 항생제 · 항균제 등 화학자재를 사용하지 아니하거나 사용을 최소화하고 농업 · 축산업 · 임업 부산물의 재활용 등을 통하여, 생태계와 환경을 유지 · 보전하면서 안전한 농산물을 생산하는 산업을 말한다. 농업의 환경보전기능을 증대시키고, 농업으로 인한 환경오염을 줄이며, 친환경농업을 실천하는 농업인을 육성하여 지속가능하고 환경친화적인 농업을 추구하는 것을 목적으로 하는 농업이라 할 수 있다.

출제 예상 문제

1 스마트팜의 3세대 특징에 해당하는 것은?

① 스마트폰 온실제어 시스템

② 데이터 기반 생육관리 소프트웨어

③ 지능형 로봇농장

④ 정밀 생육관리

TIP 3세대 스마트팜의 특징으로 지능형 로봇농장을 들 수 있으며 목표효과는 지속가능성 향상에 있다.

2 농산물 유통개혁에 대한 설명 중 성질이 다른 하나는?

① 유통 단계별 물류비 증가 요인 발굴 및 타개

② 저온 유통 체계의 구축으로 고품질의 안전 농산물 공급

③ 물류 정보망 구축으로 생산자 소비자 관리 도모

④ 생산자의 조직화 및 역할 강화

TIP ①②③ 물류체계의 혁신
④ 산지유통 혁신

Answer 1.③ 2.④

3 다음은 무엇에 대한 설명인가?

> 이것은 공공정책의 한 분야로서 농업과 농업 관련 산업부문을 주로 겨냥하여 이루어지는 공공활동의 과정이라 할 수 있다. 따라서 넓은 의미로 보면, 농업정책은 어떤 농산물을 어떻게 누구를 위하여 생산할 것인가를 개인과 기업체가 결정하는데 영향을 미치는 전반적인 공공의 결정을 뜻한다.

① 농촌복지
② 농업개발
③ 농업정책
④ 농업경제

TIP 농업정책은 공공정책의 한 분야로서 농업과 농업 관련 산업부문을 주로 겨냥하여 이루어지는 공공활동의 과정이라 할 수 있다. 따라서 넓은 의미로 보면, 농업정책은 어떤 농산물을 어떻게 누구를 위하여 생산할 것인가를 개인과 기업체가 결정하는데 영향을 미치는 전반적인 공공의 결정을 뜻한다.

4 다음 중 생산자 단체가 채택하려고 하는 유통명령제에 대한 설명으로 가장 적절하지 않은 것은?

① 유통명령에는 유통명령을 발하는 이유, 대상 품목, 대상자, 유통조절방법 등 대통령령이 정하는 사항이 포함되어야 한다.
② 생산자 등 또는 생산자단체가 유통명령을 요청하고자 하는 경우에는 요청서를 작성하여 이해관계인·유통전문가의 의견수렴 절차를 거치고 당해 농수산물의 생산자 등의 대표나 당해 생산자단체의 재적회원 3분의 2 이상의 찬성을 얻어야 한다.
③ 유통명령을 발하기 위한 기준과 구체적 절차, 유통명령을 요청할 수 있는 생산자 등의 조직과 구성 및 운영방법 등에 관하여 필요한 사항은 농림축산식품부령으로 정한다.
④ 유통명령 이행으로 인한 손실 보전 및 유통명령 집행업무의 지원에 관하여 필요한 사항은 농림축산식품부령으로 정한다.

TIP 유통명령 이행으로 인한 손실 보전 및 유통명령 집행업무의 지원에 관하여 필요한 사항은 대통령령으로 정한다.

Answer 3.③ 4.④

5 농산물 유통정책의 목적으로 바르지 못한 것은?

① 농산물 가격 변동을 완화한다.
② 농산물 가격 수준을 최대화하여 생산자 수취가격을 보장해야 한다.
③ 농산물의 수요와 공급을 적절히 조절하여 불균형을 시정한다.
④ 농산물의 유통효율화와 거래의 공정화를 촉진시킨다.

TIP 농산물 가격 수준을 적정화하여 생산자 수취가격이 보장되고 소비자 지불가격이 큰 부담이 없어야 한다.

6 다음 중 농업정책이란 '국가가 농업을 보호함에 있어서 기준이 되는 여러 가지 원칙의 내용이다.'라고 정의한 학자는?

① 부켄베르케르(A. Buchenberger)
② 비고진스키(W. Wygorzinsky)
③ 해로드(R. f. Harrod)
④ 버그슨(A. Bergson)

TIP 부켄베르케르(A. Buchenberger)는 농업정책이란 '국가가 농업을 보호함에 있어서 기준이 되는 여러 가지 원칙의 내용이다'라고 정의하였다.

7 다음 중 농업정책은 '유기물을 경제적으로 보다 더 합목적적으로 형성하는 것을 임무로 하는 전 경제의 한 부문의 전제와 결과를 연구하는 것이다'라고 하면서 국가와 여러 기관의 농업과 관련된 의도를 연구하는 것만이 아니라 농업과 관련된 입법행정의 사실행위까지 모두 농업정책의 개념에 포함시킨 학자는?

① 이또오도시오
② 힉스(J. R. Hicks)
③ 비고진스키(W. Wygorzinsky)
④ 피구(A. C. Pigou)

TIP 비고진스키(W. Wygorzinsky)는 농업정책은 '유기물을 경제적으로 보다 더 합목적적으로 형성하는 것을 임무로 하는 전 경제의 한 부문의 전제와 결과를 연구하는 것이다'라고 하면서 국가와 여러 기관의 농업과 관련된 의도를 연구하는 것만이 아니라 농업과 관련된 입법행정의 사실행위까지 모두 농업정책의 개념에 포함시켰다.

Answer 5.② 6.① 7.③

8 다음 중 공리주의적 후생경제이론에 대한 설명으로 바르지 못한 것은?

① 피구(A. C. Pigou)와 해로드(R. F. Harrod)를 비롯한 케임브리지학파의 이론이다.

② 피구에 의하면 '경제적 후생'이란 사회를 조직하고 있는 각 개인의 효용의 단순한 총합계 이상의 것을 의미한다.

③ 해로드는 각 개인의 효용능력의 동질성을 가정하여 효용비교는 가능하다고 주장했다.

④ 그러므로 A, B 두 사람으로 어떤 한 사회의 후생을 고찰해 보면 두 사람의 효용수준이 U_A와 U_B가 주어졌을 때 $W = f(U_A, U_B)$이다. 이 함수의 성격은 두 사람의 효용수준을 어떤 가치관에 의해서 평가하느냐에 따라 달라진다.

TIP 피구에 의하면 '경제적 후생'이란 사회를 조직하고 있는 각 개인의 효용의 단순한 총합계를 말한다.

9 다음 중 ( ) 안에 들어갈 말로 적당한 것은?

파레토는 (A)를 주장하고, (B)란 어떤 일부의 개인의 한계효용을 증대하려면 다른 개인의 그것을 감소하는 결과를 가져와야만 하는 상태라고 정의했다.

(A)	(B)
① 오페리미터의 극대	파레토의 최적상태
② 오페리미터의 극대	파레토의 충돌상태
③ 오페리미터의 극소	파레토의 최적상태
④ 오페리미터의 극소	파레토의 충돌상태

TIP 파레토는 '오페리미터의 극대'(maximum ophelimite), 즉 '집합체에 있어서의 복지의 극대'를 주장하고, '파레토의 최적상태'란 어떤 일부의 개인의 한계효용을 증대하려면 다른 개인의 그것을 감소하는 결과를 가져와야만 하는 상태라고 정의했다.

Answer 8.② 9.①

10 근대적 후생경제이론은 일반적으로 3가지 형으로 구분되는데, 이 중 피구(A. C. Pigou)와 해로드(R. F. Harrod)와 관련된 이론은?

① 공리주의적 후생경제이론　　　　　　② 신후생경제학파이론

③ 사회적 후생경제이론　　　　　　　　④ 개인적 경제이론

TIP 피구(A. C. Pigou)와 해로드(R. F. Harrod)를 비롯한 케임브리지학파는 공리주의적 후생경제이론을 추구하였다.

11 다음 중 파레토의 최적조건의 아이디어와 가장 밀접한 관련이 있는 이론은?

① 공리주의적 후생경제이론　　　　　　② 신후생경제학파 이론

③ 사회적 후생경제이론　　　　　　　　④ 개인적 경제이론

TIP 후생경제이론은 일반적으로 3가지형으로 구분할 수 있는데, 이 중에서 파레토 최적조건의 아이디어를 계승·발전시킨 것은 신후생경제학파 이론이다.

12 다음 중 사회적 후생경제이론에 대한 설명으로 바르지 못한 것은?

① 미국 경제학자들인 버그슨(A. Bergson)과 새뮤얼슨(P. A. Samuelson) 등에 의하여 제창된 사회적 후생함수의 개념이다.

② 사회의 경제적 후생과 거기에서 모든 요인들 사이에 어떠한 일정한 가치평가함수의 존재를 인정한다.

③ 가치판단의 기초를 개인의 효용판단에 두고 있다.

④ 결국 사회전체의 효용증대를 주장한 것이다.

TIP 가치판단의 기초를 개인의 효용판단에 두지 않고 사회적 가치판단에 두고 있다. 즉 사회의 경제적 후생과 거기에서 모든 요인들 사이에 어떠한 일정한 가치평가함수의 존재를 인정하는 것이다.

Answer 10.① 11.② 12.③

13 다음 중 힉스(J. R. Hicks)와 '경제조직의 최적편성'에 대한 설명으로 바르지 못한 것은?

① 신후생경제학파와 관련 있다.

② 경제조직의 능률을 판단하는 기준으로서 '경제조직의 최적편성'의 개념을 정의하였다.

③ '경제조직의 최적편성'이란 어떤 개인을 불리하게 하는 편성의 변경은 허용될 수 없고, 조건하에서 각 개인에게 가장 유리하게 되어 있는 편성'이라고 하였다.

④ 이것은 개인 간의 효용비교를 촉진하면서 경제조직의 사회적 능률에 대한 객관적인 평가기준을 부여하려고 했다.

TIP 힉스는 '경제조직의 최적편성'은 '어떤 개인을 불리하게 하는 편성의 변경은 허용될 수 없고, 조건하에서 각 개인에게 가장 유리하게 되어 있는 편성'이라고 정의하였는데, 이것은 개인 간의 효용비교를 회피하면서도 경제조직의 사회적 능률에 대한 객관적인 평가기준을 부여하려고 하는 것이다.

14 다음 중 후생경제이론과 농업정책에의 적용에 대한 설명으로 바르지 못한 것은?

① 후생경제이론을 어떻게 농업정책에 적용시킬 것인가 하는 문제는 그 나라의 경제발전 수준, 사회제도, 정치조직, 가치판단에 따라 결정될 것이다.

② 사회적 후생경제이론과 같이 전체사회의 후생함수를 향상시키려면 분배의 측면을 특히 강조해야 한다.

③ 그동안 대부분의 후진국에서 진행되어온 선 성장·후 분배정책은 오늘날과 같은 후기산업사회에 들어와서는 이로 인한 상대적 빈곤의 증대가 사회적 불안정과 만성적인 정치위기를 가져옴으로써 오히려 지속적인 성장을 어렵게 하고 있음을 현재의 많은 나라들의 경험에서 볼 수 있다.

④ 사회적 후생의 증대에는 양적인 국민소득의 증대뿐만 아니라 공정한 분배의 실현도 유의해야 하며, 이러한 측면에서 농업정책은 수행되어야 한다.

TIP 사회적 후생경제이론과 같이 전체사회의 후생함수를 향상시키려면 분배보다는 총생산을 증대시키는 면을 강조해야 한다.

15 후생경제이론을 1형 공리주의적 후생경제이론, 2형 신후생경제학파 이론, 3형 사회적 후생경제이론으로 구분할 때 다음 설명 중 틀린 것은?

① 제1형은 생산량의 증감에는 관계없이 분배면의 적정을 기함으로써 개인 간의 효용과 비효용을 합산한 효용극대를 의미한다.

② 제2형은 총생산의 증대를 통한 효용증대를 의미한다.

③ 제3형은 개인 간의 효용비교보다는 사회경제상태에 대한 가치평가로부터 출발하여 사회전체의 효용증대를 주장한다.

④ 제1형의 측면에서 농업정책을 수행할 것을 대부분의 농업경제학자들은 주장하고 있다.

TIP 대부분의 농업경제학자들은 제2형과 제3형의 측면에서 농업정책을 수행할 것을 주장하고 있다.

16 다음 ( ) 안에 들어갈 말로 적당한 것은?

> 최적분배를 농업정책의 목적으로 삼을 때에는 무엇보다도 (A)보다는 (B)가 고려되어야 할 것이다.

	(A)	(B)
①	공헌의 원리	저생활의 원리
②	최저생활의 원리	공헌의 원리
③	공헌의 원리	최고생활의 원리
④	최고생활의 원리	공헌의 원리

TIP 최적분배를 농업정책의 목적으로 삼을 때에는 무엇보다도 공헌의 원리보다는 최저생활의 원리가 고려되어야 한다. 왜냐하면 농민은 다른 계층들에 비하여 상대적으로 경쟁력이 약한 지위에 처해 있고 농업 또한 고도산업사회에서는 상대적 열세산업이기 때문이다. 특히 소농경영에서는 농가영역의 단순재 생산조차 어려운 경우가 대부분이기 때문에 농업의 유지와 존립이라는 측면에서 최저생활을 고려한 농업정책이 시행되어야 한다.

※ **공헌의 원리** … 개인이 분배받은 소득은 그 개인이 생산에 공헌한 비율만큼 분배되어야 한다는 것을 말한다.

17 다음 중 농업정책의 목적에 대한 설명으로 바르지 못한 것은?

① 농업정책의 목적은 역사적으로 볼 때 시대에 따라 상이하고 각국의 정치·경제제도에 따라 달라진다.

② 고전학파 경제학자들은 정책의 목적으로 최대생산과 최적분배를 들고 있다.

③ 농업정책의 목적을 최대생산에 둘 때에, 농민소득의 증대와 국민경제 전체의 경제적 후생과 상충되면 후자를 고려해서 조정해야 한다.

④ 일반 경제정책에 있어서 최대생산은 국민경제 전체의 경제적 후생을 증대시키기 위한 것이다.

TIP 일반경제정책에 있어서 최대생산은 국민경제 전체의 경제적 후생을 증대시키기 위한 것이다. 그러나 농업정책은 농업경제의 발전과 농민의 경제적 후생을 증대시키기 위해 시행되는 것이므로 최대 생산의 목적은 농민소득의 증대를 1차적으로 우선시하고, 이것이 국민경제 전체의 경제적 후생과 상충되면 전자를 고려해서 조정해야 할 것이다.

18 다음 중 농업생산성 향상을 위한 대책과 농업생산기반의 정비에 대한 설명으로 바르지 못한 것은?

① 농업진흥지역 밖의 농업용 토지의 생산기반정비는 중앙정부 주도로 모든 계획을 세우되 주민 및 농지소유자의 동의를 얻고 지방정부의 사전심사를 받아 추진되어야 할 것이다.

② 환경보전을 위한 적정 농업기반의 유지를 위해서는 중앙정부와 지방정부 공동사업으로 사업방향을 수립하고 이를 위한 재원도 농림수산예산 차원을 넘어 사회공익 차원에서 조달되어야 한다.

③ 폐경농지에 대해서는 조림을 유도하여 농지의 황폐화를 방지하고 농촌경관을 유지해야 한다.

④ 지금까지의 경지정리는 주로 논을 대상으로 실시되었고 밭의 경지정리는 안 되어 있기 때문에 밭의 경지정리도 조속히 추진하는 것이 한국농업의 필수적 과제이다.

TIP 농업진흥지역 밖의 농업용 토지의 생산기반정비는 지방정부 주도로 모든 계획을 세우되 주민 및 농지소유자의 동의를 얻고 중앙정부의 사전심사를 받아 추진되어야 한다.

19 다음 중 농업생산기반을 조속히 정비하고 농지의 효율적인 이용체계를 확립하기 위해서 중점적으로 추진해야 할 과제에 대한 설명으로 바르지 못한 것은?

① 농업진흥지역의 쌀 중심의 토지이용형 농업은 가능한 대구획 정비가 되어야 한다.

② 농업진흥지역 밖의 농지에 대한 생산기반정비는 진흥지역의 생산기반정비가 완료된 후 추진되어야 할 것이다.

③ 도로 및 공공시설용지의 확보에 따른 감소에 대해서는 재정부담원칙으로 하되 용배수로는 지하 파이프 라인화하여 가능한 감소를 줄이고, 기준감소율을 평야지 10% 이내로 정하여 이를 초과하는 감소율에 대해서는 일정기준에 의해 재정보상토록 한다.

④ 생활 및 생산조건이 불리한 산간 및 도서의 오지지역에 대해서는 지역사회의 존속보다는 생산기반정비 차원에서 정비사업을 추진해야 한다.

TIP 생활 및 생산조건이 불리한 산간 및 도서의 오지지역에 대해서는 생산기반정비 차원보다는 지역사회의 존속, 국토의 자연환경보전차원에서 환경보전사업과 생산기반정비사업을 동시에 추진해야 한다.

20 다음 중 첨단농업을 위한 기술혁신에 대한 내용으로 바르지 못한 것은?

① 공공기관의 시험연구기관을 전면적으로 통폐합하여 집단화 내지 대규모화하고 내부경쟁이나 인센티브제도 도입, 개발성과를 최대한 높여야 한다.

② 전국의 농과대학을 분리하여 1개 도에 다수의 대학으로 중소규모의 농업과학센터를 만들고 교수활동 절반이상을 연구개발로 전환시켜야 한다.

③ 기업이나 민간인들의 기술개발을 적극 장려하기 위하여 그들에게 개발노력에 상응하는 대가 또는 보상을 제공하는 장치를 마련할 필요가 있다.

④ 농업기술 개발에 대한 투자를 과감히 확대해야 한다.

TIP 전국의 농과대학을 통폐합하여 1개 도에 하나씩 8개 대학으로 대규모의 농업과학센터를 만들고 교수활동 절반이상을 연구개발로 전환시켜야 한다.

Answer 19.④ 20.②

21 다음 중 농업 전문 인력의 육성에 관한 설명으로 바르지 못한 것은?

① 정부가 소수의 정예화 된 개척농민을 선발 육성하여 이들에게 우리 농업을 선도하는 기능과 역할을 부여해야 한다.

② 농민후계자 육성의 체계적인 내실화를 도모해야 한다.

③ 8만 명에 이르는 농촌지도자 가운데서 우수한 독농가를 선발하여 후계자와 4-H회원의 지도 인력으로 활용하고 지역 농업개발의 거점으로 삼아야 한다.

④ 1차 산업훈장 수여와 대규모 농업박람회를 축소하여 불필요한 격식을 줄이도록 노력한다.

TIP 1차 산업훈장 수여와 대규모 농업박람회를 연례행사로 추진하여 농민들의 의욕을 불러일으켜야 한다.

22 농산물유통정책의 개선에 대한 설명 중 바르지 못한 것은?

① UR협상 등 국제적인 농산물 시장개방 압력으로 수입농산물이 급증하고 수입농산물이 국내산으로 둔갑하여 유통되는 등 시장유통질서가 혼탁해짐에 따라 유통문제의 해결이 중요한 정책과제 중의 하나가 되었다.

② 시장·유통혁신을 위해서는 기존의 협동조합을 포함한 다양한 품목별 생산자조직을 육성해야 한다.

③ 시장·유통혁신과 발달을 위하여 비규격 농산물의 도매시장 성장을 촉진하여야 한다.

④ 농산물 경매제도의 정착을 위해서 모든 경매시스템이 전산화되어야 한다.

TIP 유통기능 개선의 기본전제인 농산물의 등급화와 규격포장으로 표준 거래제도를 정착시켜 국내산 농수산물의 품질과 안전성에 대한 소비자의 신뢰를 확보해야 한다. 이를 위해 정부는 농산물의 등급과 규격을 국제적인 표준거래단위를 고려해 지정하는 것이 필요하며, 비규격 농산물의 도매시장 성장을 제한하여야 한다.

Answer 21.④ 22.③

23 농지는 농업생산에 가장 기본적인 생산수단이므로 농지문제의 올바른 해결이 농업구조개선의 초석이 될 것인데, 농지제도의 개선에 대한 설명으로 바르지 못한 것은?

① 농지소유자격은 농민 및 농업법인(영농조합법인 및 농업회사법인)만이 소유할 수 있도록 하고 예비적으로 비농민의 소유를 허용한다.

② 농지소유상한을 15ha로 대폭 상향조정한다.

③ 농민을 농지관리의 실질적 주체로 하기 위해 행정기능을 가지는 농지관리위원회를 설치하여 농지의 민주적 관리체계를 정립한다.

④ 농지임대차를 원칙적으로 허용하되 투기목적의 대규모 임대차를 막기 위해 농민 1인당 임대면적 상한을 3ha로 하고 임차료 상한을 평균 생산량의 2할 이내로, 임차기간을 5년 이상 보장하도록 규제한다.

TIP 농지소유상한은 5~10ha로 소폭 상향조정하고, 그 이상의 소유를 희망할 경우 개별적인 심사와 허가를 통해 허용하도록 한다.

24 다음 중 농업의 발전방향 중 유통정책에 관한 설명으로 바르지 못한 것은?

① 앞으로 유통마진을 감소시키기 위해서는 노임, 수송비, 임대료, 제세공과금 등의 농산물유통의 내생적 요인 또는 유통환경의 개선이 선행되어야 한다.

② 농산물이 국제화시대에 경쟁력을 갖기 위해서는 품목별 전문화가 정착되어야 한다.

③ 정보화시대에 있어서 농어민이 시장·유통정보는 물론 농업정책, 첨단기술, 해외시장동향 등 다양한 정보를 신속히 수집하여 여건변화에 대응하도록 농림수산 종합정보망을 조기에 구축하여야 한다.

④ 민간유통기능을 활성화시킴으로써 농가소득증대냐 아니면 정부유통기능을 강화하여 소득향상을 꾀하느냐 분명한 정책의 방향이 제시되어야 한다.

TIP 유통마진을 감소시키기 위해서는 노임, 수송비, 임대료, 제세공과금 등의 농산물유통의 외생적 요인 또는 유통환경의 개선이 선행되어야 한다.

25 농업의 발전방향 중 농산물가격정책에 관한 설명으로 바르지 못한 것은?

① 미곡가격정책을 수매가 인상과 수매량 확대를 통해 농가소득을 보장해 주는 차원을 떠나 민간 자율시장기능을 회복하고 경쟁력을 향상시키는 방향으로 정책을 추진하여야 한다.

② UR협상을 대비해 가격정책과 소득보상정책을 구분하여 실시할 필요가 있다.

③ 민간중심의 자율적인 가격정책 추진을 위해 「농산물 수급안정위원회」를 설치하고 정부는 지원자 적인 역할을 수행해야 한다.

④ 중앙정부와 소비자조직을 중심으로 가격안정사업을 강화해야 한다.

TIP 지방정부와 생산자조직을 중심으로 가격안정사업을 강화해야 한다.

26 농업의 발전방향 중 농업금융정책에 관한 설명으로 바르지 못한 것은?

① 우리나라와 같이 자작농 내지 가족경영이 지배적인 경우 자기 자본의 축적이 미약하기 때문에 별도로 농업금융이 공급되어야 한다.

② 농업자금을 확대 조달하는 방안으로 정책금융, 조합금융 외에 외부금융기관이나 기업으로부터의 투자도 유치할 필요가 있다.

③ 정책자금의 지원방식을 품목별 지원방식과 개별금융 지원방식으로 전환한다.

④ 농업부문은 수익성이 낮을 뿐만 아니라 장기의 투자를 필요로 하기 때문에 외국과 같이 장기 저리의 정책금융을 확대 공급해야 한다.

TIP 정책자금의 지원방식을 품목별 지원방식에서 농가단위 지원방식으로, 개별금융 지원방식에서 종합금융 지원방식으로 전환함으로써 사업의 연계성을 높이고, 유사한 정책자금을 통폐합하여 단순화함으로써 정책사업의 중복을 피하고 관리비용의 낭비를 막아야 할 것이다.

Answer 25.④ 26.③

27 한국의 농업금융은 여러 가지 문제점을 지니고 있는데 이의 해결을 위한 방안으로 적절하지 않은 것은?

① 유사한 정책자금을 구분하여 세분화함으로써 정책사업의 중복을 피하고 관리비용의 낭비를 막아야 할 것이다.

② 농업자금의 금리인하와 상환기간을 연장해야 한다.

③ 정부의 정책금융 못지않게 생산자 조합의 상호금융도 확충할 필요가 있다.

④ 농업정책금융을 확대하고 체계화해야 한다.

TIP 유사한 정책자금을 통폐합하여 단순화함으로써 정책사업의 중복을 피하고 관리비용의 낭비를 막아야 한다.

28 농산물 가격정책의 개선 방향 중 하나로 중장기 수급여건을 고려한 양정제도의 개편을 들 수 있다. 그 방향으로 바람직하지 않은 것은?

① 농가가 장기 영농계획을 수립할 수 있게 향후 3-5년간 수매가격과 수매량을 예시하는 수매예시제 도입

② 양질미 생산유도를 위한 미질별 동등수매제 도입

③ 수매가격 인상억제와 방출가격의 현실화로 이중가격제의 역마진을 줄이고, 수매량은 적정관리수준인 6백 만석 수준으로 점차 축소

④ 수매량 축소와 수매가 인상 억제에 따른 소농의 생계대책을 위한 사회보장정책 강화

TIP 양질미 생산유도를 위한 미질별 차등수매제가 도입되어야 한다.

Answer 27.① 28.②

29 다음 (   ) 안에 들어갈 학자로 알맞은 것은?

> 정책의 기준으로서 오늘날에는 후생경제이론에 따르고 있다. 따라서 (   )은 '정책이 후생함수를
> 전제하지 않는다면 정책의 개념은 무의미한 것이 될 것이다'라고 하였다.

① 힉스(J. R. Hicks)
② 볼딩(K. E. Boulding)
③ 비고진스키(W. Wygorzinsky)
④ 피구(A. C. Pigou)

> **TIP** 민주주의 사회는 각기 다른 목적과 가치를 가지고 있는 많은 집단으로 구성되어 있으므로, 각각의 목적과 가치를 조화시킬 기준
> 을 설정하여야 한다. 이러한 정책의 기준으로서 오늘날에는 후생경제이론에 따르고 있다. 따라서 볼딩(K. E. Boulding)은 '정책이
> 후생함수를 전제하지 않는다면 정책의 개념은 무의미한 것이 될 것이다'라고 하였다.

30 다음 중 농지이용에 관한 농지이용계획의 수립에 관한 설명으로 바르지 못한 것은?

① 시장·군수 또는 자치구구청장은 농지를 효율적으로 이용하기 위하여 대통령령으로 정하는 바에
따라 지역 주민의 의견을 들은 후, 「농업·농촌 및 식품산업 기본법」 제15조에 따른 시·군·구
농업·농촌 및 식품산업정책심의회의 심의를 거쳐 관할 구역의 농지를 종합적으로 이용하기 위
한 농지이용계획을 수립하여야 한다.
② 농지이용계획에는 농지의 지대별·용도별 이용계획, 농지를 효율적으로 이용하고 농업경영을 개
선하기 위한 경영 규모 확대계획, 농지를 농업 외의 용도로 활용하는 계획이 포함되어야 한다.
③ 시장·군수 또는 자치구구청장은 농지이용계획을 수립하면 농림축산식품부장관의 승인을 받아
그 내용을 확정하고 고시하여야 하며, 일반인이 열람할 수 있도록 하여야 한다.
④ 시·도지사, 시장·군수 또는 자치구구청장은 농지이용계획이 확정되면 농지이용계획대로 농지가 적
정하게 이용되고 개발되도록 노력하여야 하고, 필요한 투자와 지원을 하여야 한다.

> **TIP** 시장·군수 또는 자치구구청장은 농지이용계획을 수립하면 관할 특별시장·광역시장 또는 도지사의 승인을 받아 그 내용을 확
> 정하고 고시하여야 하며, 일반인이 열람할 수 있도록 하여야 한다.

Answer   29.②   30.③

31 다음 중 농지를 위탁경영할 수 있는 경우가 아닌 것은?

① 「병역법」에 따라 징집 또는 소집된 경우
② 1개월 이상 국외 여행 중인 경우
③ 농업인이 자기 노동력이 부족하여 농작업의 일부를 위탁하는 경우
④ 농업법인이 청산 중인 경우

TIP 3개월 이상 국외 여행 중인 경우에는 위탁경영이 가능하다.

32 한국농업의 발전방향에 대한 설명 중 접근방식이 다른 하나는?

① 도매시장의 유통기능강화를 위한 대책이 강화되어야 한다.
② 마케팅 마진에 대한 일반적인 오해를 불식시키는 노력이 선행되어야 한다.
③ 기존의 협동조합을 포함한 다양한 품목별 생산자조직을 육성해야 한다.
④ 밭의 기반정비는 수출농산물, 고부가가치 농산물 등 성장작목 중심으로 추진되어야 하며 관개시설 확보를 위해 지하수개발 등을 하고자 하는 농민에 대해 장기저리지원 방식이 검토되어야 한다.

TIP ①②③ 농산물 유통정책의 개선을 통한 접근
④ 농업생산기반의 정비 차원의 접근

33 다음은 무엇에 대한 설명인가?

> 농업진흥구역의 용수원 확보, 수질 보전 등 농업 환경을 보호하기 위하여 필요한 지역

① 농업보호구역   ② 농업보존구역
③ 농업제한구역   ④ 농업자연구역

TIP 농업보호구역 … 농업진흥구역의 용수원 확보, 수질 보전 등 농업 환경을 보호하기 위하여 필요한 지역을 말한다.

Answer 31.② 32.④ 33.①

34 다음 중 농업진흥지역의 지정과 운용에 대한 설명으로 바르지 못한 것은?

① 시 · 도지사는 농지를 효율적으로 이용하고 보전하기 위하여 농업진흥지역을 지정한다.

② 농업진흥구역에서는 농업 생산 또는 농지 개량과 직접적으로 관련되지 아니한 토지이용행위를 할 수 없지만 하천, 제방, 그 밖에 이에 준하는 국토 보존 시설의 설치는 가능하다.

③ 시장 · 군수는 법에 따라 농업진흥지역을 지정 · 변경 및 해제하려는 때에는 대통령령으로 정하는 바에 따라 미리 해당 토지의 소유자에게 그 내용을 개별통지하고 해당 지역주민의 의견을 청취할 수 있다.

④ 시 · 도지사는 대통령령으로 정하는 사유가 있으면 농업진흥지역 또는 용도구역을 변경하거나 해제할 수 있다.

TIP 시 · 도지사는 법에 따라 농업진흥지역을 지정 · 변경 및 해제하려는 때에는 대통령령으로 정하는 바에 따라 미리 해당 토지의 소유자에게 그 내용을 개별통지하고 해당 지역주민의 의견을 청취하여야 한다.

35 다음 중 농지이용증진사업에 해당하지 않는 것은?

① 농지의 매매 · 교환 · 분합 등에 의한 농지 소유권 이전을 촉진하는 사업

② 위탁경영을 촉진하는 사업

③ 농업인이나 농업법인이 농지를 공동으로 이용하거나 집단으로 이용하여 농업경영을 개선하는 농업 경영체 육성사업

④ 농지의 가치를 향상시키기 위한 농지보호사업

TIP 농지이용증진사업
㉠ 농지의 매매 · 교환 · 분합 등에 의한 농지 소유권 이전을 촉진하는 사업
㉡ 농지의 장기 임대차, 장기 사용대차에 따른 농지 임차권(사용대차에 따른 권리를 포함한다. 이하 같다) 설정을 촉진하는 사업
㉢ 위탁경영을 촉진하는 사업
㉣ 농업인이나 농업법인이 농지를 공동으로 이용하거나 집단으로 이용하여 농업경영을 개선하는 농업 경영체 육성사업

Answer 34.③ 35.④

36 다음 중 농지이용계획에 포함되어야 하는 사항이 아닌 것은?

① 농지의 지대(地帶)별 · 용도별 이용계획
② 농지의 기간별 이용계획
③ 농지를 효율적으로 이용하고 농업경영을 개선하기 위한 경영 규모 확대계획
④ 농지를 농업 외의 용도로 활용하는 계획

TIP 농지이용계획의 내용
　㉠ 농지의 지대(地帶)별 · 용도별 이용계획
　㉡ 농지를 효율적으로 이용하고 농업경영을 개선하기 위한 경영 규모 확대계획
　㉢ 농지를 농업 외의 용도로 활용하는 계획

37 다음 중 농지전용신고를 하지 않아도 되는 시설은?

① 하천, 제방, 그 밖에 이에 준하는 국토 보존 시설의 설치
② 농업인 주택, 어업인 주택, 농축산업용 시설
③ 어린이놀이터 · 마을회관 등 농업인의 공동생활 편의 시설
④ 농수산 관련 연구 시설과 양어장 · 양식장 등 어업용 시설

TIP 농지전용신고를 해야 하는 시설
　㉠ 농업인 주택, 어업인 주택, 농축산업용 시설, 농수산물 유통 · 가공 시설
　㉡ 어린이놀이터 · 마을회관 등 농업인의 공동생활 편의 시설
　㉢ 농수산 관련 연구 시설과 양어장 · 양식장 등 어업용 시설

Answer 36.② 37.①

38 다음 중 농지이용증진사업의 요건에 해당하지 않는 것은?

① 농업경영을 목적으로 농지를 이용할 것
② 농지 임차권 설정, 농지 소유권 이전, 농업경영의 수탁·위탁이 농업인 또는 농업법인의 경영규모를 확대하거나 농지이용을 집단화하는 데에 기여할 것
③ 기계화·시설자동화 등으로 농산물 생산 비용과 유통 비용을 포함한 농업경영 비용을 절감하는 등 농업경영 효율화에 기여할 것
④ 농지이용증진사업을 통해 국민경제 향상에 기여할 것

TIP 농지이용증진사업의 요건
　　㉠ 농업경영을 목적으로 농지를 이용할 것
　　㉡ 농지 임차권 설정, 농지 소유권 이전, 농업경영의 수탁·위탁이 농업인 또는 농업법인의 경영규모를 확대하거나 농지이용을 집단화하는 데에 기여할 것
　　㉢ 기계화·시설자동화 등으로 농산물 생산 비용과 유통 비용을 포함한 농업경영 비용을 절감하는 등 농업경영 효율화에 기여할 것

39 다음 중 친환경농업에 관한 내용으로 적절하지 못한 것은?

① 친환경농수산물이란 친환경농어업을 통해 얻는 유기농수산물과 무농약농산물, 무항생제축산물, 무항생제수산물 및 활성처리제 비사용 수산물 등을 말한다.
② 허용물질이란 유기식품 등, 무농약농수산물 등 또는 유기농어업자재를 생산, 제조·가공 또는 취급하는 모든 과정에서 사용 가능한 물질을 말한다.
③ 친환경농수산물에는 유기농산물이 포함되지 않는다.
④ 유기농어업자재란 유기농수산물을 생산, 제조·가공 또는 취급하는 과정에서 사용할 수 있는 허용물질을 원료 또는 재료로 하여 만든 제품을 말한다.

TIP 친환경농수산물이란 친환경농어업을 통하여 얻는 것으로 유기농수산물, 무농약농산물, 무항생제축산물, 무항생제수산물 및 활성처리제 비사용 수산물을 말한다.

Answer 38.④ 39.③

40 다음 중 친환경농업에 대한 설명으로 잘못된 것은?

① 친환경농산물은 유기합성농약 및 화학비료 사용량에 따라 저농약·무농약 농산물로 구분한다.

② 친환경농산물 생산비중은 전체 농산물생산량 중 친환경농산물이 차지하는 비율을 의미한다.

③ 우리나라는 꾸준히 친환경농산물의 생산이 늘고 있는 추세이다.

④ 앞으로도 건강 및 식품안전에 대한 관심 증대로 친환경농산물 소비는 일정수준까지 증가추세를 유지할 것으로 전망된다.

TIP 친환경 농산물은 유기합성농약 및 화학비료 사용량에 따라 유기·무농약·저농약 농산물로 구분한다.

※ **친환경농업** … 친환경농업이란 합성농약, 화학비료 및 항생제·항균제 등 화학자재를 사용하지 아니하거나 사용을 최소화하고 농업·축산업·임업 부산물의 재활용 등을 통하여, 생태계와 환경을 유지·보전하면서 안전한 농산물을 생산하는 산업을 말한다. 농업의 환경보전기능을 증대시키고, 농업으로 인한 환경오염을 줄이며, 친환경농업을 실천하는 농업인을 육성하여 지속가능하고 환경친화적인 농업을 추구하는 것을 목적으로 하는 농업이라 할 수 있다.

41 다음 중 농수산물 이력추적 관리에 대한 내용으로 적절하지 못한 것은?

① 국제적으로 광우병 파동 이후 식품에 대한 안전문제에 대한 관심을 가지기 시작하면서, 축산물을 중심으로 이력추적제도를 실시하고 있으며, 점차 농산물로 확대 되어가고 있는 추세에 있다.

② 외국 특히 유럽은 EU 식품기본법[Regulation(EC) 178/2002] 제18조에 따라 2005년 1월부터 전체 농식품과 사료에 대해 의무적으로 이력 추적제를 도입하고 있다.

③ 이력추적관리 표시를 한 이력추적관리 농산물의 등록기준에 적합성 등의 조사를 할 수 있다.

④ 생산자와 판매자만이 이력추적관리 대상자이다.

TIP 농림축산식품부장관 또는 해양수산부장관은 이력추적관리농수산물을 생산하거나 유통 또는 판매하는 자에게 농수산물의 생산, 입고·출고와 그 밖에 이력추적관리에 필요한 자료제출을 요구할 수 있다.

Answer 40.① 41.④

42 다음 중 농산물우수관리제도에 대한 내용으로 절적하지 못한 것은?

① 생산단계에서 판매단계까지 농산물의 안전관리체계를 구축하여 소비자에게 안전한 농산물 공급이 목적이다.

② 국제적으로도 안전농산물 공급 필요성을 인식과 일부 채소나 과일에서 농약이 과다검출 되었다는 언론보도 등으로 농산물 안전성에 대한 국민적 우려가 증대되는 것 등이 도입목적이라 할 수 있다.

③ 우수농산물의 경우 GAP(농산물우수관리)표시를 할 수 있다.

④ 농산물우수관리인증을 위해서는 생산된 농산물은 국립농산물품질관리원장이 지정한 위생적인 우수농산물관리시설에서 반드시 선별 등을 거쳐야 할 필요는 없다.

> **TIP** 농산물우수관리(GAP : Good Agricultural Practices)란 농산물의 안전성을 확보하고 농업환경을 보전하기 위해 농산물의 생산, 수확 후 관리(농산물의 저장·세척·건조·선별·절단·조제·포장 등 포함) 및 유통의 각 단계에서 작물이 재배되는 농경지 및 농업용수 등의 농업환경과 농산물에 잔류할 수 있는 농약, 중금속, 잔류성 유기오염물질 또는 유해생물 등의 위해요소를 적절하게 관리하는 것을 말한다. 농산물우수관리인증을 위해서는 농촌진흥청에서 고시하고 있는 농산물 안전성과 관련한 110개 항목의 우수농산물관리기준에 적합하게 생산·관리되어야 하고, 생산된 농산물은 국립농산물품질관리원장이 지정한 위생적인 우수농산물관리시설에서 반드시 선별 등을 거쳐야 하며, 유통 중에 위생 등의 안전성에 문제가 발생할 경우 신속한 원인 규명과, 필요한 조치를 할 수 있도록 국립농산물품질관리원장에게 이력추적등록을 하도록 되어 있다.

43 다음 중 농업경영개선을 위한 것으로 적절하지 못한 것은?

① 수익을 극대화하려면 조수입을 줄여나가야 한다.

② 불필요한 비용 절감을 해나가야 한다.

③ 경영비의 제고가 우선시 된다.

④ 출하시기를 조절하거나 시장에 대한 교섭력을 확장해나가는 것도 농업경영 개선 효과를 나타낸다.

> **TIP** 농업경영을 개선하여 수익 극대화를 하려면 조수입 증대, 비용 절감 개선 활동 등과 같은 방안을 마련하여야 한다.

44 다음 중 농어업경영체의 소득을 안정시키기 위하여 지급하는 보조금 지급하는 제도는?

① 보조금 제도

② 생활보조금 제도

③ 유휴자금 제도

④ 직접지불금 제도

TIP 직접지불금 제도란 농어업인 소득안정, 농어업·농어촌의 공익적 기능 유지 등을 위해 정부가 시장기능을 통하지 않고 공공재정에 의해 생산자에 직접 보조금을 지원하는 제도이다. 이는 정부지원에 의한 생산·소비·무역에 대한 경제적 왜곡을 최소화하는 역할을 하며, 직접지불금은 농어업경영체의 해당 연도 농업소득이 기준소득보다 농림축산식품부장관 또는 해양수산부장관이 정하는 비율 이상으로 감소한 경우에 예산의 범위에서 지급할 수 있다. 직접지불금 제도는 쌀 소득보전 직접직불제, 친환경농업 직접직불제, 조건 불리지역 직불제 등 여러 가지 형태의 사업으로 지원을 하고 있다.

45 다음 중 농가의 수익 극대화를 위한 방식으로 적절하지 못한 것은?

① 다량의 노동력 투입

② 생산자조직의 결성과 운영

③ 고가의 농기계·시설 등을 공동으로 이용

④ 우량 신품종의 선택

TIP 노동의 적정투입은 경영비의 절감과 함께 자가노동보수의 소득화라는 면에서 중요하다. 임금이 상승하고 고용노력의 확보가 점점 곤란해지는 상황에서 농가는 가족노동을 최대로 활용할 수 있는 경영규모와 작업체계의 선택과 함께 노력절감과 노동환경개선을 위한 생력화·자동화 기계 및 시설의 도입이 요구된다.

Answer 44.④ 45.①

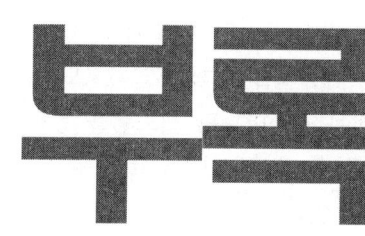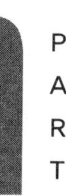

부록 1 PART

용어 정리

01 경제 용어 정리

✹ 스마트팜[1]

스마트팜(Smart Farm)이란 농·림·축·수산물의 생산, 가공, 유통 단계에서 정보통신기술(ICT)을 접목하여 시공간의 제약 없이 자동 제어로 최적화된 생육환경을 제공하는 지능화된 농업 시스템이다. 자동화, 지능화, 연결화 등의 서비스뿐 아니라 PC와 스마트폰 등으로 원격 자동관리를 통해 필요한 작업을 스스로 수행할 수 있어 노동력과 에너지를 적게 투입하고도 농업 생산의 효율성 향상 및 편의성도 높일 수 있다.

ICT 기술을 접목한 스마트팜 시스템을 통해 온도·상대습도·광량·이산화탄소·토양 등 환경 및 생육 정보에 대한 정확한 데이터를 산출하고 이를 토대로 생육 단계별 정밀한 관리와 예측 등을 통해 수확량, 품질 등을 향상시킬 수 있다.

또한 노동력과 에너지를 효율적으로 관리함으로써 생산비 및 판매관리비를 절감할 수 있다. 예를 들면, 스마트 온실이나 스마트 과수원의 경우 PC 또는 모바일을 통해 온실의 온·습도, 이산화탄소, 기상상황 등을 모니터링하고 창문 개폐, 영양분 공급, 병해충 관리 등을 원격·자동으로 제어하여 작물의 최적 생장환경을 유지하고 효율적인 관리를 할 수 있다.

무엇보다 스마트팜은 농·림·축·수산물의 상세한 생산 정보 이력을 관리할 수 있어 소비자 신뢰도 향상 및 수급 조정 현황도 파악할 수 있게 해준다.

현재 스마트팜은 적용 분야에 따라 스마트 농장, 스마트 온실, 스마트 축사, 스마트 양식장 등의 이름으로 많이 활용되고 있으며 스마트팜을 구축하기 위해서는 우선 해당 작목에 대한 이해 및 생장 과정에 필요한 제반 설비와 공정을 이해할 필요가 있다.

스마트온실·과수원·채소밭의 경우에는 환경 센터(온도, 습도, 강우, 토양수분, 양액측정센서 등), 영상장비(적외선카메라, 녹화장비 등), 시설별 제어 및 통합제어 장비(환기, 난방, 에너지 절감 시설, 차광 커튼, 온수 조절 등), 최적 생육환경 정보관리시스템(실시간 생장환경 모니터링 및 시설물 제어 환경 등)을 구축할 필요가 있다.

스마트 축사의 경우에는 돈사환경관리(온도, 습도, 풍향, 풍속, 조도, 이산화탄소 등), 제어장비(임신사, 분만사, 자돈사, 비육사 등), 영상장비(CCTV, DVR 등), 생산경영관리시스템(PC, 모니터 등)을 구축할 필요가 있다.

스마트팜은 비닐하우스·유리온실·축사 등에 IoT, 빅데이터·인공지능, 로봇 등 4차 산업혁명기술을 접목하

---

1) 출처 : 아웃소싱타임스(http://www.outsourcing.co.kr)_유준수 기고문에서 일부 발췌 및 수정함.

여 작물과 가축의 생육환경을 원격·자동으로 적정하게 유지·관리할 수 있는 농장을 말하는 것으로 4차 산업혁명과 더불어 인공지능(AI)과 사물인터넷 등과 결부된 스마트팜의 확대로 농작물의 생육에 최적의 환경조건을 충족시켜 계절의 흐름과 관계없이 최고의 품질을 생산할 수 있는 기반을 갖출 수 있게 됐다.

다음 표는 스마트팜의 세대별 발전과정을 보여주고 있다.

[스마트팜의 구분 및 비교]

구분	1세대	2세대	3세대
목표효과	편의성 향상 '좀 더 편하게'	생산성 향상 '덜 투입, 더 많이'	지속가능성 향상 '누구나 고생산·고품질'
주요기능	원격 시설제어	정밀 생육관리	전주기 지능·자동관리
핵심정보	환경정보	환경정보/생육정보	환경정보, 생육정보, 생산정보
핵심기술	통신기술	통신기술, 빅데이터/AI	통신기술, 빅데이터/AI, 로봇
의사결정/제어	사람/사람	사람/컴퓨터	컴퓨터/로봇
대표 예시	스마트폰 온실제어 시스템	데이터 기반 생육관리 소프트웨어	지능형 로봇농장

위의 표(농림축산식품부 자료)에서 보는 것처럼 1세대 스마트팜은 데이터를 이해하고 분석할 수 있는 능력을 갖춘 농업인에게만 의미가 있는 것이었다.

이러한 한계를 극복하고자 데이터 기반 정밀 생육관리 단계의 2세대 스마트팜이 개발되었다. 2세대 스마트팜은 인공지능 및 클라우드 플랫폼 등을 활용하여 작물의 최적생육 모델(기상정보, 지상부 환경, 뿌리부 환경 등)을 생성하고 실시간으로 수집되는 작물의 재배환경과 생체정보(생육정보, 질병, 해충 등)를 관리하고 수집된 데이터를 기반으로 효율적인 의사결정을 수행한다.

현재는 3세대 스마트팜이 진행 중이며 이의 핵심은 최적의 복합에너지 관리와 로봇 및 지능형 농기계를 통한 인공지능·무인자동화 단계의 스마트 농작업을 달성하는 것이다. 이러한 과정을 통해 영농 범위를 해외에까지 넓힐 수 있으며 종국에는 해외 수출을 바탕으로 글로벌 영농화를 이루는 것이라 할 수 있다.

✳ FTA(Free Trade Agreement, 자유무역협정)

FTA는 협정을 체결한 국가 간에 이루어지는 상품 및 서비스의 교역에 대한 관세 및 무역장벽을 철폐함으로써 마치 하나의 국가처럼 자유롭게 상품과 서비스를 교역하게 하는 협정을 말한다. FTA는 다양한 형태의 지역무역협정(Regional Trade Agreement) 중 하나이다. 지역무역협정은 체결국간 경제통합의 심화 정도에 따라 크게 FTA, 관세동맹, 공동시장, 단일시장으로 구분되며, 체결국간에 관세를 철폐하되 역외국에 대해서는 각기 다른 관세율을 적용하는 FTA는 가장 낮은 수준의 경제통합 단계이다. 미국, 캐나다, 멕시코 간에 결성된 NAFTA(북미자유무역협정)가 대표적이다. 1994년 1월 발효된 NAFTA는 캐나다의 농산물과 멕시코의 석유를 제외한 전 품목의 관세를 철폐하였으며 수입면허와 같은 비관세무역장벽도 철폐하였다. NAFTA의 회원국인 미국, 캐나다, 멕시코 삼국간의 무역에는 무관세가 적용되지만 세 국가가 비회원국과 무역을 할 경우 각기 다른 관세율을 적용하게 된다. FTA는 협정 체결 국가 간에 무관세나 낮은 관세를 적용하고, 그 이외의 국가에게는 WTO에서 유지하는 관세를 그대로 적용한다. 또한 FTA는 협정 체결 국가 간에는 상품과 서비스의 수출입을 자유롭게 허용하는 반면 다른 국가의 상품에 대해서는 WTO에서 허용하는 수출입의 제한조치를 그대로 유지한다. 관세 및 무역장벽 철폐가 FTA 협상의 주요 대상이지만, 최근에는 서비스, 투자, 지적재산권, 정부조달, 경쟁정책, 환경, 노동 등으로 협상 대상이 확대되고 있는 추세이다.

✳ GDP(Gross Domestic Product, 국내총생산)

GDP는 '한 나라 영역 내에서 가계, 기업, 정부 등 모든 경제 주체에 의해 일정기간 동안 생산된 모든 최종 재화와 서비스를 시장가격으로 평가한 것'을 말한다. GDP에서 말하는 영역이란 경제활동의 중심이 국내에 있다는 것을 말한다. GDP의 조사와 작성은 한국은행이 담당하며 분기, 반기, 연간 단위로 공표된다.

✳ OEM(Original Equipment Manufacturer[Manufacturing])

기업이 만들어내는 상품은 크게 두 가지의 브랜드를 달게 된다. 하나는 그 상품을 생산한 기업의 고유상표를 다는 경우이며 다른 하나는 그 상품의 생산을 주문한 발주자의 상표를 부착하는 경우이다. 후자의 경우를 OEM이라고 부른다. 즉, A, B 두 회사가 계약을 맺고 A사가 B사에 자사상품의 제조를 위탁하여 완제품이나 부품을 생산하고 그 제품에 A사의 브랜드를 부착하여 판매하는 생산방식 또는 그 제품을 의미하며 '주문자 상표 부착 생산'이라고도 부른다. 우리나라 상품 중 신발·의류·가전제품 등이 대표적인 OEM 수출품목이다. OEM의 효과는 생산하는 기업(공급원)은 공급업체의 판매력을 이용하여 가득률을 높일 수 있고, 수출상대국의 상표를 이용하여 수입억제여론을 완화시키는 효과도 누릴 수 있다. 또한 공급을 받는 회사는 스스로 생산설비를 갖추지 않아도 되므로 생산비용이 절감된다.

✹ 공공재(public goods)

공공재란 비경합성(non-rivalry)과 비배제성(non-excludability)을 가지고 있어 대가를 지불하지 않아도 모든 사람이 함께 소비할 수 있는 재화나 서비스를 의미한다. 국방서비스, 도로, 항만 등이 대표적 예다. 비경합성이란 한 사람이 그것을 소비한다고 해서 다른 사람이 소비할 수 있는 기회가 줄어들지 않음을 의미하고, 비배제성이란 대가를 치르지 않는 사람이라 할지라도 소비에서 배제할 수 없음을 뜻한다. 이러한 특성 때문에 공공재에는 가격을 책정하는 것이 힘들다. 즉, 비경합성으로 인해 소비하는 사람이 추가적으로 늘어난다 하더라도 재화를 생산하는 비용이 늘어나는 것이 아니기 때문에 가격을 매기는 것이 바람직하지 않고, 비배제성 때문에 이용대가를 치르게 하는 것이 어렵다. 이러한 특성 때문에 공공재 생산에 드는 비용은 부담하지 않으려 하면서 소비에는 참여하고 싶어하는 무임승차자(free-rider)의 문제가 발생한다. 따라서 공공재의 공급을 시장기능에만 맡기면 사회적으로 적절한 수준으로 생산되기 어렵기 때문에 공공재는 주로 정부가 직접 생산, 공급하게 된다. 국방서비스 또는 방위산업처럼 국가 안보상 중요한 사항은 정부가 담당하지만 한국철도공사, 한국가스공사, 한국도로공사 등의 공기업을 설립해 공공재의 생산, 공급, 관리를 대행시키기도 한다.

✹ 외부 경제(external economies)

기업의 생산 활동이나 개인의 행위가 다른 기업이나 개인에 직접적, 부수적으로 이익을 주며 유리한 영향을 끼치는 것을 뜻한다. 외부경제의 예로는 경찰방범, 소방 등이 있다. 이와 반대로 기업이나 개인의 경제활동이 다른 기업이나 소비자에게 손해를 주는 것을 외부불경제라고 한다. 외부불경제의 예로는 대기오염이나 소음 등의 공해가 있다.

✹ 인플레이션(inflation)

물가가 지속적으로 상승하는 경제현상. 총수요의 증가와 생산비 상승이 주요 원인이다. 수요견인 인플레이션은, 총공급은 변함없는데 총수요가 늘어나 인플레이션이 발생하는 경우로 경제활동이 활발해져 소득은 늘고 실업률은 줄게 된다. 원자재 가격, 임금 등 생산비용 상승으로 인한 인플레이션(비용인상 인플레이션)은, 총수요는 변함없는데 총공급이 줄어드는 경우로 물가의 상승, 경제활동 위축, 소득 감소, 실업률 증가 등을 가져온다. 인플레이션으로 명목임금은 올라도 실질임금은 낮아져 임금소득자에게는 불리한 소득의 재분배가 이루어지며, 채무자에게는 유리하고 채권자에게는 불리한 부의 재분배 현상도 발생한다. 인플레이션은 이렇게 생산과정을 통하지 않고 사회구성원 사이에 소득과 부를 재분배하고, 경제적 효율성을 낮춰 경제성장에 악영향을 미친다.

✸ 디플레이션(deflation)

물가가 지속적으로 하락하는 경제현상으로, 인플레이션의 반대개념이다. 물가상승률의 둔화를 의미하는 디스인플레이션(disinflation)과 혼동하지 않도록 주의해야 한다. 디플레이션이 발생하면 부동산·주식 등 자산가격이 떨어지고, 실질금리 상승, 실질임금 상승, 실질채무부담 등의 현상이 나타나 소비와 생산활동이 위축될 우려가 있다. 디플레이션이 진행되면 부동산 등 실물자산보다는 화폐형태로 재산을 보유하려는 경향이 강하게 되고, 채권자와 고정수입자(임금소득자 포함)가 채무자나 기업가에 비해 유리하다.

✸ 세계무역기구(World Trade Organization)

WTO 협정의 이행을 감독하여 상품, 서비스, 지적재산권 등 모든 교역 분야에서 자유무역질서를 확대하기 위해 1995년 1월 1일 출범하였다. 제2차 세계대전 후 1948년에 출범한 GATT는 잠정협정에 불과하였으나, 전 세계 무역을 관장하는 유일한 다자간 수단이었다. 그러나 1980년대 들어, 주요 선진 국가들이 자국 산업 보호, 국제수지 방어를 위해 보호무역 수단을 남용하기 시작하였다. 특히, GATT체제를 우회하는 반덤핑제도의 남용, 수출자율규제 및 시장질서협정 등의 회색지대조치가 성행하였다. 또한, 서비스, 지적재산권 등 새로운 분야는 국제경제에서 차지하는 비중이 증대하고 있음에도 불구하고 국제법적 규율장치가 미비하였다. 이에 따라 GATT 체제의 보완과 유지를 위하여 우루과이 라운드 협상(UR)이 출범하였으며, 8년간의 협상을 거쳐 1995년 1월 1일 우루과이라운드 협정이 발효되고, GATT를 대체하는 항구적이고 강력한 새로운 세계무역기구(WTO)를 설립하였다. 그 동안 회원국들이 GATT에 규정된 의무를 효과적으로 이행하지 못했던 점을 감안하여, WTO에서는 약속이행의 감시 등 회원국들의 의무이행을 강력히 뒷받침할 수 있는 기능을 갖추었다. UR 협정의 사법부 역할을 맡아 국가간 경제 분쟁에 대한 판결권과 그 판결의 강제집행권이 있으며 규범에 따라 국가간 분쟁이나 마찰을 조정한다. 또 GATT에 없던 세계무역분쟁 조정, 관세인하 요구, 반덤핑 규제 등 준사법적 권한과 구속력을 행사한다. 게다가 과거 GATT의 기능을 강화하여 서비스, 지적재산권 등 새로운 교역의제를 포괄하고 회원국의 무역관련법·제도·관행 등을 제고하여 세계 교역을 증진하는 데 역점을 둔다. 의사결정 방식도 GATT의 만장일치 방식에서 탈피하여 다수결 원칙을 도입하였다. 2013년 12월말 회원국은 159개국이다. 본부는 스위스 제네바에 있다.

스태그플레이션(stagflation)

스태그네이션(stagnation)과 인플레이션(inflation)의 합성어로, 경기침체와 인플레이션이 함께 나타나는 현상을 말한다. 1970년대 이전 주류경제학에서는 인플레이션과 실업률 사이에 안정적인 역(逆)의 관계가 성립된다고 보았다. 하지만 1970년대에 높은 인플레이션과 높은 실업률이 공존하는 스태그플레이션이 발생하면서 기존 경제이론은 한계점을 드러내게 되었다. 임금 상승, 원자재가격 상승 등으로 인한 비용인상 인플레이션으로 스태그플레이션을 설명하기도 하지만 현실의 스태그플레이션 현상을 만족스럽게 설명하지는 못한다. 오늘날 거시경제학에서는 재량정책이 주도한 수요견인 인플레이션에 예상요인이 가세하고 비용인상 인플레이션도 부차적으로 첨가된 혼합형 인플레이션으로 스태그플레이션을 설명한다.

환태평양경제동반자협정(Trans-Pacific Partnership)

아시아 · 태평양 지역 경제의 통합을 목표로 2005년에 체결된 다자간 자유무역협정이다.

TPP(Trans-Pacific Partnership or Trans-Pacific Strategic Economic Partnership) 또는 환태평양 전략적 경제 동반자 협정이라고도 불린다.

아시아 · 태평양 지역 경제의 통합을 목적으로 2005년 6월 뉴질랜드, 싱가포르, 칠레, 브루나이 4개국 체제로 출범한 다자간 자유무역협정으로, 2006년 1월까지 회원국간 관세의 90%를 철폐하고, 2015년까지 모든 무역장벽을 철폐하는 것을 목표로 하고 있다. 이 협정에는 상품 거래, 원산지 규정, 무역 구제조치, 위생검역, 무역에 있어서의 기술 장벽, 서비스 부문 무역, 지적재산권, 정부조달 및 경쟁정책 등 자유무역협정의 거의 모든 주요 사안이 포함되어 있다.

2008년 2월 미국이 이 협정에 참여하기 위한 협상을 시작하였고, 그해 8월 호주, 베트남, 페루가 참여 의사를 밝혔으며, 2010년 10월 말레이시아가 참여를 선언하였다. 2010년 현재 협상을 벌이고 있는 다섯 나라 외에도 캐나다, 일본, 필리핀, 대만, 한국 등이 협정 참여에 관심을 표명하고 있다.

TPP는 창설 초기 그다지 영향력이 크지 않은 다자간 자유무역협정이었으나 미국이 적극적으로 참여를 선언하면서 주목 받기 시작하였다. 버락 오바마 대통령은 TPP가 아시아 · 태평양 지역 경제 통합에 있어 가장 강력한 수단이며, 세계에서 가장 빠르게 성장하는 지역과 미국을 연결해 주는 고리라고 평가한 바 있다. 미국이 적극적으로 협정 가입을 추진하고, 아시아 국가들의 동참을 유도하고 있는 것은 눈부신 성장을 이루고 있는 중국을 견제하려는 의도가 크게 작용한 때문이라고 알려져 있다.

☀ 출구전략(exit strategy)

경기침체기에 경기를 부양하기 위하여 취하였던 각종 완화정책을 경제에 부작용을 남기지 않게 하면서 서서히 거두어들이는 전략을 말한다. 또 군사적으로는 피해를 최소화하면서 전쟁을 끝내는 전략을 의미한다. 원래는 군사전략에서 비롯된 용어로서 작전지역이나 전장에서 인명과 장비의 피해를 최소화하면서 철수하는 전략을 의미한다. 베트남전쟁에 발이 묶인 미국이 승산 없는 싸움에서 피해를 최소화하면서 군대를 철수할 방안을 모색할 때 제기된 용어로 알려져 있다. 여기서 유래하여 위기상황에 처하여 이를 극복하고자 취하였던 이례적 조치들을 부작용이나 후유증을 최소화하면서 정상으로 되돌리는 것을 포괄적으로 지칭하기도 한다.

경제에서는 경기를 부양하기 위하여 취하였던 각종 완화정책을 정상화하는 것을 의미한다. 경기가 침체하면 기준 금리를 인하하거나 재정지출을 확대하여 유동성 공급을 늘리는 등의 조치를 취하게 되는데, 경기가 회복되는 과정에서 시중에 유동성이 과도하게 공급되면 물가가 상승하고 인플레이션을 초래할 우려가 있다. 이에 대비하여 경제에 미칠 후유증을 최소화하면서 각종 비상조치를 정상화하여 재정 건전성을 강화해나가는 것을 출구전략이라고 한다. 2008년부터 시작된 이른바 세계 금융위기와 관련해서는 중앙은행의 통화환수 정책과 같은 뜻으로 사용된다. 이밖에 기업이 다른 기업을 인수·합병하였다가 가장 적절한 시기에 매각함으로써 이익을 실현하는 전략도 여기에 포함된다.

또한 서브프라임 사태 이후에 대부분의 국가들은 이자율을 낮추고 유동성공급을 확대해 왔다. 하지만 최근 경기 회복에 대한 기대감에 따라 과잉유동성의 부작용에 대비하기 위한 출구전략으로 이자율 인상, 채권매입 축소 등이 논의되고 있다.

테이퍼링(tapering)이란 양적완화 정책(중앙은행이 경기부양을 위해 국채를 매입하거나 통화를 시장에 푸는 정책)을 점진적으로 축소하는 것을 말하는 것으로 출구 전략의 일종이다. 사전적 의미에서 테이퍼링(tapering)은 "점점 가늘어지다", "끝이 뾰족해지다"라는 뜻이다.

☀ 중개무역(merchandising trade)

제3국 무역업자가 수출국과 수입국간에 게재하여 수출국 무역업자와 구매계약을, 그리고 수입국무역업자와 판매계약을 각각 체결하고 화물을 직접 그 당사국 사이에 이동시키고 대금결제는 그 제3국 무역업자를 통하여 이루어지도록 한 다음 소정의 수수료를 수취하는 무역방식을 제3국의 입장에서 볼 때 이를 중개무역이라고 한다. 이때의 대금결제는 수입국으로부터 제3국 무역업자가 대금을 결제받고 수출국에 그 대금을 지불하고 그 차액을 수수료로서 자국에 남기는 방식으로 이루어진다.

✵ 전자무역(Electronic Trading/Paperless Trading)

국가 간에 재화 또는 서비스를 거래하는 무역 행위의 본질적 업무를 인터넷을 포함하여 EDI(전자문서 교환), E-B/L(전자 선하증권), E-C/O(전자원산지증명서) 등 IT 수단을 이용하여 전자적이고, 정보 집약적으로 수행하는 무역활동을 말한다.

전자상거래(e-Commerce)의 하나로서 정보통신 네트워크를 통해 이뤄지는 국제간의 다양한 상품과 서비스 거래를 말하는데, 대외무역법상 전자무역을 '무역의 일부 또는 전부가 컴퓨터 등 정보처리능력을 가진 장치와 정보통신망을 이용하여 이루어지는 거래'(대외무역법 제2조 제6호)로 규정하고 있다.

전자무역은 인터넷, EDI, VAN 등 컴퓨터 네트워크를 통하여 무역을 하는 포괄적인 개념일 뿐만 아니라, 국내·외를 가리지 않고 일반 개인, 기업, 정부 기관 등 모든 경제 주체들이 거래 당사자로 참여하는 B2C, B2B, B2G, P2P 등 제반 전자상거래를 포괄하는 성격을 띠고 있다. 특히 해외시장 조사, 신규거래처 발굴, 수출상담, 무역계약서 체결 등 인터넷상에서 대부분이 이루어지고 있으며, 종전의 무역방식과는 크게 다르지 않으나 서류를 전달할 때 인터넷이라는 매체를 활용하는 것이 특징이다.

또한 전자무역(e-Trade)은 무역 업무에 필요한 서류들을 전자적으로 처리할 수 있는 시스템을 구축해 무역 업체의 부대비용을 줄여주고 무역규모의 확대를 촉진한다.

✵ 중계무역(intermediary trade)

다른 나라로부터 수입해온 물자를 그대로 제3국에 수출하여 매매 차액을 취득하는 것을 목적으로 하는 무역 형식. 다시 말해, 수출할 것을 목적으로 물품을 수입하여, 가공을 하지 않고 원형 그대로 수출하여 수출입 대금의 차익 취득을 목적으로 하는 거래방식이다. 이때 중계화물이 일단 중계국을 경유하여 운송될 때에는 통과무역을 겸한다. 또 자국에서 중계화물을 제품화하여 수요국에 수출하게 되면 중계가공무역이 된다. 한국무역 제도에서의 중계무역은 기별공고상의 품목별 제한을 전혀 받지 않기 때문에 어떤 물품이라도 거래가 가능하다. 대상물품이 국내항을 경유하게 될 때에는 보세구역 이외의 국내 반입을 금지하고 있으며, 본 거래를 장려하기 위한 방편으로 수출입허가를 얻을 때 외환거래담보금의 적립 및 수입담보금의 납부를 면제하고 있다.

☀ 덤핑(dumping)

채산을 무시하고 싼 가격으로 상품을 투매하는 일. 엄밀한 뜻으로는 가격차별, 즉 두 개의 시장 간의 가격차를 설정하는 것을 뜻한다. 국내가격보다 외국에 판매하는 가격이 싼 것이 보통이지만, 이와 반대인 경우도 있다. 이를 역덤핑이라고 한다. 덤핑의 주요 동기로는 과잉생산 상품의 처분, 조업도의 유지, 국내가격의 유지, 특정 시장의 확보 또는 개척, 자기 시장에 대한 제3자의 경쟁 배제, 타인 시장의 탈취, 자기 시장에 대한 제3자의 덤핑공격의 반격 또는 보복, 독점이윤의 확보 또는 증대 등을 들 수 있다.

덤핑은 임시적 덤핑 또는 우연적 덤핑, 일시적 덤핑 또는 단기적 덤핑, 장기적 덤핑 또는 지속적 덤핑, 소셜 (social)덤핑, 환(exchange)덤핑 등으로 분류된다.

임시적 덤핑은 판매 잔품이나 재고품을 판매계절 막판에 원격시장에 투매하는 것을 뜻하며, 일시적 덤핑은 외국시장으로의 진출이나 탈취를 위해 경쟁자를 일시적 투매로 정복하거나 경쟁자의 출현을 방지하기 위해 손실을 감수하면서 판매하는 것을 뜻한다. 장기적 덤핑은 독점기업이나 카르텔·트러스트 등에 의해서 국내가격을 독점적으로 높이 유지하고 수출가격은 한계비용을 보전할 정도로 낮게 해서 국가로부터의 수출보상을 전제로 국내가격보다 싼 값으로 수출하는 것을 뜻한다. 그리고 소셜덤핑은 장시간 노동이나 나쁜 노동조건 등으로 수출상품의 국제경쟁력을 강화, 싼 값으로 수출하는 것을 뜻하며, 환덤핑은 환절하로 수출품의 외국가격을 인하, 수출을 증대시키려는 것을 뜻한다. 또 이러한 외국덤핑에 대한 대항조처로서 취해지는 방어 덤핑이라는 것도 있다. 세계 각국에서는 외국의 덤핑에 의해서 야기되는 국내산업의 피해를 막기 위해 덤핑방지관세를 부과시키고 있는데, 가트(GATT : 관세 및 무역에 관한 일반협정)에서는 방지관세의 남용을 방지하기 위하여 덤핑이라고 간주되는 경우의 조건과 덤핑방지세의 폭등에 대해서 엄밀한 기준을 마련하였다.

세계무역기구(WTO)의 반덤핑협정(GATT 1994년도 관세 및 무역에 관한 일반협정 제6조의 이행에 관한 협정)에 따르면 "한 국가로부터 다른 국가로 수출된 상품의 수출가격이 수출국 내에서 소비되는 동종 상품에 대한 정상적 거래에서 비교 가능한 가격보다 낮을 경우 동 상품은 덤핑된 것, 즉 정상가격보다 낮은 가격으로 다른 나라의 상거래에 도입된 것으로 간주된다."라고 되어 있다.

✳ 역내 포괄적 경제동반자협정(Regional Comprehensive Economic Partnership)

동남아시아국가연합(ASEAN) 10개국과 한중일 3개국, 호주·뉴질랜드·인도 등 총 16개국의 관세장벽 철폐를 목표로 하는 일종의 자유무역협정(FTA)이다.

아태 지역 16개국 정상들은 2012년 11월 20일 캄보디아 프놈펜 평화궁전에서 열린 동아시아정상회의(EAS)에서 발표한 공동선언문에서 RCEP 협상을 2013년 개시해 2015년까지 타결한다는 데 합의했다.

RCEP가 체결되면 역내 인구 34억 명, 무역규모 10조 1,310억 달러(약 1경 1,043조 원), 명목 국내총생산(GDP) 19조 7,640만 달러에 이르는 자유무역지대가 성립된다. 이는 명목GDP 기준으로 북미자유무역협정(NAFTA, 18조 달러)과 유럽연합(EU, 17조 6,000억 달러)을 능가하는 세계 최대 규모의 경제블록이다.

한편 우리 정부는 RCEP가 체결되면 수출시장을 크게 확대할 수 있어 한국 경제의 안정적 성장에 도움이 될 것으로 보고 있다. 대외경제정책연구원(KIEP)은 RCEP 체결 이후 10년간 우리 경제가 약 194억 달러(20조 원)의 경제적 이득을 얻을 것으로 추산했다.

하지만 RCEP 협상이 16개국 정상이 목표로 세운 2015년에 타결될 수 있을지는 불투명하다. 무엇보다 12개국이 추진하는 환태평양경제동반자협정(TPP)과의 충돌을 피할 수 없기 때문이다. TPP는 2006년 싱가포르·뉴질랜드·칠레·브루나이 등 환태평양 4개국이 체결한 FTA로 출발했지만 2008년 미국, 호주가 참여하며 논의 속도가 빨라졌다. 미국은 강대국으로 성장하는 중국을 견제하고, 아태 지역에서 영향력을 확대하기 위해 전략적으로 TPP 협상을 주도하고 있다. TPP에는 2013년 3월 현재 뉴질랜드, 싱가포르, 칠레, 브루나이, 미국, 말레이시아, 베트남, 페루, 호주, 멕시코, 캐나다, 일본 등 12개국이 협상에 참여하고 있다.

○2 우리말 농업용어[1]

분류	번호	기존용어	한자어(원어)	쉬운용어
농업기반	1	관정	管井	우물
	2	몽리면적	夢利面積	물댈 면적
	3	사토	砂土	모래흙
	4	한발	旱魃	가뭄
	5	건답	乾畓	마른논
	6	배수	排水	물빠짐
	7	지력	地力	땅심
	8	표토	表土	겉흙
	9	한해	旱害	가뭄피해
	10	한해	寒害	추위피해
	11	정지	整地	땅 고르기
	12	관개	灌漑	물대기
	13	살수	撒水	물 뿌리기
	14	개거	開渠	겉도랑
	15	굴착	掘鑿	파내기
	16	도수로	導水路	물 댈 도랑
	17	수갑	水閘	수문
	18	수로교	水路橋	물길다리
	19	수리안전답	水利安全畓	물사정 좋은 논
	20	수원공	水源供	농업용수 공급시설
	21	승수로	承水路	물받이도랑
	22	암거	暗渠	속도랑
	23	양수	揚水	물푸기
	24	용수로	用水路	물도랑
	25	제당	堤塘	물둑/제방
	26	제체	堤體	둑 몸체
	27	집수정	集水井	물 웅덩이
	28	하상	河床	하천바닥

---

1) 농림축산식품부에서 인용함.

분류	번호	기존용어	한자어(원어)	쉬운용어
농작물	1	곡과	曲果	굽은 과일
	2	공동과	空胴果	속 빈 과일
	3	과경	果徑	열매지름
	4	과경	果梗	열매꼭지
	5	과숙	過熟	농익음
	6	미강	米糠	쌀겨
	7	본엽	本葉	본잎
	8	삽시	揷柿	떫은 감
	9	십자화과	十字花科	배추과
	10	아접	芽接	눈접
	11	엽채류	葉菜類	잎채소류
	12	유료작물	油料作物	기름작물
	13	포복경	匍匐莖	기는 줄기
	14	과피	果皮	과일껍질
	15	과형	果形	과일모양
	16	근채류	根菜類	뿌리채소류
	17	기공	氣孔	숨구멍
	18	낙과	落果	떨어진열매, 열매 떨어짐
	19	내피	內皮	속껍질
	20	동작물	冬作物	겨울작물
	21	두류	豆類	콩류
	22	맹아	萌芽	움트기, 움
	23	발아	發芽	싹트기
	24	방향식물	芳香植物	향기식물
	25	선과	選果	과일고르기
	26	조류	藻類	이끼류
	27	표피	表皮	겉껍질
	28	구근	球根	알뿌리

분류	번호	기존용어	한자어(원어)	쉬운용어
재배기술	1	가식	假植	임시심기
	2	간벌	間伐	솎아베기
	3	객토	客土	새흙넣기
	4	경운	耕耘	흙갈이
	5	기비	基肥	밑거름
	6	도장	徒長	웃자람
	7	도복	倒伏	쓰러짐
	8	만상해	晚霜害	늦서리피해
	9	멀칭	mulching	바닥덮기
	10	복토	覆土	흙덮기
	11	부초	敷草	풀덮기
	12	비배관리	肥培管理	거름 주어 가꾸기
	13	심경	深耕	깊이갈이
	14	이병수율	罹病穗率	병든 이삭율
	15	적과	摘果	열매솎기
	16	휴립	畦立	이랑만들기
	17	간작	間作	사이짓기
	18	건답직파	乾畓直播	마른논 씨뿌리기
	19	결속	結束	다발묶기
	20	골분	骨粉	뼛가루
	21	만파	晚播	늦뿌림
	22	배배양	胚培養	씨눈배양
	23	병과	病果	병든 열매
	24	삽목	揷木	꺾꽂이
	25	시비	施肥	비료주기
	26	윤작	輪作	돌려짓기
	27	재식거리	栽植距離	심는거리
	28	지주	支柱	받침대
	29	차광	遮光	빛가림
	30	회분	灰粉	재
	31	채종	採種	종자생산

분류	번호	기존용어	한자어(원어)	쉬운용어
재배기술	32	수도	水稻	논벼
	33	이식	移植	옮겨심기
	34	최아	催芽	싹 틔우기
	35	침종	浸種	씨 담그기
	36	선종	選種	씨 고르기
	37	연작	連作	이어짓기
	38	이앙기	移秧期	모내는 시기
	39	수잉기	穗孕期	이삭밴 시기
	40	혼작	混作	섞어짓기
축산	1	검란기	檢卵機	알검사기
	2	견치	犬齒	송곳니
	3	사양	飼養	치기, 기르기
	4	순치	馴致	길들이기
	5	노계	老鷄	늙은닭
	6	돈사	豚舍	돼지우리
	7	모계	母鷄	어미닭
	8	봉침	蜂針	벌침
	9	우사	牛舍	소우리
	10	웅계	雄鷄	수탉
	11	유우	乳牛	젖소
	12	육계	肉鷄	고기용 닭
	13	착유	搾乳	젖짜기

부록 2 PART

관련법규

01 농지법

일부개정 2024.1.23[법률 20083호, 시행 2025.1.24] 농림축산식품부

제1장 총칙

제1조(목적) 이 법은 농지의 소유·이용 및 보전 등에 필요한 사항을 정함으로써 농지를 효율적으로 이용하고 관리하여 농업인의 경영 안정과 농업 생산성 향상을 바탕으로 농업 경쟁력 강화와 국민경제의 균형 있는 발전 및 국토 환경 보전에 이바지하는 것을 목적으로 한다.

제2조(정의) 이 법에서 사용하는 용어의 뜻은 다음과 같다.

1. "농지"란 다음 각 목의 어느 하나에 해당하는 토지를 말한다.

　가. 전·답, 과수원, 그 밖에 법적 지목(지목)을 불문하고 실제로 농작물 경작지 또는 대통령령으로 정하는 다년생식물 재배지로 이용되는 토지. 다만, 「초지법」에 따라 조성된 초지 등 대통령령으로 정하는 토지는 제외한다.

　나. 가목의 토지의 개량시설과 가목의 토지에 설치하는 농축산물 생산시설로서 대통령령으로 정하는 시설의 부지

2. "농업인"이란 농업에 종사하는 개인으로서 대통령령으로 정하는 자를 말한다.

3. "농업법인"이란 「농어업경영체 육성 및 지원에 관한 법률」 제16조에 따라 설립된 영농조합법인과 같은 법 제19조에 따라 설립되고 업무집행권을 가진 자 중 3분의 1 이상이 농업인인 농업회사법인을 말한다.

　가. 삭제 〈2009.5.27〉

　나. 삭제 〈2009.5.27〉

4. "농업경영"이란 농업인이나 농업법인이 자기의 계산과 책임으로 농업을 영위하는 것을 말한다.

5. "자경(자경)"이란 농업인이 그 소유 농지에서 농작물 경작 또는 다년생식물 재배에 상시 종사하거나 농작업(농작업)의 2분의 1 이상을 자기의 노동력으로 경작 또는 재배하는 것과 농업법인이 그 소유 농지에서 농작물을 경작하거나 다년생식물을 재배하는 것을 말한다.

6. "위탁경영"이란 농지 소유자가 타인에게 일정한 보수를 지급하기로 약정하고 농작업의 전부 또는 일부를 위탁하여 행하는 농업경영을 말한다.

6의2. "농지개량"이란 농지의 생산성을 높이기 위하여 농지의 형질을 변경하는 다음 각 목의 어느 하나에 해당하는 행위를 말한다.

　가. 농지의 이용가치를 높이기 위하여 농지의 구획을 정리하거나 개량시설을 설치하는 행위

　나. 농지의 토양개량이나 관개, 배수, 농업기계 이용의 개선을 위하여 해당 농지에서 객토·성토 또는

절토하거나 암석을 채굴하는 행위

7. "농지의 전용"이란 농지를 농작물의 경작이나 다년생식물의 재배 등 농업생산 또는 농지개량 외의 용도로 사용하는 것을 말한다. 다만, 제1호나목에서 정한 용도로 사용하는 경우에는 전용(전용)으로 보지 아니한다.

8. "주말·체험영농"이란 농업인이 아닌 개인이 주말 등을 이용하여 취미생활이나 여가활동으로 농작물을 경작하거나 다년생식물을 재배하는 것을 말한다.

제3조(농지에 관한 기본 이념)

① 농지는 국민에게 식량을 공급하고 국토 환경을 보전(보전)하는 데에 필요한 기반이며 농업과 국민경제의 조화로운 발전에 영향을 미치는 한정된 귀중한 자원이므로 소중히 보전되어야 하고 공공복리에 적합하게 관리되어야 하며, 농지에 관한 권리의 행사에는 필요한 제한과 의무가 따른다.

② 농지는 농업 생산성을 높이는 방향으로 소유·이용되어야 하며, 투기의 대상이 되어서는 아니된다.

제4조(국가 등의 의무)

① 국가와 지방자치단체는 농지에 관한 기본 이념이 구현되도록 농지에 관한 시책을 수립하고 시행하여야 한다.

② 국가와 지방자치단체는 농지에 관한 시책을 수립할 때 필요한 규제와 조정을 통하여 농지를 보전하고 합리적으로 이용할 수 있도록 함으로써 농업을 육성하고 국민경제를 균형 있게 발전시키는 데에 이바지하도록 하여야 한다.

제5조(국민의 의무) 모든 국민은 농지에 관한 기본 이념을 존중하여야 하며, 국가와 지방자치단체가 시행하는 농지에 관한 시책에 협력하여야 한다.

제2장 농지의 소유

제6조(농지 소유 제한)

① 농지는 자기의 농업경영에 이용하거나 이용할 자가 아니면 소유하지 못한다.

② 제1항에도 불구하고 다음 각 호의 어느 하나에 해당하는 경우에는 농지를 소유할 수 있다. 다만, 소유 농지는 농업경영에 이용되도록 하여야 한다(제2호 및 제3호는 제외한다).

1. 국가나 지방자치단체가 농지를 소유하는 경우

2. 「초·중등교육법」 및 「고등교육법」에 따른 학교, 농림축산식품부령으로 정하는 공공단체·농업연구기관·농업생산자단체 또는 종묘나 그 밖의 농업 기자재 생산자가 그 목적사업을 수행하기 위하여 필요한 시험지·연구지·실습지·종묘생산지 또는 과수 인공수분용 꽃가루 생산지로 쓰기 위하여 농림축산식품부령으로 정하는 바에 따라 농지를 취득하여 소유하는 경우

3. 주말·체험영농을 하려고 제28조에 따른 농업진흥지역 외의 농지를 소유하는 경우

4. 상속[상속인에게 한 유증(유증)을 포함한다. 이하 같다]으로 농지를 취득하여 소유하는 경우

5. 대통령령으로 정하는 기간 이상 농업경영을 하던 사람이 이농(이농)한 후에도 이농 당시 소유하고 있던 농지를 계속 소유하는 경우

6. 제13조 제1항에 따라 담보농지를 취득하여 소유하는 경우(「자산유동화에 관한 법률」 제3조에 따른 유동화전문회사등이 제13조 제1항 제1호부터 제4호까지에 규정된 저당권자로부터 농지를 취득하는 경우를 포함한다)

7. 제34조 제1항에 따른 농지전용허가[다른 법률에 따라 농지전용허가가 의제(의제)되는 인가·허가·승인 등을 포함한다]를 받거나 제35조 또는 제43조에 따른 농지전용신고를 한 자가 그 농지를 소유하는 경우

8. 제34조 제2항에 따른 농지전용협의를 마친 농지를 소유하는 경우

9. 「한국농어촌공사 및 농지관리기금법」 제24조 제2항에 따른 농지의 개발사업지구에 있는 농지로서 대통령령으로 정하는 1천500제곱미터 미만의 농지나 「농어촌정비법」 제98조 제3항에 따른 농지를 취득하여 소유하는 경우

9의2. 제28조에 따른 농업진흥지역 밖의 농지 중 최상단부부터 최하단부까지의 평균경사율이 15퍼센트 이상인 농지로서 대통령령으로 정하는 농지를 소유하는 경우

10. 다음 각 목의 어느 하나에 해당하는 경우

　가. 「한국농어촌공사 및 농지관리기금법」에 따라 한국농어촌공사가 농지를 취득하여 소유하는 경우

　나. 「농어촌정비법」 제16조·제25조·제43조·제82조 또는 제100조에 따라 농지를 취득하여 소유하는 경우

　다. 「공유수면 관리 및 매립에 관한 법률」에 따라 매립농지를 취득하여 소유하는 경우

　라. 토지수용으로 농지를 취득하여 소유하는 경우

　마. 농림축산식품부장관과 협의를 마치고 「공익사업을 위한 토지 등의 취득 및 보상에 관한 법률」에 따라 농지를 취득하여 소유하는 경우

　바. 「공공토지의 비축에 관한 법률」 제2조 제1호가목에 해당하는 토지 중 같은 법 제7조 제1항에 따른 공공토지비축심의위원회가 비축이 필요하다고 인정하는 토지로서 「국토의 계획 및 이용에 관한 법률」 제36조에 따른 계획관리지역과 자연녹지지역 안의 농지를 한국토지주택공사가 취득하여 소유하는 경우. 이 경우 그 취득한 농지를 전용하기 전까지는 한국농어촌공사에 지체 없이 위탁하여 임대하거나 무상사용하게 하여야 한다.

③ 제23조 제1항 제1호부터 제6호까지의 규정에 따라 농지를 임대하거나 무상사용하게 하는 경우에는 제1항 또는 제2항에도 불구하고 임대하거나 무상사용하게 하는 기간 동안 농지를 계속 소유할 수 있다.

④ 이 법에서 허용된 경우 외에는 농지 소유에 관한 특례를 정할 수 없다.

제7조(농지 소유 상한)

① 상속으로 농지를 취득한 사람으로서 농업경영을 하지 아니하는 사람은 그 상속 농지 중에서 총 1만제곱미터까지만 소유할 수 있다.

② 대통령령으로 정하는 기간 이상 농업경영을 한 후 이농한 사람은 이농 당시 소유 농지 중에서 총 1만제곱미터까지만 소유할 수 있다.

③ 주말·체험영농을 하려는 사람은 총 1천제곱미터 미만의 농지를 소유할 수 있다. 이 경우 면적 계산은 그 세대원 전부가 소유하는 총 면적으로 한다.

④ 제23조 제1항 제7호에 따라 농지를 임대하거나 무상사용하게 하는 경우에는 제1항 또는 제2항에도 불구하고 임대하거나 무상사용하게 하는 기간 동안 소유 상한을 초과하는 농지를 계속 소유할 수 있다.

제7조의2(금지 행위) 누구든지 다음 각 호의 어느 하나에 해당하는 행위를 하여서는 아니 된다.

1. 제6조에 따른 농지 소유 제한이나 제7조에 따른 농지 소유 상한에 대한 위반 사실을 알고도 농지를 소유하도록 권유하거나 중개하는 행위

2. 제9조에 따른 농지의 위탁경영 제한에 대한 위반 사실을 알고도 농지를 위탁경영하도록 권유하거나 중개하는 행위

3. 제23조에 따른 농지의 임대차 또는 사용대차 제한에 대한 위반 사실을 알고도 농지 임대차나 사용대차하도록 권유하거나 중개하는 행위

4. 제1호부터 제3호까지의 행위와 그 행위가 행하여지는 업소에 대한 광고 행위

제8조(농지취득자격증명의 발급)

① 농지를 취득하려는 자는 농지 소재지를 관할하는 시장(구를 두지 아니한 시의 시장을 말하며, 도농 복합 형태의 시는 농지 소재지가 동지역인 경우만을 말한다), 구청장(도농 복합 형태의 시의 구에서는 농지 소재지가 동지역인 경우만을 말한다), 읍장 또는 면장(이하 "시·구·읍·면의 장"이라 한다)에게서 농지취득자격증명을 발급받아야 한다. 다만, 다음 각 호의 어느 하나에 해당하면 농지취득자격증명을 발급받지 아니하고 농지를 취득할 수 있다.

1. 제6조 제2항 제1호·제4호·제6호·제8호 또는 제10호(같은 호 바목은 제외한다)에 따라 농지를 취득하는 경우

2. 농업법인의 합병으로 농지를 취득하는 경우

3. 공유 농지의 분할이나 그 밖에 대통령령으로 정하는 원인으로 농지를 취득하는 경우

② 제1항에 따른 농지취득자격증명을 발급받으려는 자는 다음 각 호의 사항이 모두 포함된 농업경영계획서 또는 주말·체험영농계획서를 작성하고 농림축산식품부령으로 정하는 서류를 첨부하여 농지 소재지를 관할하는 시·구·읍·면의 장에게 발급신청을 하여야 한다. 다만, 제6조 제2항 제2호·제7호·제9호·제9호의2 또는 제10호바목에 따라 농지를 취득하는 자는 농업경영계획서 또는 주말·체험영농계획서를 작성하지 아니하고 농림축산식품부령으로 정하는 서류를 첨부하지 아니하여도 발급신청을 할 수 있다.

1. 취득 대상 농지의 면적(공유로 취득하려는 경우 공유 지분의 비율 및 각자가 취득하려는 농지의 위치도 함께 표시한다)
2. 취득 대상 농지에서 농업경영을 하는 데에 필요한 노동력 및 농업 기계·장비·시설의 확보 방안
3. 소유 농지의 이용 실태(농지 소유자에게만 해당한다)
4. 농지취득자격증명을 발급받으려는 자의 직업·영농경력·영농거리

③ 시·구·읍·면의 장은 농지 투기가 성행하거나 성행할 우려가 있는 지역의 농지를 취득하려는 자 등 농림축산식품부령으로 정하는 자가 농지취득자격증명 발급을 신청한 경우 제44조에 따른 농지위원회의 심의를 거쳐야 한다.

④ 시·구·읍·면의 장은 제1항에 따른 농지취득자격증명의 발급 신청을 받은 때에는 그 신청을 받은 날부터 7일(제2항 단서에 따라 농업경영계획서 또는 주말·체험영농계획서를 작성하지 아니하고 농지취득자격증명의 발급신청을 할 수 있는 경우에는 4일, 제3항에 따른 농지위원회의 심의 대상의 경우에는 14일) 이내에 신청인에게 농지취득자격증명을 발급하여야 한다.

⑤ 제1항 본문과 제2항에 따른 신청 및 발급 절차 등에 필요한 사항은 대통령령으로 정한다.

⑥ 제1항 본문과 제2항에 따라 농지취득자격증명을 발급받아 농지를 취득하는 자가 그 소유권에 관한 등기를 신청할 때에는 농지취득자격증명을 첨부하여야 한다.

⑦ 농지취득자격증명의 발급에 관한 민원의 처리에 관하여 이 조에서 규정한 사항을 제외하고 「민원 처리에 관한 법률」이 정하는 바에 따른다.

제8조의2(농업경영계획서 등의 보존기간)

① 시·구·읍·면의 장은 제8조제2항에 따라 제출되는 농업경영계획서 또는 주말·체험영농계획서를 10년간 보존하여야 한다.

② 농업경영계획서 또는 주말·체험영농계획서 외의 농지취득자격증명 신청서류의 보존기간은 대통령령으로 정한다.

제8조의3(농지취득자격증명의 발급제한)

① 시·구·읍·면의 장은 농지취득자격증명을 발급받으려는 자가 제8조 제2항에 따라 농업경영계획서 또는 주말·체험영농계획서에 포함하여야 할 사항을 기재하지 아니하거나 첨부하여야 할 서류를 제출하지 아니한 경우 농지취득자격증명을 발급하여서는 아니 된다.

② 시·구·읍·면의 장은 1필지를 공유로 취득하려는 자가 제22조 제3항에 따른 시·군·구의 조례로 정한 수를 초과한 경우에는 농지취득자격증명을 발급하지 아니할 수 있다.

③ 시·구·읍·면의 장은 「농어업경영체 육성 및 지원에 관한 법률」 제20조의2에 따른 실태조사 등에 따라 영농조합법인 또는 농업회사법인이 같은 법 제20조의3 제2항에 따른 해산명령 청구 요건에 해당하는 것으로 인정하는 경우에는 농지취득자격증명을 발급하지 아니할 수 있다.

제9조(농지의 위탁경영) 농지 소유자는 다음 각 호의 어느 하나에 해당하는 경우 외에는 소유 농지를 위탁경영할 수 없다.

1. 「병역법」에 따라 징집 또는 소집된 경우
2. 3개월 이상 국외 여행 중인 경우
3. 농업법인이 청산 중인 경우
4. 질병, 취학, 선거에 따른 공직 취임, 그 밖에 대통령령으로 정하는 사유로 자경할 수 없는 경우
5. 제17조에 따른 농지이용증진사업 시행계획에 따라 위탁경영하는 경우
6. 농업인이 자기 노동력이 부족하여 농작업의 일부를 위탁하는 경우

제10조(농업경영에 이용하지 아니하는 농지 등의 처분)

① 농지 소유자는 다음 각 호의 어느 하나에 해당하게 되면 그 사유가 발생한 날부터 1년 이내에 해당 농지(제6호의 경우에는 농지 소유 상한을 초과하는 면적에 해당하는 농지를 말한다)를 그 사유가 발생한 날 당시 세대를 같이 하는 세대원이 아닌 자, 그 밖에 농림축산식품부령으로 정하는 자에게 처분하여야 한다.

1. 소유 농지를 자연재해 · 농지개량 · 질병 등 대통령령으로 정하는 정당한 사유 없이 자기의 농업경영에 이용하지 아니하거나 이용하지 아니하게 되었다고 시장(구를 두지 아니한 시의 시장을 말한다. 이하 이 조에서 같다) · 군수 또는 구청장이 인정한 경우
2. 농지를 소유하고 있는 농업회사법인이 제2조 제3호의 요건에 맞지 아니하게 된 후 3개월이 지난 경우
3. 제6조 제2항 제2호에 따라 농지를 취득한 자가 그 농지를 해당 목적사업에 이용하지 아니하게 되었다고 시장 · 군수 또는 구청장이 인정한 경우
4. 제6조 제2항 제3호에 따라 농지를 취득한 자가 자연재해 · 농지개량 · 질병 등 대통령령으로 정하는 정당한 사유 없이 그 농지를 주말 · 체험영농에 이용하지 아니하게 되었다고 시장 · 군수 또는 구청장이 인정한 경우
4의2. 제6조 제2항 제4호에 따라 농지를 취득하여 소유한 자가 농지를 제23조 제1항 제1호에 따라 임대하거나 제23조 제1항 제6호에 따라 한국농어촌공사에 위탁하여 임대하는 등 대통령령으로 정하는 정당한 사유 없이 자기의 농업경영에 이용하지 아니하거나 이용하지 아니하게 되었다고 시장 · 군수 또는 구청장이 인정한 경우
4의3. 제6조 제2항 제5호에 따라 농지를 소유한 자가 농지를 제23조 제1항 제1호에 따라 임대하거나 제23조 제1항 제6호에 따라 한국농어촌공사에 위탁하여 임대하는 등 대통령령으로 정하는 정당한 사유 없이 자기의 농업경영에 이용하지 아니하거나, 이용하지 아니하게 되었다고 시장 · 군수 또는 구청장이 인정한 경우
5. 제6조 제2항 제7호에 따라 농지를 취득한 자가 취득한 날부터 2년 이내에 그 목적사업에 착수하지 아니한 경우
5의2. 제6조 제2항 제10호마목에 따른 농림축산식품부장관과의 협의를 마치지 아니하고 농지를 소유한 경우

5의3. 제6조 제2항 제10호바목에 따라 소유한 농지를 한국농어촌공사에 지체 없이 위탁하지 아니한 경우

6. 제7조에 따른 농지 소유 상한을 초과하여 농지를 소유한 것이 판명된 경우

7. 자연재해·농지개량·질병 등 대통령령으로 정하는 정당한 사유 없이 제8조 제2항에 따른 농업경영계획서 또는 주말·체험영농계획서 내용을 이행하지 아니하였다고 시장·군수 또는 구청장이 인정한 경우

② 시장·군수 또는 구청장은 제1항에 따라 농지의 처분의무가 생긴 농지의 소유자에게 농림축산식품부령으로 정하는 바에 따라 처분 대상 농지, 처분의무 기간 등을 구체적으로 밝혀 그 농지를 처분하여야 함을 알려야 한다.

제11조(처분명령과 매수 청구)

① 시장(구를 두지 아니한 시의 시장을 말한다)·군수 또는 구청장은 다음 각 호의 어느 하나에 해당하는 농지소유자에게 6개월 이내에 그 농지를 처분할 것을 명할 수 있다.

1. 거짓이나 그 밖의 부정한 방법으로 제8조제1항에 따른 농지취득자격증명을 발급받아 농지를 소유한 것으로 시장·군수 또는 구청장이 인정한 경우

2. 제10조에 따른 처분의무 기간에 처분 대상 농지를 처분하지 아니한 경우

3. 농업법인이 「농어업경영체 육성 및 지원에 관한 법률」 제19조의5를 위반하여 부동산업을 영위한 것으로 시장·군수 또는 구청장이 인정한 경우

② 농지 소유자는 제1항에 따른 처분명령을 받으면 「한국농어촌공사 및 농지관리기금법」에 따른 한국농어촌공사에 그 농지의 매수를 청구할 수 있다.

③ 한국농어촌공사는 제2항에 따른 매수 청구를 받으면 「부동산 가격공시에 관한 법률」에 따른 공시지가(해당 토지의 공시지가가 없으면 같은 법 제8조에 따라 산정한 개별 토지 가격을 말한다. 이하 같다)를 기준으로 해당 농지를 매수할 수 있다. 이 경우 인근 지역의 실제 거래 가격이 공시지가보다 낮으면 실제 거래 가격을 기준으로 매수할 수 있다.

④ 한국농어촌공사가 제3항에 따라 농지를 매수하는 데에 필요한 자금은 「한국농어촌공사 및 농지관리기금법」 제35조 제1항에 따른 농지관리기금에서 융자한다.

제12조(처분명령의 유예)

① 시장(구를 두지 아니한 시의 시장을 말한다. 이하 이 조에서 같다)·군수 또는 구청장은 제10조 제1항에 따른 처분의무 기간에 처분 대상 농지를 처분하지 아니한 농지 소유자가 다음 각 호의 어느 하나에 해당하면 처분의무 기간이 지난 날부터 3년간 제11조 제1항에 따른 처분명령을 직권으로 유예할 수 있다.

1. 해당 농지를 자기의 농업경영에 이용하는 경우

2. 한국농어촌공사나 그 밖에 대통령령으로 정하는 자와 해당 농지의 매도위탁계약을 체결한 경우

② 시장·군수 또는 구청장은 제1항에 따라 처분명령을 유예 받은 농지 소유자가 처분명령 유예 기간에 제1항 각 호의 어느 하나에도 해당하지 아니하게 되면 지체 없이 그 유예한 처분명령을 하여야 한다.

③ 농지 소유자가 처분명령을 유예 받은 후 제2항에 따른 처분명령을 받지 아니하고 그 유예 기간이 지난 경우에는 제10조 제1항에 따른 처분의무에 대하여 처분명령이 유예된 농지의 그 처분의무만 없어진 것으로 본다.

제13조(담보 농지의 취득)

① 농지의 저당권자로서 다음 각 호의 어느 하나에 해당하는 자는 농지 저당권 실행을 위한 경매기일을 2회 이상 진행하여도 경락인(경락인)이 없으면 그 후의 경매에 참가하여 그 담보 농지를 취득할 수 있다.

1. 「농업협동조합법」에 따른 지역농업협동조합, 지역축산업협동조합, 품목별·업종별협동조합 및 그 중앙회와 농협은행, 「수산업협동조합법」에 따른 지구별 수산업협동조합, 업종별 수산업협동조합, 수산물가공 수산업협동조합 및 그 중앙회와 수협은행, 「산림조합법」에 따른 지역산림조합, 품목별·업종별산림조합 및 그 중앙회

2. 한국농어촌공사

3. 「은행법」에 따라 설립된 은행이나 그 밖에 대통령령으로 정하는 금융기관

4. 「한국자산관리공사 설립 등에 관한 법률」에 따라 설립된 한국자산관리공사

5. 「자산유동화에 관한 법률」 제3조에 따른 유동화전문회사등

6. 「농업협동조합의 구조개선에 관한 법률」에 따라 설립된 농업협동조합자산관리회사

② 제1항 제1호 및 제3호에 따른 농지 저당권자는 제1항에 따라 취득한 농지의 처분을 한국농어촌공사에 위임할 수 있다.

제3장 농지의 이용

제1절 농지의 이용 증진 등

제14조 삭제 〈2024.1.23〉

제15조(농지이용증진사업의 시행) 시장·군수·자치구구청장, 한국농어촌공사, 그 밖에 대통령령으로 정하는 자(이하 "사업시행자"라 한다)는 농지 이용을 증진하기 위하여 다음 각 호의 어느 하나에 해당하는 사업(이하 "농지이용증진사업"이라 한다)을 시행할 수 있다.

1. 농지의 매매·교환·분합 등에 의한 농지 소유권 이전을 촉진하는 사업

2. 농지의 장기 임대차, 장기 사용대차에 따른 농지 임차권(사용대차에 따른 권리를 포함한다. 이하 같다) 설정을 촉진하는 사업

3. 위탁경영을 촉진하는 사업

4. 농업인이나 농업법인이 농지를 공동으로 이용하거나 집단으로 이용하여 농업경영을 개선하는 농업 경영체 육성사업

제16조(농지이용증진사업의 요건) 농지이용증진사업은 다음 각 호의 모든 요건을 갖추어야 한다.

1. 농업경영을 목적으로 농지를 이용할 것
2. 농지 임차권 설정, 농지 소유권 이전, 농업경영의 수탁·위탁이 농업인 또는 농업법인의 경영규모를 확대하거나 농지이용을 집단화하는 데에 기여할 것
3. 기계화·시설자동화 등으로 농산물 생산 비용과 유통 비용을 포함한 농업경영 비용을 절감하는 등 농업경영 효율화에 기여할 것

제17조(농지이용증진사업 시행계획의 수립)

① 시장·군수 또는 자치구구청장이 농지이용증진사업을 시행하려고 할 때에는 농림축산식품부령으로 정하는 바에 따라 농지이용증진사업 시행계획을 수립하여 「농업·농촌 및 식품산업 기본법」 제15조에 따른 시·군·구 농업·농촌및식품산업정책심의회(이하 "시·군·구 농업·농촌및식품산업정책심의회"라 한다)의 심의를 거쳐 확정하여야 한다. 수립한 계획을 변경하려고 할 때에도 또한 같다.

② 시장·군수 또는 자치구구청장 외의 사업시행자가 농지이용증진사업을 시행하려고 할 때에는 농림축산식품부령으로 정하는 바에 따라 농지이용증진사업 시행계획을 수립하여 시장·군수 또는 자치구구청장에게 제출하여야 한다.

③ 시장·군수 또는 자치구구청장은 제2항에 따라 제출받은 농지이용증진사업 시행계획이 보완될 필요가 있다고 인정하면 그 사유와 기간을 구체적으로 밝혀 사업시행자에게 그 계획을 보완하도록 요구할 수 있다.

④ 농지이용증진사업 시행계획에는 다음 각 호의 사항이 포함되어야 한다.

  1. 농지이용증진사업의 시행 구역
  2. 농지 소유권이나 임차권을 가진 자, 임차권을 설정받을 자, 소유권을 이전받을 자 또는 농업경영을 위탁하거나 수탁할 자에 관한 사항
  3. 임차권이 설정되는 농지, 소유권이 이전되는 농지 또는 농업경영을 위탁하거나 수탁하는 농지에 관한 사항
  4. 설정하는 임차권의 내용, 농업경영 수탁·위탁의 내용 등에 관한 사항
  5. 소유권 이전 시기, 이전 대가, 이전 대가 지급 방법, 그 밖에 농림축산식품부령으로 정하는 사항

제18조(농지이용증진사업 시행계획의 고시와 효력)

① 시장·군수 또는 자치구구청장이 제17조 제1항에 따라 농지이용증진사업 시행계획을 확정하거나 같은 조 제2항에 따라 그 계획을 제출받은 경우(같은 조 제3항에 따라 보완을 요구한 경우에는 그 보완이 끝난 때)에는 농림축산식품부령으로 정하는 바에 따라 지체 없이 이를 고시하고 관계인에게 열람하게 하여야 한다.

② 사업시행자는 제1항에 따라 농지이용증진사업 시행계획이 고시되면 대통령령으로 정하는 바에 따라 농지이용증진사업 시행계획에 포함된 제17조 제4항 제2호에 규정된 자의 동의를 얻어 해당 농지에 관한 등기를 촉탁하여야 한다.

③ 사업시행자가 제2항에 따라 등기를 촉탁하는 경우에는 제17조 제1항에 따른 농지이용증진사업 시행계획을 확정한 문서 또는 제1항에 따른 농지이용증진사업 시행계획이 고시된 문서와 제2항에 따른 동의서를 「부동산등기법」에 따른 등기원인을 증명하는 서면으로 본다.

④ 농지이용증진사업 시행계획에 따른 등기의 촉탁에 대하여는 「부동산등기 특별조치법」 제3조를 적용하지 아니한다.

제19조(농지이용증진사업에 대한 지원) 국가와 지방자치단체는 농지이용증진사업을 원활히 실시하기 위하여 필요한 지도와 주선을 하며, 예산의 범위에서 사업에 드는 자금의 일부를 지원할 수 있다.

제20조(대리경작자의 지정 등)

① 시장(구를 두지 아니한 시의 시장을 말한다. 이하 이 조에서 같다)·군수 또는 구청장은 유휴농지(농작물 경작이나 다년생식물 재배에 이용되지 아니하는 농지로서 대통령령으로 정하는 농지를 말한다. 이하 같다)에 대하여 대통령령으로 정하는 바에 따라 그 농지의 소유권자나 임차권자를 대신하여 농작물을 경작할 자(이하 "대리경작자"라 한다)를 직권으로 지정하거나 농림축산식품부령으로 정하는 바에 따라 유휴농지를 경작하려는 자의 신청을 받아 대리경작자를 지정할 수 있다.

② 시장·군수 또는 구청장은 제1항에 따라 대리경작자를 지정하려면 농림축산식품부령으로 정하는 바에 따라 그 농지의 소유권자 또는 임차권자에게 예고하여야 하며, 대리경작자를 지정하면 그 농지의 대리경작자와 소유권자 또는 임차권자에게 지정통지서를 보내야 한다.

③ 대리경작 기간은 따로 정하지 아니하면 3년으로 한다.

④ 대리경작자는 수확량의 100분의 10을 농림축산식품부령으로 정하는 바에 따라 그 농지의 소유권자나 임차권자에게 토지사용료로 지급하여야 한다. 이 경우 수령을 거부하거나 지급이 곤란한 경우에는 토지사용료를 공탁할 수 있다.

⑤ 대리경작 농지의 소유권자 또는 임차권자가 그 농지를 스스로 경작하려면 제3항의 대리경작 기간이 끝나기 3개월 전까지, 그 대리경작 기간이 끝난 후에는 대리경작자 지정을 중지할 것을 농림축산식품부령으로 정하는 바에 따라 시장·군수 또는 구청장에게 신청하여야 하며, 신청을 받은 시장·군수 또는 구청장은 신청을 받은 날부터 1개월 이내에 대리경작자 지정 중지를 그 대리경작자와 그 농지의 소유권자 또는 임차권자에게 알려야 한다.

⑥ 시장·군수 또는 구청장은 다음 각 호의 어느 하나에 해당하면 대리경작 기간이 끝나기 전이라도 대리경작자 지정을 해지할 수 있다.

1. 대리경작 농지의 소유권자나 임차권자가 정당한 사유를 밝히고 지정 해지신청을 하는 경우

2. 대리경작자가 경작을 게을리하는 경우

3. 그 밖에 대통령령으로 정하는 사유가 있는 경우

제21조(토양의 개량 · 보전)

① 국가와 지방자치단체는 농업인이나 농업법인이 환경보전적인 농업경영을 지속적으로 할 수 있도록 토양의 개량 · 보전에 관한 사업을 시행하여야 하고 토양의 개량 · 보전에 관한 시험 · 연구 · 조사 등에 관한 시책을 마련하여야 한다.

② 국가는 제1항의 목적을 달성하기 위하여 토양을 개량 · 보전하는 사업 등을 시행하는 지방자치단체, 농림축산식품부령으로 정하는 농업생산자단체, 농업인 또는 농업법인에 대하여 예산의 범위에서 필요한 자금의 일부를 지원할 수 있다.

제22조(농지 소유의 세분화 방지)

① 국가와 지방자치단체는 농업인이나 농업법인의 농지 소유가 세분화되는 것을 막기 위하여 농지를 어느 한 농업인 또는 하나의 농업법인이 일괄적으로 상속 · 증여 또는 양도받도록 필요한 지원을 할 수 있다.

② 「농어촌정비법」에 따른 농업생산기반정비사업이 시행된 농지는 다음 각 호의 어느 하나에 해당하는 경우 외에는 분할할 수 없다.

  1. 「국토의 계획 및 이용에 관한 법률」에 따른 도시지역의 주거지역 · 상업지역 · 공업지역 또는 도시 · 군계획시설부지에 포함되어 있는 농지를 분할하는 경우
  2. 제34조 제1항에 따라 농지전용허가(다른 법률에 따라 농지전용허가가 의제되는 인가 · 허가 · 승인 등을 포함한다)를 받거나 제35조나 제43조에 따른 농지전용신고를 하고 전용한 농지를 분할하는 경우
  3. 분할 후의 각 필지의 면적이 2천제곱미터를 넘도록 분할하는 경우
  4. 농지의 개량, 농지의 교환 · 분합 등 대통령령으로 정하는 사유로 분할하는 경우

③ 시장 · 군수 또는 구청장은 농지를 효율적으로 이용하고 농업생산성을 높이기 위하여 통상적인 영농 관행 등을 감안하여 농지 1필지를 공유로 소유(제6조 제2항 제4호의 경우는 제외한다)하려는 자의 최대인원수를 7인 이하의 범위에서 시 · 군 · 구의 조례로 정하는 바에 따라 제한할 수 있다.

제2절 농지의 임대차 등

제23조(농지의 임대차 또는 사용대차)

① 다음 각 호의 어느 하나에 해당하는 경우 외에는 농지를 임대하거나 무상사용하게 할 수 없다.

  1. 제6조 제2항 제1호 · 제4호부터 제9호까지 · 제9호의2 및 제10호의 규정에 해당하는 농지를 임대하거나 무상사용하게 하는 경우
  2. 제17조에 따른 농지이용증진사업 시행계획에 따라 농지를 임대하거나 무상사용하게 하는 경우
  3. 질병, 징집, 취학, 선거에 따른 공직취임, 그 밖에 대통령령으로 정하는 부득이한 사유로 인하여 일시적으로 농업경영에 종사하지 아니하게 된 자가 소유하고 있는 농지를 임대하거나 무상사용하게 하는 경우

4. 60세 이상인 사람으로서 대통령령으로 정하는 사람이 소유하고 있는 농지 중에서 자기의 농업경영에 이용한 기간이 5년이 넘은 농지를 임대하거나 무상사용하게 하는 경우

5. 제6조제1항에 따라 개인이 소유하고 있는 농지 중 3년 이상 소유한 농지를 주말·체험영농을 하려는 자에게 임대하거나 무상사용하게 하는 경우, 또는 주말·체험영농을 하려는 자에게 임대하는 것을 업(업)으로 하는 자에게 임대하거나 무상사용하게 하는 경우

5의2. 제6조 제1항에 따라 농업법인이 소유하고 있는 농지를 주말·체험영농을 하려는 자에게 임대하거나 무상사용하게 하는 경우

6. 제6조 제1항에 따라 개인이 소유하고 있는 농지 중 3년 이상 소유한 농지를 한국농어촌공사나 그 밖에 대통령령으로 정하는 자에게 위탁하여 임대하거나 무상사용하게 하는 경우

7. 다음 각 목의 어느 하나에 해당하는 농지를 한국농어촌공사나 그 밖에 대통령령으로 정하는 자에게 위탁하여 임대하거나 무상사용하게 하는 경우

   가. 상속으로 농지를 취득한 사람으로서 농업경영을 하지 아니하는 사람이 제7조 제1항에서 규정한 소유 상한을 초과하여 소유하고 있는 농지

   나. 대통령령으로 정하는 기간 이상 농업경영을 한 후 이농한 사람이 제7조 제2항에서 규정한 소유 상한을 초과하여 소유하고 있는 농지

8. 자경 농지를 농림축산식품부장관이 정하는 이모작을 위하여 8개월 이내로 임대하거나 무상사용하게 하는 경우

9. 대통령령으로 정하는 농지 규모화, 농작물 수급 안정 등을 목적으로 한 사업을 추진하기 위하여 필요한 자경 농지를 임대하거나 무상사용하게 하는 경우

② 제1항에도 불구하고 농지를 임차하거나 사용대차한 임차인 또는 사용대차인이 그 농지를 정당한 사유 없이 농업경영에 사용하지 아니할 때에는 시장·군수·구청장이 농림축산식품부령으로 정하는 바에 따라 임대차 또는 사용대차의 종료를 명할 수 있다.

제24조(임대차·사용대차 계약 방법과 확인)

① 임대차계약(농업경영을 하려는 자에게 임대하는 경우만 해당한다. 이하 이 절에서 같다)과 사용대차계약(농업경영을 하려는 자에게 무상사용하게 하는 경우만 해당한다)은 서면계약을 원칙으로 한다.

② 제1항에 따른 임대차계약은 그 등기가 없는 경우에도 임차인이 농지소재지를 관할하는 시·구·읍·면의 장의 확인을 받고, 해당 농지를 인도(인도)받은 경우에는 그 다음 날부터 제삼자에 대하여 효력이 생긴다.

③ 시·구·읍·면의 장은 농지임대차계약 확인대장을 갖추어 두고, 임대차계약증서를 소지한 임대인 또는 임차인의 확인 신청이 있는 때에는 농림축산식품부령으로 정하는 바에 따라 임대차계약을 확인한 후 대장에 그 내용을 기록하여야 한다.

제24조의2(임대차 기간)

① 제23조 제1항 각 호(제8호는 제외한다)의 임대차 기간은 3년 이상으로 하여야 한다. 다만, 다년생식물 재배지 등 대통령령으로 정하는 농지의 경우에는 5년 이상으로 하여야 한다.

② 임대차 기간을 정하지 아니하거나 제1항에 따른 기간 미만으로 정한 경우에는 제1항에 따른 기간으로 약정된 것으로 본다. 다만, 임차인은 제1항에 따른 기간 미만으로 정한 임대차 기간이 유효함을 주장할 수 있다.

③ 임대인은 제1항 및 제2항에도 불구하고 질병, 징집 등 대통령령으로 정하는 불가피한 사유가 있는 경우에는 임대차 기간을 제1항에 따른 기간 미만으로 정할 수 있다.

④ 제1항부터 제3항까지의 규정에 따른 임대차 기간은 임대차계약을 연장 또는 갱신하거나 재계약을 체결하는 경우에도 동일하게 적용한다.

제24조의3(임대차계약에 관한 조정 등)

① 임대차계약의 당사자는 임대차 기간, 임차료 등 임대차계약에 관하여 서로 협의가 이루어지지 아니한 경우에는 농지소재지를 관할하는 시장·군수 또는 자치구구청장에게 조정을 신청할 수 있다.

② 시장·군수 또는 자치구구청장은 제1항에 따라 조정의 신청이 있으면 지체 없이 농지임대차조정위원회를 구성하여 조정절차를 개시하여야 한다.

③ 제2항에 따른 농지임대차조정위원회에서 작성한 조정안을 임대차계약 당사자가 수락한 때에는 이를 해당 임대차의 당사자 간에 체결된 계약의 내용으로 본다.

④ 제2항에 따른 농지임대차조정위원회는 위원장 1명을 포함한 3명의 위원으로 구성하며, 위원장은 부시장·부군수 또는 자치구의 부구청장이 되고, 위원은 시·군·구 농업·농촌 및 식품산업 정책심의 회의 위원으로서 조정의 이해당사자와 관련이 없는 사람 중에서 시장·군수 또는 자치구구청장이 위촉한다.

⑤ 제2항에 따른 농지임대차조정위원회의 구성·운영 등에 필요한 사항은 대통령령으로 정한다.

제25조(묵시의 갱신) 임대인이 임대차 기간이 끝나기 3개월 전까지 임차인에게 임대차계약을 갱신하지 아니한다는 뜻이나 임대차계약 조건을 변경한다는 뜻을 통지하지 아니하면 그 임대차 기간이 끝난 때에 이전의 임대차계약과 같은 조건으로 다시 임대차계약을 한 것으로 본다.

제26조(임대인의 지위 승계) 임대 농지의 양수인(양수인)은 이 법에 따른 임대인의 지위를 승계한 것으로 본다.

제26조의2(강행규정) 이 법에 위반된 약정으로서 임차인에게 불리한 것은 그 효력이 없다.

제27조(국유농지와 공유농지의 임대차 특례) 「국유재산법」과 「공유재산 및 물품 관리법」에 따른 국유재산과 공유재산인 농지에 대하여는 제24조, 제24조의2, 제24조의3, 제25조, 제26조 및 제26조의2를 적용하지 아니한다.

제4장 농지의 보전 등

제1절 농업진흥지역의 지정과 운용

제28조(농업진흥지역의 지정)

① 특별시장·광역시장·특별자치시장·도지사 또는 특별자치도지사(이하 "시·도지사"라 한다)는 농지를 효율적으로 이용하고 보전하기 위하여 농업진흥지역을 지정한다.

② 제1항에 따른 농업진흥지역은 다음 각 호의 용도구역으로 구분하여 지정할 수 있다.

    1. 농업진흥구역 : 농업의 진흥을 도모하여야 하는 다음 각 목의 어느 하나에 해당하는 지역으로서 농림축산식품부장관이 정하는 규모로 농지가 집단화되어 농업 목적으로 이용할 필요가 있는 지역

        가. 농지조성사업 또는 농업기반정비사업이 시행되었거나 시행 중인 지역으로서 농업용으로 이용하고 있거나 이용할 토지가 집단화되어 있는 지역

        나. 가목에 해당하는 지역 외의 지역으로서 농업용으로 이용하고 있는 토지가 집단화되어 있는 지역

    2. 농업보호구역 : 농업진흥구역의 용수원 확보, 수질 보전 등 농업 환경을 보호하기 위하여 필요한 지역

제29조(농업진흥지역의 지정 대상)
제28조에 따른 농업진흥지역 지정은 「국토의 계획 및 이용에 관한 법률」에 따른 녹지지역·관리지역·농림지역 및 자연환경보전지역을 대상으로 한다. 다만, 특별시의 녹지지역은 제외한다.

제30조(농업진흥지역의 지정 절차)

① 시·도지사는 「농업·농촌 및 식품산업 기본법」 제15조에 따른 시·도 농업·농촌및식품산업정책심의회(이하 "시·도 농업·농촌및식품산업정책심의회"라 한다)의 심의를 거쳐 농림축산식품부장관의 승인을 받아 농업진흥지역을 지정한다.

② 시·도지사는 제1항에 따라 농업진흥지역을 지정하면 지체 없이 이 사실을 고시하고 관계 기관에 통보하여야 하며, 시장·군수 또는 자치구구청장으로 하여금 일반인에게 열람하게 하여야 한다.

③ 농림축산식품부장관은 「국토의 계획 및 이용에 관한 법률」에 따른 녹지지역이나 계획관리지역이 농업진흥지역에 포함되면 제1항에 따른 농업진흥지역 지정을 승인하기 전에 국토교통부장관과 협의하여야 한다.

④ 농업진흥지역의 지정 절차나 그 밖에 지정에 필요한 사항은 대통령령으로 정한다.

제31조(농업진흥지역 등의 변경과 해제)

① 시·도지사는 대통령령으로 정하는 사유가 있으면 농업진흥지역 또는 용도구역을 변경하거나 해제할 수 있다. 다만, 그 사유가 없어진 경우에는 원래의 농업진흥지역 또는 용도구역으로 환원하여야 한다.

② 제1항에 따른 농업진흥지역 또는 용도구역의 변경 절차, 해제 절차 또는 환원 절차 등에 관하여는 제30

조를 준용한다. 다만, 제1항 단서에 따라 원래의 농업진흥지역 또는 용도구역으로 환원하거나 농업보호구역을 농업진흥구역으로 변경하는 경우 등 대통령령으로 정하는 사항의 변경은 대통령령으로 정하는 바에 따라 시·도 농업·농촌 및 식품산업정책심의회의 심의나 농림축산식품부장관의 승인 없이 할 수 있다.

제31조의2(주민의견청취) 시·도지사는 제30조 및 제31조에 따라 농업진흥지역을 지정·변경 및 해제하려는 때에는 대통령령으로 정하는 바에 따라 미리 해당 토지의 소유자에게 그 내용을 개별통지하고 해당 지역 주민의 의견을 청취하여야 한다. 다만, 다음 각 호의 어느 하나에 해당하는 경우에는 그러하지 아니하다.

1. 다른 법률에 따라 토지소유자에게 개별 통지한 경우
2. 통지를 받을 자를 알 수 없거나 그 주소·거소, 그 밖에 통지할 장소를 알 수 없는 경우

제31조의3(실태조사)

① 농림축산식품부장관은 효율적인 농지 관리를 위하여 매년 다음 각 호의 조사를 하여야 한다.

1. 제20조 제1항에 따른 유휴농지 조사
2. 제28조에 따른 농업진흥지역의 실태조사
3. 제54조의2 제3항에 따른 정보시스템에 등록된 농지의 현황에 대한 조사
4. 그 밖의 농림축산식품부령으로 정하는 사항에 대한 조사

② 농림축산식품부장관이 제1항 제2호에 따른 농업진흥지역 실태조사 결과 제31조 제1항에 따른 농업진흥지역 등의 변경 및 해제 사유가 발생했다고 인정하는 경우 시·도지사는 해당 농업진흥지역 또는 용도구역을 변경하거나 해제할 수 있다.

③ 그 밖에 제1항에 따른 실태조사의 범위와 방법 등에 필요한 사항은 대통령령으로 정한다.

제32조(용도구역에서의 행위 제한)

① 농업진흥구역에서는 농업 생산 또는 농지 개량과 직접적으로 관련된 행위로서 대통령령으로 정하는 행위 외의 토지이용행위를 할 수 없다. 다만, 다음 각 호의 토지이용행위는 그러하지 아니하다.

1. 대통령령으로 정하는 농수산물(농산물·임산물·축산물·수산물을 말한다. 이하 같다)의 가공·처리 시설의 설치 및 농수산업(농업·임업·축산업·수산업을 말한다. 이하 같다) 관련 시험·연구 시설의 설치
2. 어린이놀이터, 마을회관, 그 밖에 대통령령으로 정하는 농업인의 공동생활에 필요한 편의 시설 및 이용 시설의 설치
3. 대통령령으로 정하는 농업인 주택, 어업인 주택, 농업용 시설, 축산업용 시설 또는 어업용 시설의 설치
4. 국방·군사 시설의 설치
5. 하천, 제방, 그 밖에 이에 준하는 국토 보존 시설의 설치
6. 「국가유산기본법」 제3조에 따른 국가유산의 보수·복원·이전, 매장유산의 발굴, 비석이나 기념탑, 그 밖에 이와 비슷한 공작물의 설치

7. 도로, 철도, 그 밖에 대통령령으로 정하는 공공시설의 설치

8. 지하자원 개발을 위한 탐사 또는 지하광물 채광(채광)과 광석의 선별 및 적치(적치)를 위한 장소로 사용하는 행위

9. 농어촌 소득원 개발 등 농어촌 발전에 필요한 시설로서 대통령령으로 정하는 시설의 설치

② 농업보호구역에서는 다음 각 호 외의 토지이용행위를 할 수 없다.

1. 제1항에 따라 허용되는 토지이용행위

2. 농업인 소득 증대에 필요한 시설로서 대통령령으로 정하는 건축물·공작물, 그 밖의 시설의 설치

3. 농업인의 생활 여건을 개선하기 위하여 필요한 시설로서 대통령령으로 정하는 건축물·공작물, 그 밖의 시설의 설치

③ 농업진흥지역 지정 당시 관계 법령에 따라 인가·허가 또는 승인 등을 받거나 신고하고 설치한 기존의 건축물·공작물과 그 밖의 시설에 대하여는 제1항과 제2항의 행위 제한 규정을 적용하지 아니한다.

④ 농업진흥지역 지정 당시 관계 법령에 따라 다음 각 호의 행위에 대하여 인가·허가·승인 등을 받거나 신고하고 공사 또는 사업을 시행 중인 자(관계 법령에 따라 인가·허가·승인 등을 받거나 신고할 필요가 없는 경우에는 시행 중인 공사 또는 사업에 착수한 자를 말한다)는 그 공사 또는 사업에 대하여만 제1항과 제2항의 행위 제한 규정을 적용하지 아니한다.

1. 건축물의 건축

2. 공작물이나 그 밖의 시설의 설치

3. 토지의 형질변경

4. 그 밖에 제1호부터 제3호까지의 행위에 준하는 행위

제33조(농업진흥지역에 대한 개발투자 확대 및 우선 지원)

① 국가와 지방자치단체는 농업진흥지역에 대하여 대통령령으로 정하는 바에 따라 농지 및 농업시설의 개량·정비, 농어촌도로·농산물유통시설의 확충, 그 밖에 농업 발전을 위한 사업에 우선적으로 투자하여야 한다.

② 국가와 지방자치단체는 농업진흥지역의 농지에 농작물을 경작하거나 다년생식물을 재배하는 농업인 또는 농업법인에게 자금 지원이나 「조세특례제한법」에 따른 조세 경감 등 필요한 지원을 우선 실시하여야 한다.

제33조의2(농업진흥지역의 농지매수 청구)

① 농업진흥지역의 농지를 소유하고 있는 농업인 또는 농업법인은 「한국농어촌공사 및 농지관리기금법」에 따른 한국농어촌공사(이하 "한국농어촌공사"라 한다)에 그 농지의 매수를 청구할 수 있다.

② 한국농어촌공사는 제1항에 따른 매수 청구를 받으면 「감정평가 및 감정평가사에 관한 법률」에 따른 감정평가법인등이 평가한 금액을 기준으로 해당 농지를 매수할 수 있다.

③ 한국농어촌공사가 제2항에 따라 농지를 매수하는 데에 필요한 자금은 농지관리기금에서 융자한다.

제2절 농지의 전용

제34조(농지의 전용허가 · 협의)

① 농지를 전용하려는 자는 다음 각 호의 어느 하나에 해당하는 경우 외에는 대통령령으로 정하는 바에 따라 농림축산식품부장관의 허가(다른 법률에 따라 농지전용허가가 의제되는 협의를 포함한다. 이하 같다)를 받아야 한다. 허가받은 농지의 면적 또는 경계 등 대통령령으로 정하는 중요 사항을 변경하려는 경우에도 또한 같다.

　1. 삭제

　2. 「국토의 계획 및 이용에 관한 법률」에 따른 도시지역 또는 계획관리지역에 있는 농지로서 제2항에 따른 협의를 거친 농지나 제2항 제1호 단서에 따라 협의 대상에서 제외되는 농지를 전용하는 경우

　3. 제35조에 따라 농지전용신고를 하고 농지를 전용하는 경우

　4. 「산지관리법」 제14조에 따른 산지전용허가를 받지 아니하거나 같은 법 제15조에 따른 산지전용신고를 하지 아니하고 불법으로 개간한 농지를 산림으로 복구하는 경우

　5. 삭제

② 주무부장관이나 지방자치단체의 장은 다음 각 호의 어느 하나에 해당하면 대통령령으로 정하는 바에 따라 농림축산식품부장관과 미리 농지전용에 관한 협의를 하여야 한다.

　1. 「국토의 계획 및 이용에 관한 법률」에 따른 도시지역에 주거지역 · 상업지역 · 공업지역을 지정하거나 같은 법에 따른 도시지역에 도시 · 군계획시설을 결정할 때에 해당 지역 예정지 또는 시설 예정지에 농지가 포함되어 있는 경우. 다만, 이미 지정된 주거지역 · 상업지역 · 공업지역을 다른 지역으로 변경하거나 이미 지정된 주거지역 · 상업지역 · 공업지역에 도시 · 군계획시설을 결정하는 경우는 제외한다.

　1의2. 「국토의 계획 및 이용에 관한 법률」에 따른 계획관리지역에 지구단위계획구역을 지정할 때에 해당 구역 예정지에 농지가 포함되어 있는 경우

　2. 「국토의 계획 및 이용에 관한 법률」에 따른 도시지역의 녹지지역 및 개발제한구역의 농지에 대하여 같은 법 제56조에 따라 개발행위를 허가하거나 「개발제한구역의 지정 및 관리에 관한 특별조치법」 제12조제1항 각 호 외의 부분 단서에 따라 토지의 형질변경허가를 하는 경우

제35조(농지전용신고)

① 지를 다음 각 호의 어느 하나에 해당하는 시설의 부지로 전용하려는 자는 대통령령으로 정하는 바에 따라 시장 · 군수 또는 자치구구청장에게 신고하여야 한다. 신고한 사항을 변경하려는 경우에도 또한 같다.

　1. 농업인 주택, 어업인 주택, 농축산업용 시설(제2조 제1호나목에 따른 개량시설과 농축산물 생산시설은 제외한다), 농수산물 유통 · 가공 시설

　2. 어린이놀이터 · 마을회관 등 농업인의 공동생활 편의 시설

　3. 농수산 관련 연구 시설과 양어장 · 양식장 등 어업용 시설

② 시장·군수 또는 자치구구청장은 제1항에 따른 신고를 받은 경우 그 내용을 검토하여 이 법에 적합하면 신고를 수리하여야 한다.

③ 제1항에 따른 신고 대상 시설의 범위와 규모, 농업진흥지역에서의 설치 제한, 설치자의 범위 등에 관한 사항은 대통령령으로 정한다.

제36조(농지의 타용도 일시사용허가 등)

① 농지를 다음 각 호의 어느 하나에 해당하는 용도로 일시 사용하려는 자는 대통령령으로 정하는 바에 따라 일정 기간 사용한 후 농지로 복구한다는 조건으로 시장·군수 또는 자치구구청장의 허가를 받아야 한다. 허가받은 사항을 변경하려는 경우에도 또한 같다. 다만, 국가나 지방자치단체의 경우에는 시장·군수 또는 자치구구청장과 협의하여야 한다.

1. 「건축법」에 따른 건축허가 또는 건축신고 대상시설이 아닌 간이 농수축산업용 시설(제2조 제1호 나목에 따른 개량시설과 농축산물 생산시설은 제외한다)과 농수산물의 간이 처리 시설을 설치하는 경우

2. 주(主)목적사업(해당 농지에서 허용되는 사업만 해당한다)을 위하여 현장 사무소나 부대시설, 그 밖에 이에 준하는 시설을 설치하거나 물건을 적치(積置)하거나 매설(埋設)하는 경우

3. 대통령령으로 정하는 토석과 광물을 채굴하는 경우

4. 「전기사업법」 제2조 제1호의 전기사업을 영위하기 위한 목적으로 설치하는 「신에너지 및 재생에너지 개발·이용·보급 촉진법」 제2조 제2호가목에 따른 태양에너지 발전설비(이하 "태양에너지 발전설비"라 한다)로서 다음 각 목의 요건을 모두 갖춘 경우

   가. 「공유수면 관리 및 매립에 관한 법률」 제2조에 따른 공유수면매립을 통하여 조성한 토지 중 토양 염도가 일정 수준 이상인 지역 등 농림축산식품부령으로 정하는 지역에 설치하는 시설일 것

   나. 설치 규모, 염도 측정방법 등 농림축산식품부장관이 별도로 정한 요건에 적합하게 설치하는 시설일 것

5. 「건축법」에 따른 건축허가 또는 건축신고 대상시설이 아닌 작물재배사(고정식온실·버섯재배사 및 비닐하우스는 제외한다) 중 농업생산성 제고를 위하여 정보통신기술을 결합한 시설로서 대통령령으로 정하는 요건을 모두 갖춘 시설을 설치하는 경우

② 시장·군수 또는 자치구구청장은 주무부장관이나 지방자치단체의 장이 다른 법률에 따른 사업 또는 사업계획 등의 인가·허가 또는 승인 등과 관련하여 농지의 타용도 일시사용 협의를 요청하면, 그 인가·허가 또는 승인 등을 할 때에 해당 사업을 시행하려는 자에게 일정 기간 그 농지를 사용한 후 농지로 복구한다는 조건을 붙일 것을 전제로 협의할 수 있다.

③ 시장·군수 또는 자치구구청장은 제1항에 따른 허가를 하거나 제2항에 따른 협의를 할 때에는 대통령령으로 정하는 바에 따라 사업을 시행하려는 자에게 농지로의 복구계획을 제출하게 하고 복구비용을 예치하게 할 수 있다. 이 경우 예치된 복구비용은 사업시행자가 사업이 종료된 후 농지로의 복구계획을 이행하지 않는 경우 복구대행비로 사용할 수 있다.

④ 시장·군수·자치구구청장은 제1항 및 제2항에 따라 최초 농지의 타용도 일시사용 후 목적사업을 완료하지 못하여 그 기간을 연장하려는 경우에는 대통령령으로 정하는 바에 따라 복구비용을 재산정하여 제3항에 따라 예치한 복구비용이 재산정한 복구비용보다 적은 경우에는 그 차액을 추가로 예치하게 하여야 한다.

⑤ 제3항 및 제4항에 따른 복구비용의 산출 기준, 납부 시기, 납부 절차, 그 밖에 필요한 사항은 대통령령으로 정한다.

제36조의2(농지의 타용도 일시사용신고 등)

① 농지를 다음 각 호의 어느 하나에 해당하는 용도로 일시사용하려는 자는 대통령령으로 정하는 바에 따라 지력을 훼손하지 아니하는 범위에서 일정 기간 사용한 후 농지로 원상복구한다는 조건으로 시장·군수 또는 자치구구청장에게 신고하여야 한다. 신고한 사항을 변경하려는 경우에도 또한 같다. 다만, 국가나 지방자치단체의 경우에는 시장·군수 또는 자치구구청장과 협의하여야 한다.
  1. 썰매장, 지역축제장 등으로 일시적으로 사용하는 경우
  2. 제36조 제1항 제1호 또는 제2호에 해당하는 시설을 일시적으로 설치하는 경우
② 시장·군수 또는 자치구구청장은 주무부장관이나 지방자치단체의 장이 다른 법률에 따른 사업 또는 사업계획 등의 인가·허가 또는 승인 등과 관련하여 농지의 타용도 일시사용 협의를 요청하면, 그 인가·허가 또는 승인 등을 할 때에 해당 사업을 시행하려는 자에게 일정 기간 그 농지를 사용한 후 농지로 복구한다는 조건을 붙일 것을 전제로 협의할 수 있다.
③ 시장·군수 또는 자치구구청장은 제1항에 따른 신고를 수리하거나 제2항에 따른 협의를 할 때에는 대통령령으로 정하는 바에 따라 사업을 시행하려는 자에게 농지로의 복구계획을 제출하게 하고 복구비용을 예치하게 할 수 있다. 이 경우 예치된 복구비용은 사업시행자가 사업이 종료된 후 농지로의 복구계획을 이행하지 않는 경우 복구대행비로 사용할 수 있다.
④ 시장·군수 또는 자치구구청장은 제1항에 따른 신고를 받은 날부터 10일 이내에 신고수리 여부를 신고인에게 통지하여야 한다.
⑤ 시장·군수 또는 자치구구청장이 제4항에서 정한 기간 내에 신고수리 여부 또는 민원 처리 관련 법령에 따른 처리기간의 연장을 신고인에게 통지하지 아니하면 그 기간(민원 처리 관련 법령에 따라 처리기간이 연장 또는 재연장된 경우에는 해당 처리기간을 말한다)이 끝난 날의 다음 날에 신고를 수리한 것으로 본다.
⑥ 제1항에 따른 신고 대상 농지의 범위와 규모, 일시사용 기간, 제3항에 따른 복구비용의 산출 기준, 복구비용 납부 시기와 절차, 그 밖에 필요한 사항은 대통령령으로 정한다.

제37조(농지전용허가 등의 제한)

① 농림축산식품부장관은 제34조 제1항에 따른 농지전용허가를 결정할 경우 다음 각 호의 어느 하나에 해당하는 시설의 부지로 사용하려는 농지는 전용을 허가할 수 없다. 다만, 「국토의 계획 및 이용에 관한 법률」에 따른 도시지역·계획관리지역 및 개발진흥지구에 있는 농지는 다음 각 호의 어느 하나에 해당하는 시설의 부지로 사용하더라도 전용을 허가할 수 있다.
  1. 「대기환경보전법」 제2조 제11호에 따른 대기오염물질배출시설로서 대통령령으로 정하는 시설
  2. 「물환경보전법」 제2조 제10호에 따른 폐수배출시설로서 대통령령으로 정하는 시설

3. 농업의 진흥이나 농지의 보전을 해칠 우려가 있는 시설로서 대통령령으로 정하는 시설

② 농림축산식품부장관, 시장·군수 또는 자치구구청장은 제34조 제1항에 따른 농지전용허가 및 같은 조 제2항에 따른 협의를 하거나 제36조에 따른 농지의 타용도 일시사용허가 및 협의를 할 때 그 농지가 다음 각 호의 어느 하나에 해당하면 전용을 제한하거나 타용도 일시사용을 제한할 수 있다.

1. 전용하려는 농지가 농업생산기반이 정비되어 있거나 농업생산기반 정비사업 시행예정 지역으로 편입되어 우량농지로 보전할 필요가 있는 경우

2. 해당 농지를 전용하거나 다른 용도로 일시사용하면 일조·통풍·통작(통작)에 매우 크게 지장을 주거나 농지개량시설의 폐지를 수반하여 인근 농지의 농업경영에 매우 큰 영향을 미치는 경우

3. 해당 농지를 전용하거나 타용도로 일시 사용하면 토사가 유출되는 등 인근 농지 또는 농지개량시설을 훼손할 우려가 있는 경우

4. 전용 목적을 실현하기 위한 사업계획 및 자금 조달계획이 불확실한 경우

5. 전용하려는 농지의 면적이 전용 목적 실현에 필요한 면적보다 지나치게 넓은 경우

제37조의2(둘 이상의 용도지역·용도지구에 걸치는 농지에 대한 전용허가 시 적용기준) 한 필지의 농지에 「국토의 계획 및 이용에 관한 법률」에 따른 도시지역·계획관리지역 및 개발진흥지구와 그 외의 용도지역 또는 용도지구(「국토의 계획 및 이용에 관한 법률」 제36조 제1항 또는 제37조 제1항에 따른 용도지역 또는 용도지구를 말한다. 이하 이 조에서 같다)가 걸치는 경우로서 해당 농지 면적에서 차지하는 비율이 가장 작은 용도지역 또는 용도지구가 대통령령으로 정하는 면적 이하인 경우에는 해당 농지 면적에서 차지하는 비율이 가장 큰 용도지역 또는 용도지구를 기준으로 제37조 제1항을 적용한다.

제37조의3(농지관리위원회의 설치·운영)

① 농림축산식품부장관의 다음 각 호의 사항에 대한 자문에 응하게 하기 위하여 농림축산식품부에 농지관리위원회(이하 "위원회"라 한다)를 둔다.

1. 농지의 이용, 보전 등의 정책 수립에 관한 사항

2. 제34조에 따른 농지전용허가 및 협의 또는 제35조에 따른 농지전용신고 사항 중 대통령령으로 정하는 규모 이상의 농지전용에 관한 사항

3. 그 밖에 농림축산식품부장관이 필요하다고 인정하여 위원회에 부치는 사항

② 위원회는 위원장 1명을 포함한 20명 이내의 위원으로 구성한다.

③ 위원회의 위원은 관계 행정기관의 공무원, 농업·농촌·토지이용·공간정보·환경 등과 관련된 분야에 관한 학식과 경험이 풍부한 사람 중에서 농림축산식품부장관이 위촉하며, 위원장은 위원 중에서 호선한다.

④ 위원장 및 위원의 임기는 2년으로 한다.

⑤ 위원회의 구성·운영에 관하여 필요한 사항은 대통령령으로 정한다.

제38조(농지보전부담금)

① 다음 각 호의 어느 하나에 해당하는 자는 농지의 보전·관리 및 조성을 위한 부담금(이하 "농지보전부담금"이라 한다)을 농지관리기금을 운용·관리하는 자에게 내야 한다.

1. 제34조 제1항에 따라 농지전용허가를 받는 자

2. 제34조 제2항 제1호에 따라 농지전용협의를 거친 지역 예정지 또는 시설 예정지에 있는 농지(같은 호 단서에 따라 협의 대상에서 제외되는 농지를 포함한다)를 전용하려는 자

2의2. 제34조 제2항 제1호의2에 따라 농지전용에 관한 협의를 거친 구역 예정지에 있는 농지를 전용하려는 자

3. 제34조 제2항 제2호에 따라 농지전용협의를 거친 농지를 전용하려는 자

4. 삭제

5. 제35조나 제43조에 따라 농지전용신고를 하고 농지를 전용하려는 자

② 농림축산식품부장관은 다음 각 호의 어느 하나에 해당하는 사유로 농지보전부담금을 한꺼번에 내기 어렵다고 인정되는 경우에는 대통령령으로 정하는 바에 따라 농지보전부담금을 나누어 내게 할 수 있다.

1. 「공공기관의 운영에 관한 법률」에 따른 공공기관과 「지방공기업법」에 따른 지방공기업이 산업단지의 시설용지로 농지를 전용하는 경우 등 대통령령으로 정하는 농지의 전용

2. 농지보전부담금이 농림축산식품부령으로 정하는 금액 이상인 경우

③ 농림축산식품부장관은 제2항에 따라 농지보전부담금을 나누어 내게 하려면 대통령령으로 정하는 바에 따라 농지보전부담금을 나누어 내려는 자에게 나누어 낼 농지보전부담금에 대한 납입보증보험증서 등을 미리 예치하게 하여야 한다. 다만, 농지보전부담금을 나누어 내려는 자가 국가나 지방자치단체, 그 밖에 대통령령으로 정하는 자인 경우에는 그러하지 아니하다.

④ 농지를 전용하려는 자는 제1항 또는 제2항에 따른 농지보전부담금의 전부 또는 일부를 농지전용허가·농지전용신고(다른 법률에 따라 농지전용허가 또는 농지전용신고가 의제되는 인가·허가·승인 등을 포함한다) 전까지 납부하여야 한다.

⑤ 농지관리기금을 운용·관리하는 자는 다음 각 호의 어느 하나에 해당하는 경우 대통령령으로 정하는 바에 따라 그에 해당하는 농지보전부담금을 환급하여야 한다.

1. 농지보전부담금을 낸 자의 허가가 제39조에 따라 취소된 경우

2. 농지보전부담금을 낸 자의 사업계획이 변경된 경우

2의2. 제4항에 따라 농지보전부담금을 납부하고 허가를 받지 못한 경우

3. 그 밖에 이에 준하는 사유로 전용하려는 농지의 면적이 당초보다 줄어든 경우

⑥ 농림축산식품부장관은 다음 각 호의 어느 하나에 해당하면 대통령령으로 정하는 바에 따라 농지보전부담금을 감면할 수 있다.

1. 국가나 지방자치단체가 공용 목적이나 공공용 목적으로 농지를 전용하는 경우

2. 대통령령으로 정하는 중요 산업 시설을 설치하기 위하여 농지를 전용하는 경우

3. 제35조 제1항 각 호에 따른 시설이나 그 밖에 대통령령으로 정하는 시설을 설치하기 위하여 농지를 전용하는 경우

⑦ 농지보전부담금은 「부동산 가격공시에 관한 법률」에 따른 해당 농지의 개별공시지가의 범위에서 대통령령으로 정하는 부과기준을 적용하여 산정한 금액으로 하되, 농업진흥지역과 농업진흥지역 밖의 농지를 차등하여 부과기준을 적용할 수 있으며, 부과기준일은 다음 각 호의 구분에 따른다.

1. 제34조 제1항에 따라 농지전용허가를 받는 경우 : 허가를 신청한 날
2. 제34조 제2항에 따라 농지를 전용하려는 경우 : 대통령령으로 정하는 날
3. 다른 법률에 따라 농지전용허가가 의제되는 협의를 거친 농지를 전용하려는 경우 : 대통령령으로 정하는 날
4. 제35조나 제43조에 따라 농지전용신고를 하고 농지를 전용하려는 경우 : 신고를 접수한 날

⑧ 농림축산식품부장관은 농지보전부담금을 내야 하는 자가 납부기한까지 내지 아니하면 납부기한이 지난 후 10일 이내에 납부기한으로부터 30일 이내의 기간을 정한 독촉장을 발급하여야 한다.

⑨ 농림축산식품부장관은 농지보전부담금을 내야 하는 자가 납부기한까지 부담금을 내지 아니한 경우에는 납부기한이 지난 날부터 체납된 농지보전부담금의 100분의 3에 상당하는 금액을 가산금으로 부과한다.

1. 삭제
2. 삭제

⑩ 농림축산식품부장관은 농지보전부담금을 체납한 자가 체납된 농지보전부담금을 납부하지 아니한 때에는 납부기한이 지난 날부터 1개월이 지날 때마다 체납된 농지보전부담금의 1천분의 12에 상당하는 가산금 (이하 "중가산금"이라 한다)을 제9항에 따른 가산금에 더하여 부과하되, 체납된 농지보전부담금의 금액이 100만원 미만인 경우는 중가산금을 부과하지 아니한다. 이 경우 중가산금을 가산하여 징수하는 기간은 60개월을 초과하지 못한다.

⑪ 농림축산식품부장관은 농지보전부담금을 내야 하는 자가 독촉장을 받고 지정된 기한까지 부담금과 가산금 및 중가산금을 내지 아니하면 국세 또는 지방세 체납처분의 예에 따라 징수할 수 있다.

⑫ 농림축산식품부장관은 다음 각 호의 어느 하나에 해당하는 사유가 있으면 해당 농지보전부담금에 관하여 결손처분을 할 수 있다. 다만, 제1호·제3호 및 제4호의 경우 결손처분을 한 후에 압류할 수 있는 재산을 발견하면 지체 없이 결손처분을 취소하고 체납처분을 하여야 한다.

1. 체납처분이 종결되고 체납액에 충당된 배분금액이 그 체납액에 미치지 못한 경우
2. 농지보전부담금을 받을 권리에 대한 소멸시효가 완성된 경우
3. 체납처분의 목적물인 총재산의 추산가액(추산가액)이 체납처분비에 충당하고 남을 여지가 없는 경우
4. 체납자가 사망하거나 행방불명되는 등 대통령령으로 정하는 사유로 인하여 징수할 가능성이 없다고 인정되는 경우

⑬ 농림축산식품부장관은 제51조에 따라 권한을 위임받은 자 또는 「한국농어촌공사 및 농지관리기금법」 제35조제2항에 따라 농지관리기금 운용·관리 업무를 위탁받은 자에게 농지보전부담금 부과·수납에 관한 업무를 취급하게 하는 경우 대통령령으로 정하는 바에 따라 수수료를 지급하여야 한다.

⑭ 농지관리기금을 운용·관리하는 자는 제1항에 따라 수납하는 농지보전부담금 중 제13항에 따른 수수료를 뺀 금액을 농지관리기금에 납입하여야 한다.

⑮ 농지보전부담금의 납부기한, 납부 절차, 그 밖에 필요한 사항은 대통령령으로 정한다.

제39조(전용허가의 취소 등)

① 농림축산식품부장관, 시장·군수 또는 자치구구청장은 제34조 제1항에 따른 농지전용허가 또는 제36조에 따른 농지의 타용도 일시사용허가를 받았거나 제35조 또는 제43조에 따른 농지전용신고, 제36조의2에 따른 농지의 타용도 일시사용신고 또는 제41조의3에 따른 농지개량행위의 신고를 한 자가 다음 각 호의 어느 하나에 해당하면 농림축산식품부령으로 정하는 바에 따라 허가를 취소하거나 관계 공사의 중지, 조업의 정지, 사업규모의 축소 또는 사업계획의 변경, 그 밖에 필요한 조치를 명할 수 있다. 다만, 제7호에 해당하면 그 허가를 취소하여야 한다.

1. 거짓이나 그 밖의 부정한 방법으로 허가를 받거나 신고한 것이 판명된 경우
2. 허가 목적이나 허가 조건을 위반하는 경우
3. 허가를 받지 아니하거나 신고하지 아니하고 사업계획 또는 사업 규모를 변경하는 경우
4. 허가를 받거나 신고를 한 후 농지전용 목적사업과 관련된 사업계획의 변경 등 대통령령으로 정하는 정당한 사유 없이 최초로 허가를 받거나 신고를 한 날부터 2년 이상 대지의 조성, 시설물의 설치 등 농지전용 목적사업에 착수하지 아니하거나 농지전용 목적사업에 착수한 후 1년 이상 공사를 중단한 경우
5. 농지보전부담금을 내지 아니한 경우
6. 허가를 받은 자나 신고를 한 자가 허가취소를 신청하거나 신고를 철회하는 경우
7. 허가를 받은 자가 관계 공사의 중지 등 이 조 본문에 따른 조치명령을 위반한 경우

② 농림축산식품부장관은 다른 법률에 따라 농지의 전용이 의제되는 협의를 거쳐 농지를 전용하려는 자가 농지보전부담금 부과 후 농지보전부담금을 납부하지 아니하고 2년 이내에 농지전용의 원인이 된 목적사업에 착수하지 아니하는 경우 관계 기관의 장에게 그 목적사업에 관련된 승인·허가 등의 취소를 요청할 수 있다. 이 경우 취소를 요청받은 관계 기관의 장은 특별한 사유가 없으면 이에 따라야 한다.

제40조(용도변경의 승인)

① 다음 각 호의 어느 하나에 해당하는 절차를 거쳐 농지전용 목적사업에 사용되고 있거나 사용된 토지를 대통령령으로 정하는 기간 이내에 다른 목적으로 사용하려는 경우에는 농림축산식품부령으로 정하는 바에 따라 시장·군수 또는 자치구구청장의 승인을 받아야 한다.

1. 제34조 제1항에 따른 농지전용허가
2. 제34조 제2항 제2호에 따른 농지전용협의
3. 제35조 또는 제43조에 따른 농지전용신고

② 제1항에 따라 승인을 받아야 하는 자 중 농지보전부담금이 감면되는 시설의 부지로 전용된 토지를 농지보전부담금 감면 비율이 다른 시설의 부지로 사용하려는 자는 대통령령으로 정하는 바에 따라 그에 해당하는 농지보전부담금을 내야 한다.

제41조(농지의 지목 변경 제한)

① 다음 각 호의 어느 하나에 해당하는 경우 외에는 농지를 전·답·과수원 외의 지목으로 변경하지 못한다.

  1. 제34조 제1항에 따라 농지전용허가를 받거나 같은 조 제2항에 따라 농지를 전용한 경우

  2. 제34조 제1항 제4호에 규정된 목적으로 농지를 전용한 경우

  3. 제35조 또는 제43조에 따라 농지전용신고를 하고 농지를 전용한 경우

  4. 「농어촌정비법」 제2조 제5호가목 또는 나목에 따른 농어촌용수의 개발사업이나 농업생산기반 개량사업의 시행으로 이 법 제2조 제1호나목에 따른 토지의 개량 시설의 부지로 변경되는 경우

  5. 시장·군수 또는 자치구구청장이 천재지변이나 그 밖의 불가항력(부가항력)의 사유로 그 농지의 형질이 현저히 달라져 원상회복이 거의 불가능하다고 인정하는 경우

② 토지소유자는 제1항 각 호의 어느 하나에 해당하는 사유로 토지의 형질변경 등이 완료·준공되어 토지의 용도가 변경된 경우 그 사유가 발생한 날부터 60일 이내에 「공간정보의 구축 및 관리 등에 관한 법률」 제2조 제18호에 따른 지적소관청에 지목변경을 신청하여야 한다.

제41조의2(농지개량 기준의 준수)

① 농지를 개량하려는 자는 농지의 생산성 향상 등 농지개량의 목적을 달성하고 농지개량행위로 인하여 주변 농업환경(인근 농지의 관개·배수·통풍 및 농작업을 포함한다)에 부정적인 영향을 미치지 아니하도록 농지개량의 기준(이하 "농지개량 기준"이라 한다)을 준수하여야 한다.

② 농지개량 기준에 관한 구체적인 사항은 다음 각 호의 사항을 포함하여 농림축산식품부령으로 정한다.

  1. 농지개량에 적합한 토양의 범위

  2. 농지개량 시 인근 농지 또는 시설 등의 피해 발생 방지 조치

  3. 그 밖에 농지의 객토, 성토, 절토와 관련된 세부 기준

제41조의3(농지개량행위의 신고)

① 농지를 개량하려는 자 중 성토 또는 절토를 하려는 자는 농림축산식품부령으로 정하는 바에 따라 시장·군수 또는 자치구구청장에게 신고하여야 하며, 신고한 사항을 변경하려는 경우에도 또한 같다. 다만, 다음 각 호의 어느 하나에 해당하는 경우에는 그러하지 아니하다.

  1. 「국토의 계획 및 이용에 관한 법률」 제56조에 따라 개발행위의 허가를 받은 경우

  2. 국가 또는 지방자치단체가 공익상의 필요에 따라 직접 시행하는 사업을 위하여 성토 또는 절토하는 경우

  3. 재해복구나 재난수습에 필요한 응급조치를 위한 경우

  4. 대통령령으로 정하는 경미한 행위인 경우

② 시장·군수 또는 자치구구청장은 제1항에 따라 신고를 받은 경우 그 내용을 검토하여 이 법에 적합하면 신고를 수리하여야 한다.

제42조(원상회복 등)

① 농림축산식품부장관, 시장·군수 또는 자치구구청장은 다음 각 호의 어느 하나에 해당하면 그 행위를 한 자, 해당 농지의 소유자·점유자 또는 관리자에게 기간을 정하여 원상회복을 명할 수 있다.

   1. 제34조 제1항에 따른 농지전용허가 또는 제36조에 따른 농지의 타용도 일시사용허가를 받지 아니하고 농지를 전용하거나 다른 용도로 사용한 경우

   2. 제35조 또는 제43조에 따른 농지전용신고 또는 제36조의2에 따른 농지의 타용도 일시사용신고를 하지 아니하고 농지를 전용하거나 다른 용도로 사용한 경우

   3. 제39조에 따라 허가가 취소된 경우

   4. 농지전용신고를 한 자가 제39조에 따른 조치명령을 위반한 경우

   5. 제41조의2에 따른 농지개량 기준을 준수하지 아니하고 농지를 개량한 경우

   6. 제41조의3 제1항에 따른 신고 또는 변경신고를 하지 아니하고 농지를 성토 또는 절토한 경우

② 농림축산식품부장관, 시장·군수 또는 자치구구청장은 제1항에 따른 원상회복명령을 위반하여 원상회복을 하지 아니하면 대집행(대집행)으로 원상회복을 할 수 있다.

③ 제2항에 따른 대집행의 절차에 관하여는 「행정대집행법」을 적용한다.

제42조의2(시정명령)

① 시장·군수 또는 자치구구청장은 제32조제1항 또는 제2항을 위반한 자, 해당 토지의 소유자·점유자 또는 관리자에게 기간을 정하여 시정을 명할 수 있다.

② 제1항에 따른 시정명령의 종류·절차 및 그 이행 등에 필요한 사항은 대통령령으로 정한다.

제43조(농지전용허가의 특례) 제34조 제1항에 따른 농지전용허가를 받아야 하는 자가 제6조 제2항 제9호의2에 해당하는 농지를 전용하려면 제34조 제1항 또는 제37조 제1항에도 불구하고 대통령령으로 정하는 바에 따라 시장·군수 또는 자치구구청장에게 신고하고 농지를 전용할 수 있다.

제43조의2(농지에서의 구역 등의 지정 등)

① 관계 행정기관의 장은 다른 법률에 따라 농지를 특정 용도로 이용하기 위하여 지역·지구 및 구역 등으로 지정하거나 결정하려면 대통령령으로 정하는 농지의 종류 및 면적 등의 구분에 따라 농림축산식품부장관과 미리 협의하여야 한다. 협의한 사항(대통령령으로 정하는 경미한 사항은 제외한다)을 변경하려는 경우에도 또한 같다.

② 제1항에 따른 협의의 범위, 기준 및 절차 등에 필요한 사항은 대통령령으로 정한다.

③ 국가나 지방자치단체는 불가피한 사유가 있는 경우가 아니면 농지를 농지의 보전과 관련되는 지역·지구·구역 등으로 중복하여 지정하거나 행위를 제한하여서는 아니 된다.

제3절 농지위원회

제44조(농지위원회의 설치) 농지의 취득 및 이용의 효율적인 관리를 위해 시·구·읍·면에 각각 농지위원회를 둔다. 다만, 해당 지역 내의 농지가 농림축산식품부령으로 정하는 면적 이하이거나, 농지위원회의 효율적 운영을 위하여 필요한 경우 시·군의 조례로 정하는 바에 따라 그 행정구역 안에 권역별로 설치할 수 있다.

제45조(농지위원회의 구성)

① 농지위원회는 위원장 1명을 포함한 10명 이상 20명 이하의 위원으로 구성하며 위원장은 위원 중에서 호선한다.

② 농지위원회의 위원은 다음 각 호의 어느 하나에 해당하는 사람으로 구성한다.

    1. 해당 지역에서 농업경영을 하고 있는 사람

    2. 해당 지역에 소재하는 농업 관련 기관 또는 단체의 추천을 받은 사람

    3. 「비영리민간단체 지원법」 제2조에 따른 비영리민간단체의 추천을 받은 사람

    4. 농업 및 농지정책에 대하여 학식과 경험이 풍부한 사람

③ 농지위원회의 효율적 운영을 위하여 필요한 경우에는 각 10명 이내의 위원으로 구성되는 분과위원회를 둘 수 있다.

④ 분과위원회의 심의는 농지위원회의 심의로 본다.

⑤ 위원의 임기·선임·해임 등 농지위원회 및 분과위원회의 운영에 필요한 사항은 대통령령으로 정한다.

제46조(농지위원회의 기능) 농지위원회는 다음 각 호의 기능을 수행한다.

    1. 제8조 제3항에 따른 농지취득자격증명 심사에 관한 사항

    2. 제34조 제1항에 따른 농지전용허가를 받은 농지의 목적사업 추진상황에 관한 확인

    3. 제54조 제1항에 따른 농지의 소유 등에 관한 조사 참여

    4. 그 밖에 농지 관리에 관하여 농림축산식품부령으로 정하는 사항

제3절의2 농지 관리 기본방침 등

제47조(농지 관리 기본방침의 수립 등)

① 농림축산식품부장관은 10년마다 농지의 관리에 관한 기본방침(이하 "기본방침"이라 한다)을 수립·시행하여야 하며, 필요한 경우 5년마다 그 내용을 재검토하여 정비할 수 있다.

② 기본방침에는 다음 각 호의 사항이 포함되어야 한다.

    1. 농지 관리에 관한 시책의 방향

    2. 농지 면적의 현황 및 장래예측

3. 관리하여야 하는 농지의 목표 면적

4. 특별시 · 광역시 · 특별자치시 · 도 또는 특별자치도에서 관리하여야 하는 농지의 목표 면적 설정 기준

5. 농업진흥지역의 지정 기준

6. 농지의 전용 등으로 인한 농지 면적 감소의 방지에 관한 사항

7. 그 밖에 농지의 관리를 위하여 필요한 사항으로서 대통령령으로 정하는 사항

③ 농림축산식품부장관은 기본방침을 수립하거나 변경하려면 미리 지방자치단체의 장의 의견을 수렴하고 관계 중앙행정기관의 장과 협의한 후 위원회의 심의를 거쳐야 한다. 다만, 대통령령으로 정하는 경미한 사항을 변경하는 경우에는 그러하지 아니하다.

④ 농림축산식품부장관은 기본방침의 수립을 위하여 관계 중앙행정기관의 장 및 지방자치단체의 장에게 필요한 자료의 제출을 요청할 수 있다. 이 경우 자료제출을 요청받은 중앙행정기관의 장 등은 특별한 사유가 없으면 이에 따라야 한다.

⑤ 제1항부터 제4항까지에서 규정한 사항 외에 기본방침의 수립 · 시행에 필요한 사항은 대통령령으로 정한다.

제48조(농지 관리 기본계획 및 실천계획의 수립 등)

① 시 · 도지사는 기본방침에 따라 관할구역의 농지의 관리에 관한 기본계획(이하 "기본계획"이라 한다)을 10년마다 수립하여 농림축산식품부장관의 승인을 받아 시행하고, 필요한 경우 5년마다 그 내용을 재검토하여 정비할 수 있다. 기본계획 중 대통령령으로 정하는 중요한 사항을 변경할 때에도 또한 같다.

② 시장 · 군수 또는 자치구구청장(그 관할구역에 농지가 없는 자치구구청장은 제외한다. 이하 이 조에서 같다)은 기본계획에 따라 관할구역의 농지의 관리에 관한 세부 실천계획(이하 "실천계획"이라 한다)을 5년마다 수립하여 시 · 도지사의 승인을 받아 시행하여야 한다. 실천계획 중 대통령령으로 정하는 중요한 사항을 변경할 때에도 또한 같다.

③ 기본계획 및 실천계획에는 다음 각 호의 사항이 포함되어야 한다.

1. 관할구역의 농지 관리에 관한 시책의 방향

2. 관할구역의 농지 면적 현황 및 장래예측

3. 관할구역별로 관리하여야 하는 농지의 목표 면적

4. 관할구역 내 농업진흥지역 지정 및 관리

5. 관할구역 내 농업진흥지역으로 지정하는 것이 타당한 지역의 위치 및 규모

6. 관할구역의 농지의 전용 등으로 인한 농지 면적 감소의 방지에 관한 사항

7. 그 밖에 관할구역의 농지 관리를 위하여 필요한 사항으로서 대통령령으로 정하는 사항

④ 시 · 도지사가 기본계획을 수립 또는 변경하려면 미리 관계 시장 · 군수 또는 자치구구청장과 전문가 등의 의견을 수렴하고 해당 지방의회의 의견을 들어야 한다. 다만, 대통령령으로 정하는 경미한 사항을 변경하는 경우에는 그러하지 아니하다.

⑤ 시·도지사는 기본계획의 수립을 위하여 시장·군수 또는 자치구구청장에게 필요한 자료의 제출을 요청할 수 있다. 이 경우 자료제출을 요청받은 시장·군수 또는 자치구구청장은 특별한 사유가 없으면 이에 따라야 한다.

⑥ 시장·군수 또는 자치구구청장이 실천계획을 수립 또는 변경하거나 제4항에 따라 기본계획에 대한 의견을 제시하려면 대통령령으로 정하는 바에 따라 미리 주민과 관계 전문가 등의 의견을 수렴하고 해당 지방의회의 의견을 들어야 한다. 다만, 대통령령으로 정하는 경미한 사항을 변경하는 경우에는 그러하지 아니하다.

⑦ 시·도지사, 시장·군수 또는 자치구구청장은 제1항 또는 제2항에 따라 기본계획 또는 실천계획의 수립 또는 변경에 대한 승인을 받으면 대통령령으로 정하는 바에 따라 그 내용을 공고한 후 일반인이 열람할 수 있도록 하여야 한다.

⑧ 제1항부터 제7항까지에서 규정한 사항 외에 기본계획 또는 실천계획의 수립·시행에 필요한 사항은 대통령령으로 정한다.

제4절 농지대장

제49조(농지대장의 작성과 비치)

① 시·구·읍·면의 장은 농지 소유 실태와 농지 이용 실태를 파악하여 이를 효율적으로 이용하고 관리하기 위하여 대통령령으로 정하는 바에 따라 농지대장(농지대장)을 작성하여 갖추어 두어야 한다.

② 제1항에 따른 농지대장에는 농지의 소재지·지번·지목·면적·소유자·임대차 정보·농업진흥지역 여부 등을 포함한다.

③ 시·구·읍·면의 장은 제1항에 따른 농지대장을 작성·정리하거나 농지 이용 실태를 파악하기 위하여 필요하면 해당 농지 소유자에게 필요한 사항을 보고하게 하거나 관계 공무원에게 그 상황을 조사하게 할 수 있다.

④ 시·구·읍·면의 장은 농지대장의 내용에 변동사항이 생기면 그 변동사항을 지체 없이 정리하여야 한다.

⑤ 제1항의 농지대장에 적을 사항을 전산정보처리조직으로 처리하는 경우 그 농지대장 파일(자기디스크나 자기테이프, 그 밖에 이와 비슷한 방법으로 기록하여 보관하는 농지대장을 말한다)은 제1항에 따른 농지대장으로 본다.

⑥ 농지대장의 서식·작성·관리와 전산정보처리조직 등에 필요한 사항은 농림축산식품부령으로 정한다.

제49조의2(농지이용 정보 등 변경신청) 농지소유자 또는 임차인은 다음 각 호의 사유가 발생하는 경우 그 변경사유가 발생한 날부터 60일 이내에 시·구·읍·면의 장에게 농지대장의 변경을 신청하여야 한다.

1. 농지의 임대차계약과 사용대차계약이 체결·변경 또는 해제되는 경우
2. 제2조 제1호나목에 따른 토지에 농축산물 생산시설을 설치하는 경우
3. 그 밖에 농림축산식품부령으로 정하는 사유에 해당하는 경우

제50조(농지대장의 열람 또는 등본 등의 교부)

① 시·구·읍·면의 장은 농지대장의 열람신청 또는 등본 교부신청을 받으면 농림축산식품부령으로 정하는 바에 따라 농지대장을 열람하게 하거나 그 등본을 내주어야 한다.

② 시·구·읍·면의 장은 자경(自耕)하고 있는 농업인 또는 농업법인이 신청하면 농림축산식품부령으로 정하는 바에 따라 자경증명을 발급하여야 한다.

제5장 보칙

제51조(권한의 위임과 위탁 등)

① 이 법에 따른 농림축산식품부장관의 권한은 대통령령으로 정하는 바에 따라 그 일부를 소속기관의 장, 시·도지사 또는 시장·군수·자치구구청장에게 위임할 수 있다.

② 농림축산식품부장관은 이 법에 따른 업무의 일부를 대통령령으로 정하는 바에 따라 그 일부를 한국농어촌공사, 농업 관련 기관 또는 농업 관련 단체에 위탁할 수 있다.

③ 농림축산식품부장관은 대통령령으로 정하는 바에 따라 「한국농어촌공사 및 농지관리기금법」 제35조에 따라 농지관리기금의 운용·관리업무를 위탁받은 자에게 제38조 제1항 및 제40조 제2항에 따른 농지보전부담금 수납 업무를 대행하게 할 수 있다.

제51조의2(벌칙 적용에서 공무원 의제) 위원회 및 제44조에 따른 농지위원회의 위원 중 공무원이 아닌 사람은 「형법」 제127조 및 제129조부터 제132조까지의 규정을 적용할 때에는 공무원으로 본다.

제52조(포상금) 농림축산식품부장관은 다음 각 호의 어느 하나에 해당하는 자를 주무관청이나 수사기관에 신고하거나 고발한 자에게 대통령령으로 정하는 바에 따라 포상금을 지급할 수 있다.

1. 제6조에 따른 농지 소유 제한이나 제7조에 따른 농지 소유 상한을 위반하여 농지를 소유할 목적으로 거짓이나 그 밖의 부정한 방법으로 제8조제1항에 따른 농지취득자격증명을 발급받은 자
2. 제32조 제1항 또는 제2항을 위반한 자
3. 제34조 제1항에 따른 농지전용허가를 받지 아니하고 농지를 전용한 자 또는 거짓이나 그 밖의 부정한 방법으로 제34조 제1항에 따른 농지전용허가를 받은 자
4. 제35조 또는 제43조에 따른 신고를 하지 아니하고 농지를 전용한 자
5. 제36조 제1항에 따른 농지의 타용도 일시사용허가를 받지 아니하고 농지를 다른 용도로 사용한 자
6. 제36조의2 제1항에 따른 농지의 타용도 일시사용신고를 하지 아니하고 농지를 다른 용도로 사용한 자
7. 제40조 제1항을 위반하여 전용된 토지를 승인 없이 다른 목적으로 사용한 자

제53조(농업진흥구역과 농업보호구역에 걸치는 한 필지의 토지 등에 대한 행위 제한의 특례)

① 한 필지의 토지가 농업진흥구역과 농업보호구역에 걸쳐 있으면서 농업진흥구역에 속하는 토지 부분이 대통령령으로 정하는 규모 이하이면 그 토지 부분에 대하여는 제32조에 따른 행위 제한을 적용할 때 농업보호구역에 관한 규정을 적용한다.

② 한 필지의 토지 일부가 농업진흥지역에 걸쳐 있으면서 농업진흥지역에 속하는 토지 부분의 면적이 대통령령으로 정하는 규모 이하이면 그 토지 부분에 대하여는 제32조제1항 및 제2항을 적용하지 아니한다.

제54조(농지의 소유 등에 관한 조사)

① 농림축산식품부장관, 시장·군수 또는 자치구구청장은 농지의 소유·거래·이용 또는 전용 등에 관한 사실을 확인하기 위하여 소속 공무원에게 그 실태를 정기적으로 조사하게 하여야 한다.

　　1. 삭제
　　2. 삭제
　　3. 삭제
　　4. 삭제
　　5. 삭제
　　6. 삭제

② 농림축산식품부장관, 시장·군수 또는 자치구구청장은 제1항에 따라 농지의 소유·거래·이용 또는 전용 등에 관한 사실을 확인하기 위하여 농지 소유자, 임차인 또는 사용대차인에게 필요한 자료의 제출 또는 의견의 진술을 요청할 수 있다. 이 경우 자료의 제출이나 의견의 진술을 요청받은 농지 소유자, 임차인 또는 사용대차인은 특별한 사유가 없으면 이에 협조하여야 한다.

③ 제1항에 따른 조사는 일정기간 내에 제8조에 따른 농지취득자격증명이 발급된 농지 등 농림축산식품부령으로 정하는 농지에 대하여 매년 1회 이상 실시하여야 한다.

④ 시장·군수 또는 자치구구청장은 제1항에 따른 조사를 실시하고 그 결과를 다음연도 3월 31일까지 시·도지사를 거쳐 농림축산식품부장관에게 보고하여야 한다.

⑤ 농림축산식품부장관은 제4항에 따른 조사 결과를 농림축산식품부령으로 정하는 바에 따라 공개할 수 있다.

⑥ 제1항에 따라 검사 또는 조사를 하는 공무원은 그 권한을 표시하는 증표를 지니고 이를 관계인에게 내보여야 한다.

⑦ 제1항과 제3항에 따른 검사·조사 및 증표에 관하여 필요한 사항은 농림축산식품부령으로 정한다.

⑧ 농림축산식품부장관은 시장·군수 또는 자치구구청장이 제1항에 따른 조사를 실시하는 데 필요한 경비를 예산의 범위에서 지원할 수 있다.

제54조의2(농지정보의 관리 및 운영)

① 농림축산식품부장관과 시장·군수·구청장 등은 농지 관련 정책 수립, 농지대장 작성 등에 활용하기 위하여 주민등록전산자료, 부동산등기전산자료 등 대통령령으로 정하는 자료에 대하여 해당 자료를 관리하는 기관의 장에게 그 자료의 제공을 요청할 수 있으며, 요청을 받은 관리기관의 장은 특별한 사정이 없으면 이에 따라야 한다.

② 농림축산식품부장관은 「농어업경영체 육성 및 지원에 관한 법률」 제4조에 따라 등록된 농업경영체의 농업경영정보와 이 법에 따른 농지 관련 자료를 통합적으로 관리할 수 있다.

③ 농림축산식품부장관은 농지업무에 필요한 각종 정보의 효율적 처리와 기록·관리 업무의 전자화를 위하여 정보시스템을 구축·운영할 수 있다.

제54조의3(농지정보의 제공) 시장·군수 또는 자치구구청장은 다른 법률에 따라 제10조 제2항의 농지 처분통지, 제11조 제1항에 따른 농지 처분명령, 제63조에 따른 이행강제금 부과 등에 관한 정보를 「은행법」에 따른 은행이나 그 밖에 대통령령으로 정하는 금융기관이 요청하는 경우 이를 제공할 수 있다.

제54조의4(토지등에의 출입)

① 농림축산식품부장관, 시장·군수·자치구구청장 또는 시·구·읍·면의 장은 다음 각 호의 조사를 위하여 필요한 경우에는 소속 공무원(제51조 제2항에 따라 농림축산식품부장관이 다음 각 호의 업무를 한국농어촌공사, 농업 관련 기관 또는 농업 관련 단체에 위탁한 경우에는 그 기관 등의 임직원을 포함한다)으로 하여금 다른 사람의 토지 또는 건물 등(이하 이 조에서 "토지등"이라 한다)에 출입하게 할 수 있다.
  1. 제31조의3 제1항에 따른 실태조사
  2. 제49조 제3항에 따른 농지대장 작성·정리 또는 농지 이용 실태 파악을 위한 조사
  3. 제54조 제1항에 따른 농지의 소유·거래·이용 또는 전용 등에 관한 사실 확인을 위한 조사

② 제1항에 따라 다른 사람의 토지등에 출입하려는 사람은 해당 토지등의 소유자·점유자 또는 관리인(이하 이 조에서 "이해관계인"이라 한다)에게 그 일시와 장소를 우편, 전화, 전자메일 또는 문자전송 등을 통하여 통지하여야 한다. 다만, 이해관계인을 알 수 없는 때에는 그러하지 아니하다.

③ 해 뜨기 전이나 해가 진 후에는 이해관계인의 승낙 없이 택지나 담장 또는 울타리로 둘러싸인 해당 토지등에 출입할 수 없다.

④ 이해관계인은 정당한 사유 없이 제1항에 따른 출입을 거부하거나 방해하지 못한다.

⑤ 제1항에 따라 다른 사람의 토지 등에 출입하려는 사람은 권한을 표시하는 증표를 지니고 이를 이해관계인에게 내보여야 한다.

⑥ 제5항에 따른 증표에 관하여 필요한 사항은 농림축산식품부령으로 정한다.

제55조(청문) 농림축산식품부장관, 시장·군수 또는 자치구구청장은 다음 각 호의 어느 하나에 해당하는 행위를 하려면 청문을 하여야 한다.

1. 제10조 제2항에 따른 농업경영에 이용하지 아니하는 농지 등의 처분의무 발생의 통지

2. 제39조에 따른 농지전용허가의 취소

제56조(수수료) 다음 각 호의 어느 하나에 해당하는 자는 대통령령으로 정하는 바에 따라 수수료를 내야 한다.

1. 제8조에 따라 농지취득자격증명 발급을 신청하는 자

2. 제34조나 제36조에 따른 허가를 신청하는 자

3. 제35조나 제43조에 따라 농지전용을 신고하는 자

4. 제40조에 따라 용도변경의 승인을 신청하는 자

5. 제50조에 따라 농지대장 등본 교부를 신청하거나 자경증명 발급을 신청하는 자

제6장 벌칙

제57조(벌칙) 제6조에 따른 농지 소유 제한이나 제7조에 따른 농지 소유 상한을 위반하여 농지를 소유할 목적으로 거짓이나 그 밖의 부정한 방법으로 제8조 제1항에 따른 농지취득자격증명을 발급받은 자는 5년 이하의 징역 또는 해당 토지의 개별공시지가에 따른 토지가액(토지가액)[이하 "토지가액"이라 한다]에 해당하는 금액 이하의 벌금에 처한다.

제58조(벌칙)

① 농업진흥지역의 농지를 제34조 제1항에 따른 농지전용허가를 받지 아니하고 전용하거나 거짓이나 그 밖의 부정한 방법으로 농지전용허가를 받은 자는 5년 이하의 징역 또는 해당 토지의 개별공시지가에 따른 토지가액에 해당하는 금액 이하의 벌금에 처한다.

② 농업진흥지역 밖의 농지를 제34조 제1항에 따른 농지전용허가를 받지 아니하고 전용하거나 거짓이나 그 밖의 부정한 방법으로 농지전용허가를 받은 자는 3년 이하의 징역 또는 해당 토지가액의 100분의 50에 해당하는 금액 이하의 벌금에 처한다.

③ 제1항 및 제2항의 징역형과 벌금형은 병과(병과)할 수 있다.

제59조(벌칙) 다음 각 호의 어느 하나에 해당하는 자는 5년 이하의 징역 또는 5천만 원 이하의 벌금에 처한다.

1. 제32조 제1항 또는 제2항을 위반한 자

2. 제36조 제1항에 따른 농지의 타용도 일시사용허가를 받지 아니하고 농지를 다른 용도로 사용한 자

3. 제40조 제1항을 위반하여 전용된 토지를 승인 없이 다른 목적으로 사용한 자

제60조(벌칙) 다음 각 호의 어느 하나에 해당하는 자는 3년 이하의 징역 또는 3천만 원 이하의 벌금에 처한다.

1. 제7조의2에 따른 금지 행위를 위반한 자

2. 제35조 또는 제43조에 따른 신고를 하지 아니하고 농지를 전용(전용)한 자

3. 제36조의2 제1항에 따른 농지의 타용도 일시사용신고를 하지 아니하고 농지를 다른 용도로 사용한 자

4. 제41조의2에 따른 농지개량 기준을 준수하지 아니하고 농지를 개량한 자

5. 제41조의3 제1항에 따른 신고 또는 변경신고를 하지 아니하고 농지를 성토 또는 절토한 자

제61조(벌칙) 다음 각 호의 어느 하나에 해당하는 자는 2천만 원 이하의 벌금에 처한다.

1. 제9조를 위반하여 소유 농지를 위탁경영한 자

2. 제23조 제1항을 위반하여 소유 농지를 임대하거나 무상사용하게 한 자

3. 제23조 제2항에 따른 임대차 또는 사용대차의 종료 명령을 따르지 아니한 자

제62조(양벌규정) 법인의 대표자나 법인 또는 개인의 대리인, 사용인, 그 밖의 종업원이 그 법인 또는 개인의 업무에 관하여 제57조부터 제61조까지의 어느 하나에 해당하는 위반행위를 하면 그 행위자를 벌하는 외에 그 법인 또는 개인에게도 해당 조문의 벌금형을 과(과)한다. 다만, 법인 또는 개인이 그 위반행위를 방지하기 위하여 해당 업무에 관하여 상당한 주의와 감독을 게을리하지 아니한 경우에는 그러하지 아니하다.

제63조(이행강제금)

① 시장(구를 두지 아니한 시의 시장을 말한다. 이하 이 조에서 같다)·군수 또는 구청장은 다음 각 호의 어느 하나에 해당하는 자에게 해당 농지의 「감정평가 및 감정평가사에 관한 법률」에 따른 감정평가법인등이 감정평가한 감정가격 또는 「부동산 가격공시에 관한 법률」 제10조에 따른 개별공시지가(해당 토지의 개별공시지가가 없는 경우에는 같은 법 제8조에 따른 표준지공시지가를 기준으로 산정한 금액을 말한다) 중 더 높은 가액의 100분의 25에 해당하는 이행강제금을 부과한다.

1. 제11조 제1항(제12조 제2항에 따른 경우를 포함한다)에 따라 처분명령을 받은 후 제11조 제2항에 따라 매수를 청구하여 협의 중인 경우 등 대통령령으로 정하는 정당한 사유 없이 지정기간까지 그 처분명령을 이행하지 아니한 자

2. 제42조에 따른 원상회복 명령을 받은 후 그 기간 내에 원상회복 명령을 이행하지 아니하여 시장·군수·구청장이 그 원상회복 명령의 이행에 필요한 상당한 기간을 정하였음에도 그 기한까지 원상회복을 아니한 자

3. 제42조의2에 따른 시정명령을 받은 후 그 기간 내에 시정명령을 이행하지 아니하여 시장·군수·구청장이 그 시정명령의 이행에 필요한 상당한 기간을 정하였음에도 그 기한까지 시정을 아니한 자

② 시장·군수 또는 구청장은 제1항에 따른 이행강제금을 부과하기 전에 이행강제금을 부과·징수한다는 뜻을 미리 문서로 알려야 한다.

③ 시장·군수 또는 구청장은 제1항에 따른 이행강제금을 부과하는 경우 이행강제금의 금액, 부과사유, 납부기한, 수납기관, 이의제기 방법, 이의제기 기관 등을 명시한 문서로 하여야 한다.

④ 시장·군수 또는 구청장은 처분명령·원상회복 명령 또는 시정명령 이행기간이 만료한 다음 날을 기준으로 하여 그 처분명령·원상회복 명령 또는 시정명령이 이행될 때까지 제1항에 따른 이행강제금을 매년 1회 부과·징수할 수 있다.

⑤ 시장·군수 또는 구청장은 제11조 제1항(제12조 제2항에 따른 경우를 포함한다)에 따른 처분명령·제42조에 따른 원상회복 명령 또는 제42조의2에 따른 시정명령을 받은 자가 처분명령·원상회복 명령 또는 시정명령을 이행하면 새로운 이행강제금의 부과는 즉시 중지하되, 이미 부과된 이행강제금은 징수하여야 한다.

⑥ 제1항에 따른 이행강제금 부과처분에 불복하는 자는 그 처분을 고지받은 날부터 30일 이내에 시장·군수 또는 구청장에게 이의를 제기할 수 있다.

⑦ 제1항에 따른 이행강제금 부과처분을 받은 자가 제6항에 따른 이의를 제기하면 시장·군수 또는 구청장은 지체 없이 관할 법원에 그 사실을 통보하여야 하며, 그 통보를 받은 관할 법원은 「비송사건절차법」에 따른 과태료 재판에 준하여 재판을 한다.

⑧ 제6항에 따른 기간에 이의를 제기하지 아니하고 제1항에 따른 이행강제금을 납부기한까지 내지 아니하면 「지방행정제재·부과금의 징수 등에 관한 법률」에 따라 징수한다.

제64조(과태료)

① 다음 각 호의 어느 하나에 해당하는 자에게는 500만 원 이하의 과태료를 부과한다.
  1. 제8조 제2항에 따른 증명 서류 제출을 거짓 또는 부정으로 한 자
  2. 제49조의2에 따른 신청을 거짓으로 한 자

② 다음 각 호의 어느 하나에 해당하는 자에게는 300만 원 이하의 과태료를 부과한다.
  1. 제41조 제2항을 위반하여 지목변경을 신청하지 아니한 자
  2. 제49조의2에 따른 신청을 하지 아니한 자
  3. 제54조 제1항에 따른 조사를 거부, 기피 또는 방해한 자
  4. 제54조 제2항 후단을 위반하여 특별한 사유 없이 자료의 제출 또는 의견의 진술을 거부하거나 거짓으로 제출 또는 진술한 자
  5. 제54조의4 제4항을 위반하여 정당한 사유 없이 출입을 방해하거나 거부한 자

③ 제1항 및 제2항에 따른 과태료는 대통령령으로 정하는 바에 따라 행정관청이 부과·징수한다.

02 농업협동조합법

[타법개정 2024.9.20[법률 20434호, 시행 2025.1.31]

제1장 총칙

제1조(목적) 이 법은 농업인의 자주적인 협동조직을 바탕으로 농업인의 경제적 · 사회적 · 문화적 지위를 향상시키고, 농업의 경쟁력 강화를 통하여 농업인의 삶의 질을 높이며, 국민경제의 균형 있는 발전에 이바지함을 목적으로 한다.

제2조(정의) 이 법에서 사용하는 용어의 뜻은 다음과 같다.
1. "조합"이란 지역조합과 품목조합을 말한다.
2. "지역조합"이란 이 법에 따라 설립된 지역농업협동조합과 지역축산업협동조합을 말한다.
3. "품목조합"이란 이 법에 따라 설립된 품목별 · 업종별 협동조합을 말한다.
4. "중앙회"란 이 법에 따라 설립된 농업협동조합중앙회를 말한다.

제3조(명칭)

① 지역조합은 지역명을 붙이거나 지역의 특성을 나타내는 농업협동조합 또는 축산업협동조합의 명칭을, 품목조합은 지역명과 품목명 또는 업종명을 붙인 협동조합의 명칭을, 중앙회는 농업협동조합중앙회의 명칭을 각각 사용하여야 한다.
② 이 법에 따라 설립된 조합과 중앙회가 아니면 제1항에 따른 명칭이나 이와 유사한 명칭을 사용하지 못한다. 다만, 다음 각 호의 어느 하나에 해당하는 법인이 조합 또는 중앙회의 정관으로 정하는 바에 따라 승인을 받은 경우에는 사용할 수 있다.
1. 조합 또는 중앙회가 출자하거나 출연한 법인
2. 그 밖에 중앙회가 필요하다고 인정하는 법인

제4조(법인격 등)

① 이 법에 따라 설립되는 조합과 중앙회는 각각 법인으로 한다.
② 조합과 중앙회의 주소는 그 주된 사무소의 소재지로 한다.

제5조(최대 봉사의 원칙)

① 조합과 중앙회는 그 사업 수행 시 조합원이나 회원을 위하여 최대한 봉사하여야 한다.

② 조합과 중앙회는 일부 조합원이나 일부 회원의 이익에 편중되는 업무를 하여서는 아니 된다.

③ 조합과 중앙회는 설립취지에 반하여 영리나 투기를 목적으로 하는 업무를 하여서는 아니 된다.

제6조 삭제 〈2016.12.27〉

제7조(공직선거 관여 금지)

① 조합, 제112조의3에 따른 조합공동사업법인, 제138조에 따른 품목조합연합회(이하 "조합등"이라 한다) 및 중앙회는 공직선거에서 특정 정당을 지지하거나 특정인을 당선되도록 하거나 당선되지 아니하도록 하는 행위를 하여서는 아니 된다.

② 누구든지 조합등과 중앙회를 이용하여 제1항에 따른 행위를 하여서는 아니 된다.

제8조(부과금의 면제) 조합등, 중앙회 및 이 법에 따라 설립된 농협경제지주회사 · 농협금융지주회사 · 농협은행 · 농협생명보험 · 농협손해보험(이하 "농협경제지주회사등"이라 한다)의 업무와 재산에 대하여는 국가와 지방자치단체의 조세 외의 부과금을 면제한다.

제9조(국가 및 공공단체의 협력 등)

① 국가와 공공단체는 조합등과 중앙회의 자율성을 침해하여서는 아니 된다.

② 국가와 공공단체는 조합등과 중앙회의 사업에 대하여 적극적으로 협력하여야 한다. 이 경우 국가나 공공단체는 필요한 경비를 보조하거나 융자할 수 있다.

③ 중앙회의 회장(이하 "회장"이라 한다)은 조합등과 중앙회의 발전을 위하여 필요한 사항에 관하여 국가와 공공단체에 의견을 제출할 수 있다. 이 경우 국가와 공공단체는 그 의견이 반영되도록 최대한 노력하여야 한다.

제10조(다른 협동조합 등과의 협력) 조합등, 중앙회, 제161조의2에 따른 농협경제지주회사(이하 "농협경제지주회사"라 한다) 및 그 자회사는 다른 조합, 제112조의3에 따른 조합공동사업법인, 제138조에 따른 품목조합연합회, 다른 법률에 따른 협동조합 및 외국의 협동조합과의 상호협력, 이해증진 및 공동사업 개발 등을 위하여 노력하여야 한다.

제11조 삭제 〈2011.3.31〉

제12조(다른 법률의 적용 배제 및 준용)

① 조합과 중앙회의 사업에 대하여는 「양곡관리법」 제19조, 「여객자동차 운수사업법」 제4조 · 제8조 및 제81조, 「화물자동차 운수사업법」 제56조 및 「공인중개사법」 제9조를 적용하지 아니한다.

② 제112조의3에 따른 조합공동사업법인 및 제138조에 따른 품목조합연합회의 사업에 대하여는 「양곡관리법」 제19조 및 「화물자동차 운수사업법」 제56조를 적용하지 아니한다.

③ 중앙회가 「조세특례제한법」 제106조의2에 따라 조세를 면제받거나 그 세액을 감액받는 농업용 석유류를 조합에 공급하는 사업에 대하여는 「석유 및 석유대체연료 사업법」 제10조를 적용하지 아니한다.

④ 조합의 보관사업에 대하여는 「상법」 제155조부터 제168조까지의 규정을 준용한다.

⑤ 제161조의10에 따른 농협금융지주회사(이하 "농협금융지주회사"라 한다) 및 그 자회사(손자회사·증손회사·증손회사 이하의 단계로 수직적으로 출자하여 다른 회사를 지배하는 경우를 포함한다. 이하 이 조에서 같다)에 대하여는 「독점규제 및 공정거래에 관한 법률」 제25조 제1항을 적용하지 아니한다. 다만, 농협금융지주회사 및 그 자회사가 아닌 중앙회 계열회사의 주식을 보유하는 경우 그 주식에 대하여는 그러하지 아니하다.

⑥ 농협금융지주회사 및 그 자회사에 대하여는 「독점규제 및 공정거래에 관한 법률」 제26조를 적용하지 아니한다.

⑦ 중앙회 계열회사가 「독점규제 및 공정거래에 관한 법률」 외의 다른 법률에서 「독점규제 및 공정거래에 관한 법률」 제31조에 따라 상호출자제한기업집단으로 지정됨에 따른 제한을 받는 경우 중앙회 계열회사는 상호출자제한기업집단에 포함되지 아니하는 것으로 본다. 다만, 다음 각 호의 어느 하나에 해당하는 법률에서는 중앙회 계열회사(제4호의 경우에는 농협금융지주회사 및 그 자회사를 제외한 중앙회 계열회사로 한정한다)도 상호출자제한기업집단에 속하는 것으로 본다.
  1. 「방송법」
  2. 「소프트웨어 진흥법」
  3. 「상속세 및 증여세법」
  4. 「자본시장과 금융투자업에 관한 법률」

⑧ 농협경제지주회사 및 그 자회사(손자회사를 포함한다. 이하 이 조에서 같다)가 중앙회, 조합등(조합의 조합원을 포함한다. 이하 이 조에서 같다)과 제161조의4 제2항에서 정하는 사업을 수행하는 경우 그 목적 달성을 위하여 필요한 행위에 대하여는 「독점규제 및 공정거래에 관한 법률」 제40조제1항을 적용하지 아니한다. 다만, 그 행위의 당사자에 농협경제지주회사 및 그 자회사, 중앙회, 조합등 외의 자가 포함된 경우와 해당 행위가 일정한 거래분야의 경쟁을 실질적으로 제한하여 소비자의 이익을 침해하는 경우에는 그러하지 아니하다.

⑨ 농협경제지주회사 및 그 자회사가 농업인의 권익향상을 위하여 사전에 공개한 합리적 기준에 따라 조합등에 대하여 수행하는 다음 각 호의 행위에 대하여는 「독점규제 및 공정거래에 관한 법률」 제45조 제1항 제9호를 적용하지 아니한다. 다만, 해당 행위가 일정한 거래분야의 경쟁을 실질적으로 제한하여 소비자의 이익을 침해하는 경우에는 그러하지 아니하다.
  1. 조합등의 경제사업의 조성, 지원 및 지도
  2. 조합등에 대한 자금지원

제12조의2(「근로복지기본법」과의 관계)

① 중앙회와 농협경제지주회사등은 「근로복지기본법」의 적용에 있어서 동일한 사업 또는 사업장으로 보고 사내근로복지기금을 통합하여 운용할 수 있다.

② 그 밖에 사내근로복지기금의 통합·운용을 위하여 필요한 사항은 사내근로복지기금 법인의 정관으로 정한다.

제12조의3(「중소기업제품 구매촉진 및 판로지원에 관한 법률」과의 관계)

조합등이 공공기관(「중소기업제품 구매촉진 및 판로지원에 관한 법률」 제2조 제2호에 따른 공공기관을 말한다)에 직접 생산하는 물품을 공급하는 경우에는 조합등을 「중소기업제품 구매촉진 및 판로지원에 관한 법률」 제33조 제1항 각 호 외의 부분에 따른 국가와 수의계약의 방법으로 납품계약을 체결할 수 있는 자로 본다.

제2장 지역농업협동조합

제1절 목적과 구역

제13조(목적)

지역농업협동조합(이하 이 장에서 "지역농협"이라 한다)은 조합원의 농업생산성을 높이고 조합원이 생산한 농산물의 판로 확대 및 유통 원활화를 도모하며, 조합원이 필요로 하는 기술, 자금 및 정보 등을 제공하여 조합원의 경제적·사회적·문화적 지위 향상을 증대시키는 것을 목적으로 한다.

제14조(구역과 지사무소)

① 지역농협의 구역은 「지방자치법」 제2조 제1항 제2호에 따른 하나의 시(「제주특별자치도 설치 및 국제자유도시 조성을 위한 특별법」 제10조제2항에 따른 행정시를 포함한다. 이하 같다)·군·구에서 정관으로 정한다. 다만, 생활권·경제권 등을 고려하여 하나의 시·군·구를 구역으로 하는 것이 부적당한 경우로서 농림축산식품부장관의 인가를 받은 경우에는 둘 이상의 시·군·구에서 정관으로 정할 수 있다.

② 지역농협은 정관으로 정하는 기준과 절차에 따라 지사무소(지사무소)를 둘 수 있다.

제2절 설립

제15조(설립인가 등)

① 지역농협을 설립하려면 그 구역에서 20인 이상의 조합원 자격을 가진 자가 발기인(발기인)이 되어 정관을 작성하고 창립총회의 의결을 거친 후 농림축산식품부장관의 인가를 받아야 한다. 이 경우 조합원 수, 출자금 등 인가에 필요한 기준 및 절차는 대통령령으로 정한다.

② 창립총회의 의사(의사)는 개의(개의) 전까지 발기인에게 설립동의서를 제출한 자 과반수의 찬성으로 의결한다.

③ 발기인 중 제1항에 따른 설립인가의 신청을 할 때 이를 거부하는 자가 있으면 나머지 발기인이 신청서에 그 사유서를 첨부하여 신청할 수 있다.

④ 농림축산식품부장관은 제1항에 따라 지역농협의 설립인가 신청을 받으면 다음 각 호의 경우 외에는 인가하여야 한다.

    1. 설립인가 구비서류가 미비된 경우

    2. 설립의 절차, 정관 및 사업계획서의 내용이 법령을 위반한 경우

    3. 그 밖에 설립인가 기준에 미치지 못하는 경우

⑤ 농림축산식품부장관은 제1항에 따른 인가의 신청을 받은 날부터 60일 이내에 인가 여부를 신청인에게 통지하여야 한다.

⑥ 농림축산식품부장관이 제5항에서 정한 기간 내에 인가 여부 또는 민원 처리 관련 법령에 따른 처리기간의 연장을 신청인에게 통지하지 아니하면 그 기간(민원 처리 관련 법령에 따라 처리기간이 연장 또는 재연장된 경우에는 해당 처리기간을 말한다)이 끝난 날의 다음 날에 인가를 한 것으로 본다.

제16조(정관기재사항) 지역농협의 정관에는 다음 각 호의 사항이 포함되어야 한다.

    1. 목적

    2. 명칭

    3. 구역

    4. 주된 사무소의 소재지

    5. 조합원의 자격과 가입, 탈퇴 및 제명(제명)에 관한 사항

    6. 출자(출자) 1좌(좌)의 금액과 조합원의 출자좌수 한도 및 납입 방법과 지분 계산에 관한 사항

    7. 우선출자에 관한 사항

    8. 경비 부과와 과태금(과태금)의 징수에 관한 사항

    9. 적립금의 종류와 적립 방법에 관한 사항

    10. 잉여금의 처분과 손실금의 처리 방법에 관한 사항

    11. 회계연도와 회계에 관한 사항

    12. 사업의 종류와 그 집행에 관한 사항

    13. 총회나 그 밖의 의결기관과 임원의 정수, 선출 및 해임에 관한 사항

    14. 간부직원의 임면에 관한 사항

    15. 공고의 방법에 관한 사항

    16. 존립 시기 또는 해산의 사유를 정한 경우에는 그 시기 또는 사유

    17. 설립 후 현물출자를 약정한 경우에는 그 출자 재산의 명칭, 수량, 가격, 출자자의 성명·주소와 현금 출자 전환 및 환매특약 조건

    18. 설립 후 양수를 약정한 재산이 있는 경우에는 그 재산의 명칭, 수량, 가격과 양도인의 성명·주소

    19. 그 밖에 이 법에서 정관으로 정하도록 한 사항

제17조(설립사무의 인계와 출자납입)

① 발기인은 제15조 제1항에 따라 설립인가를 받으면 지체 없이 그 사무를 조합장에게 인계하여야 한다.

② 제1항에 따라 조합장이 그 사무를 인수하면 기일을 정하여 조합원이 되려는 자에게 출자금을 납입하게 하여야 한다.

③ 현물출자자는 제2항에 따른 납입기일 안에 출자 목적인 재산을 인도하고 등기ㆍ등록, 그 밖의 권리의 이전에 필요한 서류를 구비하여 지역농협에 제출하여야 한다.

제18조(지역농협의 성립)

① 지역농협은 주된 사무소의 소재지에서 제90조에 따른 설립등기를 함으로써 성립한다.

② 지역농협의 설립 무효에 관하여는 「상법」 제328조를 준용한다.

제3절 조합원

제19조(조합원의 자격)

① 조합원은 지역농협의 구역에 주소, 거소(거소)나 사업장이 있는 농업인이어야 하며, 둘 이상의 지역농협에 가입할 수 없다.

② 「농어업경영체 육성 및 지원에 관한 법률」 제16조 및 제19조에 따른 영농조합법인과 농업회사법인으로서 그 주된 사무소를 지역농협의 구역에 두고 농업을 경영하는 법인은 지역농협의 조합원이 될 수 있다.

③ 특별시 또는 광역시의 자치구를 구역의 전부 또는 일부로 하는 품목조합은 해당 자치구를 구역으로 하는 지역농협의 조합원이 될 수 있다.

④ 제1항에 따른 농업인의 범위는 대통령령으로 정한다.

⑤ 지역농협이 정관으로 구역을 변경하는 경우 기존의 조합원은 변경된 구역에 주소, 거소나 사업장, 주된 사무소가 없더라도 조합원의 자격을 계속하여 유지한다. 다만, 정관으로 구역을 변경하기 이전의 구역 외로 주소, 거소나 사업장, 주된 사무소가 이전된 경우에는 그러하지 아니하다.

제20조(준조합원)

① 지역농협은 정관으로 정하는 바에 따라 지역농협의 구역에 주소나 거소를 둔 자로서 그 지역농협의 사업을 이용함이 적당하다고 인정되는 자를 준조합원으로 할 수 있다.

② 지역농협은 준조합원에 대하여 정관으로 정하는 바에 따라 가입금과 경비를 부담하게 할 수 있다.

③ 준조합원은 정관으로 정하는 바에 따라 지역농협의 사업을 이용할 권리를 가진다.

④ 지역농협이 정관으로 구역을 변경하는 경우 기존의 준조합원은 변경된 구역에 주소나 거소가 없더라도 준조합원의 자격을 계속하여 유지한다. 다만, 정관으로 구역을 변경하기 이전의 구역 외로 주소나 거소가 이전된 경우에는 그러하지 아니하다.

제21조(출자)

① 조합원은 정관으로 정하는 좌수 이상을 출자하여야 한다.

② 출자 1좌의 금액은 균일하게 정하여야 한다.

③ 출자 1좌의 금액은 정관으로 정한다.

④ 조합원의 출자액은 질권(질권)의 목적이 될 수 없다.

⑤ 조합원은 출자의 납입 시 지역농협에 대한 채권과 상계(상계)할 수 없다.

제21조의2(우선출자) 지역농협의 우선출자에 관하여는 제147조를 준용한다. 이 경우 "중앙회"는 "지역농협"으로 보고, 제147조 제2항 및 제4항 중 "제117조"는 "제21조"로 본다.

제21조의3(출자배당금의 출자전환) 지역농협은 정관으로 정하는 바에 따라 조합원의 출자액에 대한 배당 금액의 전부 또는 일부를 그 조합원으로 하여금 출자하게 할 수 있다. 이 경우 그 조합원은 배당받을 금액을 지역농협에 대한 채무와 상계할 수 없다.

제22조(회전출자) 지역농협은 제21조에 따른 출자 외에 정관으로 정하는 바에 따라 그 사업의 이용 실적에 따라 조합원에게 배당할 금액의 전부 또는 일부를 그 조합원으로 하여금 출자하게 할 수 있다. 이 경우 제21조의3 후단을 준용한다.

제23조(지분의 양도·양수와 공유금지)

① 조합원은 지역농협의 승인 없이 그 지분을 양도(양도)할 수 없다.

② 조합원이 아닌 자가 지분(지분)을 양수하려면 가입신청, 자격심사 등 가입의 예에 따른다.

③ 지분양수인은 그 지분에 관하여 양도인의 권리의무를 승계한다.

④ 조합원의 지분은 공유할 수 없다.

제24조(조합원의 책임)

① 조합원의 책임은 그 출자액을 한도로 한다.

② 조합원은 지역농협의 운영과정에 성실히 참여하여야 하며, 생산한 농산물을 지역농협을 통하여 출하(출하)하는 등 그 사업을 성실히 이용하여야 한다.

제24조의2(조합원의 우대)

① 지역농협은 농산물 출하 등 경제사업에 대하여 이용계약을 체결하고 이를 성실히 이행하는 조합원(이하 이 조에서 "약정조합원"이라 한다)에게 사업이용·배당 등을 우대할 수 있다.

② 약정조합원의 범위, 교육, 책임, 계약의 체결·이행의 확인 및 우대 내용 등에 관한 세부사항은 정관으로 정한다.

③ 제57조 제1항 제2호에 따른 경제사업 규모 또는 그 경제사업을 이용하는 조합원의 비율이 대통령령으로 정하는 기준 이상에 해당하는 지역농협은 약정조합원 육성계획을 매년 수립하여 시행하여야 한다.

제25조(경비와 과태금의 부과)

① 지역농협은 정관으로 정하는 바에 따라 조합원에게 경비와 과태금을 부과할 수 있다.
② 조합원은 제1항에 따른 경비와 과태금을 납부할 때 지역농협에 대한 채권과 상계할 수 없다.

제26조(의결권 및 선거권) 조합원은 출자액의 많고 적음에 관계없이 평등한 의결권 및 선거권을 가진다. 이 경우 선거권은 임원 또는 대의원의 임기만료일(보궐선거 등의 경우 그 선거의 실시사유가 확정된 날) 전 180일까지 해당 조합의 조합원으로 가입한 자만 행사할 수 있다.

제27조(의결권의 대리)

① 조합원은 대리인에게 의결권을 행사하게 할 수 있다. 이 경우 그 조합원은 출석한 것으로 본다.
② 대리인은 다른 조합원 또는 본인과 동거하는 가족(제19조 제2항·제3항에 따른 법인 또는 조합의 경우에는 조합원·사원 등 그 구성원을 말한다)이어야 하며, 대리인이 대리할 수 있는 조합원의 수는 1인으로 한정한다.
③ 대리인은 대리권(대리권)을 증명하는 서면(서면)을 지역농협에 제출하여야 한다.

제28조(가입)

① 지역농협은 정당한 사유 없이 조합원 자격을 갖추고 있는 자의 가입을 거절하거나 다른 조합원보다 불리한 가입 조건을 달 수 없다. 다만, 제30조 제1항 각 호의 어느 하나에 해당되어 제명된 후 2년이 지나지 아니한 자에 대하여는 가입을 거절할 수 있다.
② 제19조제1항에 따른 조합원은 해당 지역농협에 가입한 지 1년 6개월 이내에는 같은 구역에 설립된 다른 지역농협에 가입할 수 없다.
③ 새로 조합원이 되려는 자는 정관으로 정하는 바에 따라 출자하여야 한다.
④ 지역농협은 조합원 수(수)를 제한할 수 없다.
⑤ 사망으로 인하여 탈퇴하게 된 조합원의 상속인(공동상속인 경우에는 공동상속인이 선정한 1명의 상속인을 말한다)이 제19조 제1항에 따른 조합원 자격이 있는 경우에는 피상속인의 출자를 승계하여 조합원이 될 수 있다.
⑥ 제5항에 따라 출자를 승계한 상속인에 관하여는 제1항을 준용한다.

제29조(탈퇴)

① 조합원은 지역농협에 탈퇴 의사를 알리고 탈퇴할 수 있다.

② 조합원이 다음 각 호의 어느 하나에 해당하면 당연히 탈퇴된다.

   1. 조합원의 자격이 없는 경우

   2. 사망한 경우

   3. 파산한 경우

   4. 성년후견개시의 심판을 받은 경우

   5. 조합원인 법인이 해산한 경우

③ 제43조에 따른 이사회는 조합원의 전부 또는 일부를 대상으로 제2항 각 호의 어느 하나에 해당하는지를 확인하여야 한다.

제30조(제명)

① 지역농협은 조합원이 다음 각 호의 어느 하나에 해당하면 총회의 의결을 거쳐 제명할 수 있다.

   1. 1년 이상 지역농협의 사업을 이용하지 아니한 경우

   1의2. 2년 이상 제57조 제1항 제2호의 경제 사업을 이용하지 아니한 경우. 다만, 정관에서 정하는 정당한 사유가 있는 경우는 제외한다.

   2. 출자 및 경비의 납입, 그 밖의 지역농협에 대한 의무를 이행하지 아니한 경우

   3. 정관으로 금지한 행위를 한 경우

② 지역농협은 조합원이 제1항 각 호의 어느 하나에 해당하면 총회 개회 10일 전까지 그 조합원에게 제명의 사유를 알리고 총회에서 의견을 진술할 기회를 주어야 한다.

제31조(지분환급청구권과 환급정지)

① 탈퇴 조합원(제명된 조합원을 포함한다. 이하 이 조와 제32조에서 같다)은 탈퇴(제명을 포함한다. 이하 이 조와 제32조에서 같다) 당시의 회계연도의 다음 회계연도부터 정관으로 정하는 바에 따라 그 지분의 환급(환급)을 청구할 수 있다.

② 제1항에 따른 청구권은 2년간 행사하지 아니하면 소멸된다.

③ 지역농협은 탈퇴 조합원이 지역농협에 대한 채무를 다 갚을 때까지는 제1항에 따른 지분의 환급을 정지할 수 있다.

제32조(탈퇴 조합원의 손실액 부담) 지역농협은 지역농협의 재산으로 그 채무를 다 갚을 수 없는 경우에는 제31조에 따른 환급분을 계산할 때 정관으로 정하는 바에 따라 탈퇴 조합원이 부담하여야 할 손실액의 납입을 청구할 수 있다. 이 경우 제31조제1항 및 제2항을 준용한다.

제33조(의결 취소의 청구 등)

① 조합원은 총회(창립총회를 포함한다)의 소집 절차, 의결 방법, 의결 내용 또는 임원의 선거가 법령, 법령에 따른 행정처분 또는 정관을 위반한 것을 사유로 하여 그 의결이나 선거에 따른 당선의 취소 또는 무효 확인을 농림축산식품부장관에게 청구하거나 이를 청구하는 소(소)를 제기할 수 있다. 다만, 농림축산식품부장관은 조합원의 청구와 같은 내용의 소가 법원에 제기된 사실을 알았을 때에는 제2항 후단에 따른 조치를 하지 아니한다.

② 제1항에 따라 농림축산식품부장관에게 청구하는 경우에는 의결일이나 선거일부터 1개월 이내에 조합원 300인 또는 100분의 5 이상의 동의를 받아 청구하여야 한다. 이 경우 농림축산식품부장관은 그 청구서를 받은 날부터 3개월 이내에 이에 대한 조치 결과를 청구인에게 알려야 한다.

③ 제1항에 따른 소에 관하여는 「상법」 제376조부터 제381조까지의 규정을 준용한다.

④ 제1항에 따른 의결 취소의 청구 등에 필요한 사항은 농림축산식품부령으로 정한다.

제4절 기관

제34조(총회)

① 지역농협에 총회를 둔다.

② 총회는 조합원으로 구성한다.

③ 정기총회는 매년 1회 정관으로 정하는 시기에 소집하고, 임시총회는 필요할 때에 수시로 소집한다.

제35조(총회의결사항 등)

① 다음 각 호의 사항은 총회의 의결을 거쳐야 한다.

  1. 정관의 변경

  2. 해산·분할 또는 품목조합으로의 조직변경

  3. 조합원의 제명

  4. 합병

  5. 임원의 선출 및 해임

  6. 규약의 제정·개정 및 폐지

  7. 사업 계획의 수립, 수지 예산의 편성과 사업 계획 및 수지 예산 중 정관으로 정하는 중요한 사항의 변경

  8. 사업보고서, 재무상태표, 손익계산서, 잉여금 처분안과 손실금 처리안

  9. 중앙회의 설립 발기인이 되거나 이에 가입 또는 탈퇴하는 것

  10. 임원의 보수 및 실비변상

  11. 그 밖에 조합장이나 이사회가 필요하다고 인정하는 사항

② 제1항 제1호·제2호 및 제4호의 사항은 농림축산식품부장관의 인가를 받지 아니하면 효력을 발생하지 아니한다. 다만, 제1항 제1호의 사항을 농림축산식품부장관이 정하여 고시한 정관례에 따라 변경하는 경우에는 그러하지 아니하다.

제36조(총회의 소집청구)

① 조합원은 조합원 300인이나 100분의 10 이상의 동의를 받아 소집의 목적과 이유를 서면에 적어 조합장에게 제출하고 총회의 소집을 청구할 수 있다.

② 조합장은 제1항에 따른 청구를 받으면 2주일 이내에 총회소집통지서를 발송하여야 한다.

③ 총회를 소집할 사람이 없거나 제2항에 따른 기간 이내에 정당한 사유 없이 조합장이 총회소집통지서를 발송하지 아니할 때에는 감사가 5일 이내에 총회소집통지서를 발송하여야 한다.

④ 감사가 제3항에 따른 기간 이내에 총회소집통지서를 발송하지 아니할 때에는 제1항에 따라 소집을 청구한 조합원의 대표가 총회를 소집한다. 이 경우 조합원이 의장의 직무를 수행한다.

제37조(조합원에 대한 통지와 최고)

① 지역농협이 조합원에게 통지나 최고(최고)를 할 때에는 조합원명부에 적힌 조합원의 주소나 거소로 하여야 한다.

② 총회를 소집하려면 총회 개회 7일 전까지 회의 목적 등을 적은 총회소집통지서를 조합원에게 발송하여야 한다. 다만, 같은 목적으로 총회를 다시 소집할 때에는 개회 전날까지 알린다.

제38조(총회의 개의와 의결)

① 총회는 이 법에 다른 규정이 있는 경우를 제외하고는 조합원 과반수의 출석으로 개의(개의)하고 출석조합원 과반수의 찬성으로 의결한다. 다만, 제35조 제1항 제1호부터 제3호까지의 사항은 조합원 과반수의 출석과 출석조합원 3분의 2 이상의 찬성으로 의결한다.

② 제1항 단서에도 불구하고 합병 후 존속하는 조합의 경우 그 합병으로 인한 정관 변경에 관한 의결은 조합원 과반수의 출석으로 개의하고, 출석조합원 과반수의 찬성으로 의결한다.

제39조(의결권의 제한 등)

① 총회에서는 제37조 제2항에 따라 통지한 사항에 대하여만 의결할 수 있다. 다만, 제35조 제1항 제1호부터 제5호까지의 사항을 제외한 긴급한 사항으로서 조합원 과반수의 출석과 출석조합원 3분의 2 이상의 찬성이 있을 때에는 그러하지 아니하다.

② 지역농협과 조합원의 이해가 상반되는 의사(의사)를 의결할 때에는 해당 조합원은 그 의결에 참여할 수 없다.

③ 조합원은 조합원 100인이나 100분의 3 이상의 동의를 받아 총회 개회 30일 전까지 조합장에게 서면으로 일정한 사항을 총회의 목적 사항으로 할 것을 제안(이하 "조합원제안"이라 한다)할 수 있다. 이 경우 조합원제안의 내용이 법령이나 정관을 위반하는 경우를 제외하고는 이를 총회의 목적 사항으로 하여야 하고, 조합원제안을 한 자가 청구하면 총회에서 그 제안을 설명할 기회를 주어야 한다.

제40조(총회의 의사록)

① 총회의 의사에 관하여는 의사록(의사록)을 작성하여야 한다.
② 의사록에는 의사의 진행 상황과 그 결과를 적고 의장과 총회에서 선출한 조합원 5인 이상이 기명날인(기명날인)하거나 서명하여야 한다.

제41조(총회 의결의 특례)

① 다음 각 호의 사항에 대하여는 제35조 제1항에도 불구하고 조합원의 투표로 총회의 의결을 갈음할 수 있다. 이 경우 조합원 투표의 통지·방법, 그 밖에 투표에 필요한 사항은 정관으로 정한다.
  1. 해산, 분할 또는 품목조합으로의 조직변경
  2. 제45조 제5항 제1호에 따른 조합장의 선출
  3. 제54조 제1항에 따른 임원의 해임
  4. 합병
② 제1항 각 호의 사항에 대한 의결이나 선출은 다음 각 호의 방법에 따른다.
  1. 제1항 제1호의 사항은 조합원 과반수의 투표와 투표한 조합원 3분의 2 이상의 찬성으로 의결
  2. 제1항 제2호의 사항은 유효 투표의 최다득표자를 선출. 다만, 최다득표자가 2명 이상이면 연장자를 당선인으로 결정한다.
  3. 제1항 제3호의 사항은 조합원 과반수의 투표와 투표한 조합원 3분의 2 이상의 찬성으로 의결
  4. 제1항 제4호의 사항은 조합원 과반수의 투표와 투표한 조합원 과반수의 찬성으로 의결

제42조(대의원회)

① 지역농협은 정관으로 정하는 바에 따라 제41조 제1항 각 호에 규정된 사항 외의 사항에 대한 총회의 의결에 관하여 총회를 갈음하는 대의원회를 둘 수 있다.
② 대의원은 조합원이어야 한다.
③ 대의원의 정수, 임기 및 선출 방법은 정관으로 정한다. 다만, 임기만료연도 결산기의 마지막 달부터 그 결산기에 관한 정기총회 전에 임기가 끝난 경우에는 정기총회가 끝날 때까지 그 임기가 연장된다.
④ 대의원은 해당 지역농협의 조합장을 제외한 임직원과 다른 조합의 임직원을 겸직하여서는 아니 된다.
⑤ 대의원회에 대하여는 총회에 관한 규정을 준용한다. 다만, 대의원의 의결권은 대리인이 행사할 수 없다.

제43조(이사회)

① 지역농협에 이사회를 둔다.

② 이사회는 조합장을 포함한 이사로 구성하되, 조합장이 소집한다.

③ 이사회는 다음 각 호의 사항을 의결한다.

    1. 조합원의 자격 심사 및 가입 승낙

    2. 법정 적립금의 사용

    3. 차입금의 최고 한도

    4. 경비의 부과와 징수 방법

    5. 사업 계획 및 수지예산(수지예산) 중 제35조 제1항 제7호에서 정한 사항 외의 경미한 사항의 변경

    6. 간부직원의 임면

    7. 정관으로 정하는 금액 이상의 업무용 부동산의 취득과 처분

    8. 업무 규정의 제정·개정 및 폐지와 사업 집행 방침의 결정

    9. 총회로부터 위임된 사항

    10. 법령 또는 정관에 규정된 사항

    11. 상임이사의 해임 요구에 관한 사항

    12. 상임이사 소관 업무의 성과평가에 관한 사항

    13. 그 밖에 조합장, 상임이사 또는 이사의 3분의 1 이상이 필요하다고 인정하는 사항

④ 이사회는 제3항에 따라 의결된 사항에 대하여 조합장이나 상임이사의 업무집행상황을 감독한다.

⑤ 이사회는 구성원 과반수의 출석으로 개의하고 출석자 과반수의 찬성으로 의결한다.

⑥ 간부직원은 이사회에 출석하여 의견을 진술할 수 있다.

⑦ 제3항 제12호에 따른 성과평가에 필요한 사항과 이사회의 운영에 필요한 사항은 정관으로 정한다.

제44조(운영평가자문회의의 구성·운영)

① 지역농협은 지역농협의 건전한 발전을 도모하기 위하여 조합원 및 외부 전문가 15명 이내로 운영평가자문회의를 구성·운영할 수 있다.

② 제1항에 따라 운영되는 운영평가자문회의는 지역농협의 운영상황을 평가하였으면 그 결과를 이사회에 보고하여야 한다.

③ 이사회는 운영평가자문회의의 평가결과를 총회에 보고하여야 한다.

④ 조합장은 운영평가자문회의의 평가결과를 지역농협의 운영에 적극 반영하여야 한다.

⑤ 제1항의 운영평가자문회의의 구성과 운영에 필요한 사항은 정관으로 정한다.

제45조(임원의 정수 및 선출)

① 지역농협에 임원으로서 조합장 1명을 포함한 7명 이상 25명 이하의 이사와 2명의 감사를 두되, 그 정수

는 정관으로 정한다. 이 경우 이사의 3분의 2 이상은 조합원이어야 하며, 자산 등 지역농협의 사업규모가 대통령령으로 정하는 기준 이상에 해당하는 경우에는 조합원이 아닌 이사를 1명 이상 두어야 한다.

② 지역농협은 정관으로 정하는 바에 따라 제1항에 따른 조합장을 포함한 이사 중 2명 이내를 상임(상임)으로 할 수 있다. 다만, 조합장을 비상임으로 운영하는 지역농협과 자산 등 사업규모가 대통령령으로 정하는 기준 이상에 해당하는 지역농협에는 조합원이 아닌 이사 중 1명 이상을 상임이사로 두어야 한다.

③ 지역농협은 정관으로 정하는 바에 따라 감사 중 1명을 상임으로 할 수 있다. 다만, 자산 등 사업규모가 대통령령으로 정하는 기준 이상에 해당하는 지역농협에는 조합원이 아닌 상임감사 1명을 두어야 한다.

④ 제2항 본문에도 불구하고 자산 등 지역농협의 사업규모가 대통령령으로 정하는 기준 이상에 해당하는 경우에는 조합장을 비상임으로 한다.

⑤ 조합장은 조합원 중에서 정관으로 정하는 바에 따라 다음 각 호의 어느 하나의 방법으로 선출한다.

　1. 조합원이 총회 또는 총회 외에서 투표로 직접 선출

　2. 대의원회가 선출

　3. 이사회가 이사 중에서 선출

⑥ 조합장 외의 임원은 총회에서 선출한다. 다만, 상임이사 및 상임감사는 조합 업무에 대한 전문지식과 경험이 풍부한 사람으로서 대통령령으로 정하는 요건에 맞는 사람 중에서 인사추천위원회에서 추천된 사람을 총회에서 선출한다.

⑦ 상임인 임원을 제외한 지역농협의 임원은 명예직으로 한다.

⑧ 지역농협은 이사 정수의 5분의 1 이상을 여성조합원과 품목을 대표할 수 있는 조합원에게 배분되도록 노력하여야 한다. 다만, 여성조합원이 전체 조합원의 100분의 30 이상인 지역농협은 이사 중 1명 이상을 여성조합원 중에서 선출하여야 한다.

⑨ 지역농협의 조합장 선거에 입후보하기 위하여 임기 중 그 직을 그만 둔 지역농협의 이사 및 감사는 그 사직으로 인하여 실시사유가 확정된 보궐선거의 후보자가 될 수 없다.

⑩ 임원의 선출과 추천, 제6항에 따른 인사추천위원회 구성과 운영에 관하여 이 법에서 정한 사항 외에 필요한 사항은 정관으로 정한다.

제46조(임원의 직무)

① 조합장은 지역농협을 대표하며 업무를 집행한다.

② 제1항에도 불구하고 조합장이 상임인 경우로서 상임이사를 두는 경우에는 조합장은 정관으로 정하는 바에 따라 업무의 일부를 상임이사에게 위임·전결처리하도록 하여야 하며, 조합장이 비상임인 경우에는 상임이사가 업무를 집행한다. 다만, 제45조 제4항에 따른 비상임 조합장은 정관으로 정하는 바에 따라 제57조제1항의 사업(같은 항 제3호의 신용사업과 이와 관련되는 부대사업은 제외한다) 중 전부 또는 일부를 집행할 수 있다.

③ 조합장은 총회와 이사회의 의장이 된다.

④ 조합장 또는 상임이사가 다음 각 호의 어느 하나의 사유(상임이사의 경우 제5호는 제외한다)로 그 직무를 수행할 수 없을 때에는 이사회가 정하는 순서에 따라 이사(조합장의 경우에는 조합원이 아닌 이사는 제외한다)가 그 직무를 대행한다.

   1. 궐위(궐위)된 경우

   2. 공소 제기된 후 구금상태에 있는 경우

   3. 삭제

   4. 「의료법」에 따른 의료기관에 60일 이상 계속하여 입원한 경우

   5. 제54조 제2항 제3호에 따라 조합장의 해임을 대의원회에서 의결한 경우

   6. 그 밖에 부득이한 사유로 직무를 수행할 수 없는 경우

⑤ 조합장이 그 직을 가지고 해당 지역농협의 조합장 선거에 입후보하면 후보자로 등록한 날부터 선거일까지 제4항에 따라 이사회가 정하는 순서에 따른 이사가 그 조합장의 직무를 대행한다.

⑥ 감사는 지역농협의 재산과 업무집행상황을 감사하며, 전문적인 회계감사가 필요하다고 인정되면 중앙회에 회계감사를 의뢰할 수 있다.

⑦ 감사는 지역농협의 재산 상황이나 업무 집행에 부정한 사실이 있는 것을 발견하면 총회에 보고하여야 하고, 그 내용을 총회에 신속히 보고하여야 할 필요가 있으면 정관으로 정하는 바에 따라 조합장에게 총회의 소집을 요구하거나 총회를 소집할 수 있다.

⑧ 감사는 총회나 이사회에 출석하여 의견을 진술할 수 있다.

⑨ 감사의 직무에 관하여는 「상법」 제412조의5 · 제413조 및 제413조의2를 준용한다.

제47조(감사의 대표권)

① 지역농협이 조합장이나 이사와 계약을 할 때에는 감사가 지역농협을 대표한다.

② 지역농협과 조합장 또는 이사 간의 소송에 관하여는 제1항을 준용한다.

제48조(임원의 임기)

① 조합장과 이사의 임기는 다음 각 호와 같고, 감사의 임기는 3년으로 하며, 조합장(상임인 경우에만 해당한다)은 2차에 한하여 연임할 수 있다. 다만, 설립 당시의 조합장, 조합원인 이사 및 감사의 임기는 정관으로 정하되, 2년을 초과할 수 없다.

   1. 조합장과 조합원인 이사 : 4년

   2. 제1호의 이사를 제외한 이사 : 2년

② 제1항에 따른 임원의 임기가 끝나는 경우에는 제42조제3항 단서를 준용한다.

제49조(임원의 결격사유)

① 다음 각 호의 어느 하나에 해당하는 사람은 지역농협의 임원이 될 수 없다. 다만, 제10호와 제12호는 조

합원인 임원에게만 적용한다.

1. 대한민국 국민이 아닌 사람

2. 미성년자 · 피성년후견인 또는 피한정후견인

3. 파산선고를 받고 복권되지 아니한 사람

4. 법원의 판결이나 다른 법률에 따라 자격이 상실되거나 정지된 사람

5. 금고 이상의 실형을 선고받고 그 집행이 끝나거나(집행이 끝난 것으로 보는 경우를 포함한다) 집행이 면제된 날부터 3년이 지나지 아니한 사람

6. 제164조제1항이나 「신용협동조합법」 제84조에 규정된 개선(개선) 또는 징계면직의 처분을 받은 날부터 5년이 지나지 아니한 사람

7. 형의 집행유예선고를 받고 그 유예기간 중에 있는 사람

8. 제172조 또는 「공공단체등 위탁선거에 관한 법률」 제58조(매수 및 이해유도죄) · 제59조(기부행위의 금지 · 제한 등 위반죄) · 제61조(허위사실 공표죄)부터 제66조(각종 제한규정 위반죄)까지에 규정된 죄를 범하여 벌금 100만원 이상의 형을 선고받고 4년이 지나지 아니한 사람

9. 이 법에 따른 임원 선거에서 당선되었으나 제173조 제1항 제1호 또는 「공공단체등 위탁선거에 관한 법률」 제70조(위탁선거범죄로 인한 당선무효)제1호에 따라 당선이 무효로 된 사람으로서 그 무효가 확정된 날부터 5년이 지나지 아니한 사람

10. 선거일 공고일 현재 해당 지역농협의 정관으로 정하는 출자좌수(출자좌수) 이상의 납입 출자분을 2년 이상 계속 보유하고 있지 아니한 사람. 다만, 설립이나 합병 후 2년이 지나지 아니한 지역농협의 경우에는 그러하지 아니하다.

11. 선거일 공고일 현재 해당 지역농협, 중앙회 또는 다음 각 목의 어느 하나에 해당하는 금융기관에 대하여 정관으로 정하는 금액과 기간을 초과하여 채무 상환을 연체하고 있는 사람

    가. 「은행법」에 따라 설립된 은행

    나. 「한국산업은행법」에 따른 한국산업은행

    다. 「중소기업은행법」에 따른 중소기업은행

    라. 그 밖에 대통령령으로 정하는 금융기관

12. 선거일 공고일 현재 제57조 제1항의 사업 중 대통령령으로 정하는 사업에 대하여 해당 지역농협의 정관으로 정하는 일정 규모 이상의 사업 이용실적이 없는 사람

② 제1항의 사유가 발생하면 해당 임원은 당연히 퇴직된다.

③ 제2항에 따라 퇴직한 임원이 퇴직 전에 관여한 행위는 그 효력을 상실하지 아니한다.

제49조의2(형의 분리 선고)

① 「형법」 제38조에도 불구하고 제49조 제1항 제8호에 규정된 죄와 다른 죄의 경합범에 대해서는 이를 분리 선고하여야 한다.

② 임원 선거 후보자의 직계 존속 · 비속이나 배우자가 범한 제172조 제1항 제2호(제50조 제11항을 위반한

경우는 제외한다) · 제3호 또는 「공공단체등 위탁선거에 관한 법률」 제58조 · 제59조에 규정된 죄와 다른 죄의 경합범으로 징역형 또는 300만 원 이상의 벌금형을 선고하는 경우에는 이를 분리 선고하여야 한다.

제50조(선거운동의 제한)

① 누구든지 자기 또는 특정인을 지역농협의 임원이나 대의원으로 당선되게 하거나 당선되지 못하게 할 목적으로 다음 각 호의 어느 하나에 해당하는 행위를 할 수 없다.

　　1. 조합원(조합에 가입신청을 한 자를 포함한다. 이하 이 조에서 같다)이나 그 가족(조합원의 배우자, 조합원 또는 그 배우자의 직계 존속 · 비속과 형제자매, 조합원의 직계 존속 · 비속 및 형제자매의 배우자를 말한다. 이하 같다) 또는 조합원이나 그 가족이 설립 · 운영하고 있는 기관 · 단체 · 시설에 대한 다음 각 목의 어느 하나에 해당하는 행위

　　　가. 금전 · 물품 · 향응이나 그 밖의 재산상의 이익을 제공하는 행위

　　　나. 공사(공사)의 직(직)을 제공하는 행위

　　　다. 금전 · 물품 · 향응, 그 밖의 재산상의 이익이나 공사의 직을 제공하겠다는 의사표시 또는 그 제공을 약속하는 행위

　　2. 후보자가 되지 못하도록 하거나 후보자를 사퇴하게 할 목적으로 후보자가 되려는 사람이나 후보자에게 제1호 각 목에 규정된 행위를 하는 행위

　　3. 제1호나 제2호에 규정된 이익이나 직을 제공받거나 그 제공의 의사표시를 승낙하는 행위 또는 그 제공을 요구하거나 알선하는 행위

② 임원이 되려는 사람은 임기만료일 전 90일(보궐선거 등에 있어서는 그 선거의 실시사유가 확정된 날)부터 선거일까지 선거운동을 위하여 조합원을 호별(호별)로 방문하거나 특정 장소에 모이게 할 수 없다.

③ 누구든지 지역농협의 임원 또는 대의원선거와 관련하여 연설 · 벽보, 그 밖의 방법으로 거짓의 사실을 공표하거나 공연히 사실을 적시(적시)하여 후보자(후보자가 되려는 사람을 포함한다. 이하 같다)를 비방할 수 없다.

④ 누구든지 임원 선거와 관련하여 다음 각 호의 방법(이사 및 감사 선거의 경우에는 제2호 또는 제4호에 한정한다) 외의 선거운동을 할 수 없다.

　　1. 선전 벽보의 부착

　　2. 선거 공보의 배부

　　3. 합동 연설회 또는 공개 토론회의 개최

　　4. 전화(문자메시지를 포함한다) · 컴퓨터통신(전자우편을 포함한다)을 이용한 지지 호소

　　5. 도로 · 시장 등 농림축산식품부령으로 정하는 다수인이 왕래하거나 집합하는 공개된 장소에서의 지지 호소 및 명함 배부

⑤ 제4항에 따른 선거운동방법에 관한 세부적인 사항은 농림축산식품부령으로 정한다.

⑥ 제4항에도 불구하고 다음 각 호의 어느 하나에 해당하는 경우에는 선거운동을 할 수 없다.

　　1. 조합장을 이사회가 이사 중에서 선출하는 경우

2. 상임이사 및 상임감사 선출의 경우

3. 조합원이 아닌 이사 선출의 경우

⑦ 제4항에 따른 선거운동은 후보자등록마감일의 다음 날부터 선거일 전일까지만 할 수 있다.

⑧ 누구든지 특정 임원의 선거에 투표하거나 하게 할 목적으로 거짓이나 그 밖의 부정한 방법으로 선거인명부에 오르게 할 수 없다.

⑨ 누구든지 임원 또는 대의원 선거와 관련하여 자기 또는 특정인을 당선되게 하거나 당선되지 못하게 할 목적으로 후보자등록시작일부터 선거일까지 다수의 조합원(조합원의 가족 또는 조합원이나 그 가족이 설립·운영하고 있는 기관·단체·시설을 포함한다)에게 배부하도록 구분된 형태로 되어 있는 포장된 선물 또는 돈봉투 등 금품을 운반하지 못한다.

⑩ 누구든지 제51조 제1항에 따른 조합선거관리위원회의 위원·직원, 그 밖에 선거사무에 종사하는 자를 폭행·협박·유인 또는 체포·감금하거나 폭행이나 협박을 가하여 투표소·개표소 또는 선거관리위원회 사무소를 소요·교란하거나, 투표용지·투표지·투표보조용구·전산조직 등 선거관리 및 단속사무와 관련한 시설·설비·장비·서류·인장 또는 선거인명부를 은닉·손괴·훼손 또는 탈취하지 못한다.

⑪ 지역농협의 임직원은 다음 각 호의 어느 하나에 해당하는 행위를 할 수 없다.

1. 그 지위를 이용하여 선거운동을 하는 행위

2. 선거운동의 기획에 참여하거나 그 기획의 실시에 관여하는 행위

3. 후보자에 대한 조합원의 지지도를 조사하거나 발표하는 행위

제50조의2(기부행위의 제한)

① 지역농협의 임원 선거 후보자, 그 배우자 및 후보자가 속한 기관·단체·시설은 임원의 임기만료일 전 180일(보궐선거 등의 경우에는 그 선거의 실시 사유가 확정된 날)부터 그 선거일까지 조합원(조합에 가입 신청을 한 사람을 포함한다. 이하 이 조에서 같다)이나 그 가족 또는 조합원이나 그 가족이 설립·운영하고 있는 기관·단체·시설에 대하여 금전·물품이나 그 밖의 재산상 이익의 제공, 이익 제공의 의사 표시 또는 그 제공을 약속하는 행위(이하 "기부행위"라 한다)를 할 수 없다.

② 제1항에도 불구하고 다음 각 호의 어느 하나에 해당하는 행위는 기부행위로 보지 아니한다.

1. 직무상의 행위

가. 후보자가 소속된 기관·단체·시설(나목에 따른 조합은 제외한다)의 자체 사업 계획과 예산으로 하는 의례적인 금전·물품을 그 기관·단체·시설의 명의로 제공하는 행위(포상 및 화환·화분 제공 행위를 포함한다)

나. 법령과 정관에 따른 조합의 사업 계획 및 수지예산에 따라 집행하는 금전·물품을 그 기관·단체·시설의 명의로 제공하는 행위(포상 및 화환·화분 제공 행위를 포함한다)

다. 물품 구매, 공사, 역무(役務)의 제공 등에 대한 대가의 제공 또는 부담금의 납부 등 채무를 이행하는 행위

라. 가목부터 다목까지의 규정에 해당하는 행위 외에 법령의 규정에 따라 물품 등을 찬조·출연 또는
　　　　제공하는 행위
　2. 의례적 행위
　　가. 「민법」제777조에 따른 친족의 관혼상제 의식이나 그 밖의 경조사에 축의·부의금품을 제공하는
　　　　행위
　　나. 후보자가 「민법」제777조에 따른 친족 외의 자의 관혼상제 의식에 통상적인 범위에서 축의·부의
　　　　금품(화환·화분을 포함한다)을 제공하거나 주례를 서는 행위
　　다. 후보자의 관혼상제 의식이나 그 밖의 경조사에 참석한 하객이나 조객(조객) 등에게 통상적인 범위
　　　　에서 음식물이나 답례품을 제공하는 행위
　　라. 후보자가 그 소속 기관·단체·시설(후보자가 임원이 되려는 해당 조합은 제외한다)의 유급(유급)
　　　　사무직원 또는 「민법」제777조에 따른 친족에게 연말·설 또는 추석에 의례적인 선물을 제공하는
　　　　행위
　　마. 친목회·향우회·종친회·동창회 등 각종 사교·친목단체 및 사회단체의 구성원으로서 해당 단체
　　　　의 정관·규약 또는 운영관례상의 의무에 기초하여 종전의 범위에서 회비를 내는 행위
　　바. 후보자가 평소 자신이 다니는 교회·성당·사찰 등에 통상적으로 헌금(물품의 제공을 포함한다)하
　　　　는 행위
　3. 「공직선거법」제112조 제2항 제3호에 따른 구호적·자선적 행위에 준하는 행위
　4. 제1호부터 제3호까지의 규정에 준하는 행위로서 농림축산식품부령으로 정하는 행위
③ 제2항에 따라 통상적인 범위에서 1명에게 제공할 수 있는 축의·부의금품, 음식물, 답례품 및 의례적인
　선물의 금액 범위는 별표와 같다.
④ 누구든지 제1항의 행위를 약속·지시·권유·알선 또는 요구할 수 없다.
⑤ 누구든지 해당 선거에 관하여 후보자를 위하여 제1항의 행위를 하거나 하게 할 수 없다. 이 경우 후보자
　의 명의를 밝혀 기부행위를 하거나 후보자가 기부하는 것으로 추정할 수 있는 방법으로 기부행위를 하는
　것은 해당 선거에 관하여 후보자를 위한 기부행위로 본다.
⑥ 조합장은 재임 중 제1항에 따른 기부행위를 할 수 없다. 다만, 제2항에 따라 기부행위로 보지 아니하는
　행위는 그러하지 아니하다.

제50조의3(조합장의 축의·부의금품 제공 제한)

① 지역농협의 경비로 관혼상제 의식이나 그 밖의 경조사에 축의·부의금품을 제공할 때에는 지역농협의 명
　의로 하여야 하며, 해당 지역농협의 경비임을 명확하게 기록하여야 한다.
② 제1항에 따라 축의·부의금품을 제공할 경우 해당 지역농협의 조합장의 직명 또는 성명을 밝히거나 그가 하
　는 것으로 추정할 수 있는 방법으로 하는 행위는 제50조의2 제6항 단서에도 불구하고 기부행위로 본다.

제51조(조합선거관리위원회의 구성·운영 등)

① 지역농협은 임원 선거를 공정하게 관리하기 위하여 조합선거관리위원회를 구성·운영한다.

② 조합선거관리위원회는 이사회가 조합원(임직원은 제외한다)과 선거의 경험이 풍부한 자 중에서 위촉하는 7명 이상의 위원으로 구성한다.

③ 조합선거관리위원회의 기능과 운영에 필요한 사항은 정관으로 정한다.

④ 지역농협은 제45조 제5항 제1호 및 제2호에 따라 선출하는 조합장 선거의 관리에 대하여는 정관으로 정하는 바에 따라 그 주된 사무소의 소재지를 관할하는 「선거관리위원회법」에 따른 구·시·군선거관리위원회(이하 "구·시·군선거관리위원회"라 한다)에 위탁하여야 한다.

⑤ 삭제 〈2014.6.11〉

⑥ 삭제 〈2014.6.11〉

⑦ 제4항에 따라 지역농협의 조합장 선거를 수탁·관리하는 구·시·군선거관리위원회는 해당 지역농협의 주된 사무소의 소재지를 관할하는 검찰청의 장에게 조합장 선거 후보자의 벌금 100만 원 이상의 형의 범죄경력(실효된 형을 포함하며, 이하 이 조에서 "전과기록"이라 한다)을 조회할 수 있으며, 해당 검찰청의 장은 지체 없이 그 전과기록을 회보하여야 한다.

⑧ 제7항에 따른 조합장 선거를 제외한 임원 선거의 후보자가 되고자 하는 자는 전과기록을 본인의 주소지를 관할하는 국가경찰관서의 장에게 조회할 수 있으며, 해당 국가경찰관서의 장은 지체 없이 그 전과기록을 회보하여야 한다. 이 경우 회보받은 전과기록은 후보자등록 시 함께 제출하여야 한다.

제52조(임직원의 겸직 금지 등)

① 조합장과 이사는 그 지역농협의 감사를 겸직할 수 없다.

② 지역농협의 임원은 그 지역농협의 직원을 겸직할 수 없다.

③ 지역농협의 임원은 다른 조합의 임원이나 직원을 겸직할 수 없다.

④ 지역농협의 사업과 실질적으로 경쟁관계에 있는 사업을 경영하거나 이에 종사하는 사람은 지역농협의 임직원 및 대의원이 될 수 없다.

⑤ 제4항에 따른 실질적인 경쟁관계에 있는 사업의 범위는 대통령령으로 정한다.

⑥ 조합장과 이사는 이사회의 승인을 받지 아니하고는 자기 또는 제3자의 계산으로 해당 지역농협과 정관으로 정하는 규모 이상의 거래를 할 수 없다.

제53조(임원의 의무와 책임)

① 지역농협의 임원은 이 법과 이 법에 따른 명령 및 정관의 규정을 지켜 충실히 그 직무를 수행하여야 한다.

② 임원이 그 직무를 수행할 때 법령이나 정관을 위반한 행위를 하거나 그 임무를 게을리하여 지역농협에 끼친 손해에 대하여는 연대하여 손해배상의 책임을 진다.

③ 임원이 그 직무를 수행할 때 고의나 중대한 과실로 제3자에게 끼친 손해에 대하여는 연대하여 손해배상의 책임을 진다.

④ 제2항과 제3항의 행위가 이사회의 의결에 따른 것이면 그 의결에 찬성한 이사도 연대하여 손해배상의 책임을 진다. 이 경우 의결에 참가한 이사 중 이의를 제기한 사실이 의사록에 적혀 있지 아니한 이사는 그 의결에 찬성한 것으로 추정한다.

⑤ 임원이 거짓으로 결산보고·등기 또는 공고를 하여 지역농협이나 제3자에게 끼친 손해에 대하여도 제2항 및 제3항과 같다.

제54조(임원의 해임)

① 조합원은 조합원 5분의 1 이상의 동의를 받아 총회에 임원의 해임을 요구할 수 있다. 이 경우 총회는 조합원 과반수의 출석과 출석조합원 3분의 2 이상의 찬성으로 의결한다.

② 조합원은 제45조에 따른 선출 방법에 따라 다음 각 호의 어느 하나의 방법으로 임원을 해임할 수 있다.

　1. 대의원회에서 선출된 임원 : 대의원 3분의 1 이상의 요구로 대의원 과반수의 출석과 출석대의원 3분의 2 이상의 찬성으로 해임 의결

　2. 이사회에서 선출된 조합장 : 이사회의 해임 요구에 따라 총회에서 해임 의결. 이 경우 이사회의 해임 요구와 총회의 해임 의결은 제1호에 따른 의결 정족수를 준용한다.

　3. 조합원이 직접 선출한 조합장 : 대의원회의 의결을 거쳐 조합원 투표로 해임 결정. 이 경우 대의원회의 의결은 제1호에 따른 의결 정족수를 준용하며, 조합원 투표에 의한 해임 결정은 조합원 과반수의 투표와 투표 조합원 과반수의 찬성으로 한다.

③ 제43조 제3항 제11호에 따라 이사회의 요구로 상임이사를 해임하려면 대의원 과반수의 출석과 출석대의원 3분의 2 이상의 찬성으로 의결한다.

④ 해임을 의결하려면 해당 임원에게 해임의 이유를 알려 총회나 대의원회에서 의견을 진술할 기회를 주어야 한다.

제55조(「민법」·「상법」의 준용) 지역농협의 임원에 관하여는 「민법」 제35조, 제63조와 「상법」 제382조제2항, 제385조 제2항·제3항, 제386조 제1항, 제402조부터 제408조까지의 규정을 준용한다. 이 경우 「상법」 제385조 제2항 중 "발행주식의 총수의 100분의 3 이상에 해당하는 주식을 가진 주주"는 "조합원 100인 또는 100분의 3 이상의 동의를 받은 조합원"으로 보고, 같은 법 제402조 및 제403조 제1항 중 "발행주식의 총수의 100분의 1 이상에 해당하는 주식을 가진 주주"는 각각 "조합원 100인 또는 100분의 1 이상의 동의를 받은 조합원"으로 본다.

제56조(직원의 임면)

① 지역농협의 직원은 정관으로 정하는 바에 따라 조합장이 임면한다. 다만, 상임이사를 두는 지역농협의 경우에는 상임이사의 제청에 의하여 조합장이 임면한다.

② 지역농협에는 정관으로 정하는 바에 따라 간부직원을 두어야 하며, 간부직원은 회장이 실시하는 전형 시험에 합격한 자 중에서 조합장이 이사회의 의결을 거쳐 임면한다.

③ 간부직원에 관하여는 「상법」 제11조제1항·제3항, 제12조, 제13조 및 제17조와 「상업등기법」 제23조제1항, 제50조 및 제51조를 준용한다.

제5절 사업

제57조(사업)

① 지역농협은 그 목적을 달성하기 위하여 다음 각 호의 사업의 전부 또는 일부를 수행한다.

  1. 교육·지원 사업

    가. 조합원이 생산한 농산물의 공동출하와 판매를 위한 교육·지원

    나. 농업 생산의 증진과 경영능력의 향상을 위한 상담 및 교육훈련

    다. 농업 및 농촌생활 관련 정보의 수집 및 제공

    라. 주거 및 생활환경 개선과 문화 향상을 위한 교육·지원

    마. 도시와의 교류 촉진을 위한 사업

    바. 신품종의 개발, 보급 및 농업기술의 확산을 위한 시범포(시범포), 육묘장(육묘장), 연구소의 운영

    사. 농촌 및 농업인의 정보화 지원

    아. 귀농인·귀촌인의 농업경영 및 농촌생활 정착을 위한 교육·지원

    자. 그 밖에 사업 수행과 관련한 교육 및 홍보

  2. 경제사업

    가. 조합원이 생산하는 농산물의 제조·가공·판매·수출 등의 사업

    나. 조합원이 생산한 농산물의 유통 조절 및 비축사업

    다. 조합원의 사업과 생활에 필요한 물자의 구입·제조·가공·공급 등의 사업

    라. 조합원의 사업이나 생활에 필요한 공동이용시설의 운영 및 기자재의 임대사업

    마. 조합원의 노동력이나 농촌의 부존자원(부존자원)을 활용한 가공사업·관광사업 등 농외소득(농외소득) 증대사업

    바. 농지의 매매·임대차·교환의 중개

    사. 위탁영농사업

    아. 농업 노동력의 알선 및 제공

    자. 농촌형 주택 보급 등 농촌주택사업

    차. 보관사업

카. 조합원과 출자법인의 경제사업의 조성, 지원 및 지도

　3. 신용사업

　　가. 조합원의 예금과 적금의 수입(수입)

　　나. 조합원에게 필요한 자금의 대출

　　다. 내국환

　　라. 어음할인

　　마. 국가 · 공공단체 및 금융기관의 업무 대리

　　바. 조합원을 위한 유가증권 · 귀금속 · 중요물품의 보관 등 보호예수(보호예수) 업무

　　사. 공과금, 관리비 등의 수납 및 지급대행

　　아. 수입인지, 복권, 상품권의 판매대행

　4. 삭제 〈2011.3.31〉

　5. 복지후생사업

　　가. 복지시설의 설치 및 관리

　　나. 장제(장제)사업

　　다. 의료지원사업

　6. 다른 경제단체 · 사회단체 및 문화단체와의 교류 · 협력

　7. 국가, 공공단체, 중앙회, 농협경제지주회사 및 그 자회사, 제161조의11에 따른 농협은행(이하 "농협은행"이라 한다) 또는 다른 조합이 위탁하는 사업

　8. 다른 법령에서 지역농협의 사업으로 규정하는 사업

　9. 제1호부터 제8호까지의 사업과 관련되는 부대사업

　10. 그 밖에 설립 목적의 달성에 필요한 사업으로서 농림축산식품부장관의 승인을 받은 사업

② 지역농협은 제1항의 사업목적을 달성하기 위하여 국가, 공공단체, 중앙회, 농협경제지주회사 및 그 자회사(해당 사업 관련 자회사에 한정한다), 농협은행 또는 농협생명보험으로부터 자금을 차입할 수 있다.

③ 제1항 제3호에 따른 신용사업의 한도와 방법 및 제2항에 따라 지역농협이 중앙회, 농협경제지주회사 및 그 자회사(해당 사업 관련 자회사에 한정한다), 농협은행 또는 농협생명보험으로부터 차입할 수 있는 자금의 한도는 대통령령으로 정한다.

④ 국가나 공공단체가 지역농협에 제1항 제7호의 사업을 위탁하려는 경우에는 그 기관은 대통령령으로 정하는 바에 따라 지역농협과 위탁 계약을 체결하여야 한다.

⑤ 지역농협은 제1항의 사업을 수행하기 위하여 필요하면 제67조 제2항에 따른 자기자본의 범위에서 다른 법인에 출자할 수 있다. 이 경우 같은 법인에 대한 출자는 다음 각 호의 경우 외에는 자기자본의 100분의 20을 초과할 수 없다.

　1. 중앙회에 출자하는 경우

　2. 제1항 제2호에 따른 경제사업을 수행하기 위하여 지역농협이 보유하고 있는 부동산 및 시설물을 출자하는 경우

⑥ 지역농협은 제1항의 사업을 안정적으로 수행하기 위하여 정관으로 정하는 바에 따라 사업손실보전자금(사업손실보전자금) 및 대손보전자금(대손보전자금)을 조성·운용할 수 있다.

⑦ 국가·지방자치단체 및 중앙회는 예산의 범위에서 제6항에 따른 사업손실보전자금 및 대손보전자금의 조성을 지원할 수 있다.

제57조의2(농산물 판매활성화)

① 지역농협은 조합원이 생산한 농산물의 효율적인 판매를 위하여 다음 각 호의 사항을 추진하여야 한다.

　1. 다른 조합, 중앙회, 농협경제지주회사 및 그 자회사와의 공동사업

　2. 농산물의 계약재배 및 판매 등에 관한 규정의 제정 및 개정

　3. 그 밖에 거래처 확보 등 농산물의 판매활성화 사업에 필요한 사항

② 지역농협은 제1항에 따른 사업수행에 필요한 경우 농협경제지주회사 및 그 자회사에 농산물의 판매위탁을 요청할 수 있다. 이 경우 농협경제지주회사 및 그 자회사는 특별한 사유가 없으면 지역농협의 요청을 거부하여서는 아니 된다.

③ 제2항에 따른 판매위탁사업의 조건과 절차 등에 관한 세부사항은 농협경제지주회사 및 그 자회사의 대표이사가 각각 정한다.

④ 중앙회, 농협경제지주회사 및 그 자회사는 제1항 및 제2항에 따른 사업실적 등을 고려하여 정관으로 정하는 바에 따라 지역농협에게 자금지원 등 우대조치를 할 수 있다.

제58조(비조합원의 사업 이용)

① 지역농협은 조합원이 이용하는 데에 지장이 없는 범위에서 조합원이 아닌 자에게 그 사업을 이용하게 할 수 있다. 다만, 제57조 제1항 제2호가목(농업인이 아닌 자의 판매사업은 제외한다)·바목·사목·차목, 제3호마목·사목·아목, 제5호가목·나목, 제7호 및 제10호의 사업 외의 사업에 대하여는 정관으로 정하는 바에 따라 비조합원의 이용을 제한할 수 있다.

② 조합원과 동일한 세대(세대)에 속하는 사람, 다른 조합 또는 다른 조합의 조합원이 지역농협의 사업을 이용하는 경우에는 그 지역농협의 조합원이 이용한 것으로 본다.

③ 지역농협은 품목조합의 조합원이 지역농협의 신용사업을 이용하려는 경우 최대의 편의를 제공하여야 한다.

제59조(유통지원자금의 조성·운용)

① 지역농협은 조합원이나 제112조의2에 따른 조합공동사업법인이 생산한 농산물 및 그 가공품 등의 유통을 지원하기 위하여 유통지원자금을 조성·운용할 수 있다.

② 제1항에 따른 유통지원자금은 다음 각 호의 사업에 운용한다.

　1. 농산물의 계약재배사업

2. 농산물 및 그 가공품의 출하조절사업

3. 농산물의 공동규격 출하촉진사업

4. 매취(매취) 사업

5. 그 밖에 지역농협이 필요하다고 인정하는 유통 관련 사업

③ 국가ㆍ지방자치단체 및 중앙회는 예산의 범위에서 제1항에 따른 유통지원자금의 조성을 지원할 수 있다.

제60조(조합원 교육)

① 지역농협은 조합원에게 협동조합의 운영원칙과 방법에 관한 교육을 하여야 한다.

② 지역농협은 조합원의 권익이 증진될 수 있도록 조합원에 대하여 적극적으로 품목별 전문기술교육과 경영 상담 등을 하여야 한다.

③ 지역농협은 제2항에 따른 교육과 상담을 효율적으로 수행하기 위하여 주요 품목별로 전문 상담원을 둘 수 있다.

제61조 삭제 〈2011.3.31〉

제6절 회계

제62조(회계연도) 지역농협의 회계연도는 정관으로 정한다.

제63조(회계의 구분 등)

① 지역농협의 회계는 일반회계와 특별회계로 구분한다.

② 일반회계는 종합회계로 하되, 신용사업 부문과 신용사업 외의 사업 부문으로 구분하여야 한다.

③ 특별회계는 특정 사업을 운영할 때, 특정 자금을 보유하여 운영할 때, 그 밖에 일반회계와 구분할 필요가 있을 때에 정관으로 정하는 바에 따라 설치한다.

④ 일반회계와 특별회계 간, 신용사업 부문과 신용사업 외의 사업 부문 간의 재무관계 및 조합과 조합원 간의 재무관계에 관한 재무 기준은 농림축산식품부장관이 정하여 고시한다. 이 경우 농림축산식품부장관이 신용사업 부문과 신용사업 외의 사업 부문 간의 재무관계에 관한 재무 기준을 정할 때에는 금융위원회와 협의하여야 한다.

⑤ 조합의 회계 처리 기준에 관하여 필요한 사항은 회장이 정한다. 다만, 신용사업의 회계 처리 기준에 필요한 사항은 금융위원회가 따로 정할 수 있다.

제64조(사업 계획과 수지 예산)

① 지역농협은 매 회계연도의 사업계획서와 수지예산서(수지예산서)를 작성하여 그 회계연도가 시작되기 1개월 전에 이사회의 심의와 총회의 의결을 거쳐야 한다.

② 사업 계획과 수지 예산을 변경하려면 이사회의 의결을 거쳐야 한다. 다만, 제35조 제1항 제7호에 따른 중요한 사항을 변경하려면 총회의 의결을 거쳐야 한다.

제65조(운영의 공개)

① 조합장은 정관으로 정하는 바에 따라 사업보고서를 작성하여 그 운영 상황을 공개하여야 한다.

② 조합장은 정관, 총회의 의사록 및 조합원 명부를 주된 사무소에 갖추어 두어야 한다.

③ 조합원과 지역농협의 채권자는 영업시간 내에 언제든지 이사회 의사록(조합원의 경우에만 해당한다)과 제2항에 따른 서류를 열람하거나 그 서류의 사본 발급을 청구할 수 있다. 이 경우 지역농협이 정한 비용을 지급하여야 한다.

④ 조합원은 조합원 100인이나 100분의 3 이상의 동의를 받아 지역농협의 회계장부 및 서류의 열람이나 사본의 발급을 청구할 수 있다.

⑤ 지역농협은 제4항의 청구에 대하여 특별한 사유가 없으면 발급을 거부할 수 없으며, 거부하려면 그 사유를 서면으로 알려야 한다.

⑥ 조합원은 지역농협의 업무 집행에 관하여 부정행위 또는 법령이나 정관을 위반한 중대한 사실이 있다고 의심이 되는 사유가 있으면 조합원 100인이나 100분의 3 이상의 동의를 받아 지역농협의 업무와 재산 상태를 조사하게 하기 위하여 법원에 검사인의 선임을 청구할 수 있다. 이 경우 「상법」 제467조를 준용한다.

제65조의2(외부감사인에 의한 회계 감사)

① 조합장의 임기 개시일 직전 회계연도 말의 자산 등 사업 규모가 대통령령으로 정하는 기준 이상인 지역농협은 그 조합장의 임기 개시일부터 2년이 지난 날이 속하는 회계연도에 대하여 「주식회사 등의 외부감사에 관한 법률」 제2조제7호에 따른 감사인(이하 이 조에서 "감사인"이라 한다)의 회계감사를 받아야 한다.

② 제1항의 대통령령으로 정하는 기준에 미달되는 지역농협의 경우 조합장 임기 중 1회에 한하여 대의원 3분의 1 이상의 청구가 있으면 청구한 날이 속하는 해의 직전 회계연도에 대하여 감사인의 회계감사를 받아야 한다.

③ 감사인은 제1항과 제2항에 따른 회계감사를 하였으면 회계감사보고서를 작성하여 농림축산식품부령으로 정하는 기간 이내에 해당 지역농협의 이사회, 감사 및 회장에게 제출하여야 한다.

제66조(여유자금의 운용)

① 지역농협의 업무상 여유자금은 다음 각 호의 방법으로 운용할 수 있다.

    1. 중앙회에의 예치

    2. 농협은행 또는 대통령령으로 정하는 금융기관에의 예치

    3. 국채 · 공채 또는 대통령령으로 정하는 유가증권의 매입

② 제1항 제1호에 따른 예치를 할 때 그 하한 비율 또는 금액은 여유자금의 건전한 운용을 해치지 아니하는 범위에서 중앙회의 이사회가 정한다.

제67조(법정적립금, 이월금 및 임의적립금)

① 지역농협은 매 회계연도의 손실 보전과 재산에 대한 감가상각에 충당하고도 남으면 자기자본의 3배가 될 때까지 잉여금의 100분의 10 이상을 적립(이하 "법정적립금"이라 한다)하여야 한다.

② 제1항에 따른 자기자본은 납입출자금, 회전출자금, 우선출자금(누적되지 아니하는 것만 해당한다), 가입금, 각종 적립금 및 미처분 이익잉여금의 합계액(이월결손금이 있으면 그 금액을 공제한다)으로 한다.

③ 지역농협은 제57조 제1항 제1호의 사업비용에 충당하기 위하여 잉여금의 100분의 20 이상을 다음 회계연도에 이월(이월)하여야 한다.

④ 지역농협은 정관으로 정하는 바에 따라 사업준비금 등을 적립(이하 "임의적립금"이라 한다)할 수 있다.

제67조의2 삭제 〈2011.3.31〉

제68조(손실의 보전과 잉여금의 배당)

① 지역농협은 매 회계연도의 결산 결과 손실금(당기손실금을 말한다)이 발생하면 미처분이월금 · 임의적립금 · 법정적립금 · 자본적립금 · 회전출자금의 순으로 보전하며, 보전 후에도 부족할 때에는 이를 다음 회계연도에 이월한다.

② 지역농협은 손실을 보전하고 제67조에 따른 법정적립금, 이월금 및 임의적립금을 공제한 후가 아니면 잉여금 배당을 하지 못한다.

③ 잉여금은 정관으로 정하는 바에 따라 다음 각 호의 순서대로 배당한다.

    1. 조합원의 사업이용실적에 대한 배당

    2. 정관으로 정하는 비율의 한도 이내에서 납입출자액에 대한 배당

    3. 준조합원의 사업이용실적에 대한 배당

제69조(이익금의 적립) 지역농협은 다음 각 호에 따라 발생하는 금액을 자본적립금으로 적립하여야 한다.

    1. 감자(감자)에 따른 차익

    2. 자산 재평가 차익

    3. 합병 차익

제70조(법정적립금의 사용 금지)

법정적립금은 다음 각 호의 어느 하나의 경우 외에는 사용하지 못한다.
1. 지역농협의 손실금을 보전하는 경우
2. 지역농협의 구역이 다른 조합의 구역으로 된 경우에 그 재산의 일부를 다른 조합에 양여(양여)하는 경우

제71조(결산보고서의 제출, 비치와 총회 승인)

① 조합장은 정기총회일 1주일 전까지 결산보고서(사업보고서, 재무상태표, 손익계산서, 잉여금 처분안 또는 손실금 처리안 등을 말한다)를 감사에게 제출하고 이를 주된 사무소에 갖추어 두어야 한다.
② 조합원과 채권자는 제1항에 따른 서류를 열람하거나 그 사본의 발급을 청구할 수 있다. 이 경우 지역농협이 정한 비용을 지급하여야 한다.
③ 조합장은 제1항에 따른 서류와 감사의 의견서를 정기총회에 제출하여 그 승인을 받아야 한다.
④ 제3항에 따른 승인을 받은 경우 임원의 책임 해제에 관하여는 「상법」 제450조를 준용한다.

제72조(출자감소의 의결)

① 지역농협은 출자 1좌의 금액 또는 출자좌수의 감소(이하 "출자감소"라 한다)를 의결한 경우에는 그 의결을 한 날부터 2주일 이내에 재무상태표를 작성하여야 한다.
② 제1항의 경우 이의가 있는 채권자는 일정한 기일 내에 이를 진술하라는 취지를 정관으로 정하는 바에 따라 1개월 이상 공고하고, 이미 알고 있는 채권자에게는 따로 최고(최고)하여야 한다.
③ 제2항에 따른 공고나 최고는 제1항에 따른 의결을 한 날부터 2주일 이내에 하여야 한다.

제73조(출자감소에 대한 채권자의 이의)

① 채권자가 제72조 제2항에 따른 기일 내에 지역농협의 출자감소에 관한 의결에 대하여 이의를 진술하지 아니하면 이를 승인한 것으로 본다.
② 채권자가 이의를 진술한 경우에는 지역농협이 이를 변제하거나 상당한 담보를 제공하지 아니하면 그 의결은 효력을 발생하지 아니한다.

제74조(조합의 지분 취득 등의 금지) 지역농협은 조합원의 지분을 취득하거나 이에 대하여 질권(질권)을 설정하지 못한다.

제7절 합병 · 분할 · 조직변경 · 해산 및 청산

제75조(합병)

① 지역농협이 다른 조합과 합병하려면 합병계약서를 작성하고 각 총회의 의결을 거쳐야 한다.

② 합병은 농림축산식품부장관의 인가를 받아야 한다.

③ 합병으로 지역농협을 설립할 때에는 각 총회에서 설립위원을 선출하여야 한다.

④ 설립위원의 정수(정수)는 20명 이상으로 하고 합병하려는 각 조합의 조합원 중에서 같은 수를 선임한다.

⑤ 설립위원은 설립위원회를 개최하여 정관을 작성하고 임원을 선임하여 제15조 제1항에 따른 인가를 받아야 한다.

⑥ 설립위원회에서 임원을 선출하려면 설립위원이 추천한 사람 중 설립위원 과반수의 출석과 출석위원 과반수의 찬성이 있어야 한다.

⑦ 제3항부터 제6항까지의 규정에 따른 지역농협의 설립에 관하여는 합병 설립의 성질에 반하지 아니하면 이 장 제2절의 설립에 관한 규정을 준용한다.

⑧ 조합의 합병 무효에 관하여는 「상법」 제529조를 준용한다.

제75조의2(합병에 따른 임원 임기에 관한 특례)

① 합병으로 설립되는 지역농협의 설립 당시 조합장 · 이사 및 감사의 임기는 제48조제1항 각 호 외의 부분 단서에도 불구하고 설립등기일부터 2년으로 한다. 다만, 합병으로 소멸되는 지역농협의 조합장이 합병으로 설립되는 지역농협의 조합장으로 선출되는 경우 설립등기일 현재 조합장의 종전 임기 중 남은 임기가 2년을 초과하면 그 조합장의 임기는 그 남은 임기로 한다.

② 합병 후 존속하는 지역농협의 변경등기 당시 재임 중인 조합장, 조합원인 이사 및 감사의 남은 임기가 변경등기일 현재 2년 미만이면 제48조제1항에도 불구하고 그 임기를 변경등기일부터 2년으로 한다.

제76조(합병 지원) 국가와 중앙회는 지역농협의 합병을 촉진하기 위하여 필요하다고 인정되면 예산의 범위에서 자금을 지원할 수 있다.

제77조(분할)

① 지역농협이 분할할 때에는 분할 설립되는 조합이 승계하여야 하는 권리 · 의무의 범위를 총회에서 의결하여야 한다.

② 제1항에 따른 조합의 설립에 관하여는 분할 설립의 성질에 반하지 아니하면 이 장 제2절의 설립에 관한 규정을 준용한다.

제78조(조직변경)

① 지역농협이 품목조합으로 조직변경을 하려면 정관을 작성하여 총회의 의결을 거쳐 농림축산식품부장관의 인가를 받아야 한다.

② 제1항에 따른 지역농협의 조직변경에 관하여는 그 성질에 반하지 아니하면 이 장 제2절의 설립에 관한 규정을 준용한다.

③ 조직변경으로 인한 권리의무의 승계에 관하여는 합병에 관한 규정을 준용한다.

④ 신용사업을 하고 있는 지역농협이 품목조합으로 조직변경을 한 경우에는 조직변경 당시 하고 있는 신용사업의 범위에서 그 사업을 계속하여 할 수 있다.

제79조(합병으로 인한 권리 · 의무의 승계)

① 합병 후 존속하거나 설립되는 지역농협은 소멸되는 지역농협의 권리 · 의무를 승계한다.

② 지역농협의 합병 후 등기부나 그 밖의 공부(공부)에 표시된 소멸된 지역농협의 명의(명의)는 존속하거나 설립된 합병 지역농협의 명의로 본다.

제80조(합병 · 분할 또는 조직변경의 공고, 최고 등) 지역농협의 합병 · 분할 또는 조직변경의 경우에는 제72조와 제73조를 준용한다.

제81조(합병등기의 효력) 지역농협의 합병은 합병 후 존속하거나 설립되는 지역농협이 그 주된 사무소의 소재지에서 제95조에 따른 등기를 함으로써 그 효력을 가진다.

제82조(해산 사유) 지역농협은 다음 각 호의 어느 하나에 해당하는 사유로 해산한다.

1. 정관으로 정한 해산 사유의 발생
2. 총회의 의결
3. 합병, 분할
4. 설립인가의 취소

제83조(파산선고) 지역농협이 그 채무를 다 갚을 수 없게 되면 법원은 조합장이나 채권자의 청구에 의하여 또는 직권으로 파산을 선고할 수 있다.

제84조(청산인)

① 지역농협이 해산하면 파산으로 인한 경우 외에는 조합장이 청산인(청산인)이 된다. 다만, 총회에서 다른 사람을 청산인으로 선임하였을 때에는 그러하지 아니하다.

② 청산인은 직무의 범위에서 조합장과 동일한 권리 · 의무를 가진다.

③ 농림축산식품부장관은 지역농협의 청산 사무를 감독한다.

제85조(청산인의 직무)

① 청산인은 취임 후 지체 없이 재산 상황을 조사하고 재무상태표를 작성하여 재산 처분의 방법을 정한 후 이를 총회에 제출하여 승인을 받아야 한다.

② 제1항의 승인을 받기 위하여 2회 이상 총회를 소집하여도 총회가 개의(개의)되지 아니하여 총회의 승인을 받을 수 없으면 농림축산식품부장관의 승인으로 총회의 승인을 갈음할 수 있다.

제86조(청산 잔여재산) 해산한 지역농협의 청산 잔여재산은 따로 법률로 정하는 것 외에는 정관으로 정하는 바에 따라 처분한다.

제87조(청산인의 재산 분배 제한) 청산인은 채무를 변제하거나 변제에 필요한 금액을 공탁한 후가 아니면 그 재산을 분배할 수 없다.

제88조(결산보고서) 청산 사무가 끝나면 청산인은 지체 없이 결산보고서를 작성하고 총회에 제출하여 승인을 받아야 한다. 이 경우 제85조 제2항을 준용한다.

제89조(「민법」 등의 준용) 지역농협의 해산과 청산에 관하여는 「민법」 제79조, 제81조, 제87조, 제88조 제1항·제2항, 제89조부터 제92조까지, 제93조 제1항·제2항과 「비송사건절차법」 제121조를 준용한다.

제8절 등기

제90조(설립등기)

① 지역농협은 출자금의 납입이 끝난 날부터 2주일 이내에 주된 사무소의 소재지에서 설립등기를 하여야 한다.

② 설립등기신청서에는 다음 각 호의 사항을 적어야 한다.

　　1. 제16조 제1호부터 제4호까지 및 제16호부터 제18호까지의 사항

　　2. 출자 총좌수와 납입한 출자금의 총액

　　3. 설립인가 연월일

　　4. 임원의 성명·주민등록번호 및 주소

③ 설립등기를 할 때에는 조합장이 신청인이 된다.

④ 제2항의 설립등기신청서에는 설립인가서, 창립총회의사록 및 정관의 사본을 첨부하여야 한다.

⑤ 합병이나 분할로 인한 지역농협의 설립등기신청서에는 다음 각 호의 서류를 모두 첨부하여야 한다.

　　1. 제4항에 따른 서류

　　2. 제80조에 따라 공고하거나 최고한 사실을 증명하는 서류

　　3. 제80조에 따라 이의를 진술한 채권자에게 변제나 담보를 제공한 사실을 증명하는 서류

제91조(지사무소의 설치등기) 지역농협의 지사무소를 설치하였으면 주된 사무소의 소재지에서 3주일 이내에 그 지사무소의 소재지와 설치 연월일을 등기하여야 한다.

제92조(사무소의 이전등기)

① 지역농협이 주된 사무소를 이전하였으면 종전 소재지 또는 새 소재지에서 3주일 이내에 새 소재지와 이전 연월일을 등기하여야 한다.
② 지역농협이 지사무소를 이전하였으면 주된 사무소의 소재지에서 3주일 이내에 새 소재지와 이전 연월일을 등기하여야 한다.
③ 제1항 및 제2항에 따른 등기를 할 때에는 조합장이 신청인이 된다.

제93조(변경등기)

① 제90조 제2항 각 호의 사항이 변경되면 주된 사무소의 소재지에서 3주일 이내에 변경등기를 하여야 한다.
② 제90조 제2항 제2호의 사항에 관한 변경등기는 제1항에도 불구하고 회계연도 말을 기준으로 그 회계연도가 끝난 후 1개월 이내에 등기하여야 한다.
③ 제1항과 제2항에 따른 변경등기를 할 때에는 조합장이 신청인이 된다.
④ 제3항에 따른 등기신청서에는 등기 사항의 변경을 증명하는 서류를 첨부하여야 한다.
⑤ 출자감소, 합병 또는 분할로 인한 변경등기신청서에는 다음 각 호의 서류를 모두 첨부하여야 한다.
  1. 제4항에 따른 서류
  2. 제72조에 따라 공고하거나 최고한 사실을 증명하는 서류
  3. 제73조에 따라 이의를 진술한 채권자에게 변제나 담보를 제공한 사실을 증명하는 서류

제94조(행정구역의 지명 변경과 등기)

① 행정구역의 지명이 변경되면 등기부 및 정관에 적힌 그 지역농협 사무소의 소재지와 구역에 관한 지명은 변경된 것으로 본다.
② 제1항에 따른 변경이 있으면 지역농협은 지체 없이 등기소에 알려야 한다.
③ 제2항에 따른 통지가 있으면 등기소는 등기부의 기재내용을 변경하여야 한다.

제95조(합병등기 등)

① 지역농협이 합병한 경우에는 합병인가를 받은 날부터 2주일 이내에 주된 사무소의 소재지에서 합병 후 존속하는 지역농협은 변경등기를, 합병으로 소멸되는 지역농협은 해산등기를, 합병으로 설립되는 지역농협은 제90조에 따른 설립등기를 하여야 한다.
② 제1항에 따른 해산등기를 할 때에는 합병으로 소멸되는 지역농협의 조합장이 신청인이 된다.
③ 제2항의 경우에는 해산 사유를 증명하는 서류를 첨부하여야 한다.

제96조(조직변경등기) 지역농협이 품목조합으로 변경되면 2주일 이내에 주된 사무소의 소재지에서 지역농협에 관하여는 해산등기를, 품목조합에 관하여는 설립등기를 하여야 한다. 이 경우 해산등기에 관하여는 제97조제3항을, 설립등기에 관하여는 제90조를 준용한다.

제97조(해산등기)

① 지역농협이 해산한 경우에는 합병과 파산의 경우 외에는 주된 사무소의 소재지에서 2주일 이내에 해산등기를 하여야 한다.

② 제1항에 따른 해산등기를 할 때에는 제4항의 경우 외에는 청산인이 신청인이 된다.

③ 해산등기신청서에는 해산 사유를 증명하는 서류를 첨부하여야 한다.

④ 농림축산식품부장관은 설립인가의 취소로 인한 해산등기를 촉탁(촉탁)하여야 한다.

제98조(청산인등기)

① 청산인은 그 취임일부터 2주일 이내에 주된 사무소의 소재지에서 그 성명·주민등록번호 및 주소를 등기하여야 한다.

② 제1항에 따른 등기를 할 때 조합장이 청산인이 아닌 경우에는 신청인의 자격을 증명하는 서류를 첨부하여야 한다.

제99조(청산종결등기)

① 청산이 끝나면 청산인은 주된 사무소의 소재지에서 2주일 이내에 청산종결의 등기를 하여야 한다.

② 제1항에 따른 등기신청서에는 제88조에 따른 결산보고서의 승인을 증명하는 서류를 첨부하여야 한다.

제100조(등기일의 기산일) 등기 사항으로서 농림축산식품부장관의 인가·승인 등이 필요한 것은 그 인가 등의 문서가 도달한 날부터 등기 기간을 계산한다.

제101조(등기부) 등기소는 지역농협등기부를 갖추어 두어야 한다.

제102조(「비송사건절차법」 등의 준용) 지역농협의 등기에 관하여 이 법에서 정한 사항 외에는 「비송사건절차법」 및 「상업등기법」 중 등기에 관한 규정을 준용한다.

제3장 지역축산업협동조합

제103조(목적) 지역축산업협동조합(이하 이 장에서 "지역축협"이라 한다)은 조합원의 축산업 생산성을 높이고 조합원이 생산한 축산물의 판로 확대 및 유통 원활화를 도모하며, 조합원이 필요로 하는 기술, 자금 및 정보 등을 제공함으로써 조합원의 경제적·사회적·문화적 지위향상을 증대하는 것을 목적으로 한다.

제104조(구역) 지역축협의 구역은 행정구역이나 경제권 등을 중심으로 하여 정관으로 정한다. 다만, 같은 구역에서는 둘 이상의 지역축협을 설립할 수 없다.

제105조(조합원의 자격)

① 조합원은 지역축협의 구역에 주소나 거소 또는 사업장이 있는 자로서 축산업을 경영하는 농업인이어야 하며, 조합원은 둘 이상의 지역축협에 가입할 수 없다.

② 제1항에 따른 축산업을 경영하는 농업인의 범위는 대통령령으로 정한다.

제106조(사업) 지역축협은 그 목적을 달성하기 위하여 다음 각 호의 사업의 전부 또는 일부를 수행한다.

1. 교육·지원사업
   가. 조합원이 생산한 축산물의 공동출하, 판매를 위한 교육·지원
   나. 축산업 생산 및 경영능력의 향상을 위한 상담 및 교육훈련
   다. 축산업 및 농촌생활 관련 정보의 수집 및 제공
   라. 농촌생활 개선 및 문화향상을 위한 교육·지원
   마. 도시와의 교류 촉진을 위한 사업
   바. 축산 관련 자조(자조) 조직의 육성 및 지원
   사. 신품종의 개발, 보급 및 축산기술의 확산을 위한 사육장, 연구소의 운영
   아. 가축의 개량·증식·방역(방역) 및 진료사업
   자. 축산물의 안전성에 관한 교육 및 홍보
   차. 농촌 및 농업인의 정보화 지원
   카. 귀농인·귀촌인의 농업경영 및 농촌생활 정착을 위한 교육·지원
   타. 그 밖에 사업 수행과 관련한 교육 및 홍보
2. 경제사업
   가. 조합원이 생산한 축산물의 제조·가공·판매·수출 등의 사업
   나. 조합원이 생산한 축산물의 유통 조절 및 비축사업
   다. 조합원의 사업과 생활에 필요한 물자의 구입·제조·가공·공급 등의 사업
   라. 조합원의 사업이나 생활에 필요한 공동이용시설의 운영 및 기자재의 임대사업
   마. 조합원의 노동력이나 농촌의 부존자원(부존자원)을 활용한 가공사업·관광사업 등 농외소득 증대사업
   바. 위탁 양축사업(양축사업)
   사. 축산업 노동력의 알선 및 제공
   아. 보관사업
   자. 조합원과 출자법인의 경제사업의 조성, 지원 및 지도
3. 신용사업
   가. 조합원의 예금과 적금의 수입
   나. 조합원에게 필요한 자금의 대출
   다. 내국환
   라. 어음할인
   마. 국가·공공단체 및 금융기관의 업무의 대리

바. 조합원을 위한 유가증권 · 귀금속 · 중요물품의 보관 등 보호예수 업무

사. 공과금, 관리비 등의 수납 및 지급대행

아. 수입인지, 복권, 상품권의 판매대행

4. 삭제 〈2011.3.31〉

5. 조합원을 위한 의료지원 사업 및 복지시설의 운영

6. 다른 경제단체 · 사회단체 및 문화단체와의 교류 · 협력

7. 국가, 공공단체, 중앙회, 농협경제지주회사 및 그 자회사, 농협은행 또는 다른 조합이 위탁하는 사업

8. 다른 법령이 지역축협의 사업으로 규정하는 사업

9. 제1호부터 제8호까지의 사업과 관련되는 부대사업

10. 그 밖에 설립 목적의 달성에 필요한 사업으로서 농림축산식품부장관의 승인을 받은 사업

제107조(준용규정)

① 지역축협에 관하여는 제14조 제2항, 제15조부터 제18조까지, 제19조제2항 · 제3항 · 제5항, 제20조, 제21조, 제21조의3, 제22조부터 제24조까지, 제24조의2, 제25조부터 제28조(같은 조 제2항은 제외한다)까지, 제29조부터 제49조까지, 제49조의2, 제50조, 제50조의2, 제50조의3, 제51조부터 제56조까지, 제57조제2항부터 제7항까지, 제57조의2, 제58조부터 제60조까지, 제62조부터 제65조까지, 제65조의2, 제66조부터 제75조까지, 제75조의2 및 제76조부터 제102조까지의 규정을 준용한다. 이 경우 "지역농협"은 "지역축협"으로, "농산물"은 "축산물"로 보고, 제24조의2 제3항 중 "제57조 제1항 제2호"는 "제106조 제2호"로, 제28조 제5항 중 "제19조 제1항"은 "제105조 제1항"으로, 제30조 제1항 제1호의2 중 "제57조 제1항 제2호"는 "제106조 제2호"로, 제49조 제1항 제12호 중 "제57조 제1항"은 "제106조"로, 제57조 제2항 중 "제1항"은 "제106조"로, 제57조 제3항 중 "제1항 제3호"는 "제106조 제3호"로, 제57조 제4항 중 "제1항 제7호"는 "제106조 제7호"로, 제57조 제5항 각 호 외의 부분 전단 중 "제1항"은 "제106조"로, 제57조 제5항 제2호 중 "제1항 제2호"는 "제106조 제2호"로, 제57조 제6항 중 "제1항"은 "제106조"로, 제58조 제1항 단서 중 "제57조 제1항 제2호가목(농업인이 아닌 자의 판매사업은 제외한다) · 바목 · 사목 · 차목, 제3호마목 · 사목 · 아목, 제5호가목 · 나목, 제7호 및 제10호"는 "제106조 제2호가목(농업인이 아닌 자의 판매사업은 제외한다) · 바목 · 아목, 제3호마목 · 사목 · 아목, 제5호(복지시설의 운영에만 해당한다), 제7호 및 제10호"로, 제59조 제2항 제1호 중 "계약재배사업"은 "계약출하사업"으로, 제67조 제3항 중 "제57조 제1항 제1호"는 "제106조 제1호"로 본다.

② 지역축협의 우선출자에 관하여는 제147조를 준용한다. 이 경우 "중앙회"는 "지역축협"으로 보고, 제147조 제2항 및 제4항 중 "제117조"는 "제107조 제1항에 따라 준용되는 제21조"로 본다.

제4장 품목별 · 업종별협동조합

제108조(목적) 품목조합은 정관으로 정하는 품목이나 업종의 농업 또는 정관으로 정하는 한우사육업, 낙농업, 양돈업, 양계업, 그 밖에 대통령령으로 정하는 가축사육업의 축산업을 경영하는 조합원에게 필요한 기술 · 자금 및 정보 등을 제공하고, 조합원이 생산한 농축산물의 판로 확대 및 유통 원활화를 도모하여 조합원의 경제적 · 사회적 · 문화적 지위향상을 증대시키는 것을 목적으로 한다.

제109조(구역) 품목조합의 구역은 정관으로 정한다.

제110조(조합원의 자격 등)

① 품목조합의 조합원은 그 구역에 주소나 거소 또는 사업장이 있는 농업인으로서 정관으로 정하는 자격을 갖춘 자로 한다.

② 조합원은 같은 품목이나 업종을 대상으로 하는 둘 이상의 품목조합에 가입할 수 없다. 다만, 연작(연작)에 따른 피해로 인하여 사업장을 품목조합의 구역 외로 이전하는 경우에는 그러하지 아니하다.

제111조(사업) 품목조합은 그 목적을 달성하기 위하여 다음 각 호의 사업의 전부 또는 일부를 수행한다.

1. 교육 · 지원사업
   가. 조합원이 생산한 농산물이나 축산물의 공동출하, 판매를 위한 교육 · 지원
   나. 생산력의 증진과 경영능력의 향상을 위한 상담 및 교육훈련
   다. 조합원이 필요로 하는 정보의 수집 및 제공
   라. 신품종의 개발, 보급 및 기술확산 등을 위한 시범포, 육묘장, 사육장 및 연구소의 운영
   마. 가축의 증식, 방역 및 진료와 축산물의 안전성에 관한 교육 및 홍보(축산업의 품목조합에만 해당한다)
   바. 농촌 및 농업인의 정보화 지원
   사. 귀농인 · 귀촌인의 농업경영 및 농촌생활 정착을 위한 교육 · 지원
   아. 그 밖에 사업 수행과 관련한 교육 및 홍보
2. 경제사업
   가. 조합원이 생산하는 농산물이나 축산물의 제조 · 가공 · 판매 · 수출 등의 사업
   나. 조합원이 생산한 농산물이나 축산물의 유통 조절 및 비축사업
   다. 조합원의 사업과 생활에 필요한 물자의 구입 · 제조 · 가공 · 공급 등의 사업
   라. 조합원의 사업이나 생활에 필요한 공동이용시설의 운영 및 기자재의 임대사업
   마. 위탁영농이나 위탁양축사업
   바. 노동력의 알선 및 제공
   사. 보관사업
   아. 조합원과 출자법인의 경제사업의 조성, 지원 및 지도
3. 삭제 〈2011.3.31〉

4. 조합원을 위한 의료지원사업 및 복지시설의 운영

5. 다른 경제단체·사회단체 및 문화단체와의 교류·협력

6. 국가, 공공단체, 중앙회, 농협경제지주회사 및 그 자회사, 농협은행 또는 다른 조합이 위탁하는 사업

7. 다른 법령에서 품목조합의 사업으로 정하는 사업

8. 제1호부터 제7호까지의 사업과 관련되는 부대사업

9. 그 밖에 설립 목적의 달성에 필요한 사업으로서 농림축산식품부장관의 승인을 받은 사업

제112조(준용규정)

① 품목조합에 관하여는 제14조제2항, 제15조부터 제18조까지, 제19조 제2항·제5항, 제20조, 제21조, 제21조의3, 제22조부터 제24조까지, 제24조의2, 제25조부터 제28조(같은 조 제2항은 제외한다)까지, 제29조부터 제49조까지, 제49조의2, 제50조, 제50조의2, 제50조의3, 제51조부터 제56조까지, 제57조제2항부터 제7항까지, 제57조의2, 제58조부터 제60조까지, 제62조부터 제65조까지, 제65조의2, 제66조부터 제75조까지, 제75조의2, 제76조, 제77조, 제79조부터 제95조까지 및 제97조부터 제102조까지의 규정을 준용한다. 이 경우 "지역농협"은 "품목조합"으로, "농산물"은 "농산물 또는 축산물"로 보고, 제24조의2 제3항 중 "제57조 제1항 제2호"는 "제111조 제2호"로, 제28조 제5항 중 "제19조제1항"은 "제110조 제1항"으로, 제30조 제1항 제1호의2 중 "제57조 제1항 제2호"는 "제111조 제2호"로, "제49조 제1항 제12호 중 "제57조 제1항"은 "제111조"로, 제57조 제2항 중 "제1항"은 "제111조"로, 제57조 제3항 중 "제1항 제3호"는 "제78조 제4항(제107조 제1항에서 준용하는 경우를 포함한다)"으로, 제57조 제4항 중 "제1항 제7호"는 "제111조 제6호"로, 제57조 제5항 각 호 외의 부분 전단 중 "제1항"은 "제111조"로, 제57조 제5항 제2호 중 "제1항 제2호"는 "제111조 제2호"로, 제57조 제6항 중 "제1항"은 "제111조"로, 제58조 제1항 단서 중 "제57조 제1항 제2호가목(농업인이 아닌 자의 판매사업은 제외한다)·바목·사목·차목, 제3호 마목·사목·아목, 제5호가목·나목, 제7호 및 제10호"는 "제111조 제2호가목(농업인이 아닌 자의 판매사업은 제외한다)·마목·사목, 제4호(복지시설의 운영에만 해당한다), 제6호 및 제9호"로, 제59조 제2항 제1호 중 "계약재배사업"은 "계약재배사업 또는 계약출하사업"으로, 제67조제3항 중 "제57조 제1항 제1호"는 "제111조제1호"로, 제80조 중 "합병·분할 또는 조직변경"은 "합병 또는 분할"로 본다.

② 품목조합의 우선출자에 관하여는 제147조를 준용한다. 이 경우 "중앙회"는 "품목조합"으로 보고, 제147조 제2항 및 제4항 중 "제117조"는 "제112조 제1항에 따라 준용되는 제21조"로 본다.

제4장의2 조합공동사업법인

제112조의2(목적) 조합공동사업법인은 사업의 공동수행을 통하여 농산물이나 축산물의 판매·유통 등과 관련된 사업을 활성화함으로써 농업의 경쟁력 강화와 농업인의 이익 증진에 기여하는 것을 목적으로 한다.

제112조의3(법인격 및 명칭)

① 이 법에 따라 설립되는 조합공동사업법인은 법인으로 한다.

② 조합공동사업법인은 그 명칭 중에 지역명이나 사업명을 붙인 조합공동사업법인의 명칭을 사용하여야 한다.

③ 이 법에 따라 설립된 조합공동사업법인이 아니면 제2항에 따른 명칭 또는 이와 유사한 명칭을 사용하지 못한다.

제112조의4(회원의 자격 등)

① 조합공동사업법인의 회원은 조합, 중앙회, 농협경제지주회사 및 그 자회사(해당 사업 관련 자회사에 한정한다. 이하 이 장에서 같다), 「농어업경영체 육성 및 지원에 관한 법률」 제16조에 따른 영농조합법인, 같은 법 제19조에 따른 농업회사법인으로 하며, 다른 조합공동사업법인을 준회원으로 한다.

② 조합공동사업법인의 회원이 되려는 자는 정관으로 정하는 바에 따라 출자하여야 하며, 조합공동사업법인은 준회원에 대하여 정관으로 정하는 바에 따라 가입금 및 경비를 부담하게 할 수 있다. 다만, 조합이 아닌 회원이 출자한 총액은 조합공동사업법인 출자 총액의 100분의 50(중앙회와 농협경제지주회사 및 그 자회사는 합산하여 100분의 30) 미만으로 한다.

③ 회원은 출자액에 비례하여 의결권을 가진다.

제112조의5(설립인가 등)

① 조합공동사업법인을 설립하려면 둘 이상의 조합이 발기인이 되어 정관을 작성하고 창립총회의 의결을 거친 후 농림축산식품부장관의 인가를 받아야 한다.

② 출자금 등 제1항에 따른 인가에 필요한 기준과 절차는 대통령령으로 정한다.

③ 조합공동사업법인의 설립인가에 관하여는 제15조 제2항부터 제6항까지의 규정을 준용한다.

제112조의6(정관기재사항)

① 조합공동사업법인의 정관에는 다음 각 호의 사항이 포함되어야 한다.

  1. 목적
  2. 명칭
  3. 주된 사무소의 소재지
  4. 회원의 자격과 가입·탈퇴 및 제명에 관한 사항
  5. 출자 및 가입금과 경비에 관한 사항
  6. 회원의 권리와 의무
  7. 임원의 선임 및 해임에 관한 사항
  8. 사업의 종류와 집행에 관한 사항

9. 적립금의 종류와 적립방법에 관한 사항

10. 잉여금의 처분과 손실금의 처리 방법에 관한 사항

11. 그 밖에 이 법에서 정관으로 정하도록 규정한 사항

② 조합공동사업법인이 정관을 변경하려면 농림축산식품부장관의 인가를 받아야 한다. 다만, 농림축산식품부장관이 정하여 고시한 정관례에 따라 정관을 변경하는 경우에는 농림축산식품부장관의 인가를 받지 아니하여도 된다.

제112조의7(임원) 조합공동사업법인에는 임원으로 대표이사 1명을 포함한 2명 이상의 이사와 1명 이상의 감사를 두되, 그 정수(정삭)와 임기는 정관으로 정한다.

제112조의8(사업) 조합공동사업법인은 그 목적을 달성하기 위하여 다음 각 호의 사업의 전부 또는 일부를 수행한다.

1. 회원을 위한 물자의 공동구매 및 상품의 공동판매와 이에 수반되는 운반 · 보관 및 가공사업

2. 회원을 위한 상품의 생산 · 유통 조절 및 기술의 개발 · 보급

3. 회원을 위한 자금 대출의 알선과 공동사업을 위한 국가 · 공공단체, 중앙회, 농협경제지주회사 및 그 자회사 또는 농협은행으로부터의 자금 차입

4. 국가 · 공공단체 · 조합 · 중앙회 · 농협경제지주회사 및 그 자회사 또는 다른 조합공동사업법인이 위탁하는 사업

5. 그 밖에 회원의 공동이익 증진을 위하여 정관으로 정하는 사업

제112조의9(조합공동사업법인의 합병에 관한 특례)

① 조합공동사업법인은 경제사업의 활성화를 위하여 중앙회의 자회사 또는 농협경제지주회사의 자회사와 합병할 수 있다.

② 제1항의 경우 조합공동사업법인에 관하여는 「상법」 제522조 제1항, 제522조의2, 제522조의3 제1항, 제527조의5제1항 및 제3항, 제528조부터 제530조까지를 준용한다. 이 경우 제522조 제1항 및 제527조의5제1항 중 "회사"는 "조합공동사업법인"으로, "주주총회"는 "총회"로, "주주"는 "회원"으로 보고, 제522조의2제1항 제3호 중 "각 회사"는 "각 조합공동사업법인과 회사"로, 제522조의3 제1항 중 "주식의 매수를 청구할 수 있다"를 "지분의 환급을 청구할 수 있다"로 보며, 제528조 중 "본점소재지"는 "주된 사무소 소재지"로, "지점소재지"는 "지사무소 소재지"로, "합병으로 인하여 소멸하는 회사"는 "합병으로 인하여 소멸하는 조합공동사업법인"으로 보고, 제529조 중 "각회사"는 "조합공동사업법인"으로, "주주"는 "회원"으로 본다.

제112조의10(회계처리기준) 합공동사업법인의 회계처리기준은 농림축산식품부장관이 정하여 고시한다.

제112조의11(준용규정)

① 조합공동사업법인에 관하여는 제14조 제2항, 제17조, 제18조, 제21조, 제22조부터 제24조까지, 제25조, 제27조, 제29조, 제30조(제1항 제1호의2는 제외한다), 제31조부터 제40조까지, 제43조(같은 조 제3항 제11호 및 제12호는 제외한다), 제47조, 제52조, 제53조, 제55조, 제62조, 제65조, 제67조 제1항·제2항·제4항, 제68조 제1항·제2항, 제69조, 제70조(제2호는 제외한다), 제71조부터 제74조까지, 제82조부터 제94조까지 및 제97조부터 제102조까지의 규정을 준용한다. 이 경우 "지역농협"은 "조합공동사업법인"으로, "조합장"은 "대표이사"로, "조합원"은 "회원"으로 보고, 제17조제1항 중 "제15조 제1항"은 "제112조의5 제1항"으로, 제27조제2항 중 "조합원 또는 본인과 동거하는 가족(제19조 제2항·제3항에 따른 법인 또는 조합의 경우에는 조합원·사원 등 그 구성원을 말한다)이어야 하며, 대리인이 대리할 수 있는 조합원의 수는 1인으로 한정한다"는 "회원이어야 하며, 대리인은 회원의 의결권 수에 따라 대리할 수 있다"로, 제35조 제1항 제2호 중 "해산·분할 또는 품목조합으로의 조직 변경"은 "해산"으로, 제38조 제1항 본문 중 "조합원 과반수의 출석으로 개의하고 출석조합원 과반수의 찬성"은 "의결권 총수의 과반수에 해당하는 회원의 출석으로 개의하고 출석한 회원의 의결권 과반수의 찬성"으로, 제38조 제1항 단서 중 "조합원 과반수의 출석과 출석조합원 3분의 2 이상의 찬성"은 "의결권 총수의 과반수에 해당하는 회원의 출석과 출석한 회원의 의결권 3분의 2 이상의 찬성"으로, 제39조 제1항 단서 중 "조합원 과반수의 출석과 출석조합원 3분의 2 이상의 찬성"은 "의결권 총수의 과반수에 해당하는 회원의 출석과 출석한 회원의 의결권 3분의 2 이상의 찬성"으로, 제40조 제2항 중 "5인"은 "2인"으로, 제52조 제3항 중 "다른 조합"은 "다른 조합공동사업법인"으로, 제68조제2항 중 "법정적립금, 이월금"은 "법정적립금"으로 본다.

② 조합공동사업법인의 우선출자에 관하여는 제147조를 준용한다. 이 경우 "중앙회"는 "조합공동사업법인"으로 보고, 제147조 제2항 및 제4항 중 "제117조"는 "제112조의11 제1항에 따라 준용되는 제21조"로 본다.

제5장 농업협동조합중앙회

제1절 통칙

제113조(목적) 중앙회는 회원의 공동이익의 증진과 그 건전한 발전을 도모하는 것을 목적으로 한다.

제114조(사무소와 구역)

① 중앙회는 서울특별시에 주된 사무소를 두고, 정관으로 정하는 기준과 절차에 따라 지사무소를 둘 수 있다.
② 중앙회는 전국을 구역으로 하되, 둘 이상의 중앙회를 설립할 수 없다.

제115조(회원)

① 중앙회는 지역조합, 품목조합 및 제138조에 따른 품목조합연합회를 회원으로 한다.

② 중앙회는 농림축산식품부장관의 인가를 받아 설립된 조합 또는 제138조에 따른 품목조합연합회가 회원가입 신청을 하면 그 신청일부터 60일 이내에 가입을 승낙하여야 한다. 다만, 다음 각 호의 어느 하나에 해당할 때에는 승낙을 하지 아니할 수 있다.

   1. 「농업협동조합의 구조개선에 관한 법률」 제2조 제3호에 따른 부실조합 및 같은 조 제4호에 따른 부실 우려조합의 기준에 해당하는 조합

   2. 조합 또는 제138조에 따른 품목조합연합회가 제123조 제2호에 따라 제명된 후 2년이 지나지 아니한 경우

   3. 그 밖에 대통령령으로 정하는 기준에 해당되어 중앙회 및 그 회원의 발전을 해칠 만한 현저한 이유가 있는 조합. 이 경우 농림축산식품부장관의 동의를 받아야 한다.

제116조(준회원) 중앙회는 정관으로 정하는 바에 따라 제112조의3에 따른 조합공동사업법인 및 농업 또는 농촌 관련 단체와 법인을 준회원으로 할 수 있다.

제117조(출자)

① 회원은 정관으로 정하는 좌수 이상의 출자를 하여야 한다.

② 출자 1좌의 금액은 정관으로 정한다.

제118조(당연 탈퇴) 회원이 해산하거나 파산하면 그 회원은 당연히 탈퇴된다.

제119조(회원의 책임) 중앙회 회원의 책임은 그 출자액을 한도로 한다.

제120조(정관기재사항)

① 중앙회의 정관에는 다음 각 호의 사항이 포함되어야 한다.

   1. 목적, 명칭과 구역

   2. 주된 사무소의 소재지

   3. 출자에 관한 사항

   4. 우선출자에 관한 사항

   5. 회원의 가입과 탈퇴에 관한 사항

   6. 회원의 권리·의무에 관한 사항

   7. 총회와 이사회에 관한 사항

   8. 임원, 집행간부 및 집행간부 외의 간부직원(이하 "일반간부직원"이라 한다)에 관한 사항

   9. 사업의 종류 및 업무집행에 관한 사항

   10. 회계와 손익의 구분 등 독립사업부제의 운영에 관한 사항

11. 경비 부과와 과태금 징수에 관한 사항

12. 농업금융채권의 발행에 관한 사항

13. 회계에 관한 사항

14. 공고의 방법에 관한 사항

② 중앙회의 정관 변경은 총회의 의결을 거쳐 농림축산식품부장관의 인가를 받아야 한다.

제121조(설립 · 해산)

① 중앙회를 설립하려면 15개 이상의 조합이 발기인이 되어 정관을 작성하고 창립총회의 의결을 거쳐 농림축산식품부장관의 인가를 받아야 한다.

② 제1항에 따른 인가를 받으면 제17조에 준하여 조합으로 하여금 출자금을 납입하도록 하여야 한다.

③ 중앙회의 해산에 관하여는 따로 법률로 정한다.

제2절 기관

제122조(총회)

① 중앙회에 총회를 둔다.

② 총회는 회장과 회원으로 구성하고, 회장이 소집한다.

③ 회장은 총회의 의장이 된다.

④ 정기총회는 매년 1회 정관으로 정한 시기에 소집하고 임시총회는 필요할 때에 수시로 소집한다.

⑤ 중앙회의 회원은 해당 조합의 조합원 수 등 대통령령으로 정하는 기준에 따라 정관으로 정하는 바에 따라 총회에서 한 표에서 세 표까지의 의결권을 행사한다.

제123조(총회의 의결 사항) 다음 각 호의 사항은 총회의 의결이 있어야 한다.

1. 정관의 변경

2. 회원의 제명

3. 임원 및 조합감사위원장의 선출과 해임

4. 사업 계획, 수지 예산 및 결산의 승인

5. 그 밖에 이사회나 회장이 필요하다고 인정하는 사항

제123조의2(총회의 개의와 의결)

① 중앙회의 총회는 이 법에 다른 규정이 있는 경우 외에는 의결권 총수의 과반수에 해당하는 회원의 출석으로 개의하고, 출석한 회원의 의결권 과반수의 찬성으로 의결한다.

② 제123조 제1호 및 제2호의 사항은 의결권 총수의 과반수에 해당하는 회원의 출석으로 개의하고, 출석한 회원의 의결권 3분의 2 이상의 찬성으로 의결한다.

제124조(대의원회)

① 중앙회에 총회를 갈음하는 대의원회를 둔다. 다만, 제130조 제1항에 따른 회장의 선출을 위한 총회 및 제54조제1항을 준용하는 제161조에 따른 임원의 해임을 위한 총회의 경우에는 그러하지 아니하다.

② 대의원의 수는 회원의 3분의 1의 범위에서 조합원수 및 경제 사업규모 등을 고려하여 정관으로 정하되, 회원인 지역조합과 품목조합의 대표성이 보장될 수 있도록 하여야 한다.

③ 대의원의 임기는 정관으로 정한다.

④ 대의원은 정관으로 정하는 바에 따라 회원의 직접투표로 선출하되, 대의원을 선출하기 위한 회원별 투표권의 수는 제122조 제5항에 따른 의결권의 수와 같다.

⑤ 대의원은 대의원회에서 한 표의 의결권을 행사하며, 대의원회의 운영 등에 관한 세부 사항은 정관으로 정한다.

⑥ 대의원회의 개의와 의결에 관하여는 제123조의2를 준용한다.

제125조(이사회)

① 중앙회에 이사회를 둔다.

② 이사회는 다음 각 호의 사람을 포함한 이사로 구성하되, 이사회 구성원의 2분의 1 이상은 회원인 조합의 조합장(이하 "회원조합장"이라 한다)이어야 한다.

   1. 회장
   2. 삭제 〈2016.12.27〉
   3. 삭제 〈2016.12.27〉
   4. 상호금융대표이사
   5. 전무이사

③ 제2항의 회원조합장인 이사의 3분의 1 이상은 품목조합의 조합장으로 한다.

④ 이사회는 다음 각 호의 사항을 의결한다.

   1. 중앙회의 경영목표의 설정
   2. 중앙회의 사업계획 및 자금계획의 종합조정
   3. 중앙회의 조직·경영 및 임원에 관한 규정의 제정·개정 및 폐지
   4. 조합에서 중앙회에 예치하는 여유자금의 하한 비율 또는 금액
   5. 상호금융대표이사 및 전무이사(이하 "사업전담대표이사등"이라 한다)의 해임건의에 관한 사항
   6. 제125조의5에 따른 인사추천위원회 구성에 관한 사항
   7. 제125조의6에 따른 교육위원회 구성에 관한 사항
   8. 중앙회의 중요한 자산의 취득 및 처분에 관한 사항
   9. 중앙회 업무의 위험관리에 관한 사항
   10. 제125조의5제1항에 따라 추천된 후보자(감사위원후보자는 제외한다) 선임에 관한 사항

11. 사업전담대표이사등의 소관사업에 대한 성과평가에 관한 사항

11의2. 회원의 발전계획 수립에 관한 사항

12. 총회로부터 위임된 사항

13. 그 밖에 회장 또는 이사 3분의 1 이상이 필요하다고 인정하는 사항

⑤ 이사회는 제4항에 따라 의결된 사항에 대하여 회장 및 사업전담대표이사등의 업무집행상황을 감독한다.

⑥ 집행간부는 이사회에 출석하여 의견을 진술할 수 있다.

⑦ 이사회의 운영에 필요한 사항은 정관으로 정한다.

제125조의2(상호금융 소이사회)

① 이사회 운영의 전문성과 효율성을 도모하기 위하여 상호금융대표이사의 소관사업부문에 소이사회를 둔다.

② 소이사회는 상호금융대표이사와 이사로 구성하고, 상호금융대표이사는 소이사회의 의장이 되며, 구성원의 4분의 1 이상은 회원조합장이 아닌 이사이어야 한다.

③ 소이사회는 다음 각 호의 사항 중 이사회가 위임한 사항을 의결한다.

1. 소관 업무의 경영목표의 설정에 관한 사항

2. 소관 업무의 사업계획 및 자금계획에 관한 사항

3. 소관 업무에 관련된 조직 및 그 업무의 운영에 관한 사항

4. 소관 업무와 관련된 중요한 자산의 취득 및 처분에 관한 사항

5. 소관 업무의 위험관리에 관한 사항

④ 소이사회는 구성원 과반수의 출석으로 개의하고, 출석구성원 과반수의 찬성으로 의결한다.

⑤ 소이사회는 의결된 사항을 제125조 제2항에 따른 이사에게 각각 통지하여야 한다. 이 경우 이를 통지받은 각 이사는 이사회의 소집을 요구할 수 있으며, 이사회는 소이사회가 의결한 사항에 대하여 다시 의결할 수 있다.

⑥ 소이사회는 제3항에 따라 의결된 사항(제5항 후단에 따라 이사회에서 다시 의결된 사항은 제외한다)에 대하여 상호금융대표이사의 업무집행상황을 감독한다.

⑦ 집행간부는 소이사회에 출석하여 의견을 진술할 수 있다.

⑧ 소이사회의 운영에 관하여 필요한 사항은 정관으로 정한다.

제125조의3

삭제 〈2009.6.9〉

제125조의4(내부통제기준 등)

① 중앙회는 법령과 정관을 준수하고 중앙회의 이용자를 보호하기 위하여 중앙회의 임직원이 그 직무를 수행할 때 따라야 할 기본적인 절차와 기준(이하 "내부통제기준"이라 한다)을 정하여야 한다.

② 중앙회는 내부통제기준의 준수여부를 점검하고 내부통제기준을 위반하면 이를 조사하여 감사위원회에 보고하는 사람(이하 "준법감시인"이라 한다)을 1명 이상 두어야 한다.

③ 준법감시인은 대통령령으로 정하는 자격요건에 적합한 사람 중에서 이사회의 의결을 거쳐 회장이 임면한다.

④ 내부통제기준과 준법감시인에 관한 세부사항은 대통령령으로 정한다.

제125조의5(인사추천위원회)

① 다음 각 호의 사람을 추천하기 위하여 이사회에 인사추천위원회를 둔다.

　　1. 제130조 제2항에 따라 선출되는 사업전담대표이사등

　　2. 제130조 제4항에 따라 선출되는 이사

　　3. 제129조 제3항에 따라 선출되는 감사위원

　　4. 제144조 제1항에 따라 선출되는 조합감사위원장

② 인사추천위원회는 다음과 같이 구성하고, 위원장은 제2호에 따른 위원 중에서 호선한다.

　　1. 이사회가 위촉하는 회원조합장 3명

　　2. 농업인단체 및 학계 등이 추천하는 학식과 경험이 풍부한 외부전문가(공무원은 제외한다) 중에서 이사회가 위촉하는 4명

③ 농업인단체는 학식과 경험이 풍부한 외부전문가 중에서 제1항 제2호에 따른 이사 후보자를 인사추천위원회에 추천할 수 있다.

④ 그 밖에 인사추천위원회 구성과 운영에 필요한 사항은 정관으로 정한다.

제125조의6(교육위원회)

① 제134조 제1항 제1호나목에 따른 교육업무의 계획을 수립하고 운영하기 위하여 이사회 소속으로 교육위원회를 둔다.

② 교육위원회는 위원장을 포함한 7명 이내의 위원으로 구성하되, 농업인단체·학계의 대표를 포함하여야 한다.

③ 교육위원회는 제1항에 따른 교육계획의 수립 및 운영 현황 등을 이사회에 보고하고 이사회 의결에 따른 조치를 하여야 한다.

④ 그 밖의 교육위원회의 구성·운영 등에 필요한 사항은 정관으로 정한다.

제3절 임원과 직원

제126조(임원)

① 중앙회에 임원으로 회장 1명, 상호금융대표이사 1명 및 전무이사 1명을 포함한 이사 28명 이내와 감사위원 5명을 둔다.

② 제1항의 임원 중 상호금융대표이사 1명, 전무이사 1명과 감사위원장은 상임으로 한다.

제127조(회장 등의 직무)

① 회장은 중앙회를 대표한다. 다만, 제3항 및 제4항에 따라 사업전담대표이사등이 대표하거나 제6항에 따라 조합감사위원회의 위원장이 대표하는 업무에 대하여는 그러하지 아니하다.

② 회장은 회원과 그 조합원의 권익 증진을 위한 대외 활동 업무를 처리한다.

③ 상호금융대표이사는 다음 각 호의 업무를 전담하여 처리하며, 그 업무에 관하여 중앙회를 대표한다.

　　1. 제134조 제1항 제4호의 사업과 같은 항 제5호부터 제9호까지의 사업 중 상호금융과 관련된 사업 및 그 부대사업

　　2. 제1호의 소관 업무에 관한 다음 각 목의 업무

　　　　가. 경영 목표의 설정

　　　　나. 사업계획 및 자금계획의 수립

　　　　다. 교육 및 자금지원 계획의 수립

④ 전무이사는 다음 각 호의 업무를 전담하여 처리하며, 그 업무에 관하여 중앙회를 대표한다.

　　1. 제134조 제1항 제1호가목부터 바목까지 및 아목부터 카목까지의 사업과 같은 항 제5호부터 제9호까지의 사업 중 교육ㆍ지원과 관련되는 사업 및 그 부대사업

　　2. 제1호의 소관 업무에 관한 다음 각 목의 업무

　　　　가. 사업 목표의 설정

　　　　나. 사업계획 및 자금계획의 수립

　　3. 제125조 제4항 제2호에 따른 이사회의 의결 사항 중 사업전담대표이사등에게 공통으로 관련되는 업무에 관한 협의 및 조정

　　4. 그 밖에 회장, 사업전담대표이사등 및 조합감사위원회의 위원장의 업무에 속하지 아니하는 업무

⑤ 제3항 및 제4항에 따른 사업전담대표이사등의 소관 업무는 정관으로 정하는 바에 따라 독립사업부제로 운영하여야 한다.

⑥ 조합감사위원회의 위원장은 제134조 제1항 제1호사목에 따른 회원에 대한 감사업무와 같은 항 제5호부터 제9호까지의 사업 중 회원에 대한 감사와 관련되는 사업 및 그 부대사업을 처리하며, 그 업무에 관하여는 중앙회를 대표한다.

⑦ 회장 또는 사업전담대표이사등이 제46조 제4항 제1호, 제2호, 제4호 및 제6호의 사유로 이 조 제1항부터 제4항까지의 규정에 따른 직무를 수행할 수 없을 때에는 정관으로 정하는 이사가 그 직무를 대행한다.

제128조

삭제 〈2016.12.27〉

제129조(감사위원회)

① 중앙회는 재산과 업무집행상황을 감사하기 위하여 감사위원회를 둔다.

② 감사위원회는 감사위원장을 포함한 5명의 감사위원으로 구성하되 그 임기는 3년으로 하며, 감사위원 중 3명은 대통령령으로 정하는 요건에 적합한 외부전문가 중에서 선출하여야 한다. 다만, 외부전문가는 조합, 중앙회 및 그 자회사(손자회사를 포함한다)에서 최근 3년 이내에 중앙회 감사위원 이외의 임직원으로 근무한 사람은 제외한다.

③ 감사위원은 인사추천위원회가 추천한 자를 대상으로 총회에서 선출한다.

④ 감사위원장은 외부전문가인 감사위원 중에서 호선한다.

⑤ 감사위원회에 관하여는 제46조 제7항부터 제9항까지 및 제47조를 준용한다. 이 경우 제46조 제7항 중 "감사"는 "감사위원회"로, "조합장"은 "회장"으로, 제46조 제8항 중 "감사"는 "감사위원"으로, "이사회"는 "이사회 또는 소이사회"로, 제46조 제9항 중 "감사"는 "감사위원회"로, 제47조 제1항 중 "조합장 또는 이사"는 "이사"로, "감사"는 "감사위원회"로, 제47조 제2항 중 "조합장 또는 이사"는 "이사"로 본다.

⑥ 감사위원회의 운영 등에 필요한 사항은 정관으로 정한다.

제130조(임원의 선출과 임기 등)

① 회장은 총회에서 선출하되, 회원인 조합의 조합원이어야 한다. 이 경우 회원은 제122조 제5항에도 불구하고 조합원 수 등 대통령령으로 정하는 기준에 따라 투표권을 차등하여 두 표까지 행사한다.

② 사업전담대표이사등은 제127조 제3항 및 제4항에 따른 전담사업에 관하여 전문지식과 경험이 풍부한 사람으로서 대통령령으로 정하는 요건에 맞는 사람 중에서 인사추천위원회에서 추천된 사람을 이사회의 의결을 거쳐 총회에서 선출한다.

③ 회원조합장인 이사는 정관으로 정하는 절차에 따라 선출된 시·도 단위 지역농협의 대표와 지역축협과 품목조합의 조합장 중에서 정관으로 정하는 추천절차에 따라 추천된 사람을 총회에서 선출한다.

④ 제1항부터 제3항까지의 이사를 제외한 이사는 대통령령으로 정하는 요건에 맞는 사람 중 인사추천위원회에서 추천된 사람을 이사회의 의결을 거쳐 총회에서 선출한다.

⑤ 회장의 임기는 4년으로 하며, 중임할 수 없다.

⑥ 회원조합장인 이사의 임기는 4년으로 하고, 사업전담대표이사등의 임기는 3년 이내로 하며, 그 밖의 임원(감사위원은 제외한다)의 임기는 2년으로 한다.

⑦ 회원조합장이 제126조 제2항에 따른 상임인 임원으로 선출되면 취임 전에 그 직(職)을 사임하여야 한다.

⑧ 중앙회는 제1항에 따른 회장 선출에 대한 선거관리를 정관으로 정하는 바에 따라 「선거관리위원회법」에 따른 중앙선거관리위원회에 위탁하여야 한다.

⑨ 삭제 〈2014.6.11〉

⑩ 삭제 〈2014.6.11〉

⑪ 누구든지 회장 외의 임원 선거의 경우에는 선거운동을 할 수 없다.

제131조(집행간부 및 직원의 임면 등)

① 중앙회에 사업전담대표이사등의 업무를 보좌하기 위하여 집행간부를 두되, 그 명칭·직무 등에 관한 사항은 정관으로 정한다.

② 집행간부의 임기는 2년으로 한다.

③ 제127조제3항 및 제4항에 규정된 업무를 보좌하기 위한 집행간부는 소관사업부문별로 사업전담대표이사등이 각각 임면한다.

④ 직원은 회장이 임면하되, 제127조 제3항 및 제4항에 따른 사업전담대표이사등과 같은 조 제6항에 따른 조합감사위원회의 위원장에게 소속된 직원의 승진·전보 및 인사 교류에 관한 사항은 정관으로 정하는 바에 따라 각 사업전담대표이사등과 조합감사위원회의 위원장이 수행한다.

⑤ 집행간부와 일반간부직원에 관하여는 「상법」 제11조 제1항·제3항, 제12조, 제13조 및 제17조와 「상업등기법」 제23조 제1항, 제50조 및 제51조를 준용한다.

⑥ 회장, 사업전담대표이사등, 조합감사위원회의 위원장 및 농협경제지주회사등의 대표자는 각각 이사, 집행간부 또는 직원 중에서 중앙회 또는 농협경제지주회사등의 업무에 관한 일체의 재판상 또는 재판 외의 행위를 할 권한 있는 대리인을 선임할 수 있다.

제132조 삭제 〈2016.12.27〉

제133조(다른 직업 종사의 제한) 상임인 임원과 집행간부 및 일반간부직원은 직무와 관련되는 영리를 목적으로 하는 업무에 종사할 수 없으며, 이사회가 승인하는 경우를 제외하고는 다른 직업에 종사할 수 없다.

제4절 사업

제134조(사업)

① 중앙회는 다음 각 호의 사업의 전부 또는 일부를 수행한다. 다만, 제2호 및 제3호의 사업과 제5호부터 제9호까지의 사업 중 경제사업과 관련된 사업은 농협경제지주회사 및 그 자회사가 수행하고, 제4호의2의 사업과 제5호부터 제9호까지의 사업 중 금융사업과 관련된 사업은 농협금융지주회사 및 그 자회사가 수행한다.

1. 교육·지원 사업

　가. 회원의 조직 및 경영의 지도

　나. 회원의 조합원과 직원에 대한 교육·훈련 및 농업·축산업 등 관련 정보의 제공

　다. 회원과 그 조합원의 사업에 관한 조사·연구 및 홍보

　라. 회원과 그 조합원의 사업 및 생활의 개선을 위한 정보망의 구축, 정보화 교육 및 보급 등을 위한 사업

　마. 회원과 그 조합원 및 직원에 대한 자금지원

바. 농업·축산업 관련 신기술 및 신품종의 연구·개발 등을 위한 연구소와 시범농장의 운영

사. 회원에 대한 감사

아. 회원과 그 조합원의 권익증진을 위한 사업

자. 의료지원사업

차. 회원과 출자법인에 대한 지원 및 지도

카. 제159조의2에 따른 명칭 사용의 관리 및 운영

2. 농업경제사업

가. 회원을 위한 구매·판매·제조·가공 등의 사업

나. 회원과 출자법인의 경제사업의 조성, 지원 및 지도

다. 인삼 경작의 지도, 인삼류 제조 및 검사

라. 산지 유통의 활성화 및 구조개선 사업

3. 축산경제사업

가. 회원을 위한 구매·판매·제조·가공 등의 사업

나. 회원과 출자법인의 경제사업의 조성, 지원 및 지도

다. 가축의 개량·증식·방역 및 진료에 관한 사업

라. 산지 유통의 활성화 및 구조개선 사업

4. 상호금융사업

가. 대통령령으로 정하는 바에 따른 회원의 상환준비금과 여유자금의 운용·관리

나. 회원의 신용사업 지도

다. 회원의 예금·적금의 수납·운용

라. 회원에 대한 자금 대출

마. 국가·공공단체 또는 금융기관(「은행법」에 따른 은행과 그 외에 금융 업무를 취급하는 금융기관을 포함한다. 이하 같다)의 업무의 대리

바. 회원 및 조합원을 위한 내국환 및 외국환 업무

사. 회원에 대한 지급보증 및 회원에 대한 어음할인

아. 「자본시장과 금융투자업에 관한 법률」 제4조제3항에 따른 국채증권 및 지방채증권의 인수·매출

자. 「전자금융거래법」에서 정하는 직불전자지급수단의 발행·관리 및 대금의 결제

차. 「전자금융거래법」에서 정하는 선불전자지급수단의 발행·관리 및 대금의 결제

4의2. 「금융지주회사법」 제2조 제1항 제1호에 따른 금융업 및 금융업의 영위와 밀접한 관련이 있는 회사의 사업

5. 국가나 공공단체가 위탁하거나 보조하는 사업

6. 다른 법령에서 중앙회의 사업으로 정하는 사업

7. 제1호부터 제6호까지의 사업과 관련되는 대외 무역

8. 제1호부터 제7호까지의 사업과 관련되는 부대사업

9. 제1호부터 제8호까지에서 규정한 사항 외에 중앙회의 설립 목적의 달성에 필요한 사업으로서 농림축산식품부장관의 승인을 받은 사업

② 중앙회는 제1항에 따른 목적을 달성하기 위하여 국가·공공단체 또는 금융기관으로부터 자금을 차입(차입)하거나 금융기관에 예치(예치) 등의 방법으로 자금을 운용할 수 있다.

③ 중앙회는 제1항에 따른 목적을 달성하기 위하여 국제기구·외국 또는 외국인으로부터 자금을 차입하거나 물자와 기술을 도입할 수 있다.

④ 중앙회는 상호금융대표이사의 소관 업무에 대하여는 독립 회계를 설치하여 회계와 손익을 구분 관리하여야 한다. 이 경우 회계에 자본계정을 설치할 수 있다.

1. 삭제 〈2016.12.27〉

2. 삭제 〈2016.12.27〉

3. 삭제 〈2016.12.27〉

⑤ 중앙회는 제1항에 따른 사업을 수행하기 위하여 필요하면 정관으로 정하는 바에 따라 사업손실보전자금, 대손보전자금, 조합상호지원자금 및 조합합병지원자금을 조성·운용할 수 있다. 이 경우 경제사업과 관련된 자금의 운용은 농협경제지주회사가 수립한 계획에 따른다.

⑥ 중앙회는 제5항에 따른 조합상호지원자금과 그 밖에 이자지원 등의 형태로 회원을 지원하는 자금에 대해서는 정관으로 정하는 바에 따라 매년 회원조합지원자금 조성·운용 계획을 수립하여야 한다.

제134조의2 삭제 〈2016.12.27〉

제134조의3 삭제 〈2016.12.27〉

제134조의4 삭제 〈2016.12.27〉

제134조의5 삭제 〈2016.12.27〉

제135조(비회원의 사업 이용)

① 중앙회는 회원이 이용하는 데에 지장이 없는 범위에서 회원이 아닌 자에게 그 사업을 이용하게 할 수 있다. 다만, 제134조 제1항 제1호부터 제3호까지의 사업 중 판매사업(농업인이 아닌 자의 판매사업은 제외한다), 같은 항 제1호자목, 제4호, 제4호의2, 제5호, 제6호 및 제9호의 사업 외의 사업에 대한 비회원의 이용은 정관으로 정하는 바에 따라 제한할 수 있다.

② 회원의 조합원의 사업 이용은 회원의 이용으로 본다.

제135조의2 삭제 〈2016.12.27〉

제135조의3 삭제 〈2016.12.27〉

제136조(유통지원자금의 조성·운용)

① 중앙회는 회원의 조합원, 제112조의3에 따른 조합공동사업법인이 생산한 농산물·축산물 및 그 가공품(이하 "농산물등"이라 한다)의 원활한 유통을 지원하기 위하여 유통지원자금을 조성·운용할 수 있다.

② 제1항에 따른 유통지원자금은 농협경제지주회사가 수립한 계획에 따라 다음 각 호의 사업에 운용한다.

1. 농산물등의 계약재배사업
2. 농산물등의 출하조절사업
3. 농산물등의 공동규격 출하촉진사업
4. 매취(매취)사업
5. 그 밖에 농협경제지주회사가 필요하다고 인정하는 판매·유통·가공 관련 사업

③ 제1항에 따른 유통지원자금은 제134조제5항에 따른 조합상호지원자금 및 제159조의2에 따른 농업지원사업비 등으로 조성한다.

④ 국가는 예산의 범위에서 제1항에 따른 유통지원자금의 조성을 지원할 수 있다.

⑤ 제1항에 따른 유통지원자금의 조성 및 운용에 관한 세부사항은 농림축산식품부장관이 정하는 바에 따른다.

제137조(다른 법인에 대한 출자의 제한 등)

① 중앙회는 다른 법인이 발행한 의결권 있는 주식(출자지분을 포함한다. 이하 이 조에서 같다)의 100분의 15를 초과하는 주식을 취득할 수 없다. 다만, 다음 각 호의 경우에는 그러하지 아니하다.

1. 제134조 제1항에 따른 사업 수행을 위하여 필요한 경우
2. 주식배당이나 무상증자에 따라 주식을 취득하게 되는 경우
3. 기업의 구조조정 등으로 인하여 대출금을 출자로 전환함에 따라 주식을 취득하게 되는 경우
4. 담보권의 실행으로 인하여 주식을 취득하게 되는 경우
5. 기존 소유지분의 범위에서 유상증자에 참여함에 따라 주식을 취득하게 되는 경우
6. 신주인수권부사채 등 주식관련 채권을 주식으로 전환함에 따라 주식을 취득하게 되는 경우
7. 농협경제지주회사의 주식을 취득하는 경우
8. 농협금융지주회사의 주식을 취득하는 경우

② 중앙회가 제1항 제1호에 따라 제134조 제1항에 따른 사업 수행을 위하여 다른 법인에 출자한 경우 그 금액의 총합계액은 납입출자금, 우선출자금 등 대통령령으로 정하는 바에 따라 산정한 자기자본(이하 "자기자본"이라 한다)이내로 한다. 다만, 같은 법인에 대한 출자한도는 자기자본의 100분의 20 이내에서 정관으로 정한다.

③ 제2항에도 불구하고 중앙회가 제1항 제7호 및 제8호에 따라 출자하는 경우에는 자기자본을 초과하여 출자할 수 있다. 이 경우 중앙회는 회계연도 경과 후 3개월 이내에 출자의 목적 및 현황, 출자대상 지주회사 및 그 자회사의 경영현황 등을 총회에 보고하여야 한다.

④ 중앙회는 제134조 제1항 제2호 및 제3호에 따른 사업을 수행하기 위하여 다른 법인에 출자하려면 회원과 공동으로 출자하여 운영함을 원칙으로 한다.

제138조(품목조합연합회)

① 품목조합은 그 권익 증진을 도모하고 공동사업의 개발을 위하여 3개 이상의 품목조합을 회원으로 하는 품목조합연합회(이하 "연합회"라 한다)를 설립할 수 있다. 이 경우 연합회는 정관으로 정하는 바에 따라 지역조합을 회원으로 할 수 있으며, 전국을 구역으로 하는 경우에는 전국의 품목조합의 2분의 1 이상을 그 회원으로 하여야 한다.

② 제1항에 따라 연합회의 회원이 될 수 있는 지역조합의 기준과 가입절차 등에 대하여는 정관으로 정한다.

③ 연합회는 다음 각 호의 전부 또는 일부의 사업을 수행한다.

　1. 회원을 위한 생산·유통조절 및 시장 개척

　2. 회원을 위한 물자의 공동구매 및 제품의 공동판매와 이에 수반되는 운반, 보관 및 가공사업

　3. 제품 홍보, 기술 보급 및 회원 간의 정보 교환

　4. 회원을 위한 자금의 알선과 연합회의 사업을 위한 국가·공공단체·중앙회·농협경제지주회사와 그 자회사 및 농협은행으로부터의 자금 차입

　5. 그 밖에 회원의 공동이익 증진을 위하여 정관으로 정하는 사업

④ 제1항에 따라 설립되는 연합회는 법인으로 한다. 이 경우 다음 각 호의 사항을 적은 정관을 작성하여 농림축산식품부장관의 인가를 받아야 하며, 이를 변경하려 할 때에도 또한 같다.

　1. 목적, 명칭, 구역 및 주된 사무소의 소재지

　2. 회원의 자격·가입 및 탈퇴

　3. 출자 및 경비에 관한 사항

　4. 임원의 정수와 선임

　5. 회원의 권리와 의무에 관한 사항

　6. 사업의 종류와 그 집행에 관한 사항

⑤ 연합회에 관하여 이 법에 규정되지 아니한 사항은 「민법」 중 사단법인에 관한 규정을 준용한다.

⑥ 연합회는 그 명칭 중에 품목명이나 업종명을 붙인 연합회라는 명칭을 사용하여야 하며, 이 법에 따라 설립된 자가 아니면 품목명이나 업종명을 붙인 연합회의 명칭이나 이와 유사한 명칭을 사용하지 못한다.

제139조(국가 보조 또는 융자금 사용 내용 등의 공시)

① 중앙회(중앙회의 자회사 및 손자회사를 포함한다)는 국가로부터 자금(국가가 관리하는 자금을 포함한다. 이하 이 조에서 같다)이나 사업비의 전부 또는 일부를 보조 또는 융자받아 시행한 직전 연도 사업에 관련된 자금 사용내용 등 대통령령으로 정하는 정보를 매년 4월 30일까지 공시하여야 한다.

② 중앙회는 제1항에 따른 정보를 공시하기 위하여 필요한 경우에는 정부로부터 보조 또는 융자받은 금액을 배분받거나 위탁받은 정부 사업을 수행하는 조합에 대하여 자료 제출을 요청할 수 있다. 이 경우 요청을 받은 조합은 특별한 사유가 없으면 이에 협조하여야 한다.

③ 제1항에 따른 정보 공시의 절차, 방법 및 그 밖에 필요한 사항은 농림축산식품부령으로 정한다.

제140조(자금의 관리)

① 삭제 〈2014.12.31〉

② 중앙회 또는 농협경제지주회사가 국가로부터 차입한 자금 중 회원 또는 농업인에 대한 여신자금(조합이 중앙회 또는 농협경제지주회사로부터 차입한 자금을 포함한다)은 압류의 대상이 될 수 없다.

제141조 삭제 〈2001.9.12〉

제5절 중앙회의 지도·감사

제142조(중앙회의 지도)

① 회장은 이 법에서 정하는 바에 따라 회원을 지도하며 이에 필요한 규정이나 지침 등을 정할 수 있다.

② 회장은 회원의 경영 상태 및 회원의 정관으로 정하는 경제사업 기준에 대하여 그 이행 현황을 평가하고, 그 결과에 따라 그 회원에게 경영 개선 요구, 합병 권고 등의 필요한 조치를 하여야 한다. 이 경우 조합장은 그 사실을 지체 없이 공고하고 서면으로 조합원에게 알려야 하며, 조치 결과를 조합의 이사회 및 총회에 보고하여야 한다.

③ 회장은 회원의 건전한 업무수행과 조합원이나 제3자의 보호를 위하여 필요하다고 인정하면 해당 업무에 관하여 다음 각 호의 처분을 농림축산식품부장관에게 요청할 수 있다.

2. 업무의 전부 또는 일부의 정지

3. 재산의 공탁·처분의 금지

4. 그 밖에 필요한 처분

제142조의2(중앙회의 자회사에 대한 감독)

① 중앙회는 중앙회의 자회사(농협경제지주회사 및 농협금융지주회사의 자회사를 포함한다. 이하 같다)가 그 업무수행 시 중앙회의 회원 및 회원의 조합원의 이익에 기여할 수 있도록 정관으로 정하는 바에 따라 지도·감독하여야 한다.

② 중앙회는 제1항에 따른 지도·감독 결과에 따라 해당 자회사에 대하여 경영개선 등 필요한 조치를 요구할 수 있다.

제143조(조합감사위원회)

① 회원의 건전한 발전을 도모하기 위하여 중앙회에 회원의 업무를 지도·감사할 수 있는 조합감사위원회를 둔다.

② 조합감사위원회는 위원장을 포함한 5명의 위원으로 구성하되, 위원장은 상임으로 한다.

③ 조합감사위원회의 감사 사무를 처리하기 위하여 정관으로 정하는 바에 따라 위원회에 필요한 기구를 둔다.

제144조(위원의 선임 등)

① 조합감사위원회의 위원장은 인사추천위원회에서 추천된 사람을 이사회의 의결을 거쳐 총회에서 선출한다. 다만, 조합, 중앙회 및 그 자회사(손자회사를 포함한다)에서 최근 3년 이내에 조합감사위원회의 위원 이외의 임직원으로 근무한 사람은 제외한다.

② 위원은 위원장이 제청(提請)한 사람 중에서 이사회의 의결을 거쳐 위원장이 임명한다. 다만, 회원의 조합장은 위원이 될 수 없다.

③ 제1항과 제2항에 따른 위원장과 위원은 감사, 회계 또는 농정(農政)에 관한 전문지식과 경험이 풍부한 사람으로서 대통령령으로 정하는 요건에 맞는 사람 중에서 선임한다.

④ 위원장과 위원의 임기는 3년으로 한다.

제145조(의결 사항) 조합감사위원회는 다음 각 호의 사항을 의결한다.

1. 회원에 대한 감사 방향 및 그 계획에 관한 사항
2. 감사 결과에 따른 회원의 임직원에 대한 징계 및 문책의 요구 등에 관한 사항
3. 감사 결과에 따른 변상 책임의 판정에 관한 사항
4. 회원에 대한 시정 및 개선 요구 등에 관한 사항
5. 감사 규정의 제정·개정 및 폐지에 관한 사항
6. 회장이 요청하는 사항
7. 그 밖에 위원장이 필요하다고 인정하는 사항

제146조(회원에 대한 감사 등)

① 조합감사위원회는 회원의 재산 및 업무집행상황에 대하여 2년(상임감사를 두는 조합의 경우에는 3년)마다 1회 이상 회원을 감사하여야 한다.

② 조합감사위원회는 회원의 건전한 발전을 도모하기 위하여 필요하다고 인정하면 회원의 부담으로 회계법인에 회계감사를 요청할 수 있다.

③ 조합감사위원회의 위원장은 제1항과 제2항에 따른 감사 결과를 해당 회원의 조합장과 감사에게 알려야 하며 감사 결과에 따라 그 회원에게 시정 또는 업무의 정지, 관련 임직원에 대한 다음 각 호의 조치를 할 것을 요구할 수 있다.

1. 임원에 대하여는 개선(改選), 직무의 정지, 견책(譴責) 또는 변상
2. 직원에 대하여는 징계면직, 정직, 감봉, 견책 또는 변상

④ 회원이 제3항에 따라 소속 임직원에 대한 조치 요구를 받으면 2개월 이내에 필요한 조치를 하고 그 결과를 조합감사위원회에 알려야 한다.

⑤ 조합감사위원회의 위원장은 회원이 제4항의 기간에 필요한 조치를 하지 아니하면 1개월 이내에 제3항의 조치를 할 것을 다시 요구하고, 그 기간에도 이를 이행하지 아니하면 필요한 조치를 하여 줄 것을 농림축산식품부장관에게 요청할 수 있다.

제6절 우선출자

제147조(우선출자)

① 중앙회는 자기자본의 확충을 통한 경영의 건전성을 도모하기 위하여 정관으로 정하는 바에 따라 잉여금 배당에서 우선적 지위를 가지는 우선출자를 발행할 수 있다.

② 제1항에 따른 우선출자 1좌의 금액은 제117조에 따른 출자 1좌의 금액과 같아야 하며, 우선출자의 총액은 자기자본의 2분의 1을 초과할 수 없다.

③ 우선출자에 대하여는 의결권과 선거권을 인정하지 아니한다.

④ 우선출자에 대한 배당은 제117조에 따른 출자에 대한 배당보다 우선하여 실시하되, 그 배당률은 정관으로 정하는 최저 배당률과 최고 배당률 사이에서 정기총회에서 정한다.

⑤ 제1항부터 제4항까지에서 규정한 사항 외에 우선출자증권의 발행, 우선출자자의 책임, 우선출자의 양도, 우선출자자 총회 및 우선출자에 관한 그 밖의 사항은 대통령령으로 정한다.

제148조 삭제 〈2016.12.27〉

제149조 삭제 〈2016.12.27〉

제150조 삭제 〈2016.12.27〉

제151조 삭제 〈2016.12.27〉

제152조 삭제 〈2016.12.27〉

제7절 농업금융채권

제153조(농업금융채권의 발행)

① 중앙회, 농협은행은 각각 농업금융채권을 발행할 수 있다.

② 중앙회, 농협은행은 각각 자기자본의 5배를 초과하여 농업금융채권을 발행할 수 없다. 다만, 법률로 따로 정하는 경우에는 그러하지 아니하다.

③ 농업금융채권의 차환(차환)을 위하여 발행하는 농업금융채권은 제2항에 따른 발행 한도에 산입(산입)하지 아니한다.

④ 농업금융채권을 그 차환을 위하여 발행한 경우에는 발행 후 1개월 이내에 상환(상환) 시기가 도래하거나 이에 상당하는 사유가 있는 농업금융채권에 대하여 그 발행 액면금액(액면금액)에 해당하는 농업금융채권을 상환하여야 한다.

⑤ 농업금융채권은 할인하여 발행할 수 있다.

⑥ 중앙회, 농협은행이 농업금융채권을 발행하면 매회 그 금액 · 조건 · 발행 및 상환의 방법을 정하여 농림축산식품부장관에게 신고하여야 한다.

제154조(채권의 명의변경 요건) 기명식(기명식) 채권의 명의변경은 취득자의 성명과 주소를 채권 원부(원부)에 적고 그 성명을 증권에 적지 아니하면 중앙회, 농협은행, 그 밖의 제3자에게 대항하지 못한다.

제155조(채권의 질권 설정) 기명식 채권을 질권의 목적으로 하는 경우에는 질권자의 성명 및 주소를 채권 원부에 등록하지 아니하면 중앙회, 농협은행, 그 밖의 제3자에게 대항하지 못한다.

제156조(상환에 대한 국가 보증) 농업금융채권은 그 원리금 상환을 국가가 전액 보증할 수 있다.

제157조(소멸시효) 농업금융채권의 소멸시효는 원금은 5년, 이자는 2년으로 한다.

제158조(농업금융채권에 관한 그 밖의 사항) 이 법에서 규정하는 사항 외에 농업금융채권의 발행 · 모집 등에 필요한 사항은 대통령령으로 정한다.

제8절 회계

제159조(사업 계획 및 수지 예산) 중앙회는 매 회계연도의 사업계획서 및 수지예산서를 작성하여 그 회계연도 개시 1개월 전에 총회의 의결을 거쳐야 한다. 이를 변경하려는 경우에도 또한 같다.

제159조의2(농업지원사업비)

① 중앙회는 산지유통 활성화 등 회원과 조합원에 대한 지원 및 지도 사업의 수행에 필요한 재원을 안정적으로 조달하기 위하여 농업협동조합의 명칭(영문 명칭 및 한글 · 영문 약칭 등 정관으로 정하는 문자 또는 표식을 포함한다)을 사용하는 법인(영리법인에 한정한다)에 대하여 영업수익 또는 매출액의 1천분의 25 범위에서 총회에서 정하는 부과율로 명칭사용에 대한 대가인 농업지원사업비를 부과할 수 있다. 다만, 조합만이 출자한 법인 또는 조합공동사업법인에 대하여는 부과하지 아니한다.

② 제1항에 따른 농업지원사업비는 다른 수입과 구분하여 관리하여야 하며, 그 수입과 지출 내역은 총회의 승인을 받아야 한다.

제160조(결산)

① 중앙회는 매 회계연도 경과 후 3개월 이내에 그 사업연도의 결산을 끝내고 그 결산보고서(사업보고서, 재무상태표, 손익계산서, 잉여금 처분안 또는 손실금 처리안)에 관하여 총회의 승인을 받아야 한다.

② 중앙회는 제1항에 따라 결산보고서의 승인을 받으면 지체 없이 재무상태표를 공고하여야 한다.

③ 중앙회의 결산보고서에는 회계법인의 회계감사를 받은 의견서를 첨부하여야 한다.

④ 중앙회는 매 회계연도 경과 후 3개월 이내에 그 결산보고서를 농림축산식품부장관에게 제출하여야 한다.

제9절 준용규정

제161조(준용규정) 중앙회에 관하여는 제15조 제2항·제3항, 제17조, 제18조, 제20조 제2항·제3항, 제21조 제4항·제5항, 제21조의3, 제22조, 제23조, 제24조 제2항, 제25조, 제28조 제1항(같은 항 단서는 제외한다)·제3항·제4항, 제29조 제1항, 제30조(제1항 제1호의2는 제외한다), 제31조부터 제33조까지, 제36조, 제37조, 제39조, 제40조, 제42조 제3항 단서·제4항·제5항, 제43조 제5항, 제45조 제9항·제10항, 제48조제2항, 제49조(같은 조 제1항 각 호 외의 부분 단서, 같은 항 제10호 및 제12호는 제외한다), 제49조의2, 제50조(제4항부터 제7항까지는 제외한다), 제50조의2(제6항은 제외한다), 제51조 제1항부터 제3항까지, 제52조, 제53조, 제54조 제1항·제2항 제1호·제4항, 제55조, 제57조 제4항, 제62조, 제63조 제1항·제3항·제4항 전단, 제65조, 제67조 제1항·제3항·제4항, 제68조, 제69조, 제70조 제1호, 제71조부터 제74조까지, 제90조 제1항부터 제4항까지, 제91조부터 제94조까지 및 제100조부터 제102조까지의 규정을 준용한다. 이 경우 "지역농협"은 "중앙회"로, "조합장"은 "회장"으로, "조합원"은 "회원"으로 보고, 제15조 제3항 중 "제1항"은 "제121조 제1항"으로, 제17조 제1항 중 "제15조 제1항"은 "제121조 제1항"으로, 제20조 제2항 및 제3항 중 "준조합원"은 "준회원"으로, 제22조 전단 중 "제21조"는 "제117조"로, 제36조 제3항 및 제4항 중 "감사"는 "감사위원회"로, 제37조 제2항 중 "7일 전"은 "10일 전"으로, 제39조 제1항 단서 중 "제35조 제1항 제1호부터 제5호까지"는 "제123조 제1호부터 제3호까지"로, "조합원 과반수의 출석과 출석조합원 3분의 2 이상의 찬성"은 "의결권 총수의 과반수에 해당하는 회원의 출석과 출석한 회원의 의결권 3분의 2 이상의 찬성"으로, 제45조 제9항 중 "이사"는 "이사·사업전담대표이사등"으로, "감사"는 "감사위원"으로, 제48조 제2항 중 "제1항"은 "제126조 제1항"으로, 제50조 제1항 중 "조합"은 "중앙회"로, 제50조 제10항 중 "조합선거관리위원회"는 "중앙회선거관리위원회"로, 제50조의2 제1항 및 제2항 중 "조합"은 "중앙회"로, 제51조 제1항부터 제3항까지 중 "조합선거관리위원회"는 "중앙회선거관리위원회"로, 제52조 제3항 중 "임원"은 "임원(회원조합장인 이사·감사위원은 제외한다)"으로, 제52조 제1항 및 제6항 중 "조합장"은 "회장·사업전담대표이사등"으로, "감사"는 "감사위원"으로, 제54조 제1항전단 중 "조합원 5분의 1 이상의 동의"는 "의결권 총수의 5분의 1 이상에 해당하는 회원의 동의"로, 제54조 제1항 후단 중 "조합원 과반수의 출석과 출석조합원 3분의 2 이상의 찬성"은 "의결권 총수의 과반수에 해당하는 회원의 출석과 출석한 회원의 의결권 3분의 2 이상의 찬성"으로, 제54조 제2항 제1호 및 같은 조 제4항 중 "임원"은 각각 "임원(조합감사위원장을 포함한다)"으로, 제57조 제4항 중 "제1항 제7호"는 "제134조 제1항 제5호"로, 제63조 제4항 전단 중 "일반회계와 특별회계 간, 신용사업 부문과 신용사업 외의 사업 부문 간"은 "일반회계와 특별회계 간"으로, "조합"은 "중앙회"로, 제65조 제1항 중 "조합장"은 "회장 또는 사업전담대표이사등"으로, 제67조 제3항 중 "제57조 제1항 제1호"는 "제134조 제1항 제1호"로, 제68조 제3항 제3호 중 "준조합원"은 "준회원"으로, 제71조 제1항 및 제3항 중 "감사"는 "감사위원회"로, 제71조 제4항에 따라 준용되는 「상법」 제450조 중 "감사"는 "감사위원"으로, 제90조 제2항 제1호 중 "제16조 제1호부터 제4호까지 및 제16호부터 제18호까지"는 "제120조 제1항 제1호 및 제2호"로 본다.

제5장의2 지주회사 및 그 자회사

제161조의2(농협경제지주회사)

① 중앙회는 제134조 제1항 제2호 및 제3호의 사업과 같은 항 제5호부터 제9호까지의 사업 중 농업경제와 축산경제에 관련된 사업 및 그 부대사업을 분리하여 농협경제지주회사를 설립한다. 이 경우 사업의 분리는 「상법」 제530조의12에 따른 회사의 분할로 보고, 사업의 분리 절차는 같은 법 제530조의3 제1항, 제2항 및 제4항, 제530조의4부터 제530조의7까지, 제530조의9부터 제530조의11까지의 규정을 준용하되, 같은 법 제530조의3에 따라 준용되는 같은 법 제434조 중 "출석한 주주의 의결권의 3분의 2 이상의 수와 발행주식 총수의 3분의 1 이상의 수"는 "대의원 과반수의 출석과 출석한 대의원 3분의 2 이상의 찬성"으로 본다.

② 농협경제지주회사는 농업경제와 축산경제와 관련된 사업 및 그 부대사업을 전문적이고 효율적으로 수행함으로써 시장 경쟁력을 제고하고, 농업인과 조합의 경제활동을 지원함으로써 그 경제적 지위의 향상을 촉진하며, 농업인과 조합원의 이익에 기여하여야 한다.

③ 이 법에 특별한 규정이 없으면 농협경제지주회사에 대해서는 「상법」 및 「독점규제 및 공정거래에 관한 법률」을 적용한다.

제161조의3(농협경제지주회사의 임원)

① 농협경제지주회사의 이사는 농업경제대표이사 및 축산경제대표이사를 포함하여 3명 이상으로 하며, 이사 총수의 4분의 1 이상은 사외이사이어야 한다.

② 농업경제대표이사 또는 축산경제대표이사는 제134조 제1항 제2호의 농업경제사업 또는 같은 항 제3호의 축산경제사업에 대하여 전문지식과 경험이 풍부한 사람으로서 대통령령으로 정하는 요건에 맞는 사람이어야 하고, 대통령령으로 정하는 외부전문가가 포함된 임원추천위원회에서 추천된 사람을 선임한다. 다만, 축산경제대표이사를 추천하기 위한 임원추천위원회는 지역축협 및 축산업 품목조합의 전체 조합장회의에서 추천한 조합장으로 구성한다. 이 경우 축산경제대표이사를 추천하기 위한 임원추천위원회 위원 정수(정수)는 지역축협 및 축산업 품목조합 전체 조합장 수의 5분의 1 이내의 범위에서 정한다.

③ 농협경제지주회사는 이사 총수의 2분의 1 이내에서 중앙회의 회원조합장인 이사를 농협경제지주회사의 이사로 선임할 수 있다.

④ 임원의 선임, 임기 및 임원추천위원회의 구성과 운영 등 임원과 관련하여 필요한 사항은 농협경제지주회사의 정관으로 정한다.

제161조의4(농협경제지주회사의 사업)

① 농협경제지주회사 및 그 자회사는 다음 각 호의 업무를 수행한다.

　1. 제134조 제1항 제2호 및 제3호의 사업

2. 제134조 제1항 제5호부터 제9호까지의 사업 중 경제사업과 관련된 사업 및 그 부대사업

3. 해당 자회사의 경영관리에 관한 업무

4. 국가, 공공단체, 조합 및 중앙회가 위탁하거나 보조하는 사업

5. 국가, 공공단체, 중앙회 및 금융기관으로부터의 자금차입

6. 조합등의 경제사업 활성화에 필요한 자금지원

7. 다른 법령에서 농협경제지주회사 및 그 자회사의 사업으로 정하는 사업

8. 그 밖에 경제사업 활성화를 위하여 농협경제지주회사 및 그 자회사의 정관으로 정하는 사업

② 농협경제지주회사 및 그 자회사가 제1항 제1호 및 제2호의 사업 중 대통령령으로 정하는 사업을 수행하는 경우에는 농협경제지주회사 및 그 자회사를 중앙회로 본다.

제161조의5(농협경제지주회사와 중앙회 회원의 협력의무)

① 농협경제지주회사 및 그 자회사는 회원 또는 회원의 조합원으로부터 수집하거나 판매위탁을 받은 농산물등의 판매, 가공 및 유통을 우선적인 사업목표로 설정하고 이를 적극적으로 이행하여야 한다.

② 농협경제지주회사 및 그 자회사는 회원의 사업을 위축시켜서는 아니 되며, 회원과 공동출자하는 등의 방식으로 회원의 공동의 이익을 위한 사업을 우선 수행하여야 한다.

③ 회원은 회원의 조합원으로부터 수집하거나 판매위탁을 받은 농산물등을 농협경제지주회사 및 그 자회사를 통하여 출하하는 등 그 판매·구매 등의 경제사업을 성실히 이용하여야 한다.

④ 농협경제지주회사는 제3항에 따라 농협경제지주회사 및 그 자회사의 사업을 성실히 이용하는 회원에 대하여 제134조 제5항 후단 또는 제136조 제2항에 따라 자금 운용 계획을 수립하거나 자금을 운용할 때 우대할 수 있다.

제161조의6(농산물등 판매활성화)

① 농협경제지주회사는 회원 또는 회원의 조합원으로부터 수집하거나 판매위탁을 받은 농산물등을 효율적으로 판매하기 위하여 매년 다음 각 호의 사항이 포함된 실행계획을 수립하고 그에 따른 사업을 추진하여야 한다.

1. 산지 및 소비지의 시설·장비 확보에 관한 사항

2. 판매조직의 확보에 관한 사항

3. 그 밖에 농산물등의 판매활성화 사업에 필요한 사항

② 농협경제지주회사는 회원의 조합원이 생산한 농산물 및 축산물의 가격 안정 및 회원의 조합원의 소득 안정을 위하여 계약재배 등 수급조절에 필요한 조치를 회원과 공동으로 추진할 수 있다.

제161조의7(농산물등 판매활성화 사업 평가)

① 농림축산식품부장관은 제161조의6 제1항에 따라 농협경제지주회사가 수행하는 농산물등의 판매활성화 사업을 연 1회 이상 평가·점검하여야 한다.

② 농림축산식품부장관은 다음 각 호의 사항에 대한 자문을 위하여 농협 경제사업 평가협의회(이하 "협의"라 한다)를 둔다. 이 경우 농림축산식품부장관은 협의회의 자문 내용을 고려하여 농협경제지주회사의 임직원에게 경영지도, 자료 제출요구 등 필요한 조치를 할 수 있다.

1. 농협경제지주회사가 수행하는 농산물등의 판매활성화 사업 평가 및 점검에 관한 사항
2. 그 밖에 농림축산식품부장관이 필요하다고 인정하는 사항

③ 협의회는 다음 각 호의 위원을 포함한 15명 이내로 구성한다.

1. 농림축산식품부장관이 위촉하는 농업인단체 대표 2명
2. 농림축산식품부장관이 위촉하는 농산물등 유통 및 농업 관련 전문가 3명
3. 정관으로 정하는 농협경제지주회사 대표이사(이하 이 조에서 "농협경제지주회사 대표이사"라 한다)가 소속 임직원 및 조합장 중에서 지정 또는 위촉하는 5명
4. 농림축산식품부장관이 소속 공무원 중에서 지정하는 1명
5. 농업·축산업과 관련된 국가기관, 연구기관, 교육기관 또는 기업에서 종사한 경력이 있는 사람으로서 농림축산식품부장관이 위촉하는 3명
6. 그 밖에 농림축산식품부장관이 필요하다고 인정하여 위촉하는 위원 1명

④ 농림축산식품부장관 또는 농협경제지주회사 대표이사는 위원이 다음 각 호의 어느 하나에 해당하는 경우에는 해당 위원을 지정 철회 또는 해촉(解囑)할 수 있다.

1. 심신장애로 직무를 수행할 수 없게 된 경우
2. 직무와 관련된 비위사실이 있는 경우
3. 직무태만, 품위손상이나 그 밖의 사유로 위원으로 적합하지 아니하다고 인정되는 경우
4. 위원 스스로 직무를 수행하는 것이 곤란하다고 의사를 밝히는 경우

⑤ 제2항부터 제4항까지 규정한 사항 외에 협의회 구성 및 운영 등에 관한 세부사항은 농림축산식품부장관이 정한다.

⑥ 농협경제지주회사의 이사회는 제1항에 따른 평가 및 점검 결과를 농협경제지주회사 및 관련 자회사의 대표이사의 성과평가에 반영하여야 한다.

제161조의8(농협경제지주회사의 자회사에 대한 감독)

① 농협경제지주회사는 농협경제지주회사의 자회사가 업무수행 시 경영을 건전하게 하고, 회원 및 회원의 조합원의 이익에 기여할 수 있도록 정관으로 정하는 바에 따라 농협경제지주회사의 자회사의 경영상태를 지도·감독할 수 있다.

② 자회사의 지도·감독 기준에 관하여 필요한 사항은 대통령령으로 정한다.

제161조의9(축산경제사업의 자율성 등 보장)

① 농협경제지주회사는 조직 및 인력을 운영하거나 사업계획을 수립하고 사업을 시행하는 경우에는 축산경제사업의 자율성과 전문성을 보장하여야 한다.

② 농협경제지주회사가 임원의 선임, 재산의 관리 및 인력의 조정 등과 관련된 사항을 정관으로 정할 때에는 농업협동조합중앙회와 축산업협동조합중앙회의 통합 당시 축산경제사업의 특례의 취지와 그 통합 목적을 고려하여야 한다.

제161조의10(농협금융지주회사)

① 중앙회는 금융업을 전문적이고 효율적으로 수행함으로써 회원 및 그 조합원의 이익에 기여하기 위하여 신용사업, 공제사업 등 금융사업을 분리하여 농협금융지주회사를 설립한다. 이 경우 그 사업의 분리는 「상법」 제530조의12에 따른 회사의 분할로 보며, 사업의 분리절차는 같은 법 제530조의3 제1항, 제2항 및 제4항, 제530조의4부터 제530조의7까지, 제530조의9부터 제530조의11까지의 규정을 준용하되, 같은 법 제530조의3에 따라 준용되는 같은 법 제434조 중 "출석한 주주의 의결권의 3분의 2 이상의 수와 발행주식 총수의 3분의 1 이상의 수"는 "대의원 과반수의 출석과 출석한 대의원 3분의 2 이상의 찬성"으로 본다.

② 제1항에 따라 농협금융지주회사가 설립되는 경우 「금융지주회사법」 제3조에 따른 인가를 받은 것으로 본다.

③ 제1항에 따라 설립되는 농협금융지주회사는 「금융지주회사법」 제2조제1항 제5호에 따른 은행지주회사로 본다.

④ 이 법에 특별한 규정이 없으면 농협금융지주회사에 대해서는 「상법」, 「금융지주회사법」 및 「금융회사의 지배구조에 관한 법률」을 적용한다. 다만, 다음 각 호의 어느 하나에 해당하는 경우에는 「금융지주회사법」 제8조, 제8조의2, 제8조의3, 제10조 및 제10조의2를 적용하지 아니한다.

1. 중앙회가 농협금융지주회사의 주식을 보유하는 경우

2. 농협금융지주회사가 「금융지주회사법」 제2조 제1항 제1호에 따른 금융지주회사의 주식을 보유하는 경우

⑤ 제1항에 따라 설립되는 농협금융지주회사가 「은행법」 제2조 제1항 제2호에 따른 은행의 주식을 보유하는 경우에는 같은 법 제15조의3, 제16조의2 및 제16조의4를 적용하지 아니한다.

⑥ 농협금융지주회사(「금융지주회사법」 제4조 제1항 제2호에 따른 자회사등을 포함한다)가 중앙회(농협경제지주회사 및 그 자회사를 포함한다)의 국가 위탁사업 수행을 위하여 신용공여하는 경우에는 「금융지주회사법」 제45조 및 제45조의2를 적용하지 아니한다.

제161조의11(농협은행)

① 중앙회는 농업인과 조합에 필요한 금융을 제공함으로써 농업인과 조합의 자율적인 경제활동을 지원하고 그 경제적 지위의 향상을 촉진하기 위하여 신용사업을 분리하여 농협은행을 설립한다. 이 경우 그 사업의 분리는 「상법」 제530조의12에 따른 회사의 분할로 보며, 사업의 분리절차는 같은 법 제530조의3제1항, 제2항 및 제4항, 제530조의4부터 제530조의7까지, 제530조의9부터 제530조의11까지의 규정을 준용하

되, 같은 법 제530조의3에 따라 준용되는 같은 법 제434조 중 "출석한 주주의 의결권의 3분의 2 이상의 수와 발행주식 총수의 3분의 1 이상의 수"는 "대의원 과반수의 출석과 출석한 대의원 3분의 2 이상의 찬성"으로 본다.

② 농협은행은 다음 각 호의 업무를 수행한다.

  1. 농어촌자금 등 농업인 및 조합에게 필요한 자금의 대출

  2. 조합 및 중앙회의 사업자금의 대출

  3. 국가나 공공단체의 업무의 대리

  4. 국가, 공공단체, 중앙회 및 조합, 농협경제지주회사 및 그 자회사가 위탁하거나 보조하는 사업

  5. 「은행법」 제27조에 따른 은행업무, 같은 법 제27조의2에 따른 부수업무 및 같은 법 제28조에 따른 겸영업무

③ 농협은행은 조합, 중앙회 또는 농협경제지주회사 및 그 자회사의 사업 수행에 필요한 자금이 다음 각 호의 어느 하나에 해당하는 경우에는 우선적으로 자금을 지원할 수 있다.

  1. 농산물 및 축산물의 생산·유통·판매를 위하여 농업인이 필요로 하는 자금

  2. 조합, 농협경제지주회사 및 그 자회사의 경제사업 활성화에 필요한 자금

④ 농협은행은 제3항에 따라 자금을 지원하는 경우에는 농림축산식품부령으로 정하는 바에 따라 우대조치를 할 수 있다.

⑤ 농협은행은 제2항 각 호의 업무를 수행하기 위하여 필요한 경우에는 국가·공공단체 또는 금융기관으로부터 자금을 차입하거나 금융기관에 예치하는 등의 방법으로 자금을 운용할 수 있다.

⑥ 농협은행에 대하여 금융위원회가 「은행법」 제34조 제2항에 따른 경영지도기준을 정할 때에는 국제결제은행이 권고하는 금융기관의 건전성 감독에 관한 원칙과 이 조 제2항 제1호 및 제3항의 사업수행에 따른 농협은행의 특수성을 고려하여야 한다.

⑦ 농림축산식품부장관은 이 법에서 정하는 바에 따라 농협은행을 감독하고 대통령령으로 정하는 바에 따라 감독에 필요한 명령이나 조치를 할 수 있다.

⑧ 농협은행에 대해서는 이 법에 특별한 규정이 없으면 「상법」 중 주식회사에 관한 규정, 「은행법」 및 「금융회사의 지배구조에 관한 법률」을 적용한다. 다만, 「은행법」 제8조, 제53조 제2항 제1호·제2호, 제56조 및 제66조 제2항은 적용하지 아니하며, 금융위원회가 같은 법 제53조 제2항 제3호부터 제6호까지의 규정에 따라 제재를 하거나 같은 법 제55조 제1항에 따라 인가를 하려는 경우에는 농림축산식품부장관과 미리 협의를 하여야 한다.

⑨ 농협은행이 중앙회(농협경제지주회사 및 그 자회사를 포함한다)의 국가 위탁사업 수행을 위하여 신용공여하는 경우에는 「은행법」 제35조 및 제35조의2를 적용하지 아니한다.

제161조의12(농협생명보험 및 농협손해보험)

① 중앙회는 공제사업을 전문적이고 효율적으로 수행하기 위하여 공제사업을 분리하여 생명보험업을 영위하는 법인(이하 "농협생명보험"이라 한다)과 손해보험업을 영위하는 법인(이하 "농협손해보험"이라 한다)을 각각 설립한다. 이 경우 그 사업의 분리는 「상법」 제530조의12에 따른 회사의 분할로 보며, 사업의 분리 절차는 같은 법 제530조의3제1항, 제2항 및 제4항, 제530조의4부터 제530조의7까지, 제530조의9부터 제530조의11까지의 규정을 준용하되, 같은 법 제530조의3에 따라 준용되는 같은 법 제434조 중 "출석한 주주의 의결권의 3분의 2 이상의 수와 발행주식 총수의 3분의 1 이상의 수"는 "대의원 과반수의 출석과 출석한 대의원 3분의 2 이상의 찬성"으로 본다.

② 이 법에 특별한 규정이 없으면 농협생명보험 및 농협손해보험에 대해서는 「보험업법」 및 「금융회사의 지배구조에 관한 법률」을 적용한다.

제6장 감독

제162조(감독)

① 농림축산식품부장관은 이 법에서 정하는 바에 따라 조합등과 중앙회를 감독하며 대통령령으로 정하는 바에 따라 감독상 필요한 명령과 조치를 할 수 있다. 다만, 조합의 신용사업에 대하여는 금융위원회와 협의하여 감독한다.

② 농림축산식품부장관은 제1항에 따른 직무를 수행하기 위하여 필요하다고 인정하면 금융위원회에 조합이나 중앙회에 대한 검사를 요청할 수 있다.

③ 농림축산식품부장관은 이 법에 따른 조합등에 관한 감독권의 일부를 대통령령으로 정하는 바에 따라 회장에게 위탁할 수 있다.

④ 지방자치단체의 장은 제1항에도 불구하고 대통령령으로 정하는 바에 따라 지방자치단체가 보조한 사업과 관련된 업무에 대하여 조합등을 감독하여 필요한 조치를 할 수 있다.

⑤ 금융위원회는 제1항 및 제161조의11 제7항에도 불구하고 대통령령으로 정하는 바에 따라 조합의 신용사업과 농협은행에 대하여 그 경영의 건전성 확보를 위한 감독을 하고, 그 감독에 필요한 명령을 할 수 있다.

⑥ 금융감독원장은 「신용협동조합법」 제95조에 따라 조합에 적용되는 같은 법 제83조에 따른 조합에 관한 검사권의 일부를 회장에게 위탁할 수 있다.

제163조(위법 또는 부당 의결사항의 취소 또는 집행정지) 농림축산식품부장관은 조합등과 중앙회의 총회나 이사회가 의결한 사항이 위법 또는 부당하다고 인정하면 그 전부 또는 일부를 취소하거나 집행을 정지하게 할 수 있다.

제164조(위법행위에 대한 행정처분)

① 농림축산식품부장관은 조합등이나 중앙회의 업무와 회계가 법령, 법령에 따른 행정처분 또는 정관에 위반된다고 인정하면 그 조합등이나 중앙회에 대하여 기간을 정하여 그 시정을 명하고 관련 임직원에게 다음 각 호의 조치를 하게 할 수 있다.

1. 임원에 대하여는 개선, 직무의 정지 또는 변상
2. 직원에 대하여는 징계면직, 정직, 감봉 또는 변상
3. 임직원에 대한 주의 · 경고

② 농림축산식품부장관은 조합등이나 중앙회가 제1항에 따른 시정명령 또는 임직원에 대한 조치를 이행하지 아니하면 6개월 이내의 기간을 정하여 그 업무의 전부 또는 일부를 정지시킬 수 있다.

③ 제1항 및 제146조 제3항 제1호 및 제2호에 따라 개선이나 징계면직의 조치를 요구받은 해당 임직원은 그 날부터 그 조치가 확정되는 날까지 직무가 정지된다.

제165조 삭제 〈2011.3.31〉

제166조(경영지도)

① 농림축산식품부장관은 조합등이 다음 각 호의 어느 하나에 해당되어 조합원 보호에 지장을 줄 우려가 있다고 인정되면 그 조합등에 대하여 경영지도를 한다.

1. 조합에 대한 감사 결과 조합의 부실 대출 합계액이 자기자본의 2배를 초과하는 경우로서 단기간 내에 통상적인 방법으로는 회수하기가 곤란하여 자기자본의 전부가 잠식될 우려가 있다고 인정되는 경우
2. 조합등의 임직원의 위법 · 부당한 행위로 인하여 조합등에 재산상의 손실이 발생하여 자력(자력)으로 경영정상화를 추진하는 것이 어렵다고 인정되는 경우
3. 조합의 파산위험이 현저하거나 임직원의 위법 · 부당한 행위로 인하여 조합의 예금 및 적금의 인출이 쇄도하거나 조합이 예금 및 적금을 지급할 수 없는 상태에 이른 경우
4. 제142조 제2항 및 제146조에 따른 경영평가 또는 감사의 결과 경영지도가 필요하다고 인정하여 회장이 건의하는 경우
5. 「신용협동조합법」 제95조에 따라 조합에 적용되는 같은 법 제83조에 따른 검사의 결과 경영지도가 필요하다고 인정하여 금융감독원장이 건의하는 경우

② 제1항에서 "경영지도"란 다음 각 호의 사항에 대하여 지도하는 것을 말한다.

1. 불법 · 부실 대출의 회수 및 채권의 확보
2. 자금의 수급(수급) 및 여신 · 수신(여신 · 수신)에 관한 업무
3. 그 밖에 조합등의 경영에 관하여 대통령령으로 정하는 사항

③ 농림축산식품부장관은 제1항에 따른 경영지도가 시작된 경우에는 6개월의 범위에서 채무의 지급을 정지하거나 임원의 직무를 정지할 수 있다. 이 경우 회장에게 지체 없이 조합등의 재산상황을 조사(이하 "재산실사"라 한다)하게 하거나 금융감독원장에게 재산실사(재산실사)를 요청할 수 있다.

④ 회장이나 금융감독원장은 제3항 후단에 따른 재산실사의 결과 위법·부당한 행위로 인하여 조합등에 손실을 끼친 임직원에게 재산 조회(照會) 및 가압류 신청 등 손실금 보전을 위하여 필요한 조치를 하여야 한다.

⑤ 농림축산식품부장관은 제4항에 따른 조치에 필요한 자료를 중앙행정기관의 장에게 요청할 수 있다. 이 경우 요청을 받은 중앙행정기관의 장은 특별한 사유가 없으면 그 요청에 따라야 한다.

⑥ 농림축산식품부장관은 재산실사의 결과 해당 조합등의 경영정상화가 가능한 경우 등 특별한 사유가 있다고 인정되면 제3항 본문에 따른 정지의 전부 또는 일부를 철회하여야 한다.

⑦ 농림축산식품부장관은 제1항에 따른 경영지도에 관한 업무를 회장에게 위탁할 수 있다.

⑧ 제1항부터 제3항까지의 규정에 따른 경영지도, 채무의 지급정지 또는 임원의 직무정지의 방법, 기간 및 절차 등에 필요한 사항은 대통령령으로 정한다.

제167조(설립인가의 취소 등)

① 농림축산식품부장관은 조합등이 다음 각 호의 어느 하나에 해당하게 되면 회장 및 사업전담대표이사등의 의견을 들어 설립인가를 취소하거나 합병을 명할 수 있다. 다만, 제4호와 제7호에 해당하면 설립인가를 취소하여야 한다.

1. 설립인가일부터 90일을 지나도 설립등기를 하지 아니한 경우
2. 정당한 사유 없이 1년 이상 사업을 실시하지 아니한 경우
3. 2회 이상 제164조 제1항에 따른 처분을 받고도 시정하지 아니한 경우
4. 제164조 제2항에 따른 업무정지 기간에 해당 업무를 계속한 경우
5. 조합등의 설립인가기준에 미치지 못하는 경우
6. 조합등에 대한 감사나 경영평가의 결과 경영이 부실하여 자본을 잠식한 조합등으로서 제142조 제2항, 제146조 또는 제166조의 조치에 따르지 아니하여 조합원(제112조의3에 따른 조합공동사업법인 및 연합회의 경우에는 회원을 말한다) 및 제3자에게 중대한 손실을 끼칠 우려가 있는 경우
7. 거짓이나 그 밖의 부정한 방법으로 조합등의 설립인가를 받은 경우

② 농림축산식품부장관은 제1항에 따라 조합등의 설립인가를 취소하면 즉시 그 사실을 공고하여야 한다.

제168조(조합원이나 회원의 검사 청구)

① 농림축산식품부장관은 조합원이 조합원 300인 이상이나 조합원 또는 대의원 100분의 10 이상의 동의를 받아 소속 조합의 업무집행상황이 법령이나 정관에 위반된다는 사유로 검사를 청구하면 회장으로 하여금 그 조합의 업무 상황을 검사하게 할 수 있다.

② 농림축산식품부장관은 중앙회의 회원이 회원 100분의 10 이상의 동의를 받아 중앙회의 업무집행상황이 법령이나 정관에 위반된다는 사유로 검사를 청구하면 금융감독원장에게 중앙회에 대한 검사를 요청할 수 있다.

제169조(청문) 농림축산식품부장관은 제167조에 따라 설립인가를 취소하려면 청문을 하여야 한다.

제169조의2(규제의 재검토) 농림축산식품부장관은 제166조의 경영지도에 대하여 2015년 1월 1일부터 3년마다 그 타당성을 재검토하여야 한다.

제7장 벌칙 등

제170조(벌칙)

① 조합등의 임원 또는 중앙회의 임원이나 집행간부가 다음 각 호의 어느 하나에 해당하는 행위로 조합등 또는 중앙회에 손실을 끼치면 10년 이하의 징역 또는 1억원 이하의 벌금에 처한다.
1. 조합등 또는 중앙회의 사업목적 외에 자금의 사용 또는 대출
2. 투기의 목적으로 조합등 또는 중앙회의 재산의 처분 또는 이용
② 제1항의 징역형과 벌금형은 병과(倂科)할 수 있다.

제171조(벌칙) 조합등과 중앙회의 임원, 조합의 간부직원, 중앙회의 집행간부·일반간부직원, 파산관재인 또는 청산인이 다음 각 호의 어느 하나에 해당하면 3년 이하의 징역 또는 3천만 원 이하의 벌금에 처한다.
1. 제15조 제1항(제77조 제2항, 제107조 또는 제112조에 따라 준용되는 경우를 포함한다), 제35조 제2항(제107조 또는 제112조에 따라 준용되는 경우를 포함한다), 제75조 제2항(제107조 또는 제112조에 따라 준용되는 경우를 포함한다), 제75조 제5항(제107조 또는 제112조에 따라 준용되는 경우를 포함한다), 제78조 제1항(제107조에 따라 준용되는 경우를 포함한다), 제112조의5 제1항, 제112조의6 제2항, 제120조 제2항 또는 제121조 제1항에 따른 인가를 받아야 할 사항에 관하여 인가를 받지 아니한 경우
2. 제15조제1항(제77조 제2항, 제107조 또는 제112조에 따라 준용되는 경우를 포함한다), 제30조 제1항(제107조·제112조·제112조의11 또는 제161조에 따라 준용되는 경우를 포함한다), 제35조 제1항(제107조·제112조 또는 제112조의11에 따라 준용되는 경우를 포함한다), 제43조 제3항(제107조·제112조 또는 제112조의11에 따라 준용되는 경우를 포함한다), 제54조 제1항부터 제3항까지(제107조·제112조 또는 제161조에 따라 준용되는 경우를 포함한다), 제64조(제107조 또는 제112조에 따라 준용되는 경우를 포함한다), 제75조 제1항(제107조 또는 제112조에 따라 준용되는 경우를 포함한다), 제77조 제1항(제107조 또는 제112조에 따라 준용되는 경우를 포함한다), 제82조 제2호(제107조·제112조 또는 제112조의10에 따라 준용되는 경우를 포함한다), 제123조, 제125조 제4항, 제125조의2 제3항 또는 제159조에 따라 총회·대의원회 또는 이사회(소이사회를 포함한다)의 의결을 필요로 하는 사항에 대하여 의결을 거치지 아니하고 집행한 경우
3. 제46조 제7항(제107조·제112조 또는 제129조 제5항에 따라 준용되는 경우를 포함한다) 또는 제142조제2항에 따른 총회나 이사회에 대한 보고를 하지 아니하거나 거짓으로 한 경우

4. 제57조 제1항 제10호·제106조 제10호·제111조제9호 또는 제134조 제1항 제9호에 따른 승인을 받지 아니하고 사업을 한 경우

5. 제66조(제107조 또는 제112조에 따라 준용되는 경우를 포함한다)를 위반하여 조합의 여유자금을 사용한 경우

6. 제67조 제1항(제107조·제112조·제112조의11 또는 제161조에 따라 준용되는 경우를 포함한다)을 위반하여 잉여금의 100분의 10 이상을 적립하지 아니한 경우

7. 제67조 제3항(제107조·제112조 또는 제161조에 따라 준용되는 경우를 포함한다)을 위반하여 잉여금의 100분의 20 이상을 다음 회계연도로 이월하지 아니한 경우

8. 제68조(제107조·제112조·제112조의11 또는 제161조에 따라 준용되는 경우를 포함한다)를 위반하여 손실을 보전 또는 이월하거나 잉여금을 배당한 경우

9. 제69조(제107조·제112조·제112조의11 또는 제161조에 따라 준용되는 경우를 포함한다)를 위반하여 자본적립금을 적립하지 아니한 경우

10. 제70조(제107조·제112조·제112조의11 또는 제161조에 따라 준용되는 경우를 포함한다)를 위반하여 법정적립금을 사용한 경우

11. 제71조 제1항·제3항(제107조·제112조·제112조의11 또는 제161조에 따라 준용되는 경우를 포함한다)을 위반하여 결산보고서를 제출하지 아니하거나 갖추지 아니한 경우

12. 제72조 제1항(제107조·제112조·제112조의11 또는 제161조에 따라 준용되는 경우를 포함한다) 또는 제80조에 따라 준용되는 제72조 제1항(제107조 또는 제112조에 따라 준용되는 경우를 포함한다)을 위반하여 재무상태표를 작성하지 아니한 경우

13. 제85조(제107조·제112조 또는 제112조의11에 따라 준용되는 경우를 포함한다)를 위반하여 총회나 농림축산식품부장관의 승인을 받지 아니하고 재산을 처분한 경우

14. 제87조(제107조·제112조 또는 제112조의11에 따라 준용되는 경우를 포함한다)를 위반하여 재산을 분배한 경우

15. 제88조(제107조·제112조 또는 제112조의11에 따라 준용되는 경우를 포함한다)를 위반하여 결산보고서를 작성하지 아니하거나 총회에 제출하지 아니한 경우

16. 제90조(제107조·제112조·제112조의11 또는 제161조에 따라 준용되는 경우를 포함한다), 제91조부터 제93조까지(제107조·제112조·제112조의11 또는 제161조에 따라 준용되는 경우를 포함한다), 제95조부터 제99조까지(제107조·제112조 또는 제112조의10에 따라 준용되는 경우를 포함한다) 또는 제102조(제107조·제112조·제112조의11 또는 제161조에 따라 준용되는 경우를 포함한다)에 따른 등기를 부정하게 한 경우

17. 제146조에 따른 중앙회의 감사나 제162조에 따른 감독기관의 감독·검사를 거부·방해 또는 기피한 경우

제172조(벌칙)

① 다음 각 호의 어느 하나에 해당하는 자는 2년 이하의 징역 또는 2천만 원 이하의 벌금에 처한다.

  1. 제7조제2항을 위반하여 공직선거에 관여한 자

  2. 제50조 제1항 또는 제11항(제107조·제112조 또는 제161조에 따라 준용되는 경우를 포함한다)을 위반하여 선거운동을 한 자

  3. 제50조의2(제107조·제112조 또는 제161조에 따라 준용하는 경우를 포함한다)를 위반한 자

  4. 제50조의3(제107조 또는 제112조에 따라 준용되는 경우를 포함한다)을 위반하여 축의·부의금품을 제공한 자

② 다음 각 호의 어느 하나에 해당하는 자는 1년 이하의 징역 또는 1천만 원 이하의 벌금에 처한다.

  1. 제50조 제2항(제107조·제112조 또는 제161조에 따라 준용되는 경우를 포함한다)을 위반하여 호별(호별) 방문을 하거나 특정 장소에 모이게 한 자

  2. 제50조 제4항·제6항·제7항(제107조·제112조에 따라 준용되는 경우를 포함한다) 또는 제130조 제11항을 위반하여 선거운동을 한 자

  3. 제50조 제8항부터 제10항까지(제107조·제112조 또는 제161조에 따라 준용되는 경우를 포함한다)를 위반한 자

  4. 삭제 〈2014.6.11〉

③ 제50조 제3항(제107조·제112조 또는 제161조에 따라 준용되는 경우를 포함한다)을 위반하여 거짓사실을 공표하거나 후보자를 비방한 자는 500만 원 이상 3천만 원 이하의 벌금에 처한다.

④ 제1항부터 제3항까지의 규정에 따른 죄의 공소시효는 해당 선거일 후 6개월(선거일 후에 이루어진 범죄는 그 행위를 한 날부터 6개월)을 경과함으로써 완성된다. 다만, 범인이 도피하거나 범인이 공범 또는 증명에 필요한 참고인을 도피시킨 경우에는 그 기간을 3년으로 한다.

제173조(선거 범죄로 인한 당선 무효 등)

① 조합이나 중앙회의 임원 선거와 관련하여 다음 각 호의 어느 하나에 해당하는 경우에는 해당 선거의 당선을 무효로 한다.

  1. 당선인이 해당 선거에서 제172조에 해당하는 죄를 범하여 징역형 또는 100만 원 이상의 벌금형을 선고받은 때

  2. 당선인의 직계 존속·비속이나 배우자가 해당 선거에서 제50조 제1항이나 제50조의2를 위반하여 징역형 또는 300만 원 이상의 벌금형을 선고받은 때. 다만, 다른 사람의 유도 또는 도발에 의하여 해당 당선인의 당선을 무효로 되게 하기 위하여 죄를 범한 때에는 그러하지 아니하다.

② 다음 각 호의 어느 하나에 해당하는 사람은 당선인의 당선 무효로 실시사유가 확정된 재선거(당선인이 그 기소 후 확정판결 전에 사직함으로 인하여 실시사유가 확정된 보궐선거를 포함한다)의 후보자가 될 수 없다.

  1. 제1항 제2호 또는 「공공단체등 위탁선거에 관한 법률」 제70조(위탁선거범죄로 인한 당선무효) 제2호에 따라 당선이 무효로 된 사람(그 기소 후 확정판결 전에 사직한 사람을 포함한다)

2. 당선되지 아니한 사람(후보자가 되려던 사람을 포함한다)으로서 제1항 제2호 또는 「공공단체등 위탁선거에 관한 법률」 제70조(위탁선거범죄로 인한 당선무효)제2호에 따른 직계 존속·비속이나 배우자의 죄로 당선 무효에 해당하는 형이 확정된 사람

제174조(과태료)

① 제3조 제2항·제112조의3 제3항 또는 제138조 제6항을 위반하여 명칭을 사용한 자에게는 200만 원 이하의 과태료를 부과한다.

② 조합등 또는 중앙회의 임원, 조합의 간부직원, 중앙회의 집행간부·일반간부직원, 파산관재인 또는 청산인이 공고하거나 최고(催告)하여야 할 사항에 대하여 공고나 최고를 게을리하거나 부정한 공고나 최고를 하면 200만원 이하의 과태료를 부과한다.

③ 삭제 〈2014.6.11〉

④ 제50조의2제1항 및 제5항(제107조·제112조 또는 제161조에 따라 준용하는 경우를 포함한다)을 위반하여 금전·물품, 그 밖의 재산상의 이익을 제공받은 자에게는 그 제공받은 금액이나 가액(價額)의 10배 이상 50배 이하에 상당하는 금액의 과태료를 부과하되, 그 상한액은 3천만 원으로 한다.

⑤ 제1항부터 제4항까지의 규정에 따른 과태료는 대통령령으로 정하는 바에 따라 농림축산식품부장관이 부과·징수한다.

제175조(선거범죄신고자 등의 보호)
제172조에 따른 죄(제174조 제4항의 과태료에 해당하는 죄를 포함한다)의 신고자 등의 보호에 관하여는 「공직선거법」 제262조의2를 준용한다.

제176조(선거범죄신고자에 대한 포상금 지급)

① 조합 또는 중앙회는 제172조에 따른 죄(제174조 제4항의 과태료에 해당하는 죄를 포함한다)에 대하여 그 조합·중앙회 또는 조합선거관리위원회가 인지(認知)하기 전에 그 범죄 행위를 신고한 자에게 포상금을 지급할 수 있다.

② 제1항에 따른 포상금의 상한액·지급기준 및 포상 방법은 농림축산식품부령으로 정한다.

제177조(자수자에 대한 특례)

① 제50조(제107조·제112조 또는 제161조에 따라 준용되는 경우를 포함한다) 또는 제50조의2(제107조·제112조 또는 제161조에 따라 준용되는 경우를 포함한다)를 위반하여 금전·물품·향응, 그 밖의 재산상의 이익 또는 공사의 직을 제공받거나 받기로 승낙한 자가 자수한 때에는 그 형 또는 과태료를 감경 또는 면제한다.

② 제1항에 규정된 자가 이 법에 따른 선거관리위원회에 자신의 선거범죄사실을 신고하여 선거관리위원회가 관계 수사기관에 이를 통보한 때에는 선거관리위원회에 신고한 때를 자수한 때로 본다.

가볍게! 빠르게! 확인하는 용어사전 시리즈

가볍게! 빠르게! 한눈에 보는
시사용어 사전 1228
◆ 공기업 / 언론사 / 기업체 / 공무원 채용대비에 필요한 시사용어 수록
◆ 분야별 구성으로 최신·중요 시사용어 총 1228개 수록
◆ 자가진단TEST 및 십자말 풀이, 파트별 실력점검 퀴즈로 이해도와 응용력 강화
◆ 한눈에 확인할 수 있는 시리즈 상식을 통해 폭넓은 지식 확장

가볍게! 빠르게! 한눈에 보는
경제용어 사전 1050
◆ 금융권 / 공기업 / 언론사 / 기업체 / 공무원 채용대비에 필요한 경제용어
◆ 사전식 구성으로 최신·중요 경제용어 총 1050개 수록
◆ 자가진단TEST 및 십자말 풀이, 파트별 실력점검 퀴즈로 이해도와 응용력 강화

가볍게! 빠르게! 한눈에 보는
부동산용어 사전 1310
◆ 2024년 제35회 공인중개사 출제 용어 수록
◆ 부동산학개론 / 민법 및 민사특별법 / 중개법령 및 중개실무 / 부동산공법 / 부동산공시법 /
부동산 세법 / 부동산공법 용어 총 1310개 수록
◆ 자가진단TEST 및 십자말 풀이, 파트별 실력점검 퀴즈로 이해도와 응용력 강화

시사용어사전 | 경제용어사전 | 부동산용어사전

시사용어사전 1228

매일 접하는 각종 기사와 정보! 공기업/언론사/기업체/공무원 채용을 준비하는 수험생과
현대인이 꼭 알아야 할 최신 시사상식을 쏙쏙 뽑아 이해하기 쉽도록 영역별로 정리

경제용어사전 1050

주요 경제용어는 거의 다 실었다! 금융권/공기업/언론사/기업체/공무원 채용을 준비하기 전에,
경제 공부를 시작하기 전에 읽어보면 경제가 쉬워지도록 사전식으로 구성

부동산용어사전 1310

부동산에 대한 이해를 높이고 부동산의 개발과 활용, 투자 및 부동산 용어 학습에도
적극적으로 이용할 수 있는 교재, 공인중개사 출제용어도 수록